U0923695

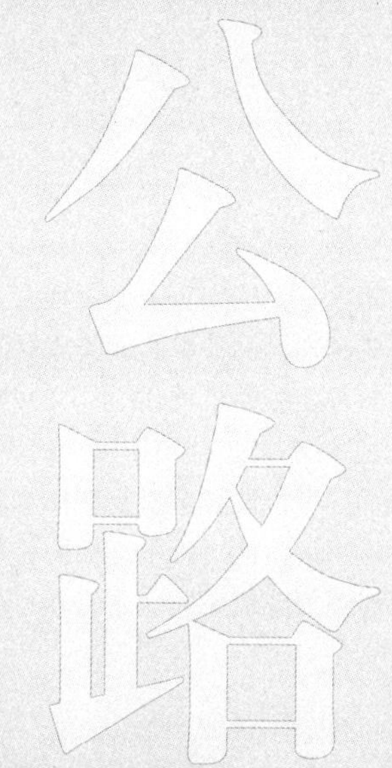

公路膨胀土工程

理论与技术

Theory and Technology for Highway Expansive Soil Engineering

郑健龙◎著

内 容 提 要

本书是关于膨胀土土质和力学性质与公路膨胀土工程问题治理的专著，系统总结和介绍了我国公路膨胀土工程理论和技术的最新成果。本书共分 10 章，主要内容包括：公路膨胀土工程问题及研究现状、膨胀土土质特征及胀缩机理、膨胀土的判别分类方法、膨胀土水力和力学特性及本构模型、膨胀土路基平衡含水率理论和预测方法、公路膨胀土的原位试验及勘察技术、路堤物理处治技术、路堑边坡柔性支护技术、膨胀土路基路面变形协调技术以及新技术应用的若干典型工程案例。

本书可供从事膨胀土地区公路、铁路、建筑、水利及其他土建工程科研、设计、施工与建设管理人员使用，亦可供高等院校相关专业的教师与研究生学习参考。

图书在版编目(CIP)数据

公路膨胀土工程理论与技术 / 郑健龙著. — 北京：人民交通出版社，2013.11

ISBN 978-7-114-10924-9

Ⅰ.①公… Ⅱ.①郑… Ⅲ.①膨胀土地基—公路路基—工程施工 Ⅳ.①U416.1

中国版本图书馆 CIP 数据核字(2013)第 237734 号

书 名：公路膨胀土工程理论与技术
著 作 者：郑健龙
责任编辑：吴有铭 李 农 丁 遥
出版发行：人民交通出版社
地 址：(100011)北京市朝阳区安定门外外馆斜街 3 号
网 址：http://www.ccpress.com.cn
销售电话：(010)59757973
总 经 销：人民交通出版社发行部
经 销：各地新华书店
印 刷：北京盛通印刷股份有限公司
开 本：787×1092 1/16
印 张：22
字 数：500 千
版 次：2013 年 11 月 第 1 版
印 次：2013 年 11 月 第 1 次印刷
书 号：ISBN 978-7-114-10924-9
定 价：50.00 元
(有印刷、装订质量问题的图书，由本社负责调换)

前言

PREFACE

膨胀土富含膨胀性黏土矿物，在环境干湿交替作用下发生体积明显胀缩和强度急剧衰减，对公路工程等浅表层轻型结构具有极大的危害性，修筑在典型膨胀土分布区的公路工程几乎是“逢堑必滑”，而且这种破坏作用具有多次反复性和长期潜伏性。膨胀土在世界范围内分布广泛，给工程建设造成的损失巨大。自 20 世纪 30 年代以来，膨胀土及其工程问题一直是国际工程地质、岩土力学和岩土工程领域重要的研究课题之一。

本书是著作者二十年来从事公路膨胀土问题研究的成果总结。其中，大部分是在 2002～2007 年承担交通部西部交通建设重大科技项目“膨胀土地区公路修筑成套技术研究”期间，以及 2008 年至今在公路膨胀土工程处治新技术应用推广过程中所取得的研究成果。

全书共分为 10 章，第 1 章对公路工程中的膨胀土问题及研究现状作了概略的介绍；第 2 章讨论了膨胀土的土质学特征、胀缩机理及膨胀土判别分类方法；第 3 章从非饱和土力学的角度，介绍了非饱和膨胀土的水力和力学特性，着重介绍了膨胀土的应力相关土水特征曲线及其测试方法；第 4 章在室内试验成果的基础上讨论了非饱和膨胀土工程本构模型；第 5 章探讨了膨胀土路基与大气相互作用以及平衡含水率理论和预测方法；第 6 章着重介绍了公路膨胀土工程勘察技术；第 7 章系统论述了将未经改良的膨胀土直接用作路堤填料的物理处治新技术；第 8 章分析了膨胀土路堑边坡滑坍的破坏模式和机理，介绍了膨胀土路堑边坡胀缩结构面的概念，着重论述了具有综合防排水功能与膨胀能消散功能的膨胀土路堑边坡柔性支护新技术；第 9 章主要讨论了膨胀土路基路面变形协调相关问题和处治技术；第 10 章重点介绍了膨胀土路堤物理处治技术和边坡柔性支护技术在我国不同工程地质条件和气候条件下高速公路工程中的应用。书中自始至终贯彻了节约资源、保护环境的现代工程理念。

公路膨胀土工程是一个正在发展的工程领域，无论是基础理论、试验方法还是工程技术均有待进一步深入研究，加之作者水平有限，书中不足之处在所难免，敬请广大读者批评指正。

本书得到了国家出版基金项目、国家重点基础研究发展计划项目(2011CB411910)、国家自然科学基金项目(51108049)、国家科技支撑计划(2011BAB10B03)、国家高技术研究发展计划项目(2012AA112504)、交通运输部科技项目(2011318824730)以及长沙理工大学出版基金项目的支持,在此一并表示深切感谢!

2013 年 8 月

目录 CONTENTS

第1章 绪论
CHAPTER 1

膨胀土是自然地质过程中形成的一种多裂隙并具有显著胀缩性的地质体，分布十分广泛，对各类浅表层轻型结构具有特殊的危害作用。世界上迄今已经发现存在膨胀土的国家多达46个，遍及六大洲。与其他国家相比，我国膨胀土及其工程问题具有显著特点：一是分布广。我国是世界上膨胀土分布最广的国家之一，膨胀土分布面积约占陆地总面积的1/3，涉及20多个省、自治区和直辖市[1]，每年因膨胀土工程地质灾害造成的经济损失达数百亿元。二是类型多。各种成因类型的膨胀土如沉积类、残积类、岩溶侵蚀类都有。三是性质复杂。膨胀土工程问题不仅与土的成因、时代和演化历史有关，而且与气候环境、工程特征密切相关。

由于膨胀土富含亲水性强的蒙脱石及其混层黏土矿物，具有超固结性❶、裂隙性，在晴雨交替、干湿循环的作用下表现出吸水显著膨胀软化、失水迅速收缩开裂及反复胀缩变形特征，加上土体中裂隙杂乱分布，修筑在膨胀土地区的公路常常发生边坡滑塌、路基沉陷、路面变形、构造物损毁，膨胀土路堑边坡更是“逢堑必滑，屡治屡滑”，而且破坏常具有多次反复性和长期潜伏性。加之膨胀土不能直接用作路基填料，借、弃土大量占地，造成严重的水土流失和生态环境破坏，时刻威胁着道路交通安全与畅通，极大影响了人民群众的生产与生活。因此，公路膨胀土问题又被称为“工程中的癌症”[2]。

近三十年来，我国经济迅猛发展，高速公路向中西部地区快速延伸，膨胀土地质灾害对公路建设和运营的危害日趋严重，引起了交通运输部门和公路建设领域工程师们的高度重视。不少专家、学者和工程技术人员开展了大量理论分析、技术研究和工程实践，在膨胀土地区公路

❶由于上覆土层的侵蚀而形成的，同时还有因次固结作用和胶结物质的陈化而形成的拟似超固结(压密)作用。

勘察、路基防护与加固、构造物地基和基础处治以及环境保护方面，取得了不少有价值的理论成果和成功的工程经验。公路膨胀土工程已成为公路工程的重要组成部分，受到人们的广泛关注，其理论、方法和技术正在不断发展和完善。

1.1 我国膨胀土分布与成因

我国膨胀土主要存在于西南、中南、华东、华北、西北和东北等地区，广泛分布在黄海之滨到川西平原、雷州半岛至华北平原之间。根据相关学术论文和科研报告记载，已发现膨胀土的省份有：云南、贵州、四川、陕西、广西、广东、海南、湖北、河南、安徽、江苏、山东、山西、河北、吉林、内蒙古、黑龙江、新疆、湖南、江西、福建、北京、辽宁、浙江、甘肃及宁夏。其中，又以云南、四川、广西、陕西和河南等地尤为突出。文献[1]指出：

“我国膨胀土主要有残积型和沉积型两大成因类型。前者因母岩矿物化学成分和化学风化程度不同而异；后者因沉积作用（湖积、洪积、坡积、冲积）和沉积时代（固结程度）的不同而异。”

1.1.1 残积型膨胀土

残积型膨胀土是全世界热带和亚热带地区膨胀土最主要的成因类型，也是地质灾害最严重的膨胀土类型，它们主要分布在热带、亚热带的准平原、古高原面、山间盆地和低矮丘陵区。在中纬度的暖湿带虽也有分布，但只发育在 Q_2 晚期古亚热带分布区的准平原和残丘区的中基性火成岩、碳酸盐岩、泥质岩地区的全强风化带。我国这类膨胀土广泛分布在广西、云南、广东南亚热带中新生代沉积盆地，在湖南、江西、贵州也有分布。由于受古地形的影响和风化壳分带性影响，这类土的分布和工程性质变化通常比较复杂。

由于热带和亚热带的强烈化学风化作用即红土作用，在全强风化带形成了显著的高孔隙性、高含水率、高塑性、强收缩的膨胀土。在半干旱或强烈干湿交替的季风气候区的工程建设中常因地基土不均匀的干燥收缩和水分聚集而造成轻型建筑物和路面的严重破坏。用这类土填筑的路堤因高含水性、低密度而难以压实，并造成路堤的严重变形。在广西盆地、百色田阳盆地的下第三系泥页岩残积黏土和云南蒙自、鸡街、曲靖、建水等盆地的上第三系泥灰岩残积黏土地区所发生的铁路、工业与民用建筑物严重破坏均为其典型代表。贵州的岩溶洼地石灰岩残积红黏土虽然也很发育，但由于贵州省气候湿润多雨，这类膨胀土灾害并不突出。应当指出，残积型膨胀土的工程性质不仅取决于风化程度，还取决于母岩的成分和性质，因而决定了不同气候带、不同母岩所形成的残积型膨胀土工程性质的巨大差异。

我国北方暖温带气候区的工程建设中也发现了不少残积型膨胀土的工程问题，如吉林延吉盆地、图们珲春盆地高速公路建设中白垩系泥岩和下第三系泥岩残积型膨胀土和辽宁黑山蒙脱石化火山岩残积型膨胀土的工程问题。

1.1.2 沉积型膨胀土

大量调查和理论研究结果表明，富含膨胀性黏土矿物的第四纪黏土沉积物主要分布在中纬度的暖湿气候区，即暖温带和北亚热带。而新第三纪的黏土沉积受古气候及古环境的控制，它们不仅在暖温带而且在其他各带都有分布，特别是广泛分布于黄土高原、内蒙古高原和新疆、青海的各大中新生代沉积盆地中。沉积型膨胀性黏土的工程性质除受形成的古气候和古环境的影响之外，特别受形成年代即沉积固结的长短所控制，形成的地质年代越老，密度越大，相对含水率越小。中晚更新世至中新世所形成的黏土沉积层通常具有超固结特性，其天然密度通常在 1.95～2.05g/cm^3，而深埋的上第三系黏土则可达 2.1g/cm^3。在我国东部的暖湿气候区尚分布有早全新世形成的泛滥平原膨胀性黏土沉积层。我国沉积型膨胀土根据成因、时代可分为以下几类：

(1)中新世还原环境湖积膨胀性硬黏土/软泥岩类

我国东部的新生代大型沉积盆地(如黄淮海盆地、苏北盆地、南襄盆地、江汉盆地、松辽盆地)，以及中小型沉积盆地(如山西的晋中盆地、武乡盆地，甘南西汉水盆地，北京凹陷)和云南、广东上第三纪沉积盆地(如鸡街、建水、弥勒、茂名、小龙潭、湛江等地)，在湖盆中心往往为灰绿色黏土，在湖滨带则以棕黄色花纹状黏土为主。在新构造沉降区它们大部分为第四系所覆盖，仅在隆起区和局部隆起区(如洪泽湖西侧、平顶山、宝丰鲁山、邯郸等地)才有出露。这类膨胀土具有蒙脱石含量高(25%～55%)、胶结程度差、剪切裂隙发育和膨胀势极强等特征。其单轴抗压强度通常为 0.4～0.5MPa。

(2)上新世褐红色膨胀性硬黏土/软泥岩

以上新世三趾马红土为代表的褐红色膨胀性硬黏土/软泥岩在我国北方具有极为广泛的分布。北起中蒙边界南至秦岭北麓，东至太行山、伏牛山东麓，西至青海西宁盆地、共和盆地，由于黄土和其他第四纪沉积物的覆盖，它们在地表直接出露不多，仅在侵蚀沟谷中出露。鲜艳的红色表示其为炎热干燥气候环境下的泥质沉积和明显的铁质胶结。

(3)中(晚)更新统超固结膨胀性硬黏土

在国内外，中(晚)更新统超固结裂隙化膨胀性硬黏土都有广泛的分布。我国主要分布在长江以北、黄河以南的暖湿带及北亚热带暖湿气候区的淮南地区，江苏的扬州、六合、泗洪等地，南襄盆地，鲁西南，江汉盆地的鄂北、鄂西北倾斜平原，钟祥谷地，伏牛山、大别山山前倾斜平原，陕南的安康盆地、西乡盆地、汉中盆地，川西的成都平原(岗地)。近年来在三峡库区的巫山、奉节的缓坡地带也有发现。在地貌上主要分布在山前泛滥倾斜平原和盆地周边的残丘、岗地或高阶地上部。其上部常为裂隙不太发育的褐黄色弱膨胀性黏土，其下部往往为裂隙发育的中等膨胀势黏土，密度较高、含水率中等为其特征。

(4)早全新统深灰色膨胀土

20世纪80年代以来，铁路部门在临沂、沂沭河冲积平原工程地质勘察中发现了深灰色或褐黑色膨胀性黏土，公路部门在宁连一级公路淮阴段以及鲁西宁阳也发现了该类膨胀土。曲永新在豫东和淮北冲积平原上的郸城、利辛等地发现了早全新世泛滥平原相黑色黏土，无论是从膨胀性指标，还是从膨胀性黏土矿物含量来看均属于膨胀土。在国外，许多国家也有这类膨胀土的分布，由于其形成时代晚，固结程度不高，而不同于新第三纪和中(晚)更新世沉积型超固结膨胀土。

(5)昔格达层膨胀性硬土/软岩

在川南的攀枝花市金沙江和雅龙江河谷盆地中以及西昌地区安宁河两岸谷坡，昔格达层具有广泛的分布。其中的黏土(泥岩)层因含大量的膨胀性黏土矿物和很高的亲水性，造成滑坡的频繁发生和地基的膨胀变形，而成为中国膨胀土的特殊类型。湛江黏土在海口和湛江地区具有广泛的分布，其形成的地质时代、古气候和物理性质与昔格达黏土层都有很多相似之处。虽前期固结压力较大，但含水率高、密度低，具有显著的胀缩性。

1.1.3 我国主要干线公路膨胀土分布与成因

根据曲永新对全国23个省、市、自治区浅表层(30m以内)膨胀土的成因、时代、分布、工程特性、工程问题等进行的详细归类整理，以及交通运输部规划建设中的国道主干线及西部8条省际区域路网沿线地质条件的统计与分析(表1-1和表1-2)，可确定西部在建和拟建的高等级公路中有近3 300km路段穿越膨胀土分布区。

我国西部国道主干线膨胀土分布 表1-1

名称	全长(km)	膨胀性岩土类别及分布		
		区域	分布长度(km)	类别
丹东—拉萨	46.69	内蒙古黄茂营—集宁	50	N_2 三趾马红土类膨胀土
		兰州河口—青海	70	K_1 紫红色膨胀性泥岩
		青海民和—西宁	50	N_1 膨胀性硬黏土(含石膏)
青岛—银川	1 562	陕北靖边	10～20	K_1 棕红色膨胀性泥岩
		宁夏盐池—银川河东	50	J_1、K_1、N膨胀性岩土
连云港—霍尔果斯	4 268	新疆苦水—烟墩	50～60	含石膏 N_1 膨胀性泥岩、砂质泥岩
		乌鲁木齐—乌苏	100	J、K、N膨胀性泥岩，砂质泥岩

续上表

名 称	全长(km)	膨胀性岩土类别及分布		
		区 域	分布长度(km)	类 别
上海—瑞丽	3 370	贵州凯里、麻江、龙里、清镇、平坝、安顺、普安等	100	石灰岩岩溶洼地中红黏土类膨胀土
		云南沾益—曲靖、陆良	30	N膨胀性硬黏土及其风化层
		昆明盆地	30	Q洪积、残积、湖积膨胀土
		禄丰、楚雄、祥云、永平	300	J、K泥岩、砂质泥岩残积型膨胀土
		保山	15	N(Q)残坡积膨胀土
		潞西—风平	25	N湖积及其风化(残积)膨胀土
		遮放—瑞丽	60	N湖积及其残积膨胀土
衡阳—昆明	1 785	桂林、柳州、来宾、黎塘等	50	岩溶洼地残坡积红黏土类膨胀土
		南宁盆地	100	E膨胀性泥岩及残积型膨胀土
		隆安—平果	10	E泥岩及砂质泥岩残积型膨胀土
		思林—田东—田阳—百色	120	E泥岩及砂质泥岩残积型膨胀土
		召夸(陆良南—西街)	10～15	N泥灰岩(黏土类)残积型膨胀土
		昆明盆地	15	坡残积膨胀土
二连浩特—河口	3 602	二连浩特—巴颜郭勒	180	E及N棕红色膨胀性岩土 N_2棕红色三趾马红土类膨胀土
		集宁盆地	20	Q_2成都黏土类膨胀土
		成都、眉山、峨嵋	110	昔格达层膨胀性硬黏土
		西昌、米易、盐边、攀枝花、仁和	150	K_2、J残积型膨胀土
		云南元谋—禄劝	20	残坡积膨胀土
		昆明盆地	20	N湖积泥岩及残积类强膨胀土
		弥勒盆地	20	N膨胀性泥灰岩残积型强膨胀土
		蒙自盆地	25	N膨胀性泥岩残积型膨胀土
		开远盆地	10	N膨胀性泥岩残积型膨胀土
		河口盆地	15	N膨胀性泥岩残积型膨胀土

续上表

名　　称	全长(km)	膨胀性岩土类别及分布		
		区　　域	分布长度(km)	类　　别
重庆—湛江	1 354	桐梓、遵义、都匀、独山	30～40	贵州境内岩溶洼地黏土类膨胀土
		河池、都安、马山、武鸣	25	广西境内岩溶洼地和红黏土类残积土
		南宁盆地	30	E 膨胀性泥岩及残坡积膨胀土
		钦州盆地	10	E 膨胀性泥岩及残坡积膨胀土
		河浦盆地、山口	50	E 膨胀性泥岩及残坡积膨胀土

西部 8 条省际区域路网膨胀土分布　　表 1-2

名　　称	长度(km)	膨胀性岩土类别及分布		
		区　　域	分布长度(km)	类　　别
兰州—磨憨	2 490	临洮南—会川北	30	第三系红土类
		冕宁、西昌、米易、盐边、攀枝花市	100	Q_1 昔格达层的膨胀性硬土/软岩类(地基、边坡)
		云南禄劝地区	15	J_{1-2}泥质岩系残坡积膨胀土
		昆明地区	40～50	洪积、湖积膨胀土
		玉溪盆地	15	N 泥质岩(泥灰岩-残积膨胀土)
		元江盆地	5	J_3 泥质岩残积膨胀土
		思茅盆地	30	E 泥质岩残积型膨胀土
		勐腊附近	10～20	K(J)泥质膨胀岩及风化层
包头—北海	3 400	东胜(鄂尔多斯市)南北	70	K(J)泥质膨胀岩及风化层
		桐梓、遵义、贵阳、都匀、独山、南丹、马山等地	20～30	岩溶洼地、残坡积红黏土类膨胀土
		南宁盆地	20	E 泥质岩残积型膨胀土
		钦州—北海	30～40	E(N)残积类膨胀土,Q 湖积、洪积膨胀土
阿勒泰—红旗拉甫	2 990	克拉玛依东西、西南	100	K 泥质膨胀岩及其上部风化层
		乌苏南	20	N 膨胀性硬土、软岩
		库车—阿克苏	100	N 膨胀性硬土、软岩
		喀什北	15	N 膨胀性硬土、软岩

续上表

名 称	长度(km)	膨胀性岩土类别及分布		
		区 域	分布长度(km)	类 别
银川—武汉	1 620	吴忠—惠安堡	50	K(尚有少量 N)泥质膨胀岩及风化岩
		环县(西南—东南)	50	K 泥质膨胀岩及风化层
		宁县南北	50	K 泥质膨胀岩及风化层
		旬邑	10	K 泥质膨胀岩及风化层
		蓝田	10	N 膨胀性硬岩/软岩

1.2 膨胀土地区公路工程中的主要病害

广西、云南、四川、湖北、河南、陕西等地因膨胀土分布较广，其公路建设和运营过程中所遇到的膨胀土问题较多且具有代表性。广西是我国著名的膨胀土分布区，其中又以宁明盆地、百色盆地、南宁盆地最为典型和集中。1987 年在修建 322 国道时，南宁市明秀东路至五塘 32km 范围内出现各种胀缩等级的膨胀土，公路施工中全路段的路基坍塌、边坡滑坍给工程带来严重损失。为处理路基破坏，共增设挡土墙和排水圬工体 7 万多立方米，增加工程投资 350 万。该路段通车数年后，因膨胀土引起的路基病害还屡屡发生。南梧、水南、南坛、百罗、宾南等多条高速公路修建时都遇到膨胀土造成的严重破坏。2002 年开始修建的南(宁)友(谊关)高速公路在穿越宁明盆地边缘时，遇到连绵十几公里的宁明膨胀土，造成路基的严重破坏，给工程施工带来极大困难，区域内几乎所有开挖路堑边坡都不同程度的滑坍，多处还发生多次滑坍，而路基填筑均采用远处借方、弃土换填，路堑开挖和清理坍塌边坡的膨胀土弃方量高达 500 多万立方米，造成公路沿线大量水土流失和生态环境破坏。云南也是膨胀土较为发育的地区，多条高速公路建在膨胀土分布区，如安石公路碧安段，昆河公路鸡街至蒙自、新哨至黄凉田段，213 国道昭通至麻柳湾段，安(宁)楚(雄)高速公路羊老哨段和温泉至禄裱段，通建一级公路，昆曲高速公路，砚平至平远街高速公路平远街段等都不同程度地遇到膨胀土引起的路基破坏。云南楚大高速公路修建时遇到两处典型的膨胀土路段，其中 K185＋423～K185＋785 路堑开挖的 30 多万立方米膨胀土全部废弃，K239＋312～K239＋685 挖方路段施工中两侧高边坡多次滑坍，353m 长的路堑经多次整治，耗资千余万元，路堑开挖的近 70 多万立方米膨胀土均废方远弃，造成弃土困难、环境破坏、水土流失，工程投资大大增加。据已有资料，江西在修建 320 国道时，通过宜春市区时曾遇到“宜春膨胀土”，累计长度超过 6km；安徽 312 国道合肥至西葛段、蚌(埠)光(明)高速公路沿线膨胀土广为分布;山东泰(安)莱(芜)一级专用公路、陕西国道主干线GZ40洋县至勉县段、内蒙古鄂尔多斯109国道东胜段以及江苏宁连一级公路淮阴段都遇到膨胀土危害及路基处理问题;四川成都的成渝、成雅、成绵、成南等几条出口高速公路及成都绕城高速公路修建时都受到“成都黏土”的困扰,造成路基病害增多,工程难度加大,工程造价大为增加;位于华中的江汉盆地、南阳盆地,膨胀土更是广为分布,20世纪90年代以来我国所修建的高速公路,如宜黄、汉十、襄荆、孝襄、荆宜、樊魏、河南平汝公路宝丰至汝州段、京珠主干线安新高速公路韩陵山路段、南邓、叶舞、许平南以及信南等多条高速公路上都发生膨胀土工程地质问题,有的公路跨越膨胀土分布区的长度占全线总长的2/3。

我们❶通过对我国13个省、市和自治区主要膨胀土分布区已建和在建的33条公路进行工程现场调研以及对相关工程案例报道的分析[4],得出膨胀土地区公路工程中的主要病害为边坡破坏、路基变形、构造物破坏以及生态环境破坏[5]。

1.膨胀土边坡破坏

膨胀土边坡破坏是公路膨胀土工程中最主要也是最为严重的工程病害,无论是路堤还是路堑均有发生。边坡破坏的类型主要有滑坡、滑塌、溜塌和冲蚀。路堤滑塌往往发生在路肩和基底部位[图1-1a)],滑体一般长20～50m,厚2～5m。在膨胀路堑边坡的坡脚、土岩分界面、裂隙面或软弱结构层等部位容易引发滑塌,一般具有浅层性、牵引性、结构性、长期潜伏性、多次滑动的重复性且具有成群分布的特点[图1-1b)]。滑体一般厚为3～6m,长数十米甚至超百米。

2.膨胀土路基变形

全部采用膨胀土填筑的路堤自通车初期即会出现变形,一直延续数年或十余年,各种变形会不断产生。由于在膨胀土挖方路段或低填路段没有采取有效的防排水措施,路表水下渗或地下水在毛细水作用下渗入膨胀土路基引起路基胀缩变形或填方的不均匀沉降,从而造成半刚性基层、面层开裂等早期破坏。膨胀土路基上的沥青路面常产生波浪、拥包、沉陷,严重变形时可隆起10cm左右[图1-1c)],水泥路面则易发生纵向开裂[连续长度可达数百米,图1-1d)]、断板、唧泥等。

3.公路构造物破坏

在晴雨交替、干湿循环作用下膨胀土将产生干缩湿胀变形,当聚集的变形能受构造物约束得不到释放时,会产生巨大的膨胀力,致使刚性支挡结构破坏,导致挡墙推移[图1-1e)],墙身剪断,涵洞基础下沉开裂,洞身断裂或涵底隆起,桥台和锥坡开裂[图1-1f)]等病害发生。

4.生态环境破坏

膨胀土地区公路建设时的大量占地破坏了原有地表的植被覆盖,造成膨胀土裸露,产生大

❶指本书作者及其带领的长沙理工大学膨胀土课题组。

a)膨胀土路堤边坡滑塌

b)膨胀土路堑边坡滑塌

c)膨胀土引起路面变形

d)膨胀土引起路面纵向开裂

e)膨胀土引起的挡墙推移

f)膨胀土引起的锥坡开裂

g)膨胀土引起的水土流失

h)废弃的膨胀土占用耕地

图 1-1 公路膨胀土工程病害

量的水土流失[图 1-1g)],并破坏部分环境敏感点的原有生态平衡。大量的土石方作业产生大面积的裸露坡面,新开辟的大量取土场和弃土场[图 1-1h)],给水土流失埋下极大隐患。如果各种坡体支防不当,极可能引起土壤侵蚀、崩塌、滑坡、泥石流等严重的地质灾害。由于膨胀土特殊的工程地质特性,膨胀土挖方路段清挖的膨胀土难以达到路基填料的要求,不能直接填筑路堤。大量弃土换填,借、弃土不仅占用了宝贵的土地资源,而且破坏了地表植被,造成公路沿线严重的水土流失和植被破坏。因此膨胀土地区公路建设引起的水土流失和生态环境破坏比一般地区要严重得多。

1.3 公路膨胀土工程理论与技术的发展

因膨胀土在世界范围内分布广泛、性质复杂,给工程建设造成的损失巨大,自 20 世纪 30 年代❶以来,膨胀土及其工程问题一直是国际工程地质、岩土力学和岩土工程领域重要的研究课题之一。近年来,除对膨胀土的判别分类方法进行探讨外,研究工作主要还是围绕膨胀土基本特性、试验方法、理论模型与灾害处治技术开展,总体动向是从非饱和土力学角度研究其强度、变形与渗流特性,重视模型试验与现场的长期试验研究,裂隙性的定量分析与描述明显增多,本构模型与数值模拟方法呈现多样化[6]。公路膨胀土路基处治从化学改性向物理处治,边坡加固从刚性支挡向柔性支护方向转变。

1.3.1 膨胀土力学特性的研究

胀缩性是膨胀土工程病害的主要根源,其基本问题涉及胀缩机理、影响胀缩特性的因素、胀缩的各向异性等。其中,关于干密度、含水率、压力等因素对其胀缩影响的规律已形成共识[7],已有人提出用物理化学中的渗透压理论及吸力势解释膨胀土的胀缩本质[8]。在干湿循环的影响方面,研究者通过大量试验开展了干湿循环对膨胀土变形的影响研究,认为胀缩变形并不可逆[9];基于实际气候条件下,膨胀土含水率变化速率存在明显差异而引起其裂隙扩展与闭合性状不同,研究了脱湿速率影响下膨胀土的胀缩特性,分析了收缩方式对其变形与强度特征的影响,并论证出吸湿速率对胀缩特性的影响规律。针对膨胀土胀缩的各向异性,国内外研究者通过研发试验设备,开展了三向膨胀力和膨胀量试验研究[10]。膨胀土胀缩性的研究已从单向胀缩到三向胀缩、从单纯吸湿和脱湿到干湿循环、从单一脱湿和吸湿到可控速率脱湿和吸湿、从均匀收缩到不均匀收缩的方向发展并不断深入,向着膨胀土在自然蒸发蒸腾和降雨吸湿的实际状态逼近。

---

❶1938 年美国开垦局在俄勒冈州的一例基础工程中首次认识了膨胀土问题。

膨胀土的强度不仅存在尺寸效应，更具有显著的不确定性与衰减特性，主要受裂隙性、含水率、干密度、吸力状态与应力历史等因素影响[11-12]。目前研究的结论有：裂隙发育的原状膨胀土工程性状同时受其含水率与裂隙性的双重影响[13]；而击实膨胀土的强度则主要取决于浸水膨胀后的含水率与干密度以及结构所处状态；膨胀土黏聚力主要与滑裂面土层的含水率有关，而内摩擦角主要与裂隙面上扁平颗粒的定向度有关[14]；通过大量试验建立了膨胀土的强度指标与含水率及干密度的简单公式[15]。针对脱湿速率、吸湿速率、干湿循环及次数、水化作用时间和温度对膨胀土强度的影响，也开展了诸多试验研究，并建立了其影响规律的经验公式[16]。用非饱和三轴仪研究膨胀土的强度特性已十分普遍。研究表明，吸力变化对非饱和膨胀土变形和抗剪强度变化具有显著影响，吸力对抗剪强度的贡献可归结为使得土体中粒间有效应力增加与对土体剪胀势的贡献两种不同的机理[17]。由于非饱和土的吸附强度与吸力并非呈线性变化关系，因此不必过于追求线性化的描述，而研究吸附强度随吸力的变化规律用乘幂函数表述。关于膨胀土的抗剪强度理论，沈珠江院士曾指出双变量强度公式存在不足，从试验拟合的角度用广义吸力代替基质吸力，并认为广义吸力与强度之间不是简单的线性关系，提出双曲线关系式[18]；卢肇钧院士等提出非饱和土抗剪强度由真黏聚力、摩擦强度和吸附强度三部分组成，提出用线性关系描述膨胀土的强度[19]。目前对有效内摩擦角是否随吸力变化还未形成共识，如何体现裂隙发展在膨胀土强度公式中的影响与作用尚需深入考虑。

膨胀土裂隙的存在为降雨入渗提供了便利通道，当处于低含水率高吸力状态时，膨胀土中的雨水入渗过程与非饱和土力学所描述的情况差别很大，已不适应用连续介质理论加以描述[20]。现场试验表明，低含水率时，膨胀土原位渗透系数的量级在砂性土的量级范围之内，具有强透水性，膨胀土的裂隙性会极大地影响其渗透性[21]，降雨入渗和蒸发蒸腾过程中膨胀土表现出不同渗透特性。室内常水头渗透试验研究表明，膨胀土初始渗透系数最大，随后随着时间的延续，渗透系数逐渐降低并趋于稳定，初始渗透系数反映土体裂隙的分布特性[22]，影响膨胀土体渗透特性的关键因素是试样中贯通渗径的裂隙长度。在室内外试验的基础上，有研究者建立了考虑裂隙的非饱和膨胀土边坡入渗的数学模型。总体而言，膨胀土的渗透性与裂隙性紧密相关，对其渗透特性的研究必须与裂隙的发生、发展和闭合过程相联系，不能单纯地建立在非饱和土力学的渗透理论上，膨胀土的渗透性研究必须体现其独特个性特征。

国内外研究者对裂隙的定量化描述与演化规律开展了大量研究[23-26]。研究者们分别进行了不同吸力下的三轴剪切试验，借助远距光学显微镜对重塑膨胀土在自然风干条件下的裂隙发展变化的动态过程进行定量观测，通过室外数码成像用二值化像素统计方法对原状膨胀土表面裂隙率与含水率的关系进行量化，利用光栅图像矢量化技术对室内试验干湿循环作用下膨胀土的裂隙图像进行处理等。现有的研究多以裂隙的平面定量描述方法为主，涉及三维描述的方法还刚刚起步，特别是深度方向的裂隙描述很难定量，相关研究较少。采用CT技术定量研究膨胀土的细观结构变化规律已为建立土的结构演化方程和结构性本构模型提供了依据。有学者应用CT三轴系统研究了膨胀土在多种应力路径和水分变化过程中的细观结构演化，表明CT技术可深化其细观结构性的认识；依据CT数据定义描述膨胀土细观结构的定量指标，提出了在多种工况下的细观结构演化方程；对干湿循环后的裂隙膨胀土进行了控制围压和偏应力为常数的CT三轴浸水试验，定义了结构修复参数，提出了三轴浸水过程中的土样结构修复演化方程。至于膨胀土微观结构的研究，采用X射线衍射(XRD)、扫描电镜(SEM)、透射电镜(TEM)、压汞仪(MIP)等测试技术，并结合数字化图像处理技术积累了许多成果，现已发展到定量研究阶段。但迄今为止，对从宏观、细观到微观的跨尺度一体化研究及多尺度关联理论方法研究还少有涉及。

1.3.2 非饱和膨胀土的本构模型研究

膨胀土是典型的非饱和土，已有的膨胀土本构模型大多是在非饱和土弹性非线性本构模型和弹塑性本构模型基础上通过不断改进而形成的[27-30]。非饱和土弹塑性模型(BBM)由Alonso等人提出，但不能描述膨胀土的湿胀变形。Gens和Alonso将膨胀土的变形分为宏观层次和微观层次，提出了适用于膨胀性非饱和土的框架性模型(GA模型)，Alonso对框架性模型进行了具体化，建立了膨胀性非饱和土的弹塑性本构模型(BExM)。我国研究者先后对BExM模型做了简化与改进，并将裂隙膨胀土分为无损土部分和损伤土部分，借鉴复合损伤理论和扰动状态概念，建立了非饱和膨胀土的弹塑性损伤模型。但在BExM系列模型中，确定微观参数及微宏观变形的转换关系非常困难，普通试验无法量测到微观层次的变形，不便确定模型参数，虽然可以预测土的变形和强度与定性描述膨胀土的胀缩特性，但都不能预测非饱和土的水力滞回特性，难以描述非饱和土持水特征与力学特性的耦合效应。考虑这一局限性，有研究者基于饱和土的邓肯张模型提出了非饱和膨胀土非线性模型，通过对土性参数的修正和考虑温度本身引起的土的变形，提出了考虑温度影响的膨胀土抗剪强度公式，建立了考虑温度效应的重塑非饱和膨胀土的本构模型，分析了温度对土的强度和变形的影响，研究了模型参数的变化规律。关于非饱和土水力-力学特性耦合的弹塑性模型，Wheeler等最早建议了一种能够统一描述非饱和土力学与水力滞后特性的弹塑性模型框架，但得出的屈服应力随吸力的增大而减小，与试验结果不符。我国研究者[31-34]对此先后推导出能够考虑饱和度变化的非饱和土本构方程；建立了非饱和土水力与力学性质耦合的弹塑性本构模型；提出了一个塑性变形和水力滞后耦合的非饱和土本构模型。上述非饱和土水力-力学特性耦合的弹塑性模型基于BBM的框架，很难准确描述膨胀土干湿循环过程中的湿胀干缩效应，也难以描述毛细滞回对变形及其强度的影响。迄今对膨胀土水力-力学特性耦合的研究很少，孙德安等建立了可预测膨胀性非饱和土的水力特性和应力应变关系的弹塑性本构模型，但该模型不能模拟吸力循环下的滞回特性。应该说，目前对膨胀土水力和力学特征的耦合性状还不十分清楚。

由此可见，膨胀土的本构模型研究经历了在非膨胀性非饱和土本构模型基础上，加入水力-

力学耦合、温度和膨胀性影响的发展过程。非膨胀性非饱和土弹塑性本构模型(如BBM)不能描述膨胀土的胀缩特性，膨胀性弹塑性模型(如BExM)较复杂，且不能统一考虑水力与力学特性的耦合；而非饱和土水力-力学特性耦合的弹塑性模型大多基于BBM的框架，很难准确描述膨胀土干湿循环过程中的湿胀干缩效应。此外，现有的非饱和膨胀土本构模型主要是在应力-应变-吸力关系的基础上建立起来的，模型中与吸力相关的参数较多，要获得这些参数比较困难，需要使用精度高、价格昂贵的专门仪器，花费很高的试验费用并消耗大量的时间和精力。即使已测得某些参数，但选取与实际情况相接近的数值也不容易。因此，非饱和膨胀土本构模型的研究尚停留在试验室研究水平，成果难以广泛应用于工程实际。可见，在建立膨胀土本构模型时，一方面要从科学角度出发，反映膨胀土强度和变形的非饱和土本质特征；另一方面为满足工程需要，模型必须简单实用，由试验确定的参数少，并能为常规试验设备所获得[35]。

1.3.3 膨胀土与大气相互作用研究进展

大气干湿循环是造成膨胀土工程问题的直接原因。在旱季，土体含水率因为蒸发而降低，吸力增大，土体收缩开裂而导致沉降，不均匀沉降直接威胁建筑物的安全。相反，旱季结束后的降雨使土体吸力减小，土体膨胀，稳定性问题随之产生。膨胀土路基在大气干湿循环中所表现出的不均匀沉降和边坡滑坍等现象，与土和大气的相互作用是密切相关的，所以在研究膨胀土路基长期稳定性的时候考虑气候的影响是非常必要的。在岩土工程领域，以往研究大多关注降雨对膨胀土边坡失稳的影响，所考虑的是降雨边界条件，对土体干缩开裂的研究也大多是假设土体吸力或含水率可能变化的范围，或者将气候条件简化为短时期持续降雨或蒸发，而不考虑土与大气之间的水汽交换和湿热平衡，这样的计算结果显然与实际情况有较大出入。随着研究的深入，岩土工程领域的研究者开始重视大气对膨胀土路基和边坡的影响，开展了一系列模拟大气干湿循环作用的室内外试验；同时将农业学中的土与大气的相互作用理论和计算方法应用于大气环境相关的岩土工程问题中，取得了一些代表性的研究成果。

围绕膨胀土边坡失稳的破坏机理，陈生水等通过离心模型试验，研究了干湿循环下膨胀土边坡的变形和稳定性，分析了裂缝的发生和发展过程以及水分入渗对膨胀土边坡稳定性的影响[36]。杨果林在室内利用中膨胀土和弱膨胀土两种土样，修筑了不同压实状态和排水边界条件的缩尺路基模型，模拟不同的气候条件，监测了膨胀土路基中含水率、土压力和温度的变化。监测结果表明，膨胀土路堤含水率受大气的影响显著，影响范围与路堤土的类型、压实度、排水边界条件关系密切[37]。包承纲等进行了膨胀土边坡大型人工降雨试验，分析了失稳机理和原因；Ng C. W. W. 等进行了膨胀土边坡人工降雨试验，布置有测斜管、沉降标、土压力盒等观测仪器，监测其变形和应力变化；试验区还布置有热传导探头、张力计、体积含水率探头等，监测降雨期间坡面的吸力与含水率变化。研究结果均表明，新开挖膨胀土边坡随着时间推移发生浅层性和牵引性破坏的根本原因是干湿循环的作用，单纯放缓边坡坡度并不是防治这种破坏的最有效措施，重要的是做好隔水防水等处治工作[38]。崔玉军在土-大气相互作用的模型和计算方法的基础上，采用现场记录的气象数据，对法国里昂黏土路堤中心轴线上的温度、体积含水率和吸力随气候的变化进行一维数值模拟。结果表明，大气降雨和蒸发对路堤含水率和吸力的影响主要局限于距离路堤表面一定深度范围以内[39]。国内外研究者通过试验研究发现，大气干湿循环长期影响下，公路路基内部含水率最终会趋于一个稳定值，并将此含水率称为平衡含水率。平衡含水率状态是路基稳定的湿度状态，直接决定着路基的长期使用性能，因而对大气作用下路基的平衡含水率开展了监测和试验研究。美国研究人员通过大量现场调查取样试验建立路基平衡含水率与塑限、液限、渗透系数或黏粒含量之间的关系式，并以此建立了平衡含水率预估方程[40]。这种方法对较深处路基湿度的预估值与实测值差异较大，在不同位置对相同土质的平衡含水率进行预估的结果也不同。O'Connell 和 Gourley 对干旱地区新建公路膨胀土路堤进行了吸力和含水率的长期跟踪观测。监测结果表明，在膨胀土路基浅层范围内，含水率和吸力的变化较为剧烈，路基中心部位的含水率和吸力变化很小，处于相对平衡状态；路面以下且靠近路肩部位的含水率和吸力与路面以下路基中线位置处的差异较大；指出路基内部含水率的平衡状态是路基设计的重要考虑因素[41]。我国研究者为了解膨胀土路堤改性填筑后的土体性状，对高速公路膨胀土路基改性处治 1 年多以后的土体性状进行了后期试验验证[42]。结果表明，膨胀土路基后期含水率和干密度均有不同程度的变化，变化规律与处治方式、钻孔位置及取样深度密切相关。直接用膨胀土填筑的路堤在填筑完成一定时间后，内部含水率相对填筑初期将增加 2～3 个百分点，干密度有所降低，将对路基长期稳定造成不利的影响。总体而言，国内外对路基平衡含水率的存在已经达成共识，但是如何对大气长期作用下膨胀土路基的平衡含水率进行预测，并根据平衡含水率提出膨胀土路基设计和施工方法，进而上升为平衡含水率理论，仍有待进一步研究。

1.3.4 公路膨胀土工程技术研究进展

膨胀土的判别和分类是进行公路膨胀土工程病害处治的前提。国内外膨胀土分类方法很多，所选用的指标和标准也不相同。国外以及我国各行业各自选用了一些与膨胀土的膨胀和收缩直接或间接相关的指标对膨胀土进行了分类，如自由膨胀率、液限、塑性指数、小于 2μm 的黏粒含量、蒙脱石含量、比表面积、阳离子交换量、胀缩特性指标等，导致分类结果也有较大的差异。单一的自由膨胀率指标分类法方法简单，但存在很多弊端。一是自由膨胀率试验方法不一致，二是自由膨胀率对膨胀土进行分类经常产生误判[43]。我国《铁路工程岩土分类标准》(TB 10077—2001)对膨胀土的分类标准进行了较大的修改，采用蒙脱石含量与阳离子交换量作为判别指标，对膨胀土的判别分类较为合理，但一般公路部门的土工试验室对蒙脱石含量和阳离子交换量没有条件进行测试，因而难于在公路部门加以推广。以上这些分类方法反映了膨胀土的一些特性，并且有的已经在工程中得到成功的应用。然而要在全国公路部门统一分类标准方法，并准确地进行膨胀土的判别，如果直接利用现有的这些方法尚存在一定的局限性，必须另辟蹊径，选择既反映膨胀土本质特征，又便于测试的指标作为膨胀土判别分类依据。

在膨胀土地区的工程勘察技术研究方面，《膨胀土地区建筑技术规范》(GB 50112—2013)、《岩土工程勘察规范》(GB 50021—2001)、《公路工程地质勘察规范》(JTG C20—2011)、《公路路基设计规范》(JTG D30—2004)、《公路设计手册 路基(第二版)》(人民交通出版社，交通部第二公路勘察设计研究院主编)等都提出过要求，包括场地勘察、初步设计勘察、详细勘察以及试验，但勘察点数量、勘察深度和范围尚不能满足公路设计和施工的要求，且对膨胀土路基、路床、路堑边坡和取土场，以及膨胀土强度特性、水力特性、膨胀与收缩特性、风化特性等缺乏具体的勘察要求，更未注意到膨胀土的强度、渗透、裂隙、崩解都随含水率变化的特性。因此，需研究提出新的膨胀土地区公路勘察方法，以方便膨胀土胀缩变形总量的确定、膨胀土新的分类方法以及路基和路堑边坡处治所需参数的获取。现有膨胀土地区公路选线的基本原则是避让。膨胀土路(地)基难以处理就绕避也不失为一种较好的办法。但膨胀土往往成片分布，要彻底避开有时无法实现，因此只有采取有效的工程措施加以处治，积极应对才是上策。但到目前为止，很少见到有关膨胀土地区公路选线及路线设计的研究文献。

公路膨胀土边坡的滑坍治理和膨胀土弃方的合理利用是膨胀土路基工程中的关键技术问题，因此国内外对膨胀土路基处治技术的研究也大多围绕这两个方面开展。国外对膨胀土路基填料的工程处治大多采用化学改良。在美国，公路路基的修建很少采用高填路堤，膨胀土地区筑路通常是将地表少量开挖的膨胀土废弃，而采用无黏性材料换填，若要利用膨胀土作填料，则必须首先掺石灰进行改良，改良处治的深度一般不超过2.5m。此外，美国膨胀土地区公路路基处治还采用了防水土工膜隔水技术，首先在两侧路肩处开挖窄而深的沟槽，接着在沟槽侧壁竖向铺设土工膜，其竖向埋设深度为1.5m左右，然后在路基底部水平方向也铺设防水土工膜，由此构成基底膨胀土封闭水气运动的屏障。由此可见，美国膨胀土公路路基处治的技术思路就是通过尽量减少膨胀土体湿度的变化，进而达到减少土体膨胀收缩的目的，总的处治原则也就是隔断水气迁移，并采取化学改性、灌石灰浆填充裂隙及铺设土工膜等措施进行封闭、封堵。印度的膨胀土广为分布，膨胀土路基修筑中采用了CNS(cohesive non-swelling soil)技术，其非膨胀性黏土垂直包边厚度依填芯土的胀缩性大小而定，取值范围为0.75～1.15m。此外，国外曾有人研究过将膨胀土加热至足够高的温度，破坏蒙脱石的晶体结构，降低土体的膨胀性能实现工程处治的方法；也有人采取在土体中掺加一定比例的砾石来改善土体膨胀性能。20世纪90年代前后，我国公路部门结合高等级公路修建中遇到的膨胀土路基工程问题开展过一些零星研究，重点放在膨胀土填料的化学改良方面，以原交通部公路科学研究所与江苏宁连线合作开展的工作为代表。此外，原长沙交通学院与广西、云南公路科研部门合作，对两省公路修建中遇到的膨胀土问题开展过一些研究，提出了以封闭为主的膨胀土路基设计方法，采用土工格网加固膨胀土路基边坡，直接用中强膨胀土填筑高路堤的试验路获得了成功，并初步建立了设计及施工方法。20 世纪 90 年代中后期，湖北几条高速公路修建中都遇到膨胀土路基处理问题，其中襄荆、襄十、孝襄、樊魏等高速公路都专门立项研究路堤修筑技术，曾提出了膨胀土多指标分类体系，并开展了掺石灰、粉煤灰改性、包边法等膨胀土路堤填筑技术研究。

2002 年以来，长沙理工大学依托交通部西部交通建设重大科技项目“膨胀土地区公路修筑成套技术研究”，针对膨胀土直接用作路基填料开展了大量研究。由于按照常规 CBR 试验评价路堤填料承载力，膨胀土基本上不能用作填料，因此，开展了大量的对比试验。研究发现，现行 CBR 试验方法用于评价膨胀土的路用性能存在不合理性。为此，针对膨胀土筑路的特点进行试验方法创新，开发了改进的 CBR 试验方法和装置，建立了新的膨胀土路用性能评价方法[44-45]。通过大量室内试验和现场试验，论证了膨胀土直接用作下路堤填料的可行性，为用膨胀土直接填路堤提供了试验依据。通过干、湿法重型击实和水稳性对比试验发现，在南方湿热地区湿法重型击实试验确定的路基最佳含水率接近膨胀土天然含水率，且该状态下膨胀土的浸水 CBR 及回弹模量值最大。因此，以此作为路基压实控制含水率，既可保证路基具有最强的承载力，也可使该含水率能与当地气候条件相适应，保持路基承载能力的长期稳定性。为此，提出了用湿法重型击实试验确定的最佳含水率控制路堤压实的施工技术。通过大量现场勘察、原位试验和长期跟踪观测，揭示了干湿循环作用下膨胀土路基的胀缩活动规律和破坏特征，提出了膨胀土干湿循环显著影响区深度的新概念及其快速测定方法，并验证了该方法的正确性，为快速测定膨胀土路基处治范围提供了技术和方法[46-47]。在广西、云南等省区采用膨胀土路堤技术措施成功修筑了多段路堤实体工程，经长时间跟踪研究，确认工程处治效果后，分析并总结提出膨胀土路堤的物理处治技术。但在物理处治技术中，包边填料的选择、膨胀土临界填芯高度等主要设计参数仍是凭工程经验确定的，膨胀土路基设计的相关理论和方法有待进一步完善。

在膨胀土滑坡处治和修复技术方面，国内铁道部门早在 20 世纪 50 年代就开始了相关研究，工作也比较系统，尤其在南昆铁路林逢段进行了大量试验，分别采用了抗滑桩、挡土墙、圬工体封闭及土钉支护等措施进行滑坡治理。蒋忠信等分析总结了实施这些支护工程的经验与教训，指出刚性全封闭措施是否适合于膨胀土路堑边坡，尚值得进一步探讨[48]。Robert W. Day 也研究了边坡浅层滑坍处治与修复技术，提出 4 种修复措施：利用原土重筑滑坍破坏区、土工格栅加筋修复、水泥土修复及管桩和木板支护，并分析比较了各自的优缺点[49]。交通部西部膨胀土课题组通过对南友高速公路施工期间宁明膨胀土边坡灾害的深入调查研究，采用室内试验与原位试验、地质调查与数值模拟、理论分析与工程实际相结合的手段，认真吸取南昆铁路的经验教训，突破刚性加固防护的传统模式，首次提出并实施保湿防渗、土工格栅加筋填筑膨胀土体的边坡柔性支护综合处治技术，成功治理了全线膨胀土堑坡的滑坍[50]。在土工格栅加筋边坡机理与稳定性评价研究方面，现有规范基于极限平衡法分析计算土工格栅加筋土坡，仅考虑筋土间的界面摩擦及筋材的集中拉力作用，得到的安全系数与实际相差较大，不能正确评价土工格栅加筋边坡的效果。国外研究者提出了土工格栅和周围土体间荷载传递机理模型，得到剪应力沿土工格栅长度方向减少，可通过内部位移来预测传递到各段的荷载[51]。Moraci 等建立了一种确定压实黏土中土工格栅最大和残余拉拔力的理论方法，可考虑加筋体几何特性、延展性和回填土强度非线性，估计出拉拔黏聚力和摩擦力[52]。土工格栅加筋柔性支护处治膨胀土堑坡是一种新技术，柔性支护结构包括加筋支护体和内外综合防排水体系两大部分。模拟筋材与膨胀土相互作用的拉拔试验结果表明，膨胀土与筋材的界面强度参数很小，因此，仅考虑筋土间的界面摩擦和筋材集中拉力作用的常规加筋理论不能正确分析结构的受力状况和合理解释其工作机理。目前，设计柔性支护膨胀土路堑边坡的加筋长度及间距时，仅考虑膨胀土干湿循环显著影响深度以及施工机械的可操作性等因素，对于筋土相互作用的定量化分析并用以指导加筋设计的研究尚有待进一步深入。同时，柔性支护结构的保湿防渗机理以及大气作用下的长期稳定性评价等工作亦有待进一步加强。

参 考 文 献

[1] 曲永新，张永双，杨俊峰，等. 中国膨胀性岩、土一体化工程地质分类的讨论与实践[C]//中国工程地质五十年. 北京：地震出版社，2001：140-162

[2] 郑健龙，杨和平. 膨胀土处治理论、技术与实践[M]. 北京：人民交通出版社，2004：1-5

[3] 廖世文. 膨胀土与铁路工程[M]. 北京：中国铁道出版社，1984：22-23

[4] 长沙理工大学. 西部地区膨胀土路基工程典型案例的调研与分析报告[R]. 长沙：长沙理工大学，2007

[5] 郑健龙. 公路膨胀土工程病害及其防治理论与技术[C]//第二届全国膨胀上学术研讨会论文集. 长沙：长沙理工大学，2013：53-70

[6] 孔令伟，陈正汉. 特殊土与边坡技术发展综述[J]. 土木工程学报，2012，45(5)：141-161

[7] 张福海，王保田，刘汉龙. 压实膨胀土路基的膨胀变形规律研究[J]. 岩土力学，2010，31(1)：206-210

[8] Tan Luorong，Kong Lingwei. Study of swelling-shrinkage regularity of montmorillonite crystal and its relation with matric suction[J]. Science in China：Series D：Earth Sciences，2001，44(6)：198-207

[9] 李志清，余文龙，付乐. 膨胀土胀缩变形规律与灾害机制研究[J]. 岩土力学，2010，31(增2)：270-275

[10] 刘祖德，王园. 膨胀土浸水三向变形研究[J]. 武汉水利水电大学学报，1994，12：616-621

[11] 杨和平，张锐，郑健龙. 有荷条件下膨胀土的干湿循环胀缩变形及强度变化规律[J]. 岩土工程学报，2006，28(11)：1936-1941

[12] 龚壁卫，周小文，周武华. 干-湿循环过程中吸力与强度关系研究[J]. 岩土工程学报，2006，28(2)：207-209

[13] 袁俊平，殷宗泽. 膨胀土裂隙的量化指标与强度性质研究[J]. 水利学报，2004，6：108-113

[14] 谭罗荣，孔令伟. 膨胀土的强度特性研究[J]. 岩土力学，2005，26(7)：1009-1013

[15] 李雄威，孔令伟，郭爱国，等. 考虑水化状态影响的膨胀土强度特性[J]. 岩土力学，2009，30(12)：3797-3802

[16] 吕海波，曾召田，赵艳林，等. 膨胀土强度干湿循环试验研究[J]. 岩土力学，2009，30(12)：3797-3802

[17] Zhan L T, Ng C W W. Shear strength characteristics of an unsaturated expansive clay [J]. Canadian Geotechnical Journal, 2006, 43: 815-829

[18] 沈珠江. 非饱和土简化固结理论及其应用[J]. 水利水运工程学报，2003(4)：1-6

[19] 卢肇钧，吴肖茗，孙玉珍，等. 膨胀力在非饱和土强度理论中的作用[J]. 岩土工程学报，1997，19(5)：20-27

[20] 袁俊平，殷宗泽. 考虑裂隙非饱和膨胀土边坡入渗模型与数值模拟[J]. 岩土力学，2004，25(10)：1851-1856

[21] Zhan L T, Ng C W W, Fredlund D G. Field study of rainfall infiltration into a grassed unsaturated expansive soil slope[J]. Canadian Geotechnical Journal, 2007, 44(5): 392-408

[22] 李雄威，孔令伟，冯欣，等. 非饱和膨胀土裂隙扩展性状与工程效应分析[J]. 武汉理工大学学报，2009，31(6)：75-80

[23] 卢再华，陈正汉，蒲毅彬. 原状膨胀土损伤演化的三轴 CT 试验研究[J]. 水利学报，2002，6：106-112

[24] 袁俊平. 非饱和膨胀土的裂隙概化模型与边坡稳定研究 [D]. 南京：河海大学，2003

[25] 卢再华，陈正汉，蒲毅彬. 膨胀土干湿循环胀缩裂隙演化的 CT 试验研究[J]. 岩土力学，2002，23(4)：417-422

[26] 姚志华，陈正汉. 重塑膨胀土干湿过程中细观结构变化试验研究[J]. Chinese Journal of Underground Space and Engineering, 2009

[27] Wheeler S J, Sharma R S, Buisson M S R. Coupling of hydraulic hysteresis and stress-strain behaviour in unsaturated soils[J]. Geotechnique, 2003, 53(1): 41-54

[28] Gens A, Alonso E E. A framework for the behaviour of unsaturated clay[J]. Canadian

Geotechnical Journal,1992, 29:1013-1032

[29] Alonso E E, Vaunat J, Gens A. Modeling the mechanical behavior of expansive clays [J]. Engineering Geology, 1999, 54: 173-183

[30] Bendani K, Missoum H,Khelafi H,et al. Modelling the Hydro-Mechanical Behaviour of Highly Expansive Clays[J]. Asian Journal of Applied Sciences, 2008, 1 (3): 206-216

[31] 缪林昌. 非饱和膨胀土的变形与强度特性研究[D]. 南京: 河海大学, 1999

[32] 卢再华, 陈正汉, 曹继东. 原状膨胀土的强度变形特性及其本构模型研究[J]. 岩土力学, 2001, 22(3): 339-342

[33] 孙德安,孙文静,孟德林. 膨胀性非饱和土水力和力学性质的弹塑性模拟[J]. 岩土工程学报, 2010, 32(10):1505-1512

[34] 殷宗泽, 周建, 赵仲辉, 等. 非饱和土本构关系及变形计算[J]. 岩土工程学报, 2006, 28(2): 137-146

[35] 郑健龙, 杨和平. 中国公路膨胀土工程问题、研究现状及展望[M]//膨胀土处治理论、技术与实践. 北京:人民交通出版社,2004

[36] 王国利, 陈生水, 徐光明. 干湿循环下膨胀土边坡稳定性的离心模型试验[J]. 水利水运工程学报, 2005, 4(12): 6-10

[37] 杨果林, 刘义虎. 膨胀土路基含水量在不同气候条件下的变化规律模型试验研究[J]. 岩石力学与工程学报, 2005, 24(24): 4524-4533

[38] Ng C W W, Zhan L T, Bao C G, et al. Performance of an unsaturated expansive soil slope subjected to artificial rainfall infiltration[J]. Géotechnique, 2003, 5(32): 143-157

[39] Cui Y J, Lu Y F, Delage P. Field simulation of in situ water content and temperature changes due to ground-atmospheric interactions[J]. Geotechnique, 2005, 55(7): 557-567

[40] Rao S. Analysis of In-Situ Moisture Content Data for Arkansas Subgrades[D]. Master's Thesis, University of Arkansas, Fayetteville, Arkansas, 1997

[41] O'Connell M J, Gourley C S. Expansive clay road embankments in arid areas: moisture-suction conditions[C]// Procedings of the First International Symposium on Engineering Characteristics of Arid Soils, City University, London, 1993:1-18

[42] 胡明鉴, 刘观仕, 孔令伟,等. 高速公路膨胀土路堤处治后期土体性状试验验证[J]. 岩土力学, 2004, 9(25): 1418-1422

[43] 姚海林, 程平, 杨洋, 等. 标准吸湿含水率对膨胀土进行分类的理论与实践[J]. 中国科

学：E 辑，2005，35(1)：43-52

[44] 刘龙武，彭娟，郑健龙. 宁明膨胀性泥页岩填料施工压实参数研究[J]. 长沙理工大学学报，2006，3(4)：14-17

[45] 杨和平，赵鹏程，郑健龙. 膨胀土用作路基填料的分类指标体系研究[J]. 岩土工程学报，2009，31(2)：194-202

[46] 刘龙武，郑健龙，缪伟. 广西宁明膨胀土胀缩活动带特征及滑坡破坏模式研究[J]. 岩土工程学报，2008，30(1)：28-33

[47] 刘龙武，缪伟. 膨胀土气候影响深度确定方法研究[J]. 工程勘察，10:1-4

[48] 蒋忠信，等. 南昆铁路膨胀土岩土及其防治的研究进展[J]. 中国地质灾害与防治学报，1995(6)：1-8

[49] Day R W. Design and Repair for Surficial Slope Failures[J]. Practice Periodical on Structural Design and Construction，1996，1(3)：83-87

[50] Zheng J L，Zhang R，Yang H P. Highway Subgrade Construction in Expansive Soil Areas[J]. Journal of materials in civil engineering，2009，21(4)：154-162

[51] Costalonga M A R，Kuwajima F M. Load transfer in geogrids-application in pullout tests in cohesive soil[C]//2nd Brazilian Symposium on Applications of Geosynthetics，Vol. 1. Brazilian Association for Soil Mechanics and Geotechnical Engineering，Sao Paulo，Brazil，1995：149-158

[52] Moraci N，Gioffre D. A simple method to evaluate the pullout resistance of extruded geogrids embedded in a compacted granular soil[J]. Geotextiles and Geomembranes，2006，24(3)：116-128

第2章 膨胀土胀缩机理及判别分类方法

CHAPTER 2

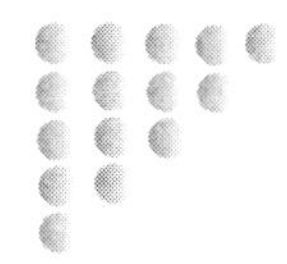

膨胀土成因的差异性导致了膨胀土物理、化学性质及工程性质的差异性。由于膨胀土的特殊土性对工程地质灾害具有控制和影响作用，因此正确认识不同膨胀土的矿物组成、微结构特征和物理、化学性质以及膨胀土的胀缩规律，对于公路膨胀土工程地质灾害的预测和处治具有重要意义。

2.1 膨胀土的物化性质及微结构特征

2.1.1 基本物理性质

对广西宁明、广西百色、云南昭通等地典型风化残积型膨胀土进行的基本物理性质指标测试[1]结果表明，由于热带和亚热带的强烈化学风化作用，在全强风化带形成的残积型膨胀土具有高孔隙性（孔隙比多在 0.7～0.9，最高达 1.98）、高含水率（天然含水率多在 25%以上，最高达 68.2%）、高塑性（塑限多在 25%～35%，最高达 40.4%）和低密度（干密度一般在 1.50～1.65g/cm^3，最低为 1.09g/cm^3）的特点。陕西汉中、河南邓县膨胀土属于沉积型膨胀土，密度相对较高，天然含水率稍低（20%左右）。

分析边坡剖面含水率随深度的变化，可初步确定各地区膨胀土天然稳定含水率。广西宁明灰白膨胀土（属中膨胀土）处于强风化带中，其天然含水率变化范围为 20%～31%；广西宁明灰黑膨胀土（属弱膨胀土）处于弱风化带中，含水率变化较小，在 25%左右。云南昭通、河南邓县和陕西汉中地区膨胀土天然含水率分别为 60%、25%和 20%左右。膨胀土天然稳定含水率多与其塑限相近。

膨胀土因主要由亲水性黏土矿物组成，比表面积大，扩散双电层较厚，保持的薄膜水总量多。因此，广西宁明等6个地区的膨胀土表现出具有高液限与低塑限的特点。对于同一种膨胀土，其液塑限随深度变化的范围不大，相对比较稳定。液塑限及塑性指数是表征膨胀土本质特征相对稳定性的物理指标。

天然状态下广西宁明灰白膨胀土的压缩系数为0.3～0.5MPa^{-1}，灰黑风化黏土页岩为0.1～0.2MPa^{-1}，其压缩变形模量E在7～14MPa之间，都属于中等压缩性土。广西宁明8个膨胀土试样均具有超固结性，其中有6个取样点的前期固结压力达到250kPa左右。应当指出，由于试样所在深度均小于2.2m，所以这里检测出的前期固结压力不是历史上最大上覆荷载，而是历史上经受的最大吸力，并且应当与水平方向的前期固结压力相等。

天然含水率状态下的膨胀土，无论是膨胀力还是不同荷载下膨胀变形量指标的数值均不是很大。但是风干后土样的膨胀性指标表明，无论膨胀力还是不同荷载下的膨胀量均为天然土的5～10倍。可见，干燥活化是膨胀土又一显著特征[2]。

2.1.2 矿物组成

膨胀土的膨胀势明显依赖于土中亲水性黏土矿物成分及其含量，不同类型黏土矿物、不同含量及组合的膨胀土，必然在其物理化学、物理力学和物化-力学性质方面反映出明显的差异性，这是形成各种工程性质不同的膨胀土类型的内在机理。采用X射线仪对广西百色不同地点所取的残积型膨胀土进行了矿物成分的定性分析和定量分析，如图2-1、表2-1和表2-2所示。

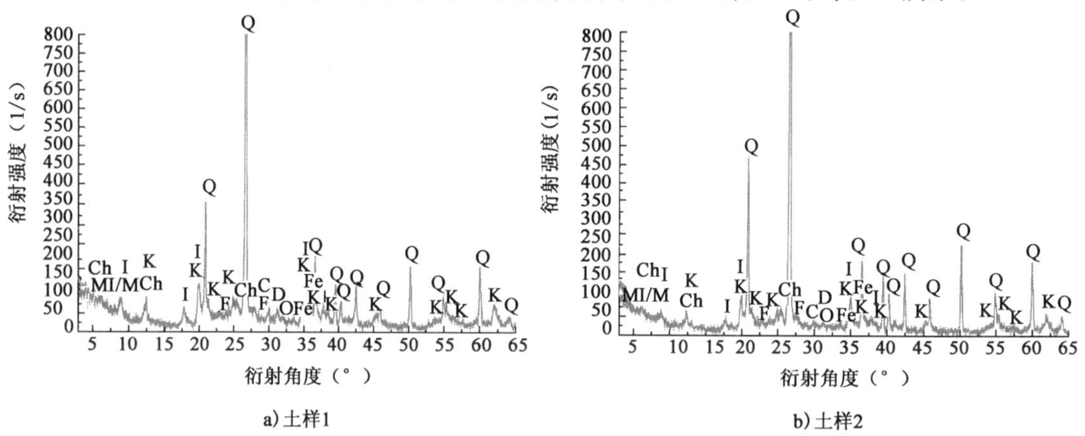

图2-1 广西百色残积型膨胀土X射线衍射定性分析图谱

K-高岭石(Kaolinite)：$Al_4(OH)_8Si_4O_{10}$；I-伊利石(Illite)：$KAl_2(OH)_2(AlSi)_4O_{10}$；M-蒙脱石(Montmorillonite)：$(Na,Ca)_{0.7}(Al,Mg)_4(OH)_4(SiAl)_8O_{20}\cdot nH_2O$；I/M-伊/蒙混层(Illite / Montmorillonite interstratified minerals)：伊利石/蒙脱石混层矿物；Ch-绿泥石(Chlorite)：$(Mg,Fe,Al)_6(OH)_8(Si,Al)_4O_{10}$；Q-石英(Quartz)：$SiO_2$；F-长石(Feldspar)：$(Na,Ca)AlSi_3O_8/(Na,K)AlSi_3O_8$；C-含锰方解石(Manganocalcite)：$(Ca,Mn)CO_3$；D-白云石(Dolomite)：$(Ca,Mg)CO_3$；Fe-赤铁矿(Hematite)：Fe_2O_3；O-其他[Other(s)]

其中，定性分析是根据粉末衍射联合会国际数据中心(JCPDS-ICDD)提供的各种物质标准粉末衍射资料，结合X射线仪土样扫描结果，按照标准分析方法进行对照分析的结果(图2-1和表2-1)。

广西百色残积型膨胀土X射线衍射定性分析结果 表2-1

土样编号	K	I	M	I/M	Q	F	C	D	Fe	O
土样1	有	有	有	有	多	少	少	少	少	少
土样2	有	有	有	有	多	少	少	少	少	少
土样3	多	有	有	有	有	少	少	—	少	少
土样4	有	有	有	有	多	少	—	—	少	少
土样5	有	有	有	有	多	少	少	—	少	少
土样6	有	有	有	有	多	少	少	少	少	少
土样7	有	有	有	有	多	少	少	少	少	少

定量分析按照我国标准《金属材料定量相分析 X射线衍射 *K* 值法》(YB/T 5320—2006)的 *K* 值法进行。综合测试分析结果以重量百分比表示(表2-2)。

广西百色残积型膨胀土X射线衍射定量分析结果 表2-2

土样编号	M+ I/M	I	K	Ch	Q	F	C	D	Fe	O
土样1	17	24	12	2	37	2	≤1	≤1	1.5	余量
土样2	15	17	16	1	45	2	≤0.5	≤0.5	2	余量
土样3	34	10	29	2	19	2	≤0.5	—	2	余量
土样4	12	7	13	1	63	2	—	—	1	余量
土样5	36	14	17	1	27	1	≤1	—	1.5	余量
土样6	23	10	24	4	33	1	≤0.5	≤0.5	3	余量
土样7	24	11	17	1	41	2	≤0.5	≤0.5	1	余量

从X衍射法矿物成分定量分析结果可以看出，膨胀土试样在矿物成分上有一个共同点，即对膨胀性起主要作用的黏土矿物均为M+I/M(蒙脱石和伊/蒙混层矿物)，且以伊/蒙混层矿物为主，含量也不很高，占12%～36%，相当于有效蒙脱石含量6%～18%。其他黏土矿物(伊利石、高岭石和少量绿泥石)含量占21%～41%。石英含量较高，占19%～63%。这种矿物成分特征与土的弱～中等膨胀性是相互对应的。

2.1.3 化学性质

1. 游离氧化物和无定形游离氧化物

游离氧化物是指不属于黏土矿物晶格内部的氧化物。游离氧化物有结晶态和无定形两种形态，有些结晶态的游离氧化物(例如针铁矿)在其生成过程可以与黏土矿物颗粒及非黏土矿物颗粒发生胶结，此情况对黏土的膨胀性会起到一定抑制作用。无定形游离氧化物又分为凝胶和溶胶两种形态。凝胶态游离氧化物在其生成过程可以与黏土矿物颗粒及非黏土矿物颗粒发生胶结，此情况对黏土的膨胀性也会起到抑制作用。溶胶态游离氧化物是含水率很高的胶体，当其表面电荷符号与黏土矿物表面电荷符号相同时，斥力作用有利于黏土膨胀性的发挥；当其表面电荷符号与黏土矿物表面电荷符号相反时，吸引力作用可抑制黏土的膨胀性。岩土工程遇到的大多数情况应当属于后者。

广西百色 7 个膨胀土试样的游离氧化物和无定形游离氧化物含量测定结果见表 2-3。

广西百色残积型膨胀土物理化学性质测试结果 表 2-3

土样编号	游离氧化物(%)		无定形游离氧化物(%)			阳离子交换量	比表面积	有机质	pH
	Fe_2O_3	Al_2O_3	Fe_2O_3	Al_2O_3	SiO_2	(mmol/kg)	(m^2/g)	(%)	
土样 1	2.362	0.916	0.049	0.375	0.859	137.59	141.84	0.234	6.75
土样 2	2.794	1.017	0.014	0.546	0.868	125.47	107.16	0.099	6.85
土样 3	2.889	1.201	0.081	0.964	1.806	152.98	181.19	0.557	5.41
土样 4	1.909	3.548	0.013	0.289	0.839	126.81	114.33	0.040	5.56
土样 5	2.751	4.389	0.169	0.745	1.539	259.03	264.64	0.271	4.91
土样 6	3.703	1.722	0.046	1.092	1.759	227.49	226.57	0.715	5.19
土样 7	1.573	0.688	0.003	0.201	1.255	221.16	188.45	0.051	7.53

从该表可以看出，7 个土样的游离氧化铁含量为 1.909%～3.703%，游离氧化铝含量为 0.688%～4.389%，游离氧化铁含量与游离氧化铝含量之和为 2.261%～7.140%；无定形游离氧化铁含量为 0.003%～0.169%，无定形游离氧化铝含量为 0.201%～1.092%，无定形二氧化硅含量为 0.839%～1.806%，以上 3 种无定形游离氧化物含量之和为 1.141%～2.897%。

从游离氧化物和无定形游离氧化物含量测定结果看，其数量级属于中等，它们与黏土矿物颗粒的胶结作用和吸引作用对土体的膨胀性有一定的抑制作用。

2. 有机质和酸碱度

有机质含量测定结果见表 2-3。可以看出，7 个土样的有机质含量为 0.040%～0.715%，属于有机质含量较低的土，其对土的物理、力学性质影响较小。土的酸碱度测试结果见表2-3。7 个土样的 pH 值范围在 4.91～7.53。除了土样 7 的 pH 值大于 7 外，其余 6 个土样的 pH 值均小于 7，即土的孔隙溶液处于酸性环境。因黏土矿物颗粒表面一般带负电荷，在酸性环境下不利于土粒的分散，或者说在酸性条件下黏土的膨胀性会受到抑制。土样 5(红黏土)的 pH 值最低。

3. 易溶盐、中溶盐及难溶盐

易溶盐、中溶盐及难溶盐测定结果见表 2-4。

广西百色膨胀土含盐量分析结果 表 2-4

土样编号	易溶盐（%）									中溶盐（%）	难溶盐（%）
	总量	CO_3^{2-}	HCO_3^-	Cl^-	SO_4^{2-}	K^+	Na^+	Ca^{2+}	Mg^{2+}	$CaSO_4 \cdot 2H_2O$	$CaCO_3$
土样 1	0.026	—	0.008 8	0.005 4	0.005 1	0.000 47	0.001 20	0.009 1	0.000 44	0.031	0.266
土样 2	0.028	—	0.008 2	0.003 6	0.005 9	0.000 34	0.000 90	0.013 0	0.000 85	0.019	0.486
土样 3	0.017	—	0.009 1	0.004 3	0.001 5	0.000 37	0.003 31	0.014 0	0.000 19	0.019	0.891
土样 4	0.027	—	0.005 1	0.003 4	0.002 0	0.000 59	0.006 48	0.014 0	0.000 23	0.005	0.214
土样 5	0.023	—	0.002 1	0.004 4	0.001 7	0.000 63	0.006 74	0.011 0	0.000 15	0.058	0.223
土样 6	0.014	—	0.004 4	0.004 0	0.001 4	0.000 57	0.005 78	0.009 4	0.000 13	0.015	0.118
土样 7	0.032	—	0.007 5	0.003 1	0.008 8	0.000 59	0.006 18	0.007 5	0.001 90	0.018	0.444

从该表可以看出，7 个土样的易溶盐总量为 0.014%～0.032%，属于易溶盐含量较低的土，易溶盐对土的物理、力学性质影响较小。而且广西属于多雨地区，土地比较潮湿，除了干旱季节的地表硬壳层以外，土体孔隙中的易溶盐不会以结晶形态存在，因此不会在土体中起胶结作用。

易溶盐中的阳离子，除土样 2 外，均以 Na^+ 占优，其次是 Ca^{2+}。易溶盐中的阴离子，除土样 5 外，均以 HCO_3^- 占优，但强酸根含量之和 $Cl^- + SO_4^-$ 均大于弱酸根 HCO_3^- 含量。当易溶盐中的阳离子以 Na^+ 占优时，Na^+ 在黏土颗粒表面的交换性阳离子中也占有相当大的比例，使土粒间存在较大的斥力，有利于土体的膨胀。

7 个土样的中溶盐（$CaSO_4 \cdot 2H_2O$）含量为 0.005%～0.058%，属于中溶盐含量很低的土。中溶盐可以在土粒间起胶结作用，但其含量很低时对土的物理、力学性质影响很小。

7 个土样的难溶盐（$CaCO_3$）含量为 0.118%～0.891%，属于难溶盐含量较低的土。难溶盐可以在土粒间起胶结作用，难溶盐含量高时可对土的膨胀性起很强的抑制作用，但其含量较低时对土的物理、力学性质影响不大。

总体来看，易溶盐中的阳离子以 Na^+ 占优时，有利于土体的膨胀。中溶盐和难溶盐在土粒间起胶结作用时，可抑制土体的膨胀。但易溶盐、中溶盐及难溶盐在 7 个土样中的含量都不高，对土的物理、力学性质影响不大。

4. 阳离子交换量和比表面积

阳离子交换量和比表面积测试结果见表 2-3。7 个土样的阳离子交换量为 125.47～259.03mmol/kg，比表面为 107.16～264.64m^2/g。以上表面化学性质范围值与国内各地膨胀土相比属于偏低范围。阳离子交换量和比表面积测定结果与矿物成分定量分析结果是相互适应的，且与土的弱～中等膨胀性也是相互对应的。不过，土样 7(红黏土)属于例外，其阳离子交换量和比表面积指标最高，但膨胀性最弱。

2.1.4 膨胀土微结构特征

对膨胀土微结构特征的研究包括扫描电镜观察和压汞仪测定孔隙分布。从上述广西 7 个取样点各取出两块原状试样，从每块原状样再切取 4 小块约 1cm^3 的长方体小试样。其中两小块用于扫描电镜观察，另两小块用于压汞仪测定孔隙分布。在检测以前，这些样品用冷冻干燥法脱水以便保持其原来的微观结构。

1. 扫描电镜反映的膨胀土微结构特征

扫描电镜对不同膨胀土试样从不同角度用不同放大倍数进行观察，选择有典型特征的画面，摄取照片。广西膨胀土典型的扫描电镜照片如图 2-2 所示。

对扫描电镜图像进行分析可以发现，多数 SEM 照片中的土颗粒呈薄片状者占优势。有的片状颗粒宽大，并有些弯曲，主要为蒙脱石或伊/蒙混层矿物；有的片状晶粒细小，边长一般小于 10μm，没有明显的弯曲，主要为伊利石，其中少数颗粒呈六边形，为高岭石。对于片状颗粒宽大者占优的情况，颗粒呈多层状排布，颗粒间多呈面-面接触，形成面-面叠聚体。这种情况在电镜观察中遇到最多，所以可以认为这种面-面叠聚体是广西膨胀土中占主导地位的基本组构单元。对于片状晶粒细小者占优的情况，颗粒呈无规则排布，颗粒间多为点-点或点-面接触。对于颗粒呈多层状排布的情况，孔隙多为狭缝状，孔隙间连通性较差。也有少数孔隙宽阔，形状不规则。对于颗粒呈无规则排布的情况，孔隙形状无规则，连通性较好。有少数试样的 SEM 照片显示颗粒形状及颗粒间的界限均不明显，颗粒排列和接触情况看不清楚。这意味着该试样颗粒间可能存在较多的胶结物。

2. 膨胀土的孔隙结构特征

用压汞法对膨胀土试样进行孔隙分布测定。广西膨胀土典型的压汞试验结果如图 2-3 所示。

对压汞试验测得的孔径级配曲线进行分析可以发现，孔径级配曲线(孔隙累计体积与孔径关系曲线)的形状可分为两种类型，其中一种孔径分布变化比较连续，曲线呈反 S 形[图 2-3a)]；另一种孔径分布变化不连续，中间很大一段范围的孔隙(指直径 $d=0.2\sim10\mu m$ 的孔隙)含量很少，曲线在相应的区间出现一个较宽的平台[图 2-3b)]。前一种类型的孔径级

放大倍数：1250

放大倍数：1400

a)百乐二级公路K56+180弱膨胀土

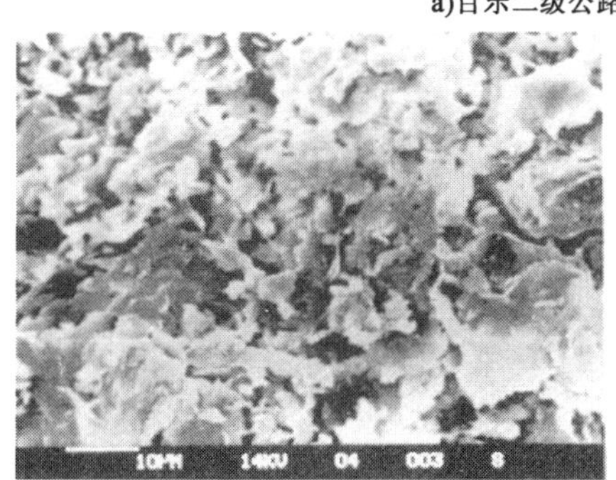

放大倍数：950

放大倍数：520

b)百乐二级公路K58+100中膨胀土

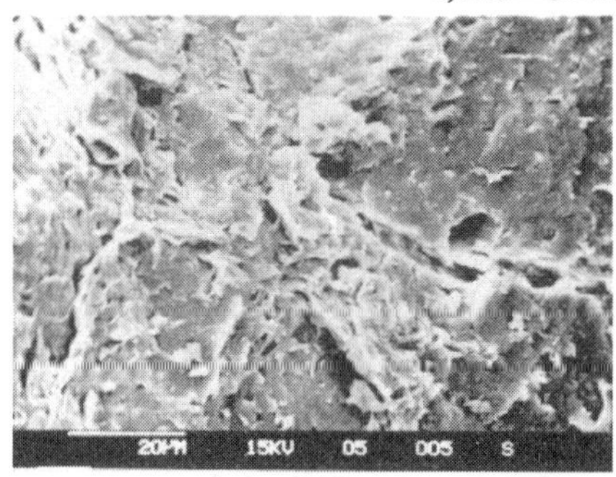

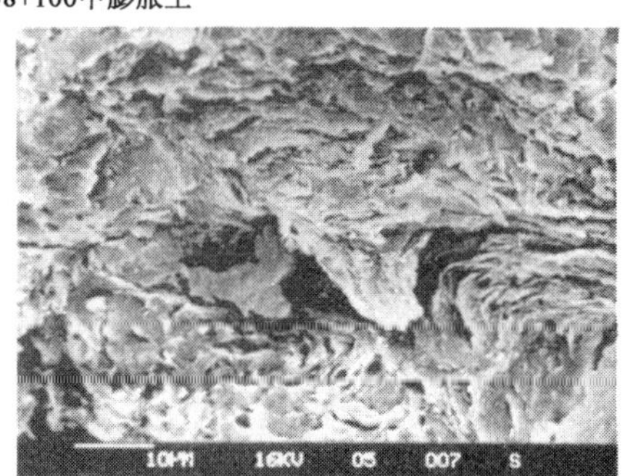

放大倍数：750

放大倍数：1000

c)南宁快速环路K12+350中膨胀土

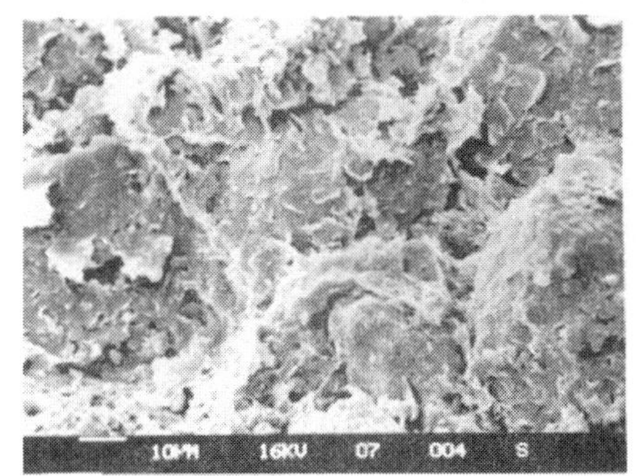

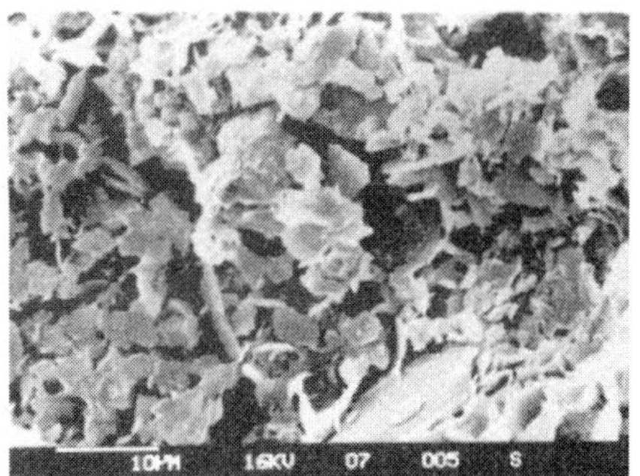

放大倍数：600

放大倍数：1250

d)南宁快速环路K12+900中膨胀土

图 2-2

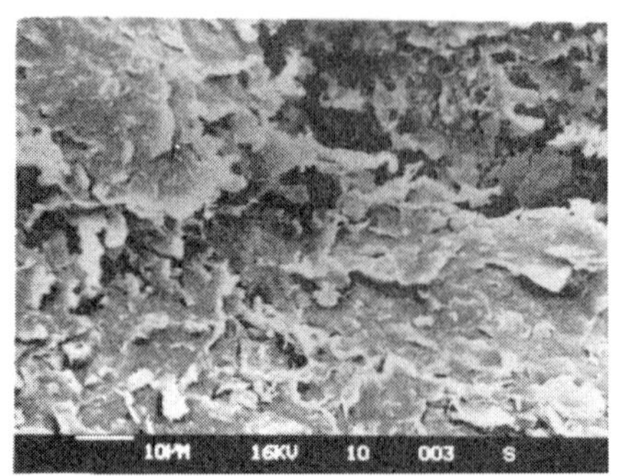

放大倍数：750

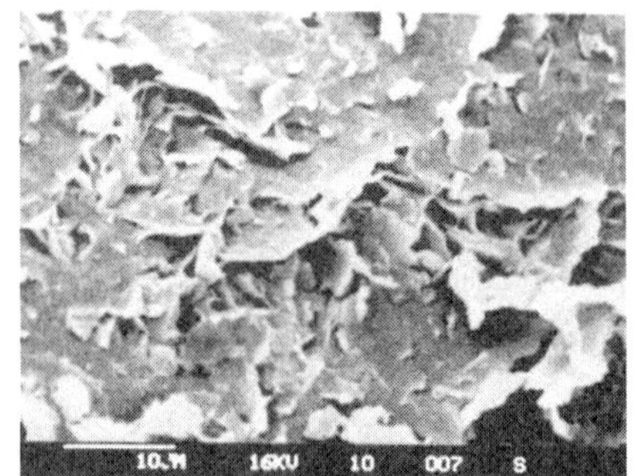

放大倍数：1400

e)南友高速公路K114+300中膨胀土

图 2-2　膨胀土扫描电镜照片

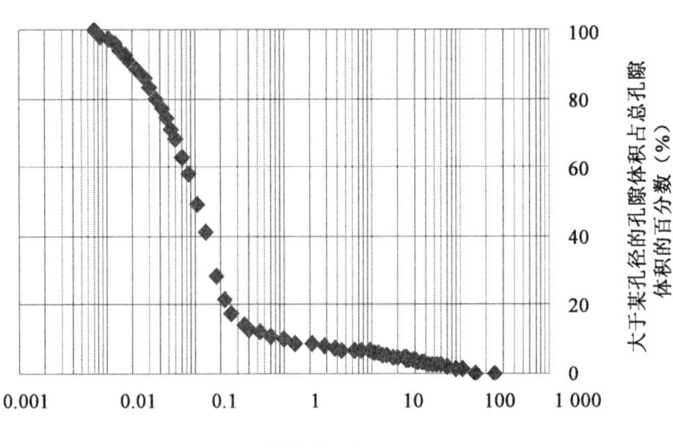

a)制样编号:1-1,最大压入体积=0.230 5mL/g

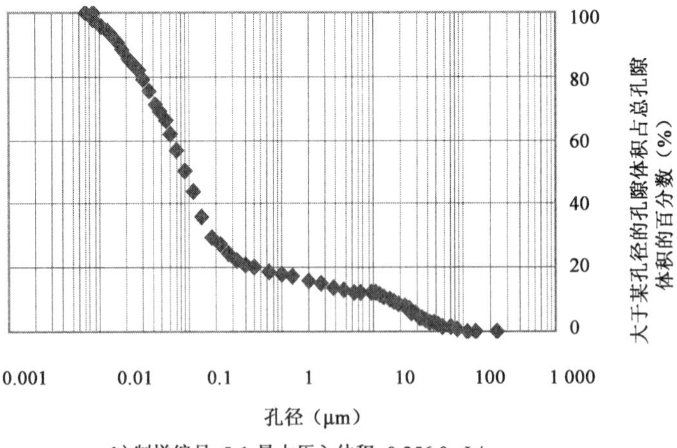

b)制样编号:5-1,最大压入体积=0.256 0mL/g

图 2-3　广西膨胀土典型压汞试验得到的两组典型孔径分布曲线

配曲线，比较典型的只占2/7。后一种类型的级配曲线有两个拐点，第一拐点范围值 $d_1=0.1\sim0.5\mu m$，多数为 $d_1=0.2\sim0.3\mu m$，第二拐点范围值 $d_2=9\sim10\mu m$。各试样的 d_1 和 d_2 值见表2-5。如果将 $d<d_1$ 的孔称为微孔，将 $d_1<d<d_2$ 的孔称为小孔，将 $d>d_2$ 的孔称为大孔，则所有试样的微孔占有的体积均为孔隙总体积的绝大部分。对第二类孔径级配曲线，大孔占有的体积居第二位，小孔占有的体积最少。对于狭缝状孔隙而言，压汞试验测得的孔径相当于狭缝间距。SEM照片因受放大倍数限制，无法看清微孔的存在。

由压汞试验测得的广西膨胀土试样的孔隙分布情况 表2-5

制样编号	各组孔隙体积占孔隙总体积百分数(%)				第1拐点 d_1(μm)	第2拐点 d_2(μm)
	0.007～0.1μm	0.1～1μm	1～10μm	>10μm		
1-1	50	40	3	7	0.3	—
1-2	48	44	3	5	0.4	—
2-1	47	34	3	15	0.3	10
2-2	62	28	3	7	0.2	—
3-1	81	11	3	5	0.1	—
3-2	78	8	4	10	0.1	10
4-1	39	44	5	12	0.4	10
4-2	53	25	5	17	0.3	9
5-1	56	26	6	12	0.3	9
5-2	60	18	6	16	0.2	9
6-1	32	40	5	23	0.5	9
6-2	43	30	5	22	0.3	9
7-1	58	9	3	30	0.2	10
7-2	57	8	3	32	0.2	10

综合SEM照片和压汞试验分析结果可以推断，层状排布的黏土颗粒聚集体(或称面-面叠聚体)是细观上占优势的基本组构单元；微孔($d<r_1$，$d_1=0.2\sim0.3\mu m$)是这种基本组构单元内部土粒间的孔隙，一般为狭缝状；小孔($d_1<d<d_2$，$d_2=9\sim10\mu m$)和大孔($d>d_2$，$d_2=9\sim10\mu m$)是这种基本组构单元之间或者是这种基本组构单元与非黏土矿物的粉粒之间的孔隙。小孔一般为狭缝状，其孔径是指狭缝的间距，大孔形状不规则。

应当指出，蒙脱石类矿物颗粒内部晶层之间是一种平行板状的微小孔隙，也可以称为晶层间孔隙或超微孔隙。风干状态下这种孔径(即平行板间距)一般为0.000 54～0.000 56μm(相当于蒙脱石晶层间含有2层水分子)。广西土样现场天然含水率是标准吸湿含水率的4～7

倍，所以晶层间隙最大也不可能超过 0.004μm(相当于蒙脱石晶层间含有 14 层水分子)。由于压汞法只能检测半径大于 0.007μm 的孔隙，所以超微孔隙已经超出了压汞法的测量范围，在孔径级配曲线中没有反映。以上分析说明，用压汞仪测得的孔径分布曲线并不是膨胀土的全孔径分布曲线。由于蒙脱石类矿物含量的多少对于膨胀土性能具有特别重要的意义，所以今后应当关注如何得到土的全孔径分布曲线的试验技术研究。

3. 膨胀土分形特征❶

膨胀土的膨胀性与膨胀土的颗粒组成、孔隙分布、矿物成分等有关。运用分形模型描述广西膨胀土的结构分维特征，可对其结构特性作进一步分析和探讨。

我国各地膨胀土的颗粒分析资料表明，膨胀土粒度分布具有分形特征。图 2-4 表示了广西膨胀土粒度分布的分形特征，其分维介于 2.64～2.87 之间，相关系数在 0.93 以上。

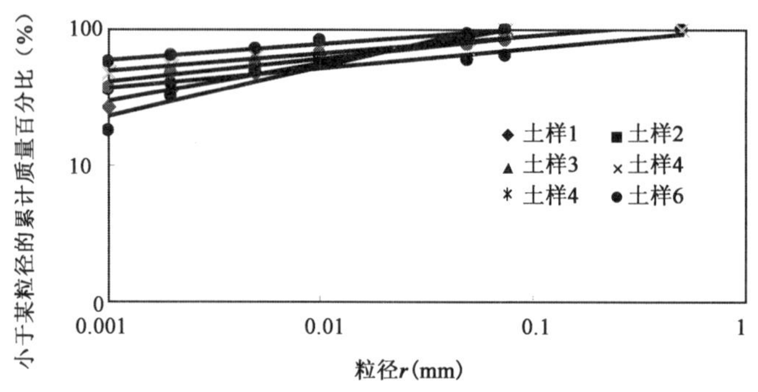

图 2-4　广西膨胀土颗粒分布的分形特征

从图 2-4 中可以看到，膨胀土粒径越小，分维越大。表 2-6 是广西膨胀土的主要矿物成分和颗粒分析结果。从中可以看到，分维 D 与蒙脱石含量并没有很好的相关关系。表 2-7 是全国典型膨胀土的矿物成分和颗粒分析结果。从中可以看到，并不是粒径越小蒙脱石含量越高，从理论上也可以解释。表 2-8 是膨胀土中几种黏土矿物的性质比较。从中可以看出，膨胀土中的几种主要黏土矿物的颗粒直径范围重叠，用比重计法测出的颗粒直径无法区分这几种主要的黏土矿物，所以用膨胀土粒度的分维作为膨胀土膨胀强弱的判别指标是不准确的。

从以上压汞试验结果来看，压汞法的测量范围是半径大于 0.006μm 的孔隙。蒙脱石类矿物颗粒晶层之间是一种平行板状的微小孔隙，天然状态下这种孔隙的最小间距为 0.000 3μm，如果按晶层吸收 3 层水分子计算，间距可以达到 0.001μm。把蒙脱石类矿物颗粒晶层之间的孔隙，称为微孔隙。因此，在膨胀土中孔隙可以分为 3 种：大孔隙(团聚体间的孔隙，还应包括与团聚体量级相当的颗粒之间的孔隙和颗粒与团聚体之间的孔隙)、小孔隙(团聚体内的粒间孔隙)、微孔隙(蒙脱石类矿物颗粒晶层之间的孔隙)。图 2-5 和图 2-6 是膨胀土孔隙分布和蒙脱石晶体的简单示意图，实际团聚体的形式相当复杂。

---

❶以非整数维形式充填空间的形态特征。

广西膨胀土矿物组成及粒度组成 表 2-6

编号	M+I/M	I	K	颗粒分析(mm)						分维 D	相关系数 R^2
				<0.001	<0.002	<0.005	<0.01	<0.05	<0.074		
1	17	24	12	17.9	32.2	50.1	65.3	88.4	99.2	2.64	0.93
2	34	10	29	37	47.8	58.2	67.5	77.5	83.8	2.83	0.94
3	15	17	16	27.3	36	48.3	66	86.5	91.4	2.72	0.97
4	24	11	17	58.3	64.4	71.8	82	94	99.4	2.88	0.99
5	12	7	13	35.7	40.4	50.2	55.9	61	64.3	2.85	0.93
6	34	10	29	47.4	53.5	62	69.8	86.3	99	2.84	0.99

全国典型膨胀土矿物组成及粒度组成 表 2-7

编号	取样地点	矿物组成(%)						粒度组成(%)		
		M	I/M	I	K	Q	其他	<0.005	<0.002	<0.001
1	云南鸡街	54	—	18	8	20	—	61	46	37
2	云南蒙自	28	—	28	29	15	—	44	34	27
3	四川成都	—	31	17	12	40	—	45	31	22
4	河北邯郸	48	—	7	2	43	—	30	14	9
5	广东嘉禾	4	—	27	13	56	—	17	10	7
6	湖北襄阳	14	20	23	3	39	—	26	15	11
7	安徽合肥	—	38	19	—	47	2	49	34	25
8	贵州贵阳	32		11	30		18	41	33	31

膨胀土中几种黏土矿物的性质比较 表 2-8

项　目	高 岭 石	伊 利 土 石	蒙 脱 石
颗粒厚度	0.5～2μm	0.003～0.1μm	<0.95nm

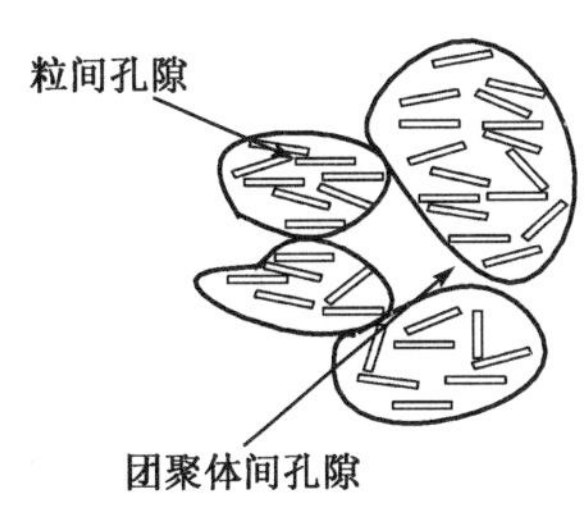

图 2-5　孔隙分布简单示意图

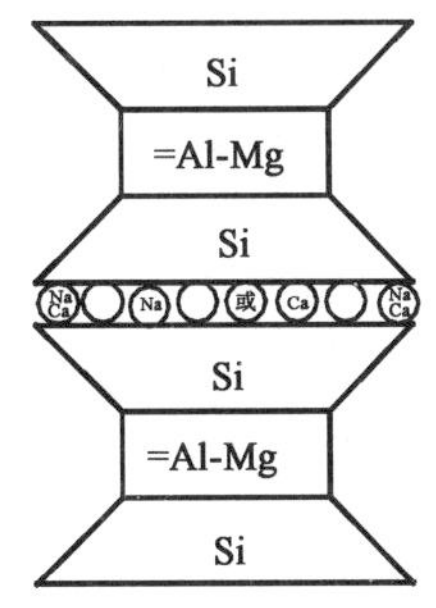

图 2-6　蒙脱石晶体示意图

通过压汞仪测定膨胀土的孔径分布得到以下结论:土的粒度分布是一个分形结构,分维可以间接地判别膨胀土的膨胀性。土的孔隙分布具有多重分维的特性。以广西膨胀土的孔隙分布的分维为例,孔径 0.1μm 左右相当于团粒之间的孔隙(还应包括与团粒量级相当的颗粒之间的孔隙和颗粒与团粒之间的孔隙)与团粒内颗粒间孔隙孔径的界限值。团粒大小分布不均匀,导致了团粒间的孔隙分布的不均匀,出现了 10μm 的拐点。而团粒大小与矿物成分等有关。

2.2 膨胀土的胀缩机理

关于膨胀土的胀缩机理,曾有研究者总结归纳为 3 种理论[3]:①晶格扩张理论;②双电层理论;③微结构理论。而所谓机理应是反映最本质特征的原理,膨胀土的胀缩机理也应从最本质的方面着手研究,因此对膨胀土的胀缩机理应该从两个最本质的方面加以认识:一是土中含有的胀缩性黏土矿物——蒙脱石自身的胀缩,即蒙脱石晶体的胀缩机理;二是土中颗粒单元之间平均间距的变化,即土颗粒单元间的胀缩机理。

2.2.1 蒙脱石晶体的胀缩机理

作为晶架结构的基本单元,有两种主要分子结构,它们是 Si-O 四面体和 Al-O 八面体。硅片和铝片相结合就形成黏土颗粒的基本结构单元。不同的黏土矿物在堆积形态上各不相同。电子显微镜观察和 X 射线衍射的结果表明,黏土矿物晶架结构中的原子排列成很多片,犹如书页一般,这些薄片的排列和化学成分决定着黏土矿物的类型。膨胀土的主要黏土矿物是蒙脱石、伊利石或伊/蒙混层矿物。但对膨胀土膨胀与收缩影响较大的是蒙脱石。谭罗荣研究表明,各种不同蒙脱石晶体在不同相对湿度下,晶层间距 d_{001} 是不同的,计算得到的相应晶体体积变化量也不一样,见表 2-9。表中数据表明,蒙脱石晶体从饱水到风干状态的体积变化可达 20%以上,且一价离子土较二价离子土有明显大得多的胀缩量。

蒙脱石晶体的胀缩量[4] 表 2-9

试样号	蒙脱石含量(%)		风干至饱水膨胀率(%)	饱水至风干收缩率(%)	备　注
	一价离子	二价离子			
2	0	100	22	18.4	2、5 号试样为 Ca 蒙脱石,7 号试样为 Ca-Na 蒙脱石,6 号试样为 Na 蒙脱石,4、3 号试样分别是 K-Mg、NH_4-Mg 蒙脱石
3	29	71	38	27.6	
4	26	74	37	27	
5	7	93	25	20	
6	100	0	80	43	
7	40	60	50	33	

上述研究结果表明，蒙脱石晶体体积的变化或者晶格扩张是十分明显的。在传统的晶格扩张理论中，晶格扩张是由于以下原因：①层间阳离子的水化能力极强，极易吸取水分子进入层间而使层间扩张；②蒙脱石具有强大的静电引力，可将极性水分子吸引进晶体的层间，使晶体膨胀；③晶体自身水化能力较强，水沿联结较弱的解理面水化而使晶体膨胀等。谭罗荣的研究已证明这种解释并不完善，并利用不同浓度的 NH_4NO_3 溶液调制 Na 蒙脱土样，调制后的土样含水率为 90%左右，然后对它们进行 X 射线衍射试验。所得结果显示，当调制溶液浓度较低时，Na 蒙脱石干土粉样将吸取溶液中的水分而使晶格扩张；而调制溶液浓度提高到某一值时，蒙脱石晶格维持不变；当调制溶液浓度超过该值时，蒙脱石晶体不仅不能从溶液中吸取水分使晶体扩张，反而是晶格中层间水被溶液吸走而使晶体收缩。这种现象显然不能用水化理论、双电层理论来解释。为此，根据蒙脱石的晶体结构特点，用物理化学中的渗透压理论解释这一试验现象更为合适。

蒙脱石晶体层间的结构特点是：天然土中，特别是饱和土中，蒙脱石晶体处于孔隙溶液的包围之中，如图 2-7 所示。在放大图中，蒙脱石晶体的晶层间的水与孔隙水是相通的。由于同晶替代，蒙脱石晶体的 Si-O 四面体中的 Si^{4+} 被 Al^{3+} 、Fe^{3+} 等部分取代，Al-O 八面体中 Al^{3+} 被 Mg^{2+} 、Fe^{2+} 等部分取代而造成晶体结构中的正电荷不足，这种不足被晶层间的可交换阳离子补偿。可交换性阳离子可以是一、二、三价，这些阳离子被水分子所包围。因此，可以认为晶层间充满含有一定离子浓度的特殊溶液，并且其粒子浓度可以进行简单估算。

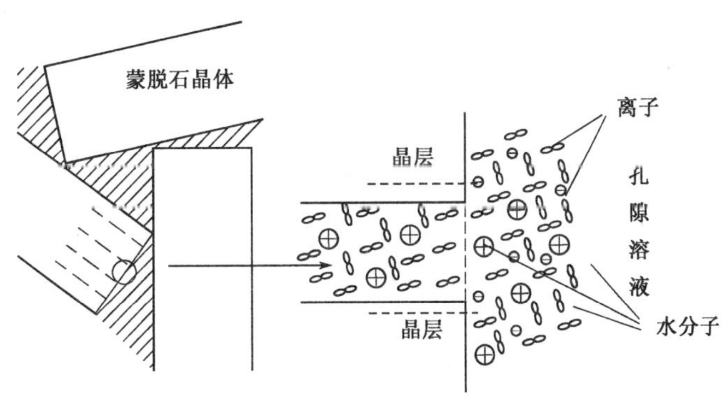

图 2-7　等效半透膜作用示意图

如图 2-7 放大部分所示，晶层间与孔隙溶液间有一假想界面，即图中虚线。实际土中的孔隙液是含有各种电解质的分子和离解的离子，即也有一定的粒子浓度。设晶层间的离子浓度为 C_i，孔隙液离子浓度为 C_e，若不考虑其他作用因素，当 $C_i \neq C_e$ 时，晶层间内外存在粒子浓度差，亦即晶层间内外存在一渗透压差。根据扩散理论，浓度高的一侧的粒子将向浓度低的一侧扩散或迁移，但这种迁移是有条件的，是以不破坏蒙脱石晶体中结构电荷平衡为前提的，即：

(1)孔隙溶液中的中性粒子和阴离子不能进入晶层间。

(2)如果晶层间内外的正离子价数相同,如同为一价,那么尽管可以发生内外离子的交换,如外部的 K^+ 进入内部交换出内部的 Na^+,但因进出离子数相同,故宏观上不存在离子数迁移,也不破坏晶体内结构电荷平衡。

(3)如果内外离子价数不等,例如内部为二价离子,外部为一价离子,那么当 $C_e<C_i$ 时不会发生离子数迁移,否则将加大量测渗透压差,这是不可能的,但可由低粒子浓度区的水分子向高浓度区转移来提高低浓度区的离子浓度和降低高浓度区的离子浓度,以降低内外渗透压差。这种不允许离子流动但允许水分子流动的现象称之为半透膜效应。显然晶层间内外界面在一定条件下为一等效半透膜,它在一定条件下不允许离子通过而允许水分子通过。水分子进入层间时,对层间施加一排斥力以使晶层间扩张或膨胀。故晶层间的交换性阳离子可以理解为具有吸引水进入层间使晶层间扩张的作用能力,称之为渗透膨胀势。相反,孔隙溶液中的离子则有吸引层间水分子而使晶层间收缩的作用,故称它为渗透收缩势。

蒙脱石晶层水分子的进出,是晶体膨胀和收缩的根本原因,而影响水分子进出晶层间的因素主要有以下类型:

(1)由于单位晶层内部 Si-O 四面体和 Al-O 八面体中 Si^{4+}、Al^{3+} 被低价离子替代造成单位晶层整体带负电性,晶层之间存在着净斥力作用,该作用有利于水分子进入层间,使晶体具有膨胀势。

(2)为补偿单位晶层正电荷不足而存在于层间的可交换性阳离子,它有使晶层间靠拢的吸引力作用,该作用有阻止水分子进入层间和将水分子赶出层间的作用,使晶体具有收缩势。

(3)层间阳离子对极性水分子的静电作用,有使水分子进入层间和防止水分子逸出层间的作用,使晶体具有膨胀势。

(4)层间水分子之间及其与晶层底面氧离子之间静电和氢键作用,该作用类似(3),故也称为膨胀势。

(5)在所研究的层间距范围内,存在范德华力和电磁力等,这种力为层间吸引力,故具收缩势。

(6)层间内外溶液中各种离子、电解质分子等粒子浓度差引起的渗透压势差净值为负时为膨胀势,净值为正时为收缩势。

(7)当晶层水直接与空气接触时,层间水分子有向空气中蒸发的作用势,空气中的水分子也有被吸入层间的作用势,前者为收缩势,后者为膨胀势。其净作用势取决于空气的相对湿度,这种作用涉及气液平衡理论,可称为吸力势。

在用不同浓度电解质溶液调制试样时,土样原为风干粉末样,测得其初始晶面间距 d_{001} 为1.56nm。此时晶层间存在的上述作用处于平衡状态,层间距是稳定的,层间液相与气相间有一气液界面,具有收缩势。当用溶液调制土样时,水的介入有可能破坏晶层间的平衡状态,因为气液界面被液液界面所取代,即原先平衡态时所具有的蒸发收缩势被孔隙液中的电解质离子浓度构成的渗透压收缩势所取代。如果此时的渗透收缩势与原先的蒸发收缩势相等，则晶层间距或晶面间距 d_{001} 将保持不变；如果孔隙液中离子浓度小于该值，则其产生的渗透压收缩势不足以弥补原蒸发收缩势的损失，因而造成净膨胀势而使水分子进入晶层间使晶层间距膨胀。反之，如孔隙液离子浓度大于该值时，则不仅能补足损失的蒸发收缩势，而且还有多余的收缩势，于是层间水向孔隙内移动而使晶层间间距收缩。

但是，晶格扩张膨胀理论仅仅局限于晶层间吸附结合水膜的楔入作用。实际上，黏土的膨胀不仅发生在晶格构造内部晶层之间，而且也同时发生在颗粒与颗粒之间，以及团聚体与团聚体之间。

2.2.2 土颗粒单元间的胀缩机理

关于土颗粒单元间的胀缩机理，最常见的解释是双电层理论或双电层渗透压理论。根据现代胶体化学的原理，黏土矿物颗粒由于晶格置换产生的负电荷在颗粒周围形成静电场。在静电引力的作用下，颗粒表面必然吸附有相反电荷的离子（即交换性阳离子）予以平衡。这些带反向电荷的离子以水化离子的形式存在，带有负电荷的黏土矿物颗粒吸附水化阳离子，形成扩散形式的离子分布，从而组成所谓的双电层（水化膜）。

已有研究表明，黏土中结合水的厚度，特别是弱结合水膜的厚度，主要取决于双电层中扩散层的厚度，而扩散层的厚度则直接受电动电位所控制。电动电位又与土中黏土矿物成分以及介质中离子成分和浓度等密切相关。一般对同类矿物而言，电价愈高的阳离子（例如铁和铝）与矿物颗粒表面之间的静电引力愈强，扩散层愈紧密地吸附在矿物颗粒表面，电动电位低，则其扩散层厚度小，结合水膜薄，膨胀量小；电价愈低的一价阳离子（例如：钠、钾和锂），其电动电位愈高，扩散层厚度大，结合水膜厚，膨胀量大。当水（溶液）中的电介质浓度发生变化时，引起扩散层的物理化学环境发生改变从而使得扩散层的厚度随介质浓度的增大而缩小，若介质浓度降低，扩散层变厚。由于引起结合水膜厚度变化，因此，将直接影响到土的胀缩性。

按照这一理论，当黏土与水相互作用时，双电层作用并不仅仅局限于单一矿物颗粒表面，同时也存在于集聚体表面或集聚体间，而且晶格扩张理论在解释黏土胀缩原因方面的不足也促使进一步发展了结合水膜在膨胀理论中的应用，这样使得膨胀机理的理论更加全面和充实。

对于膨胀土而言，首先是在组成膨胀土的矿物成分中，由于普遍含有多量蒙脱石黏土矿物，甚至有的膨胀土几乎全由蒙脱石组成，所以，带负电荷的蒙脱石颗粒吸附水化阳离子，在水介质中的电动电位比其他矿物都高，特别是 Na 蒙脱石的电动电位更高，并且它的电动电位随离开颗粒表面距离的加大缓慢下降，可以延伸至比较远的距离。也就是说，蒙脱石矿物颗粒表面双电层中扩散层的厚度较大，因而结合水膜较厚，水膜“楔”开颗粒间的距离增大，所以，膨胀土的膨胀量必然要比其他土大得多。进一步研究蒙脱石颗粒表面负电量，在相近的情况下，由于吸附钠离子时被平衡掉的电荷比之吸附钙离子时被平衡掉的电荷少，所以 Na 蒙脱石在水介质中的电动电位比 Ca 蒙脱石高，扩散层厚度大，结合水膜更厚，膨胀土含水率相对增大。所以，一般由 Na 蒙脱石组成的膨胀土，比由 Ca、Mg 蒙脱石组成的膨胀土具有更高的膨胀势。

由于膨胀土的风化产物中含有较多的 Fe_2O_3 和 Al_2O_3 两性胶体物质，如果水（溶液）介质的 pH 值相同，两性胶体则显示出不同的电性。两性胶体不显电性时的 pH 值则称为该两性胶体的等电 pH 值。观察试验表明，介质的 pH 值与等电 pH 值相差愈大，则两性胶体的电荷愈多，电动电位愈高，其扩散层愈厚。在黏土矿物中，蒙脱石的等电 pH 值一般等于 2，高岭石的等电 pH 值约等于 5，伊利石的等电 pH 值则介于 2～5 之间。而膨胀土中天然水（溶液）的 pH 值通常与蒙脱石的等电 pH 值相差最大，与伊利石相差次之，同高岭石相差最小。所以，由蒙脱石为主组成的膨胀土电动电位最高，扩散层水膜最厚，膨胀含水率最大，膨胀最强烈；由高岭石组成的膨胀土电动电位最低，扩散层水膜较薄，膨胀含水率较低，膨胀性较弱；伊利石膨胀土的电动电位居于中等，故具有中等膨胀性。

2.2.3 对膨胀土胀缩机理的认识

根据已有研究成果，可以从以下几个方面认识膨胀土的胀缩机理。

（1）膨胀土能够膨胀与收缩的物质基础是膨胀土内含有 d_{001} 层间可以吸水膨胀和失水收缩的蒙皂石类矿物，它既包含蒙脱石、皂石、绿泥石、囊脱石等矿物，又包含伊利石-蒙脱石、绿泥石-蒙脱石为主的混层黏土矿物。

（2）黏土矿物的 Si-O 四面体和 Al-O 八面体的同晶置换作用，使黏土矿物表面均带有负电荷，在水介质环境中可以吸附极性水分子和带正电荷的阳离子，阳离子的水化作用也将水分吸附在土颗粒表面，形成溶剂化水层，并实现静电平衡。

（3）不同的黏土矿物表现出不同的亲水特性。伊利石、高岭石仅是一般的亲水矿物，不具备膨胀性的晶层结构，其亲水性分别只有蒙脱石的 1/10～1/60。因此，膨胀土的胀缩特性主要由蒙脱石含量控制。图 2-8 显示蒙脱石含量对胀缩特性具有决定性的控制作用。

（4）黏土的膨胀可以分为两种类型：一类为粒间膨胀，另一类为晶格（晶层）膨胀。粒间膨胀是土颗粒表面在静电引力作用下在水介质中吸收水分，导致结合水膜厚度增加而引起的土体积膨胀，这是所有黏土颗粒的共性。这类膨胀一般不会引发工程问题。晶格（晶层）膨胀是具备膨胀性的晶层结构的黏土矿物，如蒙脱石，在水的作用下，水作为矿物组成或晶格的一部分进入矿物，造成矿物的显著膨胀，从而导致工程问题发生。蒙脱石晶层间由水化交换阳离子联结，其晶层间距随环境的湿度或水分变化而膨胀和收缩。如干燥条件下，蒙脱石 d_{001} 晶层间距为 0.97nm，层间吸收一层水分子后为 1.25nm，吸收两层水分子后为 1.54nm。当蒙脱石的含水率分别为 10%、29.5%、59%时，d_{001} 面间距分别为 1.12nm、1.51nm 和 1.78nm；当蒙脱石加水呈胶状时，d_{001} 面间距达 2nm 左右。Na 蒙脱石在低浓度电解质溶液中 d_{001} 晶层间距可超过 12nm，体积增大 10 倍以上。

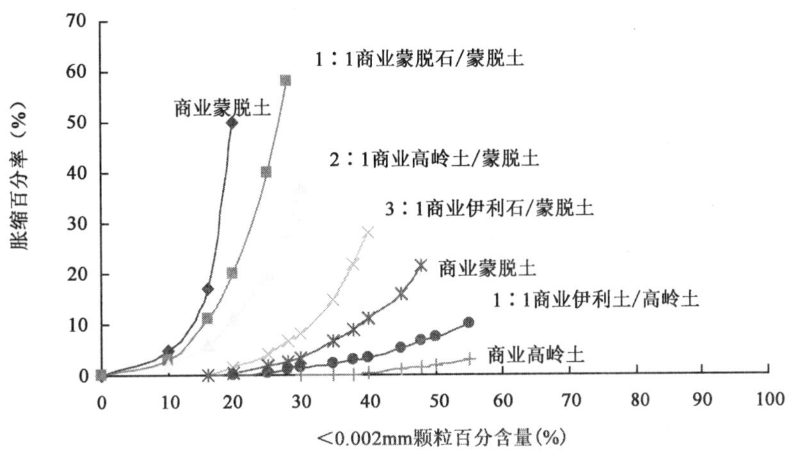

图 2-8 试验土的膨胀百分比率与黏土矿物组成、蒙脱石含量的关系[5]

(5)膨胀土的胀缩特性不仅与蒙脱石含量密切相关，而且与蒙脱石内外表面所吸附的可交换阳离子组成密切相关，Na 蒙脱石与 Ca 蒙脱石性质上有很大的区别。此外还与可交换阳离子的浓度密切相关。Norrish K. 和 Quirk J. P. 等将不同离子定向的薄膜试样浸入不同盐浓度的溶液中，在特定装置中测定 d_{001} 晶面间距的变化规律，发现对于处在 $CaCl_2$ 溶液中的 Ca^{2+}、Mg^{2+} 等多价离子蒙脱土，d_{001} 从 4mol/L 时的 1.53nm 随着溶液浓度减小到 0 而增加到 1.9nm；而单价离子 H^+、Li^+、Na^+ 蒙脱土，d_{001} 从 4mol/L 时的 1.54nm，随着溶液浓度减小到 0.5～0.3mol/L 时，面层间距跳变到 4.0nm 左右。Van Olphen 根据双电层理论详细地研究了土颗粒间的膨胀。谭罗荣研究了不同种类和浓度的电解质溶液调制的 Ca 蒙脱石和 Na 蒙脱石试样的 d_{001} 晶层间距与电解质种类和浓度之间的关系。试验证明，随着电解质浓度的增加，d_{001} 单调减少，其变化趋势如图 2-9 和图 2-10 所示。

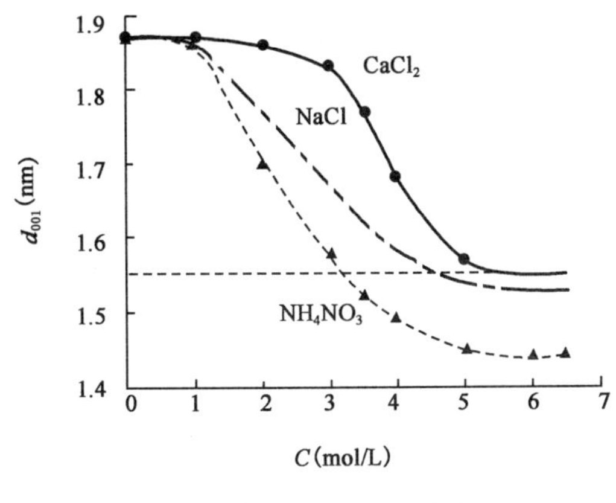

图 2-9 Ca 蒙脱石 $d_{001}C$ 曲线

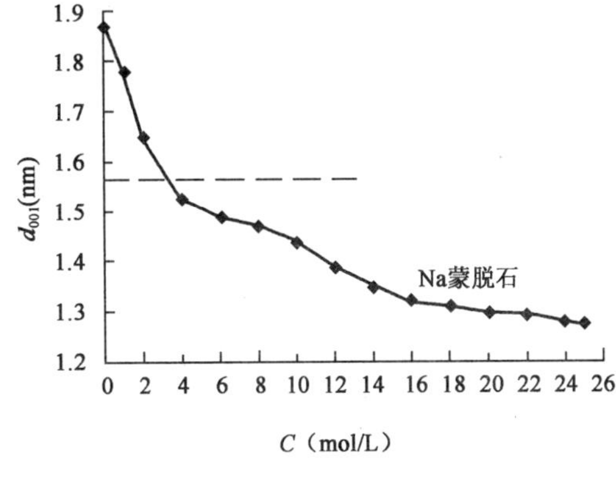

图 2-10 Na 蒙脱石 $d_{001}C$ 曲线

总之，膨胀土的膨胀与收缩机理就是具有晶层结构的蒙脱石或蒙脱石混层矿物，在电解质溶液的作用下，土中的水分子受到层间交换阳离子的静电势、组成晶层的正负离子的静电作用、氢键、渗透压、层间相互作用力、层间阳离子与晶层间作用力、范德华力和土处于非饱和状态下的基质吸力等的共同作用，使得膨胀土产生孔隙水进入晶层的膨胀势和溢出晶层的收缩势，从而导致其失水收缩、吸水膨胀行为的发生。

2.3 公路膨胀土判别分类指标与标准

膨胀土判别是为了正确区分膨胀土与非膨胀土，以便将膨胀土与其他土类区别开来。膨胀土分类则是在已经判别为膨胀土的基础上，对膨胀土进行再判别，划分膨胀土的类别和等级，然后确定公路路基及结构物的设计原则及采取的相应工程措施。在膨胀土地区开展公路建设，首先必须正确识别膨胀土，并准确判断其膨胀的强弱和工程的性质、特点，然后才能在公路设计和施工中做到有的放矢，采取切实有效的方法进行处理。

2.3.1 国内外常用的判别分类方法简介及评述

国内外膨胀土分类方法很多，所选用的指标和标准也各不相同。以下就具有代表性的分类方法进行简要介绍。

1. 美国垦务局方法

该方法由美国垦务局的 Holtz 和 Gibbs 提出[6]。加利福尼亚、圣路易斯等水利工程中都采用此法估算膨胀土的体积变化。表 2-10 为该方法的分类标准。该标准与我国按体积收缩率 δ_v 分类的标准比较接近。

美国膨胀土分类标准　　表 2-10

指标试验的数据			膨胀土体积变化(%)	膨胀程度
胶粒含量(<0.001mm)(%)	塑性指数	缩限(%)		
>28	>35	>11	>30	很高
20～13	25～41	7～12	20～30	高
13～23	15～28	10～16	10～30	中
<15	<18	>15	<10	低

2. 南非威廉姆斯(Williams)分类法

威廉姆斯(1958)提出联合使用塑性指数及小于 2μm 颗粒的成分含量作图对膨胀土进行判别分类。此方法进一步修正后，在第六届非洲膨胀土会议上得到推广。

分类方法如图 2-11 所示。按此方法，将膨胀土分为极高、高、中等、低四级。

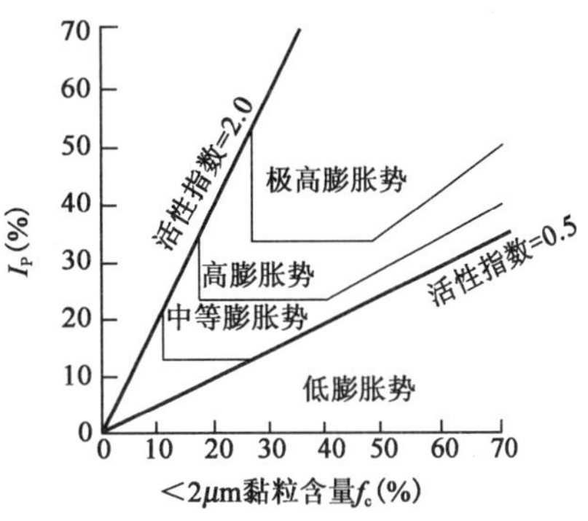

图 2-11 威廉姆斯对膨胀土的判别分类标准

3. 印度的黑棉土分类法

印度采用液限、塑性指数、收缩指数、胶粒含量、膨胀势、膨胀率、差分自由膨胀率等多个指标，对黑棉土进行分类。用两份 10g 的干试样，一份加水浸泡，另一份用有机液体煤油浸泡，测定二者浸泡后的体积，水比煤油多膨胀出的体积变化百分比率，即所谓的差分自由膨胀率。目前，该方法在国外被广泛采用。根据上述指标，将黑棉土的膨胀程度分为非常高、高、中等和低四个等级；将黑棉土的危险程度也与膨胀程度相对应地分为非常危险、危险、中等和无问题四等。分类标准如图 2-12 所示。

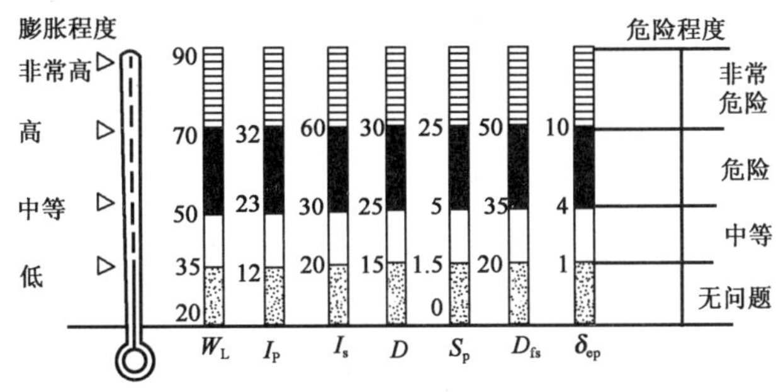

图 2-12 印度黑棉土的分类方法

I_s-收缩指数；D-胶粒含量；S_p-膨胀势；D_{fs}-差分自由膨胀率；δ_{ep}-膨胀率

4. 塑性图法

塑性图判别膨胀土的方法已纳入我国国家标准《土的分类标准》(GBJ 145—90)。塑性图是由 A. 卡萨格兰德首先提出的，后来李生林教授作了进一步研究与发展，他以塑性指数为纵坐标，以液限为横坐标(图 2-13)。该方法运用塑性图联合使用塑性指数与液限来判别膨胀土，不仅能反映直接影响胀缩性能的物质组成成分，而且也能在一定程度上反映控制形成胀缩性能的浓差渗透吸附结合水的发育程度。

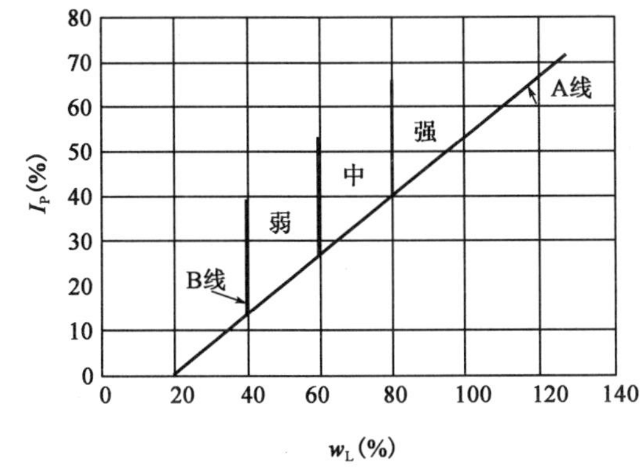

图 2-13 膨胀土塑性图分类法

李生林认为[7]，膨胀土在塑性图上集中分布区是 A 线[$I_P=0.63(w_L-20)$]以上、B 线($w_L=40$)以右。因此，可以根据膨胀土具体的液限(根据 GBJ 145—90，液限为 76g 锥、10mm 对应的含水率)、塑性指数在塑性图上的位置对其进行判别。膨胀土在塑性图上占据的位置并非偶然，这是因为塑性图两坐标值完全反映了它的物质组成及控制土的胀缩性能的浓差渗透吸附结合水。可见，用塑性图判别膨胀土具有坚实的基础。塑性图能提高对自由膨胀率偏低的土进行正确判别的准确性，且能将膨胀性红黏土与高液限非膨胀土（它们通常位于 A 线以下）加以区别，使判别的准确性较之自由膨胀率有所提高。该方法判别指标与一般黏土分类指标相同，便于实现试验操作的大众化与规范化。

5. 国家标准《膨胀土地区建筑技术规范》(GB 50112—2013)判别分类方法

膨胀土的工程地质特征表现为：裂隙发育，常有光滑面和擦痕，有的裂隙中充填着灰白、灰绿色黏土；在自然条件下呈坚硬或硬塑状态；常出露于二级或二级以上阶地、山前和盆地边缘丘陵地带，地形平缓，无明显自然陡坎；可见浅层塑性滑坡、地裂，新开挖(槽)壁易发生坍塌等；建筑物裂缝随气候变化而开合。

判别指标：自由膨胀率 $F_s \geqslant 40\%$。

膨胀土的膨胀潜势等级：按自由膨胀率大小划分膨胀土的膨胀潜势，见表 2-11。

膨胀潜势等级划分表 表 2-11

自由膨胀率 F_s(%)	膨胀潜势	自由膨胀率 F_s(%)	膨胀潜势
$40 \leqslant F_s < 65$	弱	$F_s \geqslant 90$	强
$65 \leqslant F_s < 90$	中等	—	—

目前使用的膨胀土判别指标自由膨胀率 δ_{ef} 的试验方法是，风干土碾细过筛，并在 105～110℃下烘干至恒重，在干燥器中冷却后用标准量杯取 10cm^3 土样进行自由膨胀率测试。测试过程中有较多人为因素干扰，例如同样的 1～2μm 粒级，10cm^3 土样约为 5g，高岭土样则约为 4g，说明用标准量筒量取的土样的密度相差很大。且对该指标的可靠性及能在多大程度上反映膨胀土的本质等方面，一直存在着争议。有人认为测试方法使颗粒间结合力丧失，而使膨胀得到了较充分的发挥，其结果并不能代表土体的真正膨胀潜势。

6. 铁路系统判别法

《铁路工程岩土分类标准》(TB 10077—2001)给出了铁路工程的膨胀土判别标准与分类标准[8]，见表 2-12。

《铁路工程岩土分类标准》(TB 10077—2001)对膨胀土的分类标准进行了较大的修改，利用了土质学的理论，选择了反映膨胀土本质的参数，对膨胀土的判别规定了初判和详判两个步骤。一般情况下，在一个地区开展工作时应首先根据地貌、土的颜色、结构、土质、自然地质现象等进行调查、分析、对比，并辅以简单的“自由膨胀率”试验进行初判。在初判的基础上应根据勘察阶段的要求进行详判，并确定膨胀土的膨胀潜势。

对膨胀土进行判别时，颗粒成分主要由亲水矿物组成，具有吸水显著膨胀软化，失水急剧收缩开裂，并能产生往复胀缩变形的黏性土，应判定为膨胀土。膨胀土应根据勘察阶段的需要，按下列规定进行初判和详判。

膨胀土的判别标准及分类　　表 2-12

<table>
<tr><th rowspan="2">阶段</th><th rowspan="2">工程类别</th><th rowspan="2" colspan="2">项　目</th><th colspan="3">划分标准及分类</th></tr>
<tr><th>弱</th><th>中</th><th>强</th></tr>
<tr><td rowspan="2">初判</td><td rowspan="2">各类工程均适用</td><td colspan="2">膨胀土的野外特征</td><td colspan="3">野外特征表（略）</td></tr>
<tr><td colspan="2">自由膨胀率 F_s(%)</td><td colspan="3">≥ 35</td></tr>
<tr><td rowspan="4">详判</td><td rowspan="3">路基边坡</td><td rowspan="2">深层破坏</td><td>残余内摩擦角 φ_γ(°)</td><td>23～20</td><td>20～15</td><td><15</td></tr>
<tr><td>残余剪强度系数 α</td><td>0.2～0.4</td><td>0.4～0.6</td><td>>0.6</td></tr>
<tr><td>浅层破坏</td><td>胀限下无侧限抗压强度 q_u(kPa)</td><td>35～25</td><td>25～15</td><td><15</td></tr>
<tr><td>基床</td><td colspan="5">同初判</td></tr>
</table>

膨胀土初判：根据地貌、土的颜色、结构、土质情况、自然地质现象和土的自由膨胀率等特征，按表 2-13 综合判定。

膨胀土的初判条件　　表 2-13

地貌	具垄岗式地貌景观，常呈垄岗与沟谷相间；地形平缓开阔，无自然陡坎，坎面沟槽发育
颜色	多呈棕、黄、褐色，见夹白、灰绿色条带或薄膜；灰白、灰绿色多呈透镜体或夹层出现
结构	具多裂隙结构，方向不规则；裂面光滑，可见擦痕；裂隙中常充填灰白、灰绿色黏土
土质	土质细腻，具滑感，土中常含有钙质或铁锰质结核或豆石，局部可富集成层
自然地质现象	坡面常见浅层溜坍、滑坡、地面裂隙。当坡面有数层土时，其中膨胀土层往往形成凹形坡。新开挖的坑壁易发生坍塌
自由膨胀率	F_s≥40%

膨胀土详判：采用自由膨胀率、蒙脱石含量、阳离子交换量三项指标进行判别，当符合表 2-14中的两项指标时，即应判定为膨胀土，并按表 2-14 分为强、中、弱三级。

膨胀潜势的分级　　表 2-14

级别 分级指标	弱 膨 胀 土	中 膨 胀 土	强 膨 胀 土
自由膨胀率 F_s(%)	40≤F_s≤60	60≤F_s≤90	F_s≥90
蒙脱石含量 M(%)	7≤M≤17	17≤M≤27	M≥27
阳离子交换量 CEC(NH_4^+) (mmol/kg)	170≤CEC(NH_4^+)<260	260≤CEC(NH_4^+)<360	CEC(NH_4^+)≥360

注：CEC(NH_4^+)表示 1kg 干土中阳离子(NH_4^+)的交换量；当有两项指标符合时，即判定为该级别。

7. 公路膨胀土分类标准

参照我国铁路、建筑和水利部门的膨胀土判别与分类经验，1997 年我国公路部门制定了公路膨胀土的判别与分类标准。自由膨胀率大于40%且液限大于40%的黏质土，可初判为膨胀土，但详判则须根据黏粒含量、自由膨胀率和胀缩总率综合判定。膨胀土的工程地质分类见表2-15。

膨胀土工程地质分类 表2-15

分类	野外地质特性	主要黏土矿物成分	<0.002mm黏粒含量(%)	自由膨胀率(%)	胀缩总率(%)
强	灰白、灰绿色，黏土细腻，滑感特强，网状裂隙极发育，有蜡面，易风化呈细粒状、鳞片状	蒙脱石 伊利石	>50	>90	>4
中	以棕、红、灰色为主，黏土中含有少量粉砂，滑感较强，裂隙较发育，易风化呈碎粒状，含钙质结核	蒙脱石 伊利石	35～50	65～90	2～4
弱	黄褐色为主，黏土中含较多粉砂，有滑感，裂隙发育，易风化呈碎粒状，含较多钙质或铁锰结核	蒙脱石 伊利石 高岭石	<35	40～65	0.7～2.0

注：胀缩总率为土在50kPa压力下的膨胀率与收缩率之和。

8.现有膨胀土判别分类方法述评

从上面所述膨胀土的判别与分类标准来看，这些方法从不同的工作目的出发，采用不同的特征指标建立起来的判别与分类标准是有差别的，彼此间很不一致。决定膨胀土特殊工程性质的因素是多方面的：宏观的和微观的，土质与土体本身内在的因素以及水与气候等外部条件。然而，归根到底，控制膨胀土工程性质的决定性因素是膨胀土的土质与土体的固有属性。所以要鉴别某种土是否属于膨胀土，其胀缩程度如何，应根据土质与土体的固有属性来进行区分。

对于膨胀土而言，反映其土质与土体特性的指标很多，在选取判别指标时，关键是要确定这些指标的主次、相关性质和组合关系。一般而言，采用多指标判别时，各指标应反映膨胀土胀缩机理的决定性因素，而且从理论上讲，各指标之间应该是线性相关。尽管判别方法很多，但有许多方法所选择的指标都具有相同的信息，如液限和塑性指数、矿物成分、比表面积和阳离子交换量等。这些指标只选择其中之一即可。有的指标在相关分析中，虽然相关性不明显，但从工程地质观点出发，这些指标不是独立的因子，而是随客观环境变化的变量。例如，天然含水率、孔隙比、密度等，在相关分析中，这些因子与膨胀、收缩有一定相关性，即天然含水率低，膨胀性大、收缩性小；天然含水率高，膨胀性小、收缩性大。然而天然含水率受地下水位、大气降雨、蒸发、季节变化、风化程度等环境因素的影响，并随这些因素与不同深度的变化而变化。天然含水率变化的幅度比较大，作为膨胀土的特征值参数是不合适的。

《膨胀土地区建筑技术规范》(GB 50112—2013)采用单自由膨胀率指标分类法。虽然自由膨胀率是土粒膨胀特性指标，方法简单，但存在很多弊端。李生林就自由膨胀率进行过讨论，不仅认为在试验方法是否一致上存在问题，而且认为土粒自由膨胀和沉淀的物理化学因素相当复杂，在试验中增加 NaCl 可使颗粒的扩散层压缩，并失去稳定，从而有利于凝聚作用的快速发展而产生沉淀，但随着浓度进一步增大，其沉淀进一步增大，这种现象对蒙脱石、伊利石矿物表现尤为明显，与实际情况有较大出入。利用自由膨胀率对膨胀土进行分类经常产生误判。在工程实际中，应采用自由膨胀率与其他指标相配合，才能取得理想的效果。

李生林教授提出了膨胀土在塑性图上的分类方法，具有坚实的理论基础。膨胀土在塑性图上的集中分布区是 A 线[$I_P=0.63(w_L-20)$]以上、B 线($w_L=40$)以右。但这个判别方法是以 76g 锥、10mm 对应含水率为液限，与《土工试验方法标准》(GB/T 50123—1999)中利用 76g 锥、17mm 液限含水率和《公路土工试验规程》(JTG E40—2007)中用 100g 锥、20mm 液限含水率或碟式液限仪对应的液限含水率不接轨，无法进行比较，因此很难进行分类。

很大一部分分类方法是采用多指标分类法，比如美国垦务局方法、柯尊敬的最大胀缩指标分类法、自由膨胀率与胀缩总率分类法、多指标综合分类法、印度黑棉土分类法等。这些分类方法有些采用了一些可变因子，如天然含水率、天然孔隙比、胀缩特性指标等。这些可变因子是随客观环境变化的变量，会造成同一种膨胀土在不同的环境状态下，出现不同的胀缩等级情况。当然，这些可变因子，在一定的标准环境条件下，也与膨胀土的膨胀潜势有密切的关系，可以作为膨胀土的场地分类和填料分类的分类指标。

南非威廉姆斯分类法，采用作图的方法，简单明了。但采用分类指标小于 2μm 黏粒含量百分比与塑性指数，利用南非威廉姆斯分类法对膨胀土进行分类，结果明显偏高，且理论依据不是很明确。

《铁路工程岩土分类标准》(TB 10077—2001)对膨胀土的分类标准进行了较大的修改，利用了土质学的理论，选择了反映膨胀土本质的参数，对膨胀土判别分类较为合理，但一般公路部门的土工试验室对蒙脱石含量和阳离子交换量没有条件进行测试，因而难于在公路部门推广。

2.3.2 公路膨胀土判别分类指标及其测试方法

从土质学观点来看，土的界限含水率是反映土粒与水相互作用的灵敏性指标之一，在一定程度上描述了土的亲水性能，它与土颗粒组成、矿物成分、阳离子交换性能、土的分散度、比表面积以及水溶液的性质有着十分密切的关系。因此，将标准吸湿含水率作为公路膨胀土判别分类指标是有理由的。膨胀土标准吸湿含水率为在标准条件下(温度为 25℃，相对湿度为 60%)，将膨胀土试样从天然含水率脱湿至平衡状态的含水率。以下介绍标准吸湿含水率作为膨胀土判别分类指标的科学根据。

试验研究表明，水蒸气分压(相对湿度)可以利用一定温度下密封容器里的各种饱和盐溶液精确地确定。饱和盐溶液和其对应的相对湿度见表 2-16。

25℃下各种饱和盐溶液的相对湿度 表 2-16

饱和盐溶液	$CuSO_4$	$ZnSO_4$	NH_4Cl/KNO_3	NaBr	$Mg(NO_3)_2$	$Zn(NO_3)_2$	$CaCl_2$	CH_3COOK	LiCl	$ZnCl_2$
相对湿度(%)	98	90	72.6	60	55	42	32.3	20	15	10

试验采用经过提纯后的美国怀俄明州商用蒙脱土。将经过不同阳离子处理的试样放置于一系列装有饱和盐溶液的干燥器中，然后将干燥器置于25℃的恒温试验室内，直至试样恒重，称量恒重后试样的质量，并用X射线衍射试验确定平衡时土样的 d_{001} 晶层间距。试验所得蒙脱土晶层间距 d_{001} 与25℃时的相对湿度之间的关系如图2-14所示。

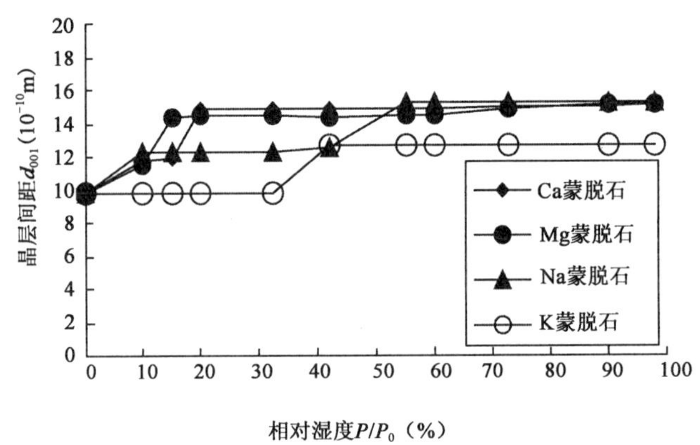

图 2-14 不同阳离子饱和的蒙脱土晶层间距的变化与相对湿度的关系

由于膨胀土的比表面积主要由膨胀土中的蒙脱土含量控制，且蒙脱土的特殊晶层结构和同晶置换作用后使晶层表面带负电荷，在25℃和大于60%的相对湿度下，吸湿平衡后的Ca蒙脱石、Mg蒙脱石、Na蒙脱石的晶层间距 d_{001} 稳定在1.51～1.52nm之间，不仅使蒙脱石外表面牢固地吸附单层水分子层，而且晶层间的内表面吸附双层水分子层，而K蒙脱石晶层间距在1.26～1.27nm之间，晶层间只吸附了一层水分子。其他含有晶层结构蒙脱石家族的黏土矿物具有相同或相似的性质。我国膨胀土绝大多数阳离子为 Ca^{2+}、Mg^{2+} 和 Na^{+}，而 K^{+} 只占阳离子总量的2%～3%。

对不含晶层结构的黏土矿物，固体颗粒表面也吸附水分子。这种吸附属于物理吸附，但其比表面积较小，对标准吸湿含水率的贡献有限。

按照以上分析，从理论上讲，可以用下式计算标准吸湿含水率[9]：

$$w_a = d \times A \times C \times \rho_a \times \beta \tag{2-1}$$

式中，w_a 为标准吸湿含水率(%)；d 为吸附单分子水层厚度(0.1nm)；A 为具有晶层结构的矿物蒙脱石的理论比表面积(m^2/g)；C 为具有晶层结构的黏土矿物的含量(%)；ρ_a 为吸附水的密度(g/cm^3)；β 为修正系数，在0.70～0.98之间选取。

如果已知试样的总比表面积，可以用总比表面积来代替 $A \times C$，此时 β 取较小的值；如果是由蒙脱石含量换算的比表面积，则 β 取较大值。

对于上述试验中 100% Ca 蒙脱石试样，$d=2.8\times10^{-10}\mathrm{m}$，$A=800\ \mathrm{m^2/g}$，$\rho_a=1.4\ \mathrm{g/cm^3}$，$C=100\%$，$\beta=0.98$，代入式(2-1)中，计算得标准吸湿含水率 $w_a=30.7\%$，与实测结果 $w_a=29.8\%$ 误差 3%，基本一致。从而说明将标准吸湿含水率作为膨胀土的判别分类指标是有充分的理论依据的。

在实际工程中，可采用以下三种试验装置对土的标准吸湿含水率进行测定。

第一种试验装置如图 2-15 所示。该装置最大特点是湿度可以准确地控制，而试验温度则由室温控制。室内安装两台双制式空调即可解决室内温度控制问题。地下室是比较理想的试验场所，因为地下室温度比较容易控制。但由于土粒对水的吸附靠布朗运动平衡，因此试验平衡时间相对较长。

第二种试验装置采用恒温恒湿箱，见图 2-16。这种恒温恒湿箱在生物、化学和医学领域有着广泛的应用。将土样放置在恒温恒湿箱中，将恒温恒湿箱设置成标准温度(20～25℃)和标准湿度(60%±2%)，土样恒重的含水率即为最大吸湿含水率。为了加快试验进度，可在恒温恒湿箱中增加空气对流装置。这种试验装置最大的优点是能够比较精确地控制试验温度和湿度，标准吸湿含水率的测定变得非常简单，其缺点是试验设备比较昂贵。

图 2-15 盛有溴化钠饱和溶液的干燥器

图 2-16 用于标准吸湿含水率试验的恒温恒湿箱

第三种试验装置如图 2-17 所示。这是一种全新的试验装置，包含恒温恒湿箱、试样放置箱、循环泵、真空泵和阀门，各部件通过管路相连。恒温恒湿箱在 25℃±2℃温度下能形成相对湿度为 60%±2%的恒湿空间，通过循环泵保证试样放置箱的温度和湿度环境与恒温恒湿箱一致。与第二种装置在水蒸气的布朗运动下自然得到平衡含水率相比，其功效可提高 3 倍以上。而且，该装置结构简单、成本低廉，在一般土工试验室中容易实现。

标准吸湿含水率的试验方法参照《公路土工试验规程》(JTG E40—2007)相关规定进行。

为了得到标准吸湿含水率与蒙脱石含量、比表面积和阳离子交换量等这些能表征膨胀土胀缩本质特性的指标之间的关系，对我国典型膨胀土分布区广西宁明 11 个代表性土样进行了相关指标测试，结果如表 2-17 所示。根据表 2-17 所列的试验结果，绘制标准吸湿含水率与比表面积、阳离子交换量、蒙脱石含量之间的关系，如图 2-18～图 2-20 所示。

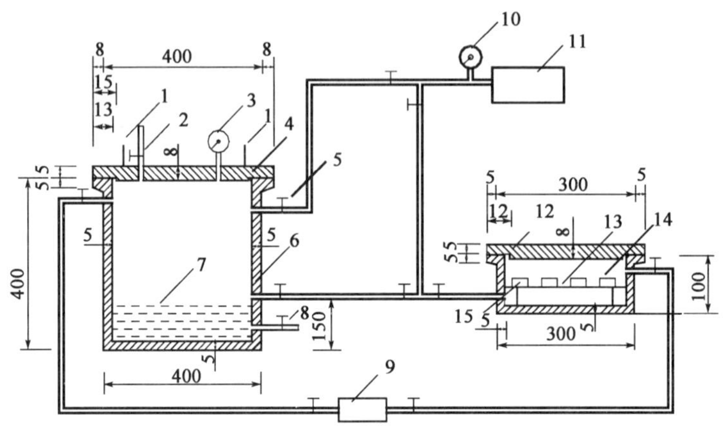

图 2-17 标准吸湿含水率试验装置(尺寸单位:mm)

1-手柄;2-进气阀;3-湿度计;4-恒温恒湿箱盖板;5-真空压力阀;6-恒温恒湿箱;7-饱和盐溶液;8-排水阀;9-循环泵;10-真空压力表;11-真空泵;12-试样放置箱盖板;13-多孔搁板;14-试样放置箱;15-试样

标准吸湿含水率测试结果 表 2-17

测试样名称	矿物成分(%)				物化性质		标准吸湿含水率(%)
	蒙脱石	伊利石	高岭石	其他	比表面积(m^2/g)	阳离子交换量(mmol/kg)	
K12+350	17	18	17	48	181.2	172.5	5.1
K12+900	9	10	13	68	107.2	125.5	2.8
K56+480	12	29	12	47	141.8	137.6	3.4
K56+700	13	27	15	45	157.7	158.1	3.9
K57+810	16	15	14	55	173.9	178.5	4.8
K58+100	11	21	16	52	126.1	126.8	3.2
K114+300	17	16	24	43	188.5	203.1	5.2
K131+580	23	22	26	29	233.6	227.5	6.8
K138+610	20	20	29	31	208.2	210.8	5.9
K139+297	22	19	27	32	221.6	226.1	6.6
AK1+440	25	25	17	33	253.4	259.0	7.2

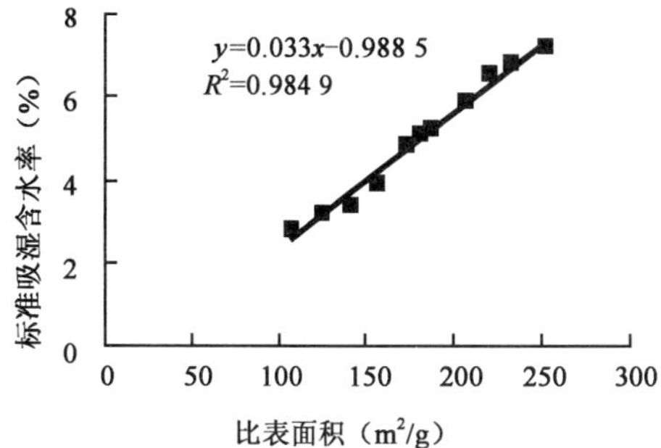

图 2-18　标准吸湿含水率与比表面积的关系

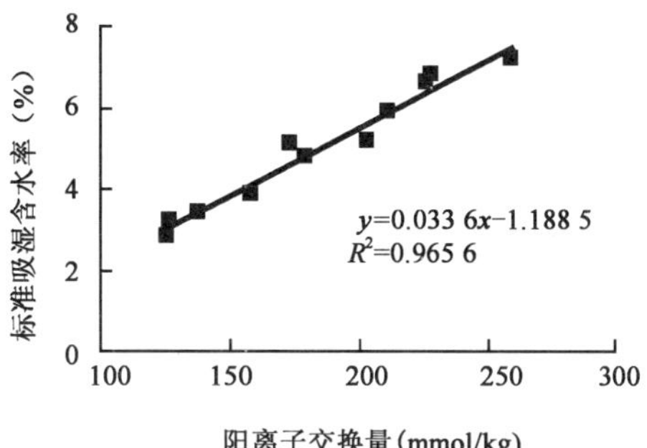

图 2-19　标准吸湿含水率与阳离子交换量的关系

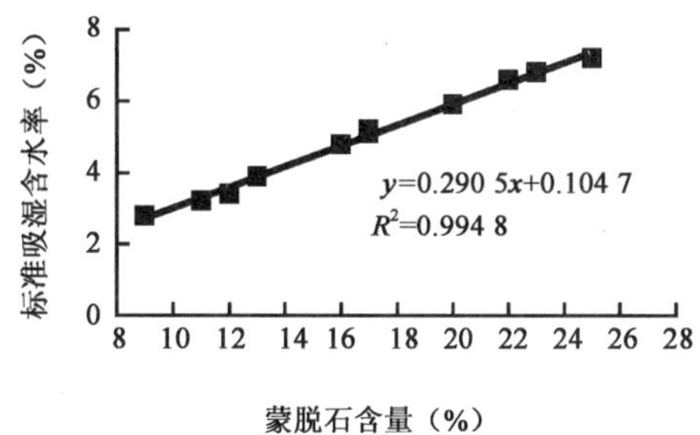

图 2-20　标准吸湿含水率与蒙脱石含量之间的关系

从图 2-18～图 2-20 可以看出，标准吸湿含水率与蒙脱石含量之间的线性关系良好，相关系数接近于 1。这个结果比较容易理解，因为标准吸湿含水率是由于蒙脱石晶层的内外表面吸附水形成的。由前所述，这种吸附力高达 1×10^4～2×10^4atm(1atm＝101 325Pa)，在自然环境条件下(温度通常为 25℃，相对湿度通常为 60%)，这种吸附水将长期保持稳定。而伊利石吸附水很弱，影响较小，其他黏土矿物吸附水的能力同样不大，对试样的标准吸湿含水率的贡献有限。标准吸湿含水率与比表面积之间的线性关系亦比较好，其相关系数也接近于 1，但比风干含水率与蒙脱石含量线性关系略差，这是因为膨胀土中伊利石、高岭石等黏土矿物含量比较大，都参与了对比表面积的贡献，但对标准吸湿含水率的贡献却比较小。标准吸湿含水率与阳离子交换量之间也呈现出明显的线性相关，相关系数 R^2＝0.965 6，它们是一种间接的关系，正是因为蒙脱石吸附不同的阳离子数量和阳离子的种类改变了膨胀土的性质。总之，风干含水率、蒙脱石含量、阳离子交换量、比表面积之间是线性相关的，它们反映膨胀土最基本的本质属性。蒙脱石含量是膨胀土膨胀与收缩的物质基础，阳离子交换量反映膨胀土晶格的吸附能力，它与其他量的差异，正好说明阳离子数量和种类是膨胀土膨胀与收缩内在的影响因素，它的参与改变了同样蒙脱石含量的膨胀土的亲水性能和胀缩特性。

2.3.3　公路膨胀土判别分类标准的确定

很多学者研究了膨胀土的分类，如曲永新的蒙脱石含量分类、印度的黑棉土分类、美国垦务局的膨胀土分类、李生林的塑性图分类、南非威廉姆斯（Williams）分类、我国铁路规范的膨胀土分类等等。其中，我国铁路规范采用了自由膨胀率 F_s(%)、蒙脱石含量 M(%)、阳离子交换量 CEC(NH^{4+})(mmol/kg)对膨胀土进行判别和分类。根据这一分类标准，并结合标准吸湿含水率与蒙脱石含量和阳离子交换量之间的相关关系，得到标准吸湿含水率对膨胀土进行分类的标准，如表 2-18 所示。

我国铁路规范建议分类值与标准吸湿含水率关系 表 2-18

分类标准	非膨胀土	弱膨胀土	中膨胀土	强膨胀土
蒙脱石含量(%)	<7	7～17	17～27	>27
阳离子交换量 CEC(NH_4^+)(mmol/kg)	<170	170～260	260～360	>360
等效标准吸湿含水率(%)	2.1	2.1～4.9	4.9～7.9	7.9

根据以上成果，建议公路膨胀土的判别标准采用自由膨胀率、标准吸湿含水率、塑性指数三项指标，判别标准见表 2-19。

膨胀土的详判指标 表 2-19

判定指标	界限值	判定指标	界限值
自由膨胀率 F_s(%)	≥40	塑性指数	≥15
标准吸湿含水率(%)	≥2.5		

标准吸湿含水率能很好地反映膨胀土的矿物组成特性，塑性指数能很好地反映粒度组成、分散特性和阳离子与黏土矿物的相互作用。考虑到对以前分类成果的继承性，这里选用标准吸湿含水率、塑性指数和自由膨胀率三个参数对膨胀土进行分类。其中，标准吸湿含水率为关键性指标。采用标准吸湿含水率指标时，膨胀土按表 2-20 分为强、中、弱三级。

膨胀潜势的分级 表 2-20

分级指标	非膨胀土	弱膨胀土	中膨胀土	强膨胀土
自由膨胀率 δ_{ef}(%)	$\delta_{ef}<40$	$40\leq\delta_{ef}<60$	$60\leq\delta_{ef}<90$	$\delta_{ef}\geq90$
标准吸湿含水率 w_a(%)	$w_a<2.5$	$2.5\leq w_a<4.8$	$4.8\leq w_a<6.8$	$w_a\geq6.8$
塑性指数 I_P	$I_P<15$	$15\leq I_P<28$	$28\leq I_P<40$	$I_P\geq40$

注：分类以标准吸湿含水率为控制指标，只有当未进行标准吸湿含水率指标试验时，才可参考自由膨胀率和塑性指数指标对膨胀土进行分类。

2.3.4 对公路膨胀土判别分类指标和标准的试验验证

为验证公路膨胀土判别分类指标和标准适用的广泛性，选取我国典型膨胀土分布区——广西宁明盆地、百色盆地、陕西南阳盆地、河南邓县、云南昭通和云南楚雄的膨胀土进行试验，对以标准吸湿含水率为主控指标的膨胀土判别分类指标和标准进行验证[10]。其中，广西宁明盆地土样取自南友高速公路 K139 和 K138 段不同深度处，分别为棕黄色、灰白色、灰黑色斑纹状的残积型黏土，其母岩是下第三系那读组深灰色、灰褐色黏土页岩。广西百色土样为棕色、棕黄色残积型黏土，其母岩是下第三系那读组 $E_{2\text{-}3n}$ 钙质泥岩。河南邓县土样为棕黄（夹绿色）$Q_{2\text{-}3}$ 洪积型硬黏土，含大量钙结核，剪切节理发育。陕西汉中土样为 Q_3 洪积型黏土，2.3m 处土样为黄褐色，4.8m 处土样为红褐色。云南昭通土样为 N 钙质页岩残积型软黏土，2m 处土样为灰黄色，分布有大剪切面棕色条带，小剪切面，5m 处土样为灰色，夹剪切节理面。云南楚雄土样为黄绿色斑状异色黏土，裂隙和节理发育，裂隙面上有蜡状光泽。

验证标准吸湿含水率作为膨胀土判别分类指标的合理性，一是看它是否与表征膨胀土本质的参数紧密相关，二是看它的数据是否可靠、重现性好。验证公路膨胀土判别分类新标准的准确性是将该标准与其他代表性标准对各试样的判别分类结果进行比较。根据各标准所采用的指标，也同时测定了自由膨胀率、液限、塑限和黏粒含量[11]。各指标的测试结果如表 2-21 所示。

各土样土性指标测试结果 表 2-21

取样地点	深度 (m)	土样编号	w_P (%)	w_L (%)	I_P	F_s (%)	f_c (%)	CEC(NH_4^+) (mmol/kg)	比表面积 SSA (m^2/g)	蒙脱石含量 MC (%)	标准吸湿含水率 w_f (%)
广西宁明南友高速公路 K139	1.5	1	27.5	55.9	28.4	45	40.1	234.4	175.46	22.65	6.6
	3.5	2	30.4	60.0	29.6	44	47.1	223.2	170.90	22.07	5.9
	9.9	3	24.1	52.6	28.5	18	28.2	212.9	161.11	17.64	4.7
	12.0	4	21.9	44.2	22.3	20	23.7	219.3	158.06	15.52	4.1
广西宁明南友高速公路 K138	1.5	5	27.1	59.7	32.6	75	52.1	221.8	194.76	22.01	6.2
	6.0	6	28.2	56.9	28.7	58	48.2	228.5	191.38	22.14	6.3
广西百色	2.0	7	23.4	51.0	27.6	57	46.7	164.3	121.25	12.76	3.5
	5.0	8	23.6	48.6	25.0	68	43.5	161.9	112.78	12.39	3.4
	8.0	9	24.3	49.3	25.0	65	45.7	166.8	99.21	11.51	3.6
陕西汉中	2.3	10	18.6	39.6	21.0	47	38.3	225.9	145.34	16.37	4.7
	4.8	11	19.3	36.8	17.5	38	32.4	230.1	122.74	11.40	4.5
河南邓县	2.0	12	24.5	59.2	34.7	98	48.2	335.1	237.13	26.73	8.3
	4.5	13	21.6	49.9	28.3	87	43.6	242.4	192.36	22.46	6.1
云南昭通	2.0	14	31.5	78	46.5	145	62.2	454.2	335.38	40.07	11.1
	5.0	15	34.8	83.4	48.6	127	53.8	485.0	356.2	40.95	13.1
云南楚雄	2.0	16	22	44.2	22.2	65	48.9	165.4	152.48	12.53	3.9

根据表 2-21 中的试验数据，分别绘制了标准吸湿含水率与蒙脱石含量、比表面积和阳离子交换量之间的关系并进行了线性回归，如图 2-21～图 2-23 所示。

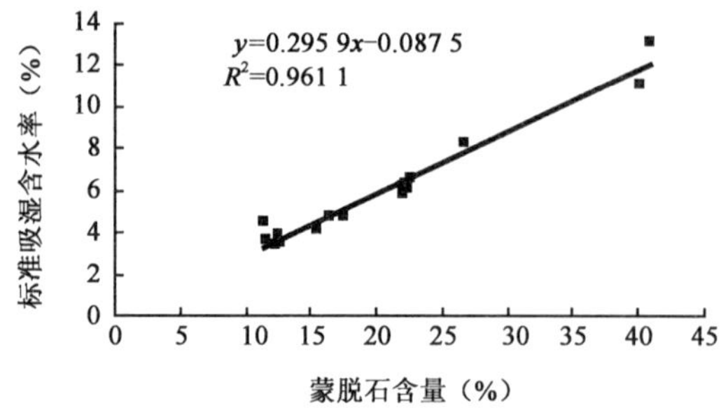

图 2-21 标准吸湿含水率与蒙脱石含量之间的关系

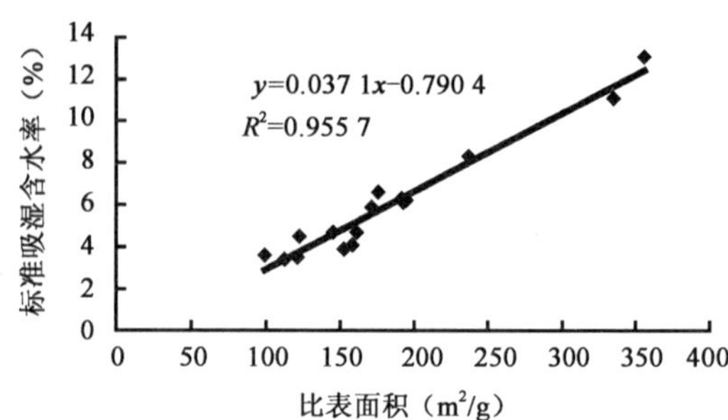

图 2-22 标准吸湿含水率与比表面积之间的关系

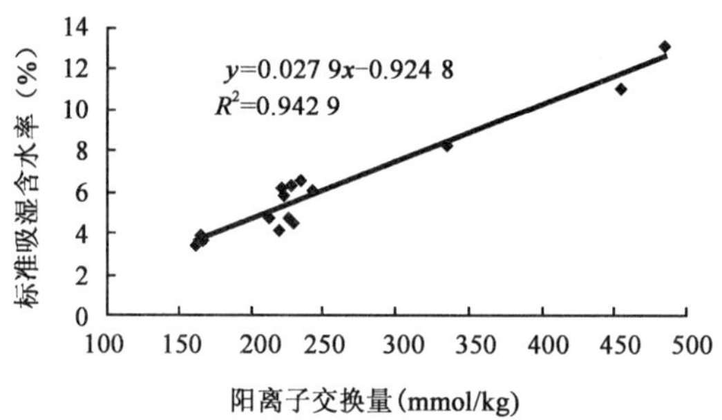

图 2-23 标准吸湿含水率与阳离子交换量之间的关系

从图 2-21～图 2-23 可以看出，标准吸湿含水率与蒙脱石含量、比表面积和阳离子交换量之间都具有良好的线性关系，线性相关系数分别为 0.961 1、0.955 7 和 0.942 9。此外，土样 1 和土样 5 分别取自广西南友高速公路 K139 和 K138，但取样深度相同且都为灰白土样，两个土样的标准吸湿含水率测试结果相近，表明该指标测试数据稳定、有重现性。因此，以上分析表明标准吸湿含水率与表征膨胀土本质的参数之间具有线性相关性，测试数据稳定且具有重现性，能够作为膨胀土的判别分类指标。

采用公路新标准与表征膨胀土本质的参数为主控指标的曲永新黏土膨胀势分类标准、较为常用的建筑部门标准和南非威廉姆斯标准一起对表 2-21 中所列土样进行了分类，结果列于表 2-22。

不同标准对膨胀土样的分类结果 表 2-22

土样编号	公路新标准	曲永新黏土膨胀势分类标准	建筑部门标准	南非威廉姆斯标准
1	中	中	低	高
2	中	中	低	高
3	弱	弱	低	高

续上表

土样编号	公路新标准	曲永新黏土膨胀势分类标准	建筑部门标准	南非威廉姆斯标准
4	弱	弱	低	中
5	中	中	中	高
6	中	中	低	中
7	弱	弱	弱	中
8	弱	弱	中	中
9	弱	弱	中	中
10	弱	弱	弱	中
11	弱	弱	弱	中
12	强	弱	强	高
13	中	中	强	高
14	强	强	强	极高
15	强	强	强	极高
16	弱	弱	中	低

从表2-22可以看出，公路膨胀土判别分类新标准对膨胀土的分类结果与曲永新黏土膨胀势分类标准的分类结果基本一致。这是因为后一标准对膨胀土的判别分类标准选择了反映膨胀土本质的参数，如蒙脱石含量、比表面积等。而以自由膨胀率为单一指标的标准和威廉姆斯黏土膨胀势分类标准的判别分类结果却与曲永新黏土膨胀势分类标准判别分类结果有较大差别。

综上所述，以标准吸湿含水率为主控指标的膨胀土判别分类标准较其他常用的标准准确性高，避免了膨胀土的漏判和误判。

参考文献

[1] 郑健龙. 膨胀土土性与物理力学特性试验研究[R]. 长沙：长沙理工大学，2007

[2] 杨和平，曲永新，郑健龙. 宁明膨胀土研究的新进展[J]. 岩土工程学报，2005，27(9)：981-987

[3] 高国瑞. 近代土质学[M]. 南京：东南大学出版社，1990：19-81

[4] 谭罗荣，孔令伟. 特殊岩土工程土质学[M]. 北京：科学出版社，2006

[5] Seed H B，Woodward R J，Lundgren R. Prediction of swelling potential for compacted

clays[J]. Transactions of the American Society of Civil Engineers, 1963, 128(1): 1443-1477

[6] Nelson J D, Miller D J. Expansive soils: problems and practices in foundation and pavement engineering[M]. John Wiley & Sons Inc. , 1992

[7] 李生林,施斌. 粘性土微观结构 SEM 图像的定量研究[J]. 中国科学,1995,25(6): 666-672

[8] 中华人民共和国行业标准 TB 10077—2011 铁路工程岩土分类标准[S]. 北京:中国铁道出版社,2011.

[9] 姚海林, 程平, 杨洋, 等. 标准吸湿含水率对膨胀土进行分类的理论与实践[J]. 中国科学: E 辑, 2005, 35(1): 43-52

[10] Zheng Jian-long, Zhang Rui, Yang He-ping. Validation of a Swelling Potential Index for Expansive Soils[C]// Proceedings of the first European conference on unsaturated soils, Durham, 2008, 876-880

[11] 张锐, 郑健龙, 杨和平. 对新公路膨胀土判别分类指标和标准的试验验证[J]. 中外公路, 2008,2,28(6):35-39

第 3 章 膨胀土的工程力学特性
CHAPTER 3

本章主要针对公路工程特点，介绍非饱和膨胀土土水特性、渗透特性、变形特性、抗剪强度特性及其试验仪器和方法，为建立膨胀土本构模型，分析公路膨胀土路基湿度变化规律、变形破坏机理，建立公路膨胀土处治理论和方法提供基础和依据。

3.1 膨胀土的土水特性

土水特性通常以土水特征曲线(Soil-Water Characteristic Curve，SWCC)表征。SWCC 为土的基质吸力与重量含水率、体积含水率或饱和度之间的关系曲线，反映了土体的持水能力。它是非饱和土的一个非常重要的本构关系，在非饱和土力学中扮演着重要的角色，与固结曲线在饱和土力学中的作用相似。SWCC 是非饱和土瞬态渗流分析和大气作用下膨胀土路基平衡含水率预测的必要和关键参数，同时它还可以用来预测非饱和土的渗透系数、抗剪强度等参数。

SWCC 最初来源于土壤学，岩土工程学中其测定方法也多沿用土壤学长期采用的压力板试验法，试验中既不能量测土体的变形，也不能对试样施加压力。然而，公路工程中涉及的问题几乎都是与外荷载相关的，对膨胀土土水 SWCC 的研究不仅要考虑物质成分、土体密度等影响因素，而且还要考虑土体实际所处的应力状态。

3.1.1 物质成分和土体密度对膨胀土土水特性的影响

采用压力板法获得膨胀土脱湿土水特征曲线，通过对比同一土质的原状样与扰动样脱湿曲线以及相同初始干密度、不同土质重塑样的脱湿曲线，对试验数据进行 VG 模型拟合，并结合拟合参数，以此来分析矿物成分和土体密度对膨胀土土水特征曲线的影响[1]。试验土样为宁明灰白膨胀土和南邓强膨胀土(取样自河南邓县境内南邓高速公路)。

蒙脱石含量对膨胀土工程性质具有特别重要的影响。当蒙脱石含量达到 5%时，即可对土的胀缩性产生明显的影响；若蒙脱石含量超过 20%，则土的胀缩性大都由蒙脱石所控制。宁明灰白膨胀土和南邓强膨胀土两者蒙脱石的含量不同，表现出不同的工程性质。图 3-1 为两者重塑样的土水特征曲线对比，图 3-1a)中初始干密度均为 1.50g/cm³，图 3-1b)中初始干密度均为 1.56 g/cm³。图 3-1 表明，在初始干密度相同的情况下，南邓强膨胀土的脱水速率比宁明灰白膨胀土的脱水速率慢，表现出较高的持水性能。初始干密度为 1.50g/cm³ 时，南邓强膨胀土的脱水速率比宁明灰白膨胀土的慢 2.3%；初始干密度为 1.56g/cm³ 时，前者的脱水速率比后者的慢 2.5%。对于重塑样，当制备方法和初始干密度相同时，所形成的孔隙结构相似，两者的脱水速率之所以不同，是因为两者中亲水性矿物蒙脱石的含量不同。一方面，前者蒙脱石含量高，在同一基质吸力下，它具有较强的持水性能；另一方面，随着基质吸力的增加，土样中含水率逐渐减少，此时强膨胀土表现出较强的收缩性能，孔隙相对收缩较快。因此，在相同的初始干密度下，膨胀土中蒙脱石含量越大，其脱水速率越慢，残余含水率越高。

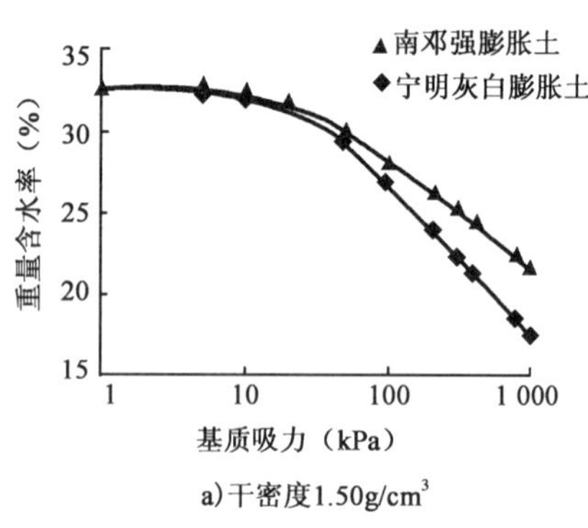

a)干密度1.50g/cm³

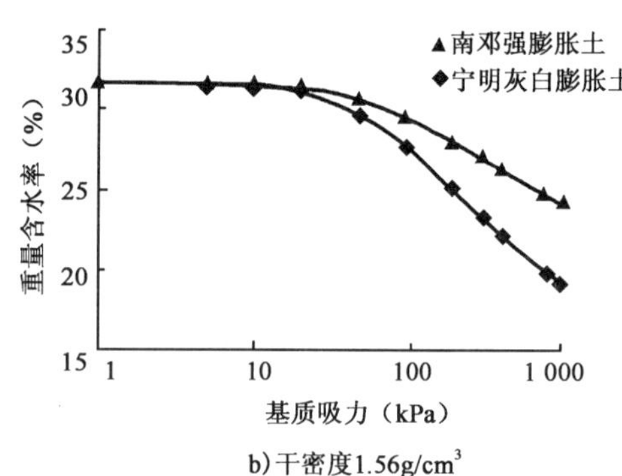

b)干密度1.56g/cm³

图 3-1　相同干密度状态下不同膨胀土的土水特征曲线

相同土质在不同初始干密度下土水特征曲线的对比见图 3-2。从图 3-2 可以看出，对于同一膨胀土，初始干密度相对较大的土样具有较缓慢的脱水速率、较大的残余含水率和较大的进气值。究其原因，对于同一土质的土样，初始干密度越大，土体越密实，土中的孔隙相对较小，则其脱水速率越缓慢，残余含水率越高，进气值越大。因此，膨胀土用作路基填料时，较高的压实度对保证路基的稳定是非常必要的。

原状样和重塑样的孔隙结构存在着很大的差异，两者的土水特征曲线也各有其特点。相同干密度的广西宁明灰白膨胀土原状样和重塑样的土水特征曲线见图 3-3。与重塑样相比，原状样的脱水速率较缓慢，进气值较小，残余含水率较大。这是因为在长期的固结过程中，原状样土颗粒按一定方向和次序排列，形成的孔隙结构具有一定的方向性，甚至存在着一些相互

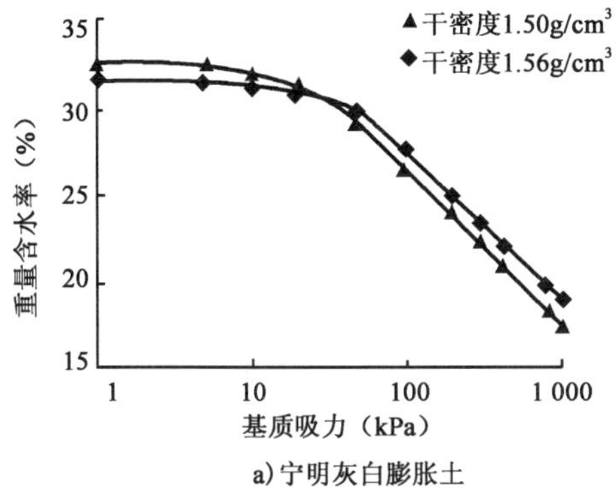

a)宁明灰白膨胀土

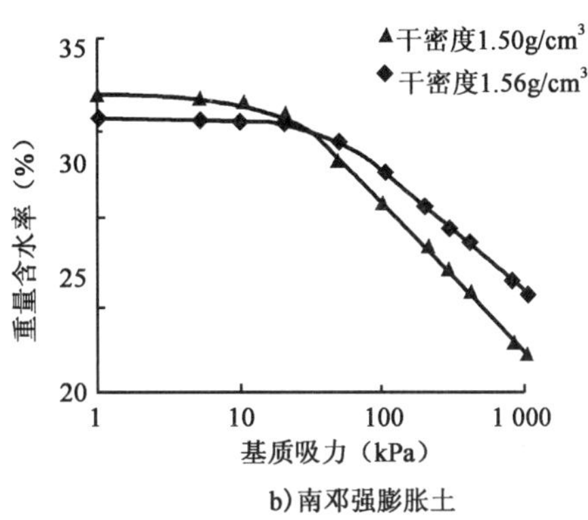

b)南邓强膨胀土

图3-2 不同初始干密度状态下膨胀土的土水特征曲线

连接的通道。一方面，在土样脱湿过程中，气体首先进入尺寸较大的通道，并排除通道内的孔隙水，随着吸力的增大，通道内的水逐渐减少，非通道内水的排除又较缓慢，土体表现出较高的持水能力，脱水速率较慢；另一方面，原状样具有复杂的颗粒结构，孔隙大小的跨越范围较大且分布不均，而具有相同干密度的重塑样孔隙大小分布均匀，故原状样的进气值比重塑样的小。经过干燥粉碎，原状样土颗粒之间的复杂结构被破坏，重塑以后土样孔隙分布均匀，结构简单。因此，原状样的残余含水率比重塑样的高。

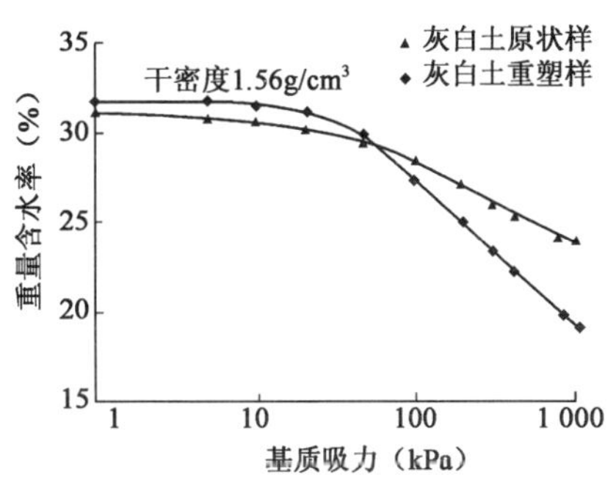

图3-3 宁明灰白膨胀土原状和重塑样土水特征曲线

综上所述，对于相同土质的重塑样，初始干密度越大，土体越密实，孔隙越小，则其进气值越高，脱水速率越慢，残余含水率越高，持水性能越强。与具有相同干密度的重塑样相比，原状样具有脱水速率较慢，进气值较小，残余含水率较大等特点。试验结果表明，土体密度对土水特征曲线具有较大的影响。

3.1.2 应力相关膨胀土土水特性

考虑到膨胀土路基中不同层位填料所处的应力状态不同，膨胀土加筋边坡表层受大气干湿循环显著影响，吸力变化范围较大的特点，以广西具有中等胀缩潜势的膨胀土为研究对象，通过改进试验仪器和方法，综合采用轴平移、渗析和蒸汽平衡三种吸力控制技术，分别对0kPa、50kPa和100kPa不同竖向应力状态下的膨胀土压实样进行了0～200MPa吸力变化范围内的土水特征曲线试验，分析了不同应力状态下土体湿度随吸力变化的规律，为建立膨胀土水力耦合本构模型提供基础，也为大气作用下膨胀土路基湿度变化的数值模拟提供了更为合理的计算参数。

1. 试验设备和使用方法

在膨胀土应力相关土水特征曲线试验中，对试样应力和吸力状态的控制是必要的。而现有的可以施加应力的商业土水特征曲线试验设备均采用轴平移技术控制吸力，吸力控制范围仅为零至数百千帕。为此，香港科技大学曾对现有商业设备进行改进，以满足大吸力范围内膨胀土土水特征曲线量测的需要[2]。

三种改进的设备分别为应力式轴平移压力板仪（简称轴平移压力板仪）、基于渗析技术的改进固结仪（简称渗析固结仪）和基于蒸汽平衡技术的改进固结仪（简称蒸汽平衡固结仪）。各试验仪器的原理、组成和使用方法如下：

(1)轴平移压力板仪

试验所采用的轴平移压力板仪如图 3-4 所示。该仪器主要由带陶土板的固结仪组件、气压控制装置、垂直加载装置和水体积量测装置组成。该仪器一个固结仪环底部装备了一块 500kPa(5Bar)高进气值陶瓷板，它们被放置在一个密闭的压力室，垂直压力通过一个加载框架作用到固结仪环里的试样上。为了消除由于加载活塞侧向摩擦引起的误差，一个压力盒被装配在加载活塞位于密闭室内的端部，以量测试样承受的实际荷载[3]。在 K_0 应力状态下，由于径向变形为零，可以通过由百分表量测到的垂直位移来测定土试样的总体变，从而不需要假设零体积变化。与传统的体积压力板仪相似，通过位于试样顶部的多孔过滤板和多孔土工织物来控制孔隙空气压力 u_a，通过试样底部的高进气值陶瓷板把孔隙水压力 u_w 控制在大气压力。附件可用来研究与土的干燥浸湿过程相关的土水特征曲线的滞后效应。这些附件包括蒸汽饱和器、空气收集器、平衡管和量管。蒸汽饱和器用于饱和流入体积压力板仪的空气，以防止土因蒸发而干燥。空气收集器用于收集可能通过高进气值陶瓷板扩散的空气。镇流管作为水进出土试样的水平储存器，管上刻有刻度，用以判断水液面的位置变化。量管用于储水或供水和量测土试样中的水的体积变化。

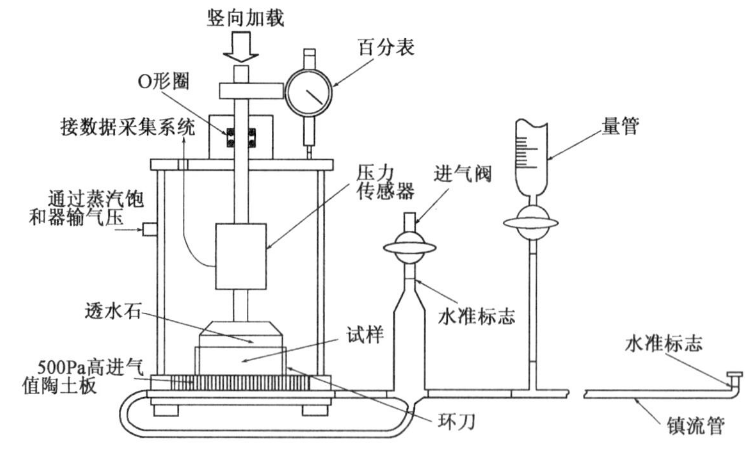

图 3-4　轴平移压力板仪结构示意图

试验前先对陶土板进行饱和。陶土板下充水并通过连接管与大气相连通，即使得陶土板下孔隙水压始终保持为零。试验时饱和的环刀样置于陶土板上，轴向应力通过活塞杆和试样帽传递到环刀样顶部，向压力室施加气压使试样达到预定的基质吸力。在气压的作用下，土中孔隙水排出以达到平衡，排出的水量通过量管测定。各级吸力状态下湿度平衡的判别标准为：24h 内测得的试样排水或吸水量小于试样体积的 0.05%。整个试验过程中，竖向变形通过安装在应力室顶部并与活塞杆相连的竖向百分表实时量测。

(2)渗析固结仪

轴平移技术的局限性与所能施加的最大吸力值有关。这个数值受到所能施加的最大气压和陶土板进气值的限制。由于轴平移技术可以控制吸力的范围较小，不能满足黏土尤其是膨胀土这类吸力变化范围较大的土质的土水特征曲线和力学性质的量测，因此在非饱和土试验中出现了另一种用于控制吸力的技术，即渗析技术。图 3-5 为渗析控制吸力原理示意图。试样与溶液通过半透膜相互隔离开，半透膜对水和溶解在土中水的常见离子是可透的，但是对于溶液里的大分子溶质和土的固体颗粒是不透的。因此，在平衡时，与土中水的离子相关的那部分渗透吸力在半透膜两边是相等的，在土中与大分子溶质相关的那部分渗透吸力为零，半透膜两边的渗透吸力差值就等于溶液中与大分子溶质相关的那部分渗透吸力。土中的孔隙气压力通常保持在大气压，与现场天然状况下相近。在半透膜两边的水交换达到平衡时，土中水和溶液水的能量相等，即溶液和土试样的总吸力相等。因而，半透膜两边的渗透吸力差值与基质吸力差值相等。溶液里的基质吸力为零，所以，土中的基质吸力就等于半透膜两边的渗透吸力差值，亦即等于溶液中与大分子溶质相关的那部分渗透吸力。

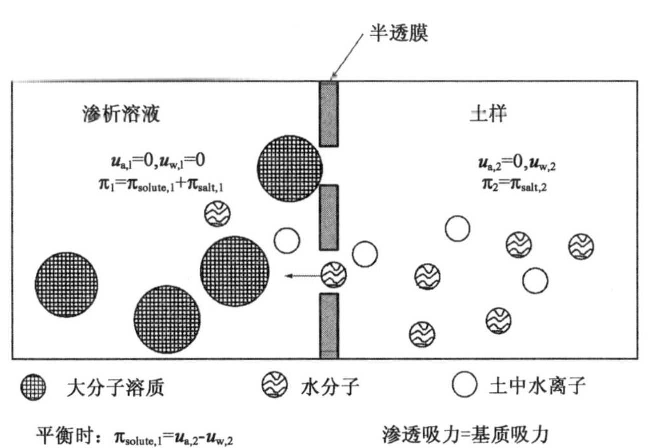

图 3-5 渗析技术原理示意图

由于使用安全和简单，在生物、农业和土工试验研究中通常采用聚氧乙烯(Polyethylene Glycol，即 PEG)作为大分子溶质。PEG 溶液的渗透吸力(或称为渗透压力)取决于 PEG 的浓度。PEG 溶液的渗透压力可高达 10MPa。渗透压力与 PEG 溶液浓度之间存在一一对应关系

[式(3-1)],因此可以通过调制不同浓度的 PEG 溶液,得到不同的渗透压力,进而控制不同吸力状态[4]。

$$s = 11c^2 \tag{3-1}$$

式中,s 为吸力(PEG 溶液的渗透吸力)(MPa);c 为 PEG 溶液浓度,即 PEG 与水的质量之比。

本试验所采用的渗析固结仪(图 3-6)由固结装置和 PEG 溶液循环系统组成。轴向应力通过活塞杆和试样帽传递到环刀样顶部。土样的底部与半透膜(MWCO 14000)接触。仪器底座上刻制了同心圆形的凹槽,用以方便 PEG 溶液的循环流动。凹槽上方放置一个薄筛网,用环氧树脂粘贴在底座上。半透膜放置在薄筛网上。底座通过两根软管连接。溶液在由底座和容器连接起来构成的闭合环路中进行循环流动。装 PEG20000 溶液的容器容量需要足够大,以保证当试样和溶液发生水分交换时,溶液的浓度能够保持相对的稳定。

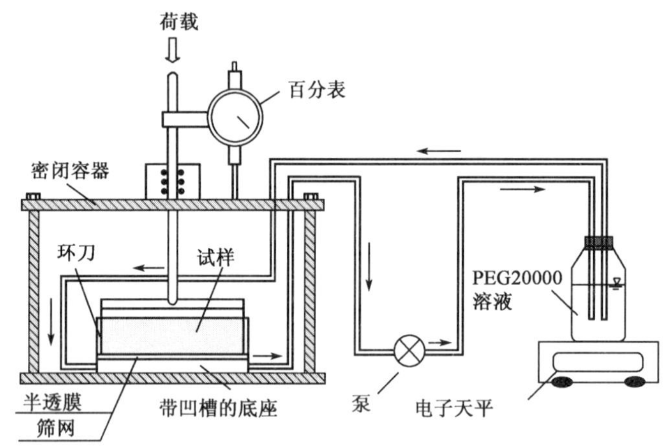

图 3-6 渗析固结仪结构示意图

容器使用一个橡胶帽封闭,上面穿透两根玻璃管,其中的一根用来输送溶液流进底座,另一根经过泵与底座 PEG 溶液流出口连接,其中泵的作用是加速 PEG 溶液的循环。土样中的吸力平衡状态可以由天平的读数变化来判断。当土样的初始吸力低于 PEG 溶液的渗透压力时(即土样较湿时),PEG 溶液从土样中吸水,天平的读数不断增大;当土样吸力与 PEG 渗透压力平衡时,天平读数不再变化,此时土样达到湿度平衡状态。根据天平最终读数与初始读数的差值可计算出土样含水率的变化。整个试验过程中,竖向变形通过安装在应力室顶部并与活塞杆相连的竖向百分表实时量测。

(3)蒸汽平衡固结仪

蒸汽平衡技术控制高吸力的原理是根据热力学对吸力的定义,如式(3-2)所示,通过控制土体周围空气的相对湿度对非饱和土进行总吸力的控制。

$$s=-\frac{\rho_{w}RT}{M}\ln\mathrm{RH} \tag{3-2}$$

式中，s 为吸力（MPa）；R 为气体常数，8.314 3J・mol/K；T 为绝对温度，$T=273.16+t$；t 为华氏摄氏度；M 为水的摩尔质量，18.016g/mol；RH 为相对湿度，等于不饱和蒸汽压与饱和蒸汽压之比（%）。

当环境温度控制在 20℃时，$s=-135.022\times\ln\mathrm{RH}$。由于不同的盐溶液在封闭环境中和特定的温度条件下会产生稳定的相对湿度，因此土试样与盐溶液通过蒸汽传输进行水分交换的方式实现对吸力的控制。当水分交换达到平衡时，就会在试样上施加一定的总吸力。这些水溶液可以是相同物质的各种不同浓度的溶液（即不饱和溶液，如硫酸和钠盐溶液），也可以是各种饱和盐溶液。饱和盐溶液能够吸附或释放相对多的水分而保持浓度不变，因此不会对控制的相对湿度数值造成显著影响，因此试验中大多配置过饱和盐溶液得到不同的相对湿度环境。虽然蒸汽平衡技术控制的是总吸力（渗透吸力和基质吸力之和），但试验前试样放入水中饱和，消除了土体中由于孔隙液体化学物质浓度差异而引起的渗透吸力，即可忽略渗透吸力。因此，通过蒸汽平衡技术控制总吸力变化也就是控制基质吸力的变化[5]。

图 3-7 为蒸汽平衡固结仪结构示意图。土样的顶部和底部都与多孔塑料板接触。轴向应力通过活塞杆和试样帽传递到环刀样顶部。仪器底座上带有凹槽，以方便盐溶液蒸汽的循环流动。凹槽上方放置多孔塑料板。试样帽和底座均连接有塑料软管。蒸汽在由试样帽、底座和容器连接起来构成的闭合环路中进行循环流动。盛有过饱和盐溶液的容器使用一个橡胶帽封闭，上面穿透两根玻璃管，其中的一根是用来输送蒸汽流进底座和试样帽，另一根经泵与试样帽蒸汽流出口连接，其中泵的作用是加速盐溶液蒸汽的循环。土样中的吸力平衡状态可以由天平的读数变化来判断。当土样的初始吸力低于相对湿度环境所产生的总吸力时（即土样较湿时），流经土样表面的盐溶液蒸汽从土样中带出水分，天平的读数不断增大；当土样吸力在湿度环境下平衡时，天平读数不再变化，此时土样达到湿度平衡状态。根据天平最终读数与初始读数的差值可计算出土样含水率的变化。整个试验过程中，竖向变形通过安装在应力室顶部并与活塞杆相连的竖向百分表实时量测。

2. 试验土样及试验方法

对取自广西百色的中膨胀土，综合采用轴平移压力板仪、渗析固结仪和蒸汽平衡固结仪，进行了不同应力状态下的土水特征曲线测试。设定 3 个不同竖向压力，0kPa、50kPa 和 100kPa。考虑到土的理论吸力变化范围为 0～10^3MPa，根据试验条件，将吸力控制范围设定为 0～300MPa。其中，利用轴平移技术控制 0～500kPa 的吸力；配置 0.35 和 0.52 浓度的 PEG 溶液，利用渗析技术分别控制 1.4MPa、3.01MPa 吸力；配置过饱和的 NaCl、$Mg(NO_3)_2\cdot6H_2O$ 和 LiCl 溶液，利用湿度控制技术分别控制 37.1MPa、83.2MPa 和 286.3MPa 吸力。三级竖向应力状态下各完成一次干湿循环（吸力增大和减小）试验，用于研究不同应力状态下膨胀土土水特征曲线滞后效应。试验应力路径如图 3-8 所示。各级应力状态下的土水特征曲线试验都是先从吸力为 0 的状态(即试样为饱和状态)开始,然后按照所列的吸力值逐级增加吸力(使试样脱湿),到达设定的最大吸力后,再逐级减小吸力(使试样吸湿),直至吸力为 0。

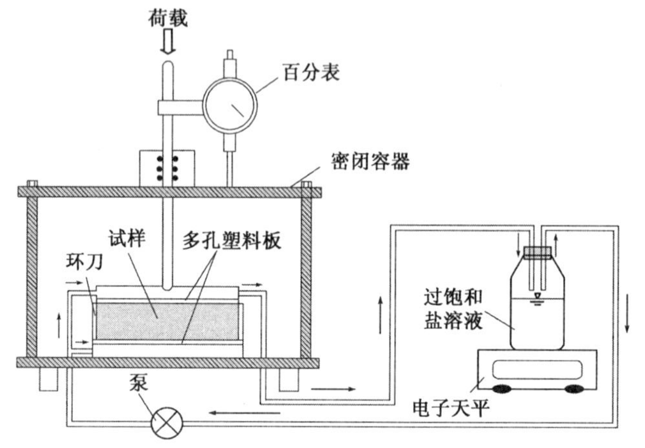

图 3-7　蒸汽平衡固结仪结构示意图

试验中需要对各级吸力状态下试样竖向变形 Δh 和水量变化 ΔV_w 进行监测,根据监测数据和试样的初始状态参数计算得到膨胀土重量含水率 w、体积含水率 θ_w 和饱和度 S_r。

3. 不同应力状态下的土水特征曲线

图 3-9 为 0kPa、50kPa 和 100kPa 竖向应力状态下膨胀土重量含水率 w 随吸力 s 的变化曲线,其中实线为含水率随吸力增大而减小的脱湿曲线,虚线为含水率随吸力减小而增大的吸湿曲线。从图中的脱湿曲线可以看出,各级应力状态下,在吸力增大的初期膨胀土重量含水率均缓慢减小,随后含水率减小的幅度增大,在低吸力范围内脱湿曲线有明显的拐点,该拐点所对应的吸力即为进气值。从图中可以看出,脱湿曲线的拐点随着竖向应力的增大而后移,即竖

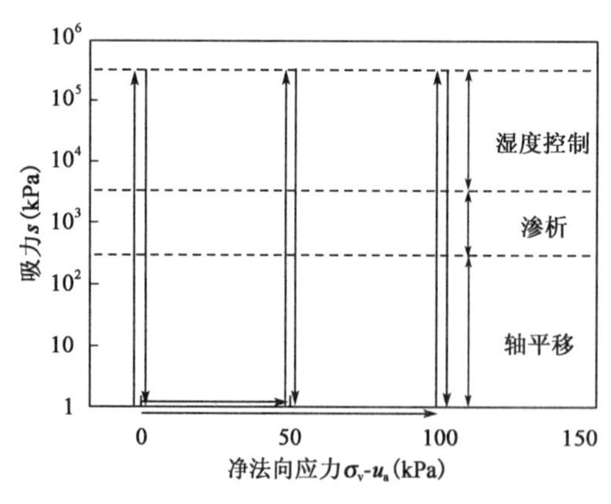

图 3-8　应力相关土水特征曲线试验的应力状态变量控制路径

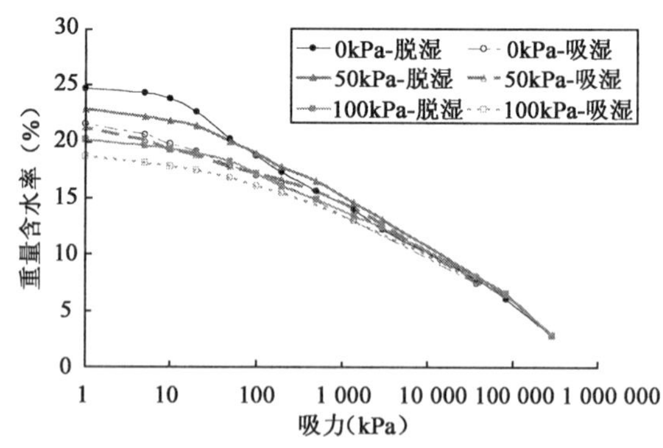

图 3-9　不同竖向净法向应力状态下膨胀土重量含水率随吸力的变化曲线(彩图见 336 页)

向应力使膨胀土的进气值增大。在大于进气值的曲线段，重量含水率随吸力的对数呈近乎线性的关系，竖向应力越大，曲线越平滑，即含水率随吸力的变化越小。当吸力大于 3.0MPa 后，各应力状态下的脱湿曲线收敛，曲线斜率趋于一致。吸力为 286.3MPa 时，不同应力状态下膨胀土平衡含水率几乎相同。当吸力减小时，膨胀土重量含水率增大，但当吸力减小到脱湿过程中相同的吸力状态时，膨胀土重量含水率要较之前的小，即吸湿曲线和脱湿曲线之间有差异，存在滞回效应。但在高吸力变化范围(3～286.3MPa)内膨胀土平衡含水率滞回效应相对低吸力变化范围的不太明显。随着竖向应力的增大，滞回效应逐渐减弱。

以上现象可以从不同应力和吸力状态下膨胀土气水形态和孔隙结构特征的变化加以解释。试样处于饱和状态时，吸力为 0，气水界面位于土体表面，当吸力逐渐增大，气水界面逐渐向小孔隙扩展；当吸力大于进气值时，气体完全进入土体，此时含水率随吸力的增加而减小的幅度较为显著。

进气值受宏观孔隙中的小孔隙所控制。随着竖向应力的增大，宏观孔隙中的大小孔隙均被压缩，因此进气值增大，脱湿曲线的拐点也相应后移。低吸力范围内，膨胀土的持水能力受到大孔隙的毛细现象控制，孔隙的不均匀造成脱湿和吸湿曲线的差异。随着应力的增大，大孔隙趋于均一，滞回现象逐渐减弱。在高吸力范围内，膨胀土的持水能力受到蒙脱石及其混层矿物吸附水分能力的控制，因应力状态不能改变蒙脱石含量，所以对高吸力变化范围内膨胀土湿度变化影响极小[6]。

为了进一步认识膨胀土土水特征曲线的滞回特性，可从膨胀土的结构特征和矿物组成方面加以解释。图 3-10 为 50kPa 应力状态下膨胀土试样的扫描电镜图，图中白色为聚集体，黑色为聚集体间孔隙。可以看出，在不施加任何竖向力的状态下[图 3-10a)]，聚集体之间松散。当施加竖向应力后，聚集体间的大小孔隙均被压缩[图 3-10b)]。不同压密状态下广西百色膨胀土的孔隙分布曲线也反映出，随着竖向应力增加，土体密度变大，孔径大于 0.13μm 的曲线部分发生了明显改变，即聚集体间的孔隙被显著压缩，而直径小于聚集体的孔隙却不易受外部应力影响。由此推断，外部压力使膨胀土较大的聚集体瓦解、重新排列，形成更多小孔隙。这些均属于物理反应。由于土水特征曲线的滞回效应主要是由于毛细水作用造成大孔隙“瓶颈效应”所产生的，因此随着竖向应力的增大，大孔隙逐渐被压缩，土水特征曲线的滞回效应逐渐减弱。随着吸力的增大，土中的孔隙气形态由半连通转变为完全连通时，毛细水作用和“瓶颈效应”逐渐减弱，膨胀土的持水特性转为由黏土矿物的吸附作用所控制，因此在大吸力范围内，土水特征曲线的滞回效应和应力相关性不显著。

图 3-11a)为不同应力状态下以体积含水率表达的土水特征曲线。从图中可以看出，不同应力状态下的脱湿曲线相交，竖向应力大的脱湿曲线更为平缓，各曲线在高吸力状态下有汇聚于同一点的趋势。各曲线交点所对应的吸力明显小于图 3-9 中曲线交点所对应的吸力，这主要是由于随着吸力的增加，不同应力状态下试样收缩程度不同，体积含水率变化幅度也不相同

所致。对于膨胀土这种随吸力变化体积显著变化的土体而言，以体积含水率表达的土水特征曲线与以重量含水率表达的土水特征曲线在形态上有很大的不同。饱和度 S_r 的变化可以反映水分进出土体孔隙的难易，从而反映土体的持水能力。图 3-11b)为不同应力状态下膨胀土饱和度随吸力变化曲线。从图中可以看出，应力越大，不同吸力所对应的饱和度越大。这说明由于应力的增大，孔隙被压缩变小，毛细水作用使得水分难以从小孔隙中丧失，从而使得土样的饱和度较大，持水能力增强。在低吸力范围内，曲线的滞回效应要比高吸力范围的显著。随着竖向应力的增大，滞回效应相应减弱，在较大的吸力范围(0～1 000kPa)内仍保持较高的饱和度(S_r>80%)。

a)加荷前　　b)加荷后

图 3-10　加荷前后广西百色膨胀土孔隙结构的变化

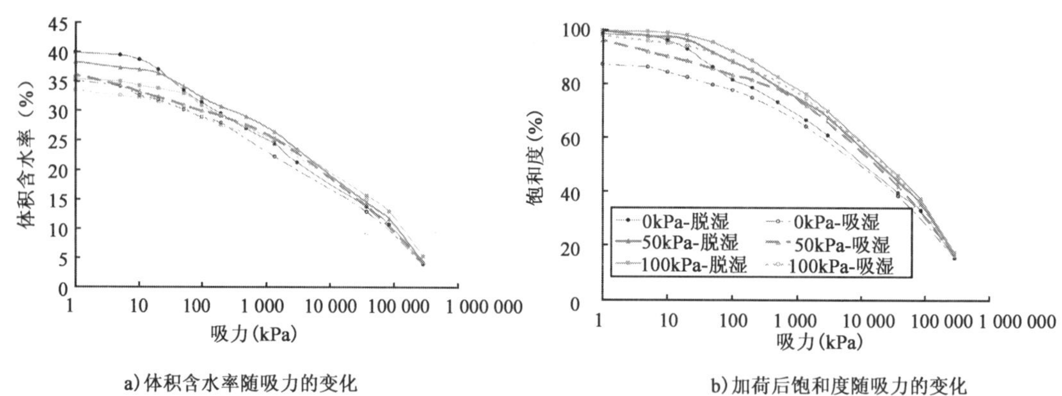

a)体积含水率随吸力的变化　　b)加荷后饱和度随吸力的变化

图 3-11　不同应力状态下膨胀土体积含水率和饱和度随吸力的变化曲线(彩图见 336 页)

4. 应力相关土水特征曲线数学模型

当前提出的众多土水特征曲线数学模型通常存在两个问题：一是在低吸力阶段曲线假设是水平的，即水体积随吸力变化系数为 0，采用这样的数学模型用于数值模拟计算会导致低吸力阶段的数值不稳定和计算结果有误；二是在高基质吸力阶段，即当土样的含水率低于残余含水率后土体吸力无限增大，而这已被试验和理论证明是不合理的。Fredlund & Xing 模型克服了上述两点不足，在低基质吸力阶段赋予曲线一个细小的斜率，引入修正函数 $C(s)$，即使在高吸力阶段，土样吸力仍随含水率的减小而减小，含水率减小至 0 时吸力为 10^6kPa。因此，采用 Fredlund & Xing 模型对膨胀土在不同应力状态下的体积含水率土水特征曲线[图 3-11b)]进行了拟合。

Fredlund & Xing 土水特征曲线数学模型为：

$$\theta_w = C(s)\frac{\theta_s}{\{\ln[e+(s/a)^n]\}^m} \tag{3-3}$$

式中，θ_w 为体积含水率；θ_s 为饱和体积含水率；s 为吸力；a、n 和 m 为拟合参数，分别与进气值、土水特征曲线过渡区斜率以及残余含水率的大小相关；e 为自然数；$C(s)=\left[1-\frac{\ln(1+s/s_r)}{\ln(1+10^6/s_r)}\right]$为修正函数；$s_r$ 为残余吸力值。

考虑到高应力状态条件下土水特征曲线的滞回效应不显著，因而只对图 3-11 中的脱湿曲线进行了拟合，拟合结果见表 3-1。由于图 3-11 表明膨胀土土水特征曲线在高吸力阶段并不存在明显拐点，因此将残余吸力 s_r 设为 10^6kPa。从拟合结果可以看出，随着竖向应力的增大，参数 a 增大而参数 n 减小，参数 m 发生细微变化。进一步说明了竖向应力的增大，孔隙比的减小会导致膨胀土进气值增大，曲线斜率减小，从而在一定程度上提高了膨胀土的持水能力。随着竖向应力的增加，对土水特征曲线的影响逐渐减弱。竖向应力的变化对土水特征曲线的高吸力部分的影响不显著。

不同应力状态下膨胀土土水特征曲线拟合结果 表 3-1

竖向应力(kPa)	a	n	m	s_r	R^2
0	25.0	1.02	0.32	10^6	0.998 63
50	45.7	0.63	0.33	10^6	0.998 56
100	76.2	0.50	0.34	10^6	0.998 16

注：s_r 为设定值。

为了用于不同应力状态下土水特征曲线的预测，将表 3-1 中参数 a 和参数 n 随竖向应力的变化绘于图 3-12 中。考虑到每个图中只有 3 个样本，因而采用二次多项式对其进行回归。

根据回归结果，0～100kPa 竖向应力范围内广西百色膨胀土土水特征曲线的数学模型可以表示为：

$$\theta_w = \left[1-\frac{\ln(1+s/10^6)}{\ln 2}\right]\frac{\theta_s}{\{\ln[e+(s/a(\sigma))^{n(\sigma)}]\}^{0.83}} \tag{3-4}$$

式中，θ_w 为体积含水率；θ_s 为饱和体积含水率；s 为吸力；σ 为竖向净法向应力；$a(\sigma)$、$n(\sigma)$ 为竖向应力的函数，分别满足：

$$a(\sigma)=-0.002\sigma^2+0.716\sigma+25 \tag{3-4a}$$

$$n(\sigma)=6\times10^{-6}\sigma^2-0.0017\sigma+0.41 \tag{3-4b}$$

由此，使用式(3-4)可对不同应力状态下的膨胀土土水特征曲线进行预测。

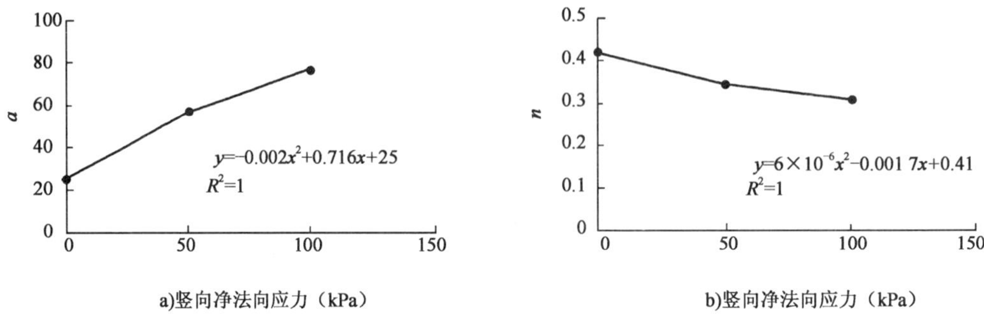

图 3-12　土水特征曲线模型参数随竖向净法向应力的变化

3.2　膨胀土的渗透特性

渗透系数是衡量土体渗透性能的一项重要物理力学指标，是降雨和蒸发条件下膨胀土路基渗流分析的必要计算参数。对于具有裂隙性、胀缩性的非饱和膨胀土来说，其渗透特性比一般黏土复杂，渗透系数的测试也十分困难。

当膨胀土处于饱和状态时，其渗透系数与其所受的应力状态和密实程度密切相关；当处于非饱和状态时，渗透系数还将随吸力的变化发生显著变化。

3.2.1　渗透系数随孔隙率的变化

饱和渗透试验装置为南-55 型饱和渗透仪，试验按照《公路土工试验规程》(JTG E40—2007)变水头渗透试验方法进行。由于膨胀土透水性差，试验时间长，需要考虑试验过程中水头管内水分蒸发的影响，对试验结果进行校正[7]。广西宁明原状膨胀土各向异性渗透系数和重塑膨胀土在不同孔隙率状态下的渗透系数的测试结果分别如表 3-2 和表 3-3 所示。

广西宁明原状膨胀土在不同孔隙率状态下的饱和渗透系数　　表 3-2

土　　样	深度(m)	竖向渗透系数(m/s)	横向渗透系数(m/s)	渗透系数比(竖向/横向)
中膨胀土	2.0	2.33×10^{-8}	9.67×10^{-9}	2.4
	3.0	1.85×10^{-8}	1.12×10^{-9}	1.7
弱膨胀土	6.0	5.24×10^{-8}	7.35×10^{-9}	0.7

广西宁明重塑膨胀土在不同孔隙率状态下的饱和渗透系数　　表 3-3

中膨胀土	孔隙率(%)	49.1	45.1	43.0	38.3	35.4
	渗透系数(m/s)	6.85×10^{-8}	8.45×10^{-9}	4.27×10^{-9}	2.94×10^{-10}	2.10×10^{-11}
弱膨胀土	孔隙率(%)	49.8	45.5	42.2	39.0	35.0
	渗透系数(m/s)	2.28×10^{-7}	4.56×10^{-8}	1.06×10^{-8}	2.66×10^{-9}	7.54×10^{-10}

膨胀土的饱和渗透系数测试结果表明:①膨胀性越强,渗透系数越小。这是因为膨胀性强的土,黏粒含量大,黏土颗粒与水相互作用时,亲水性矿物的集聚体易于分散,堵塞渗水通道,同时周围易形成较厚的不活动结合水膜,占据部分过水面积从而阻碍水的渗透。②扰动重塑膨胀土的渗透性要低于原状膨胀土的渗透性。原状膨胀土扰动重塑后,天然结构将被打破,土颗粒被重新组合形成分散结构,并形成较多连通性不好的小孔隙,因而渗透性相对原状土大大降低。③重塑膨胀土渗透性随着干密度的增大(孔隙率的减小)而迅速下降(图 3-13),但下降的幅度逐渐变缓,接近最大干密度时趋于稳定。孔隙率 n 和渗透系数 k 之间可以用 $n=a\lg k+b$ 关系式拟合。

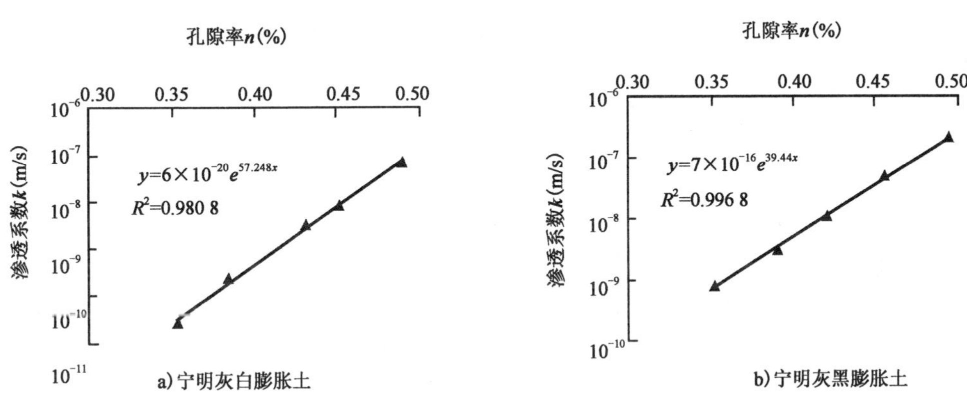

图 3-13　广西宁明膨胀土渗透系数随孔隙率的变化

3.2.2　渗透系数随含水率的变化

膨胀土渗透系数低,高基质吸力下其渗透性更差,难以直接量测非饱和膨胀土渗透系数。因此采用间接方法来确定不同含水率状态下广西宁明灰白和灰黑原状和重塑样非饱和渗透系数。

首先通过压力板试验得到以两种土的重量含水率-吸力关系表达的土水特征曲线(图 3-14)。而非饱和渗透系数的计算和预测需要用到体积含水率-基质吸力关系曲线。考虑到膨胀土在压力板试验过程中会产生显著收缩变形,因此首先对具有相同初始试验状态(干密度和含水率)的试样进行收缩试验(结果见表 3-4),然后按式(3-5)近似计算压力板试验中试样的体积含水率，即可得到由体积含水率表达的土水特征曲线，如图 3-15 所示。

$$\theta_{wi} = w_i \frac{\rho_0}{\rho_w} \frac{1}{1-(\lambda_v + 2\lambda_h)(w_0 - w_i)} \qquad (w_s < w_i < w_0) \tag{3-5}$$

式中，w_0 和 w_s 分别为试样初始含水率和缩限(%)；λ_v 和 λ_h 分别为竖向收缩系数和横向收缩系数；ρ_0 为初始干密度(g/cm³)；下标 i 表示试验中第 i 个读数。

广西宁明膨胀土收缩试验结果 表 3-4

土 样 编 号	w_s(%)	λ_v	λ_h
灰白中膨胀土原状样	16.4	0.759 1	0.303 8
灰白中膨胀土重塑样	15.2	0.793 9	0.793 9
灰黑弱膨胀土原状样	14.8	0.493 5	0.449 2
灰黑弱膨胀土重塑样	15.0	0.521 2	0.521 2

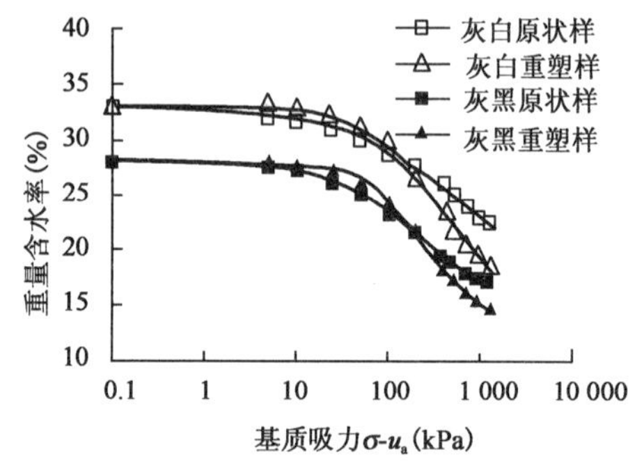

图 3-14 广西宁明膨胀土土水特征曲线

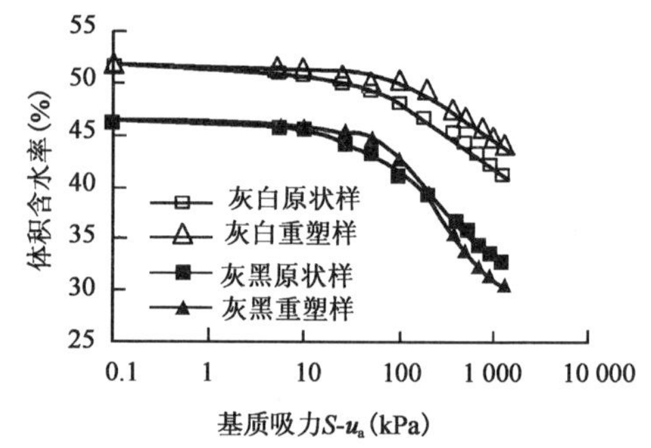

图 3-15 换算后的膨胀土土水特征曲线

用 Fredlund&Xing 土水特征曲线模型[式(3-3)]对图 3-15 中的土水特征曲线进行拟合，结果见表 3-5。

膨胀土土水特征曲线拟合结果 表 3-5

土 样	a	n	m	θ_r(%)	R^2
灰白原状样	0.017	1.355	0.262	37.3	0.993
灰白重塑样	0.005	1.235	0.19	30.2	0.998
灰黑原状样	0.019	1.23	0.187	20.8	0.997
灰黑重塑样	0.008	1.34	0.254	16.2	0.997

将拟合后的土水特征曲线按体积含水率均分成“12”间段，得到“12”个中点。第一个体积含水率对应于饱和土(即 $u_a - u_w$ 等于零)的体积含水率。每段中点$(\theta_w)_i$ 对应于一基质吸力$(u_a - u_w)_i$。这些中点编号由点 1(即 i=1)到点 12。再根据式(3-6)计算得到不同体积含水率下非饱和土渗透系数 k_w。

$$k_w(\theta_w)_i = \frac{k_s}{k_{sc}} A_d \sum_{j=i}^{m} \{(2j+1-2i)(u_a - u_w)_j^{-2}\} \qquad (i = 0,1,2,\cdots,12) \tag{3-6}$$

式中,$k_w(\theta_w)_i$ 为用相应于第 i 个间段的体积含水率 $(\theta_w)_i$ 确定的渗透系数(m/s);i、j 为间段编号;m 为在土水特征曲线上从饱和体积含水率 θ_s 到最低体积含水率 θ_L 的分段总数;k_s 为实测饱和渗透系数(m/s);k_{sc} 为计算饱和渗透系数(m/s);A_d 为调整常数[m/(s·kPa)];$(u_a-u_w)_j$ 为相应于 j 间段的基质吸力(kPa)。

由此得到广西宁明两种膨胀土不同体积含水率对应的渗透系数,如图3-16所示。

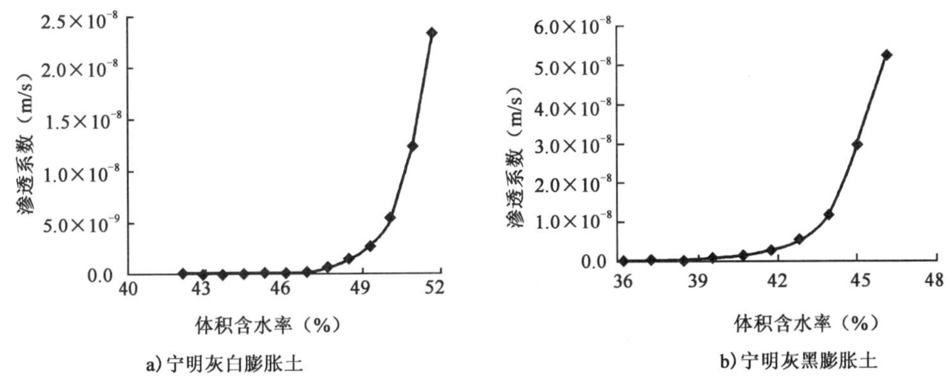

图3-16 广西宁明膨胀土渗透系数随含水率的变化曲线

非饱和膨胀土渗透特性研究结果表明:

(1)土水特征曲线与非饱和土的渗流有密切关系,是预测非饱和土渗透系数的基础。膨胀土胀缩性越大,特征曲线越平缓,进气值和残余含水率越大。原状土的进气值较重塑土的低,但其残余含水率相对较大。估算压力板试验中膨胀土的体积含水率时,需要考虑试验过程中因试样收缩产生的体积变化。

(2)膨胀土的渗透系数随着土体吸力增加、含水率减少急剧降低,可比饱和渗透系数低几个数量级(从饱和状态的 10^{-8}m/s 到非饱和状态的 10^{-13}m/s)。它与含水率之间可以用 $k_w(\theta)=ae^{b\theta}$ 关系式较好拟合。

(3)基于室内膨胀土小尺寸试验和理论公式预测而得到的非饱和膨胀土渗透系数及其随含水率的变化规律,反映的是膨胀土土块渗透性能。对于某些工程中的膨胀土渗流问题,例如降雨入渗下膨胀土边坡稳定性分析,还需要考虑裂隙对膨胀土渗透性的影响。

3.3 膨胀土的三相胀缩变形特性

胀缩性是膨胀土最为重要和直观的特性之一,也是导致公路膨胀土工程病害的主要因素之一。充分掌握膨胀土的胀缩变形特性对于解决公路膨胀土工程问题十分重要。膨胀土的变形一般认为由两部分组成,即由外部荷载应力产生的弹塑性变形和由内部含水率变化产生的胀缩变形,后者反映出膨胀土的本质特性。对于膨胀土第一部分变形的研究较多,而对于第二部分的变形通过用常规有荷膨胀量试验测定膨胀系数与竖向荷载、含水率等因素的关系,再简化假设竖向与两水平向的膨胀系数呈某一比例关系,然后进行分析计算,但却不能从真实的三向应力条件来揭示膨胀土三维胀缩变形规律。实际膨胀土路基工程中,不同位置的土体有不同的三向应力状态,由于两端受限,大部分土体的三向应力状态将会出现纵向受力>竖向受力>横向受力的情况,这就将导致坡体再次吸水后更多地向横向变形发展。因此,只有开展膨胀土三向胀缩试验研究才能揭示三向应力对膨胀土三向变形的影响规律,从而建立膨胀土三向胀缩方程,并用以分析膨胀土路基变形问题。

3.3.1 膨胀土三向胀缩仪的研制及试验方法

目前,并没有较成熟的可用于测试膨胀土三向胀缩变形的仪器。武汉岩土力学研究所对固结仪的盛土环进行了改进,盛土环采用两块对称的刚性半环,用贴有应变片的两片钢片联结,以钢片的应变测量侧向膨胀量和膨胀力,该方法不能控制侧向施力条件。张颖均采用近似真三轴仪原理研制了膨胀土三向胀缩仪,通过等强度梁的变形施加三向力,在试验过程中所施加力的大小会因为试样的膨胀变形而改变,需要不断地调整。基于前人的成果,我们研制了一种新的膨胀土三向胀缩仪。

1. 试验装置

新研制的膨胀土三向胀缩测试仪(图 3-17)由三向加载系统、三向变形测量系统、水量控制系统组成。试件为正方体,长、宽、高均为 50mm。

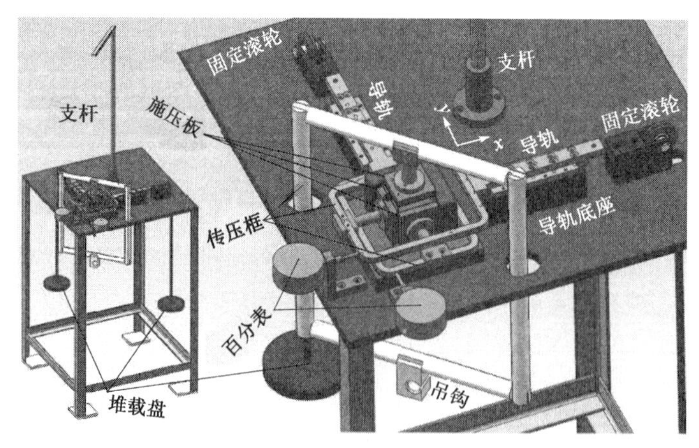

a)整体示意图　　b)局部示意图

图 3-17　膨胀土三向胀缩仪

(1)三向加载系统

加载系统分为水平加载装置和竖向加载装置,如图3-18所示。

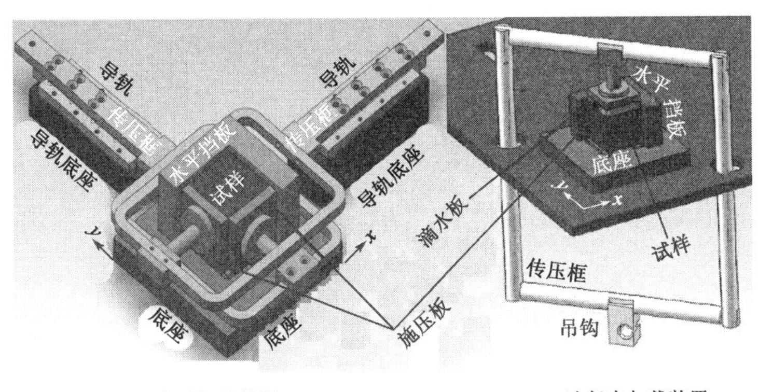

a)水平加载装置　　b)竖向加载装置

图3-18　三向胀缩仪加载系统

水平加载装置的X向和Y向拉杆导轨高度不同,使得两个方向的拉杆能够上下交错分布,防止相互干涉。施压板作用于土样上的压力,可通过砝码重力和接触面积计算得出;为了提高加载装置的稳定性并减小由于推块与连接块中心不一致产生的转矩,将连接块设计为凹槽结构且在杆状结构与导轨座之间安装交叉滚柱导轨。交叉滚柱导轨能够自锁限位,将拉杆限制在行程范围内。交叉滚柱导轨能抵抗一定的扭矩或转矩,保证了拉杆在高压力下仍能实现高精度、无摩擦的直线滑动,从而提高试验的精度。

竖向加载装置的主体部分是上下两根横梁和左右两根杆组成的框架结构,上部分中间处安装推块、连接块,下部分中间处安装吊钩。该装置安装时,两根杆穿过桌面上两个通孔,调整到正确位置后,再以销钉铆接,形成封闭回路。

(2)三向变形测量系统

在土样变形三个方向的相应位置设置固定支架,安装百分表以测量土体三个方向的变形位移,精确测量10mm左右的行程,精度为0.01mm。可用计算机自动采集数据。

(3)水量控制系统

水量控制包括注水和蒸发控制两个部分。

注水控制由滴水装置(图3-19)实现。该装置可调节水流入试件的速度,并量测进水量。渗水装置和试件的下面设有集水装置,用来收集多余的渗水。因此,滴水装置与集水装置的水量差即为试件实际的吸水量。

为加快试样蒸发失水速率,采用热气升温的方法。在做膨胀土三向收缩试验时,将下部集水器卸下,安置烘干器,热气可通过泄水孔吹入,同时盒体温度也会升高,加热过程中温度为100～120℃。

a)整体示意图

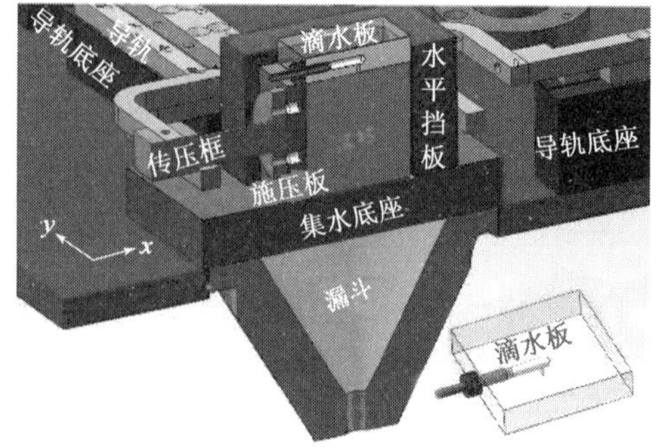

b)剖面示意图

图 3-19　三向胀缩仪水量控制系统

所设计的膨胀土三向胀缩仪可开展三向有荷膨胀量试验、三向膨胀力试验、三向收缩试验。其结构简单紧凑、施力稳定、测量精确高，且维护便捷、操作简单。

2. 试验方法

试验操作分为三部分：试验前试样的量测、加载与观测、试验的后续处理。

(1)试验前试样的量测

由于试样的脱湿会产生收缩变形，试验前需重新测量尺寸，用游标卡尺在每一个方向的两个面上测试，每个面上测 5 处并取平均值作为该面的测试值。当一个方向上的两个面的测试值相差大于 1mm 时，说明该试样的脱湿变形不规则，将影响试验结果，试样作废。对合格的试样称重计算含水率和干密度。

(2)加载与观测

为消除加载时的影响，要求三向同时分级加载；加载前让推块尽量接触试样后，百分表调零；加载后，记录百分表读数(该读数为加荷产生的压缩值)，再次将百分表调零。进行膨胀试验时，打开渗流控制器，调节至流量为 1mL/min；进行收缩试验时，将集水器卸下，安装烘干器加热。试验的观测要求前期每 20min 读数一次，4h 以后可以每 2h 读数一次。

(3)试验的后续处理

随着时间的延长，膨胀土的吸水膨胀和失水收缩均会趋于某一定值，可以此作为试验结束的判定：当间隔 2h 的各百分表读数小于 1 格，即试样每 2h 的变形量小于 0.01mm 时，判定试验结束。将试样小心取出称重，并按前面所述方法测试土体各部位含水率，取平均值为试验结束后的含水率。通过前期测试，渗水 36h 左右，试样内外含水率能达到一致。

3. 误差分析

由于仪器构造、试样制备、试验方法等方面不可避免地存在一些问题，试验结果会存在一定的误差。误差主要由以下几个因素产生：拉杆导轨装置整体结构存在一定的摩擦，将减小侧向压力的大小，约为 0.1N；由于推块的尺寸是一定的(46mm×46mm)，而试样尺寸是变化的

(设计时考虑为推块尺寸总小于试样尺寸),所以要根据试验前后试样尺寸变化对荷载大小进行修正。试样一般从干缩至湿胀的尺寸变化为 47mm×47mm~50mm×50mm,因而荷载越大,干缩湿胀变化越大,边界效应会越明显,最大边界效应面积比例为 0.15。试验前试样体内各点含水率最大偏差 1%,试验后试样体内各点含水率最大偏差 3%。总体而言,试验的误差不大,能够满足试验精度的要求。

3.3.2 膨胀土三向胀缩变形规律

对宁明灰白膨胀土、宁明灰黑膨胀土、百色中膨胀土、南宁中膨胀土,开展了三向等荷膨胀、收缩和三向不等荷膨胀试验。

1. 三向等荷膨胀试验

该试验是为了研究膨胀土在三向荷载相同条件下的三向吸水膨胀规律,并反映膨胀土水平与竖向膨胀的差异。制备以上四种膨胀土的重塑样和两种膨胀土的原状样。重塑土制样含水率 23%,分两层击实,每层击实 49 次,烘干至 8%的初始含水率,分别在 50kPa 荷载下测试吸水膨胀量大小,见表 3-6。

不同类型膨胀土三向等荷(50kPa)膨胀试验结果　　表 3-6

地点	土型	线膨胀率 α(%)			含水率(%)			干密度 ρ(g/cm^3)	线膨胀系数 β(%)			线膨胀系数比		
		X 向	Y 向	Z 向	$w_{始}$	$w_{终}$	Δw		X 向	Y 向	Z 向	X/Z	Y/Z	均值
百色	重塑土	2.84	3.49	3.43	8.46	23.11	14.66	1.93	0.193	0.238	0.234	0.83	1.02	0.92
南宁	原状土	1.22	1.00	4.36	3.40	19.05	15.65	1.93	0.078	0.064	0.278	0.28	0.23	0.25
	重塑土	2.33	2.33	2.45	8.94	19.68	10.74	1.96	0.217	0.217	0.228	0.95	0.95	0.95
宁明	灰白原状	3.97	3.21	3.53	17.96	26.28	8.31	1.80	0.478	0.386	0.424	1.13	0.91	1.02
	灰白重塑	3.04	3.27	3.81	9.20	24.27	15.07	1.86	0.201	0.217	0.253	0.80	0.86	0.83
	灰黑重塑	3.07	3.10	4.53	7.81	24.31	16.50	1.73	0.186	0.188	0.274	0.68	0.68	0.68

注:线膨胀率 α=膨胀量/试验前试样尺寸;线膨胀系数 β=线膨胀率 $\alpha/\Delta w$。

表 3-6 反映出不同类型膨胀土三向膨胀性质的差异:原状土的竖向线膨胀系数比重塑土的要高,且三向膨胀有很明显的差异性,宁明灰白原状膨胀土的三向线膨胀系数基本相同,而南宁原状膨胀土明显表现为以竖向膨胀为主;重塑土的三向线膨胀系数一般表现为竖向大于水平向,且水平向与竖向的线膨胀系数比值与制样的密度相关,制样干密度越大,比值越高,越接近膨胀各向同性;不同类型重塑膨胀土的线膨胀系数 β 不仅跟膨胀土本身的膨胀性质有关,而且跟制样干密度相关。

宁明灰白膨胀土不同干密度状态下三向同荷膨胀试验结果汇总于表 3-7。整理得到线膨胀系数比和竖向线膨胀系数随干密度的变化曲线,如图 3-20 和图 3-21 所示。

宁明灰白膨胀土不同干密度状态下三向等荷(50kPa)膨胀试验结果 表 3-7

干密度 ρ(g/cm³)	含水率(%)			线膨胀率 α(%)			线膨胀系数 β(%)			线膨胀系数比		
	$w_{胀前}$	$w_{胀后}$	Δw	X 向	Y 向	Z 向	X 向	Y 向	Z 向	X/Z	Y/Z	均值
1.676	14.82	27.07	12.25	2.27	2.28	3.31	0.185	0.186	0.270	0.69	0.69	0.69
1.706	14.70	27.15	12.45	2.63	2.72	3.90	0.211	0.219	0.314	0.67	0.70	0.69
1.838	15.22	24.08	8.86	2.89	3.00	3.69	0.326	0.338	0.416	0.78	0.81	0.80
1.855	14.60	22.36	7.76	2.68	2.79	3.28	0.345	0.360	0.422	0.82	0.85	0.84

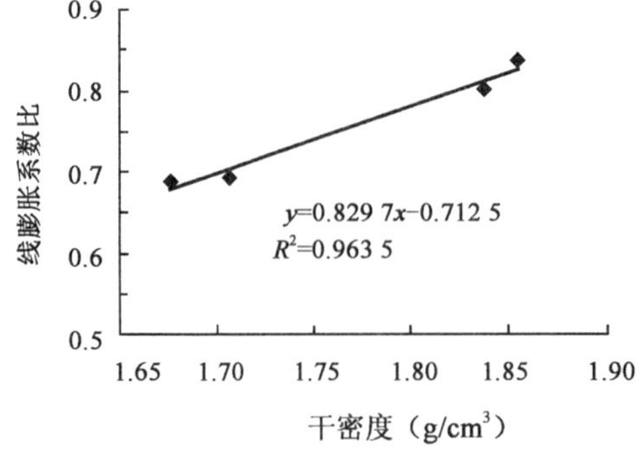

图 3-20 线膨胀系数比与干密度的关系

图 3-21 竖向线膨胀系数与干密度的关系

试验表明，一定的三向等荷压力下，重塑膨胀土的三向膨胀差异性与干密度有关，且线膨胀系数比与干密度呈较好的线性关系，即：

$$\beta_i = a\gamma_{\mathrm{d}} + b \tag{3-7}$$

同时，竖向线膨胀系数与干密度呈较好的线性关系，说明压实土的密度越大，膨胀潜势越大。

试样的初始含水率是膨胀土三向膨胀需分析的因素之一。以宁明灰白膨胀土为研究对象，重塑土制样含水率 23%，制样干密度 1.61g/m³，然后在 40℃恒温下脱水，制成初始含水率分别为 9.24%、12.96%、14.93%、17.93%的 4 组试样，每组分别在 14kPa、27kPa、54kPa、110kPa、160kPa 三向等荷条件下测试三向膨胀量。考虑水平方向(X 和 Y 向)为宏观同性，用 X 和 Y 向均值作为水平向测试结果，分析结果见图 3-22。

试验分析结果表明，三向线膨胀系数与三向等荷荷载的大小呈较好的对数关系，即

$$\beta_i = -m\ln P_i + n \tag{3-8}$$

式中，β_i 为某一方面的线膨胀系数；P_i 为荷载大小。

系数 m、n 与初始含水率相关。将图 3-22 中得到的 m、n 的数值再与初始含水率拟合，得到图 3-23。

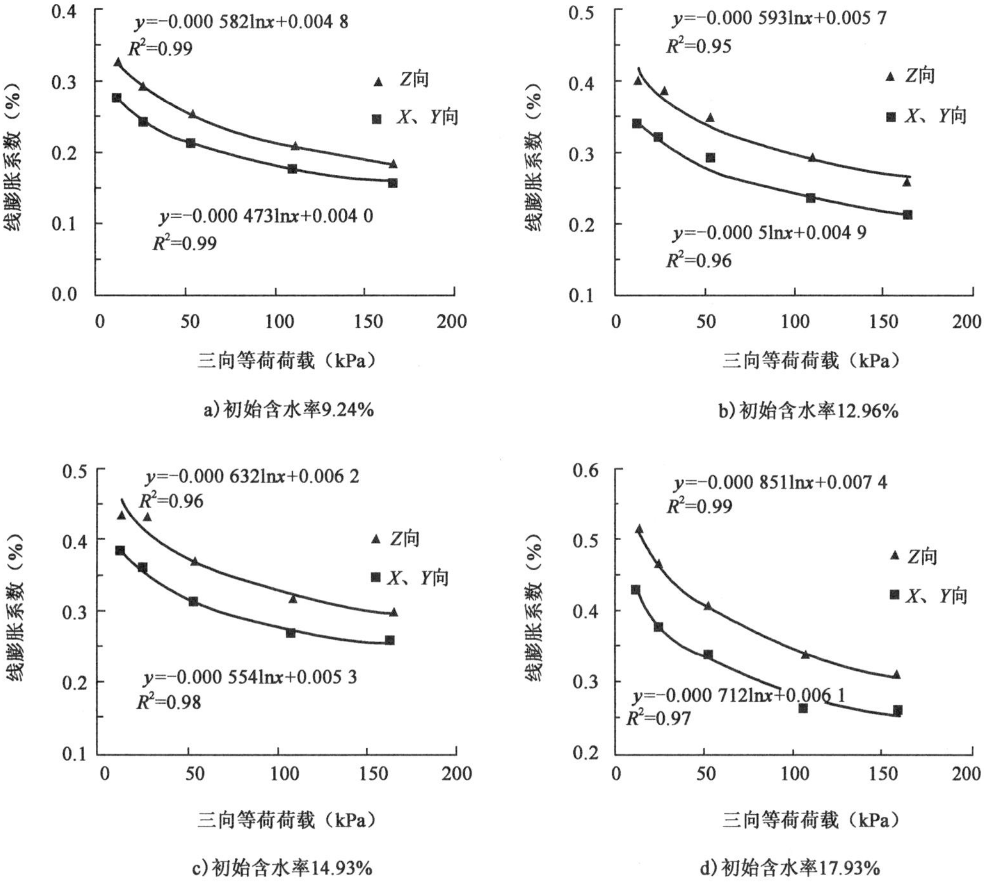

$y=-0.000\ 582\ln x+0.004\ 8$ $R^2=0.99$

$y=-0.000\ 473\ln x+0.004\ 0$ $R^2=0.99$

▲ Z向 ■ X、Y向

线膨胀系数（%） 三向等荷荷载（kPa）

a）初始含水率9.24%

$y=-0.000\ 593\ln x+0.005\ 7$ $R^2=0.95$

$y=-0.000\ 5\ln x+0.004\ 9$ $R^2=0.96$

▲ Z向 ■ X、Y向

线膨胀系数（%） 三向等荷荷载（kPa）

b）初始含水率12.96%

$y=-0.000\ 632\ln x+0.006\ 2$ $R^2=0.96$

$y=-0.000\ 554\ln x+0.005\ 3$ $R^2=0.98$

▲ Z向 ■ X、Y向

线膨胀系数（%） 三向等荷荷载（kPa）

c）初始含水率14.93%

$y=-0.000\ 851\ln x+0.007\ 4$ $R^2=0.99$

$y=-0.000\ 712\ln x+0.006\ 1$ $R^2=0.97$

▲ Z向 ■ X、Y向

线膨胀系数（%） 三向等荷荷载（kPa）

d）初始含水率17.93%

图 3-22 三向线膨胀系数与三向等荷荷载的关系

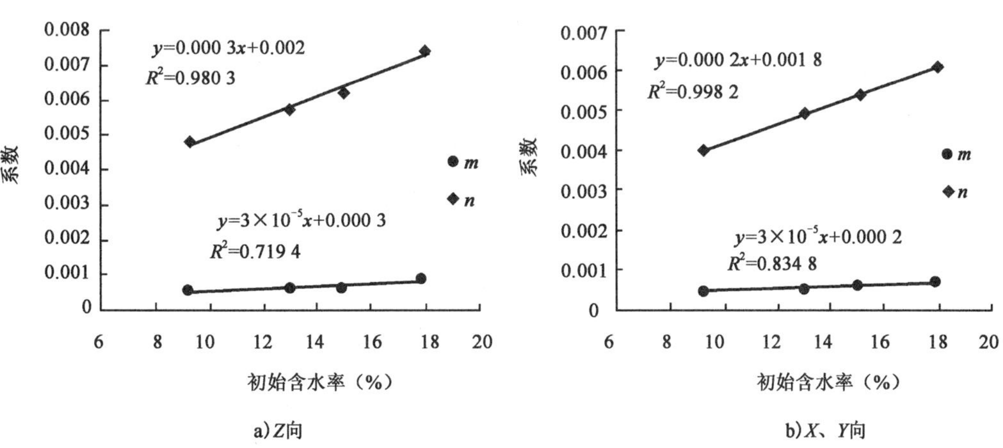

图 3-23 系数 m、n 随初始含水率的变化及拟合曲线

该试验表明，击实膨胀土的三向线膨胀系数与外部荷载的大小相关，三向等荷荷载条件下，线膨胀系数与荷载压强 P 的大小呈对数关系。初始含水率对于三向线膨胀系数有影响，m、n 的大小与初始含水率相关，拟合相关性较好。

2. 三向等荷收缩试验

该试验是为了研究膨胀土在三向荷载相同的条件下，其三向失水收缩规律，试验采用烘干器加快试样的失水收缩。

试样为三种膨胀土重塑样和一种膨胀土原状样，重塑土制样含水率 23%，分两层击实，每层击实 49 次，分别在 50kPa 荷载下测试失水收缩量的大小，试验结果见表 3-8。

不同类型膨胀土三向等荷(50kPa)收缩试验结果 表 3-8

地点	土型	线收缩率 α(%)			含水率(%)			干密度 ρ(g/cm^3)	线收缩系数 β(%)			收缩比		
		X 向	Y 向	Z 向	$w_{始}$	$w_{终}$	Δw		X 向	Y 向	Z 向	X/Z	Y/Z	均值
百色	重塑土	6.56	6.06	7.61	26.81	10.70	16.11	1.511	0.407	0.376	0.472	0.86	0.80	0.83
南宁	原状土	2.35	2.03	5.09	19.85	3.91	15.94	1.753	0.147	0.127	0.319	0.46	0.40	0.43
	重塑土	4.52	4.48	3.89	21.95	9.45	12.50	1.646	0.361	0.359	0.311	1.16	1.15	1.16
宁明	灰白重塑	4.25	4.38	4.63	23.41	8.04	15.37	1.638	0.276	0.285	0.301	0.92	0.95	0.93
	灰黑重塑	3.46	3.43	3.38	23.41	8.04	15.37	1.534	0.225	0.223	0.220	1.02	1.01	1.02

注：线收缩率 α=收缩量/试验前试样尺寸；线收缩系数 β=线收缩率 $\alpha/\Delta w$。

表 3-8 反映出不同类型膨胀土三向收缩性质的差异：南宁原状土以竖向收缩为主，三向收缩的差异性与三向膨胀的差异性基本相同，但线收缩系数要大于线膨胀系数；重塑土的三向收缩性与三向膨胀性有相同的规律，基本呈现干密度越大，三向收缩差异性越小的特征。

宁明灰白膨胀土三向等荷收缩试验结果见表 3-9。

宁明灰白膨胀土三向等荷收缩试验结果 表 3-9

三向荷载(kPa)			线收缩率 α(%)			干密度 ρ(g/cm^3)	含水率(%)			线收缩系数 β(%)				侧纵比
X 向	Y 向	Z 向	X 向	Y 向	Z 向		w 始	w 终	Δw	X 向	Y 向	Z 向	水平	
25	25	25	4.35	4.03	4.19	1.63	23.549	9.433	14.12	0.308	0.285	0.297	0.297	1.00
50	50	50	4.25	4.38	4.63	1.64	23.657	9.290	14.37	0.296	0.305	0.322	0.300	0.93
100	100	100	4.54	4.32	4.63	1.64	23.457	10.212	13.24	0.343	0.326	0.349	0.334	0.96
150	150	150	4.51	4.06	4.23	1.63	23.218	11.462	11.76	0.384	0.345	0.360	0.364	1.01

试验结果表明，在 1.63g/cm^3 和 1.64g/cm^3 的制样干密度和三向等荷条件下，宁明灰白膨胀土的三向收缩性质基本相同，且不同荷载大小的三向线收缩系数也基本相同，说明宁明灰

白膨胀土的三向收缩性与外部荷载无关。从三向收缩试验可知，在分析膨胀土三向失水收缩时，可以假设线收缩系数为各向同性取定值。

3. 三向不等荷膨胀试验

以宁明灰白膨胀土为研究对象，重塑土制样含水率23%，干密度1.63g/cm^3，制成初始含水率为9.24%和14.93%两组试样，每组3个，对第一组试件，分别按25kPa、50kPa、100kPa在三个方向上施加三种组合；对第二组试件，分别按50kPa、100kPa、150kPa在三个方向上施加三种组合，分别测试三向膨胀量。该试验反映出膨胀土在三向不等荷条件下的三向膨胀变形趋势。试验结果见表3-10。

宁明灰白膨胀土三向不等荷膨胀试验结果 表3-10

三向荷载(kPa)			线膨胀率α(%)			含水率(%)			线膨胀系数β(%)				侧纵比
X向	Y向	Z向	X向	Y向	Z向	$w_{始}$	$w_{终}$	Δw	X向	Y向	Z向	水平	
50	25	100	3.09	3.78	2.50	9.19	23.97	14.78	0.21	0.26	0.17	0.23	1.38
100	25	50	2.11	3.89	3.17	9.23	24.27	15.04	0.14	0.26	0.21	0.20	0.95
100	50	25	2.19	3.11	5.06	9.26	24.05	14.79	0.15	0.21	0.34	0.18	0.52
50	50	100	2.78	3.05	2.58	15.01	23.25	8.25	0.34	0.37	0.31	0.35	1.13
50	50	150	2.74	3.12	1.95	14.88	22.93	8.05	0.34	0.39	0.24	0.36	1.50
100	100	150	2.30	2.47	1.94	14.82	22.60	7.78	0.30	0.32	0.25	0.31	1.23

从表3-10可得如下结论：膨胀土的三向膨胀变形与外部三向应力的大小相关，应力越小的方向，线膨胀系数越大，相反，应力越大的方向，线膨胀系数越小；一个方向外部应力大小的增减不仅影响该方向的膨胀，而且将影响其他两个方向，Z向的线膨胀系数从0.31%降到0.24%，而水平向从0.35%提高到0.36%。对比表中数据可知，水平向外部应力的增减不仅影响水平方向的膨胀，而且将影响竖向膨胀，水平向线膨胀系数从0.36%降到0.31%，Z向从0.24%提高到0.25%。

3.4 非饱和膨胀土抗剪强度特性

膨胀土地区的公路边坡往往会发生失稳滑坍。抗剪强度是边坡稳定性评价必需的参数指标。由于边坡处的地下水位较深，浅层土体通常处于非饱和状态。浅层土体中的吸力随季节性干湿循环不断发生变化，影响着土体的抗剪强度，进而影响边坡稳定性。为了评价气候条件对非饱和膨胀土边坡稳定性的影响，必须研究土体抗剪强度与吸力的关系[8]。尽管非饱和土抗剪强度理论快速发展，但非饱和土抗剪强度的测试成果却较少，特别是非饱和膨胀土。另一方面，大量现场调查发现膨胀土边坡的岩土界面之间形成的软弱结构面是造成膨胀土边坡滑坍的重要诱因之一，因此掌握膨胀土岩土界面抗剪强度对于评价膨胀土边坡稳定性同样具有重要意义。

3.4.1 膨胀土抗剪强度与吸力的关系

利用香港科技大学研发的非饱和土直剪仪（图 3-24），进行了百色中膨胀土在 50kPa、100kPa、150kPa 和 200kPa 竖向净法向应力和 50kPa、100kPa、200kPa 和 500kPa 吸力状态下的非饱和直剪试验。

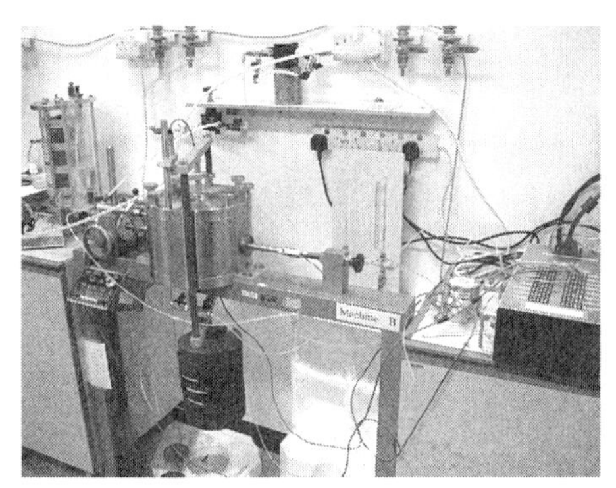

图 3-24 非饱和土直剪仪

图 3-25 为非饱和膨胀土剪切试验结果。图中 V50-S50 表示试样的应力状态，即竖向应力 50kPa 和吸力 50kPa。从剪应力与剪切位移的关系曲线可以看出，竖向应力较小（50kPa）时，不同吸力状态下得到剪应力-位移曲线均表现为硬化形式，即随着位移的增大，剪应力逐渐增大，随后逐渐减小，存在明显的峰值，类似于超固结土的剪切特性。剪应力的最大值称为峰值强度，大位移所对应的剪应力为极限强度。峰值强度与极限强度的差值反映了土体应变软化特性，差值越大，应变软化现象越显著。从试验结果可以看出，随着吸力的减小，土体剪胀性减弱，抗剪强度显著降低。

为进一步认识以上不同竖向应力和吸力状态下的剪应力-位移曲线所表现出来的强度特性，将该膨胀土屈服轨迹线绘于本次直剪试样的应力路径中，如图 3-26 所示。以 50kPa 竖向应力状态下的非饱和直剪试验为例进行分析，直剪之前试样 V50-S50、V50-S100、V50-S200 和 V50-S500 的吸力状态分别为 50kPa、100kPa、200kPa 和 500kPa。吸力越大，试样所处的应力状态与屈服轨迹的距离越大，即超固结比 OCR$=\sigma_y^*/\sigma$（σ_y^* 为当前吸力状态下所对应屈服应力）越大，因而在剪切过程中所表现出的软化现象越明显。随着竖向应力的增大，各试样的超固结比减小，甚至处于正常固结状态，因而表现出应变硬化。

因此，膨胀土处于非饱和状态时，往往表现出较高的抗剪强度，且抗剪峰值强度与极限强度相差较大，但随着湿度的增大、吸力的减小，峰值强度逐渐减弱。因此，出于工程安全考虑，在确定非饱和膨胀土抗剪强度指标时，应该选取极限状态抗剪强度指标。

根据图 3-25 所示非饱和膨胀土直剪试验结果，可得到不同竖向净法向应力和吸力状态下的极限抗剪强度。点绘到抗剪强度与竖向净法向应力坐标系中，可获得非饱和膨胀土莫尔-库仑强度包线，如图 3-27 所示。强度包线的斜率为有效内摩擦角，强度包线在竖轴上的截距为似黏聚力。

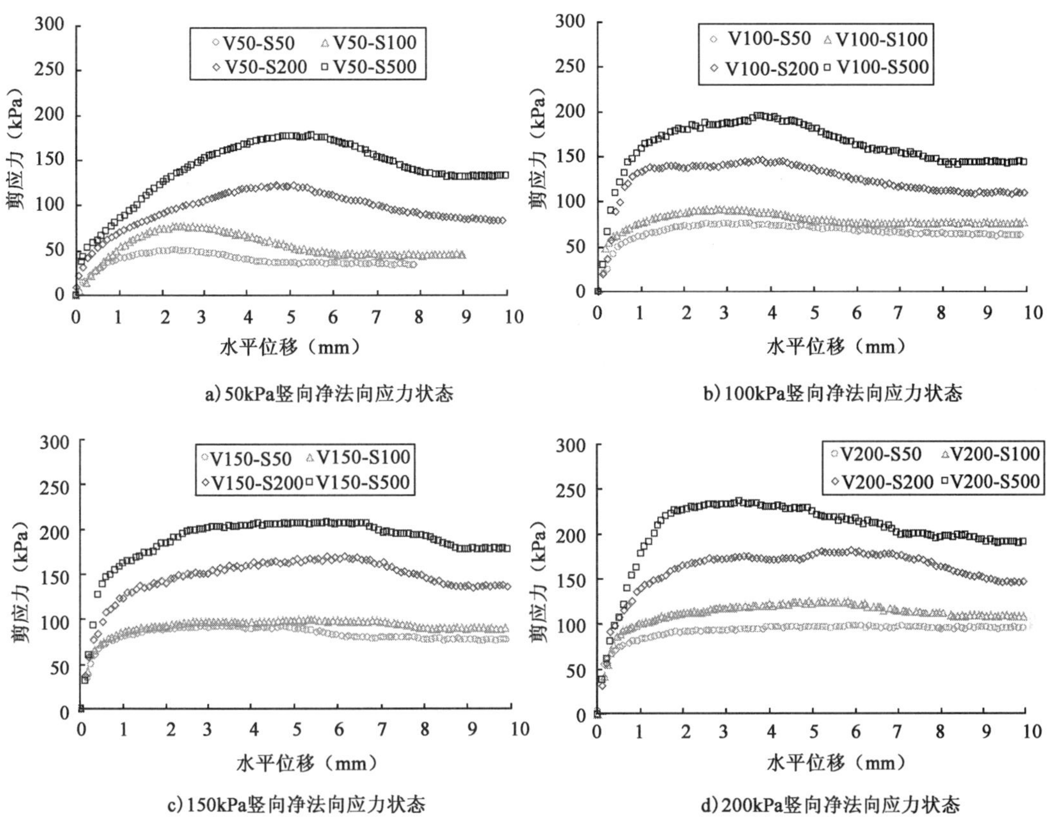

图 3-25 不同竖向净法向应力和不同吸力状态下的直剪试验结果(彩图见 337 页)

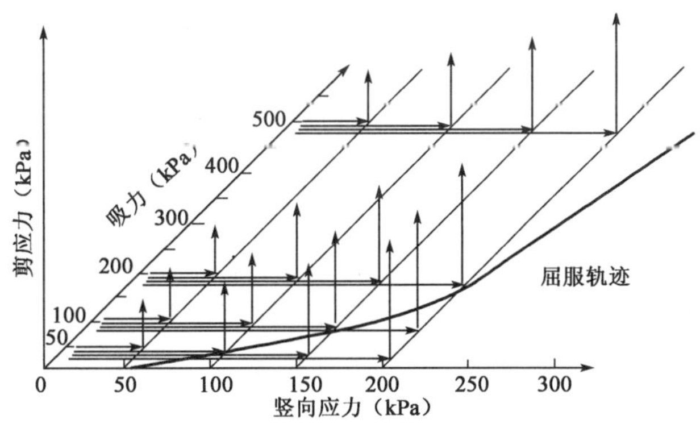

图 3-26 非饱和膨胀土直剪试样初始状态与加载屈服轨迹的位置关系

表 3-11 为 4 级吸力状态下所对应的有效内摩擦角和似黏聚力,同时补充了常规饱和固结慢剪试验结果,即 0kPa 所对应的有效内摩擦和黏聚力。从中可以看出,随着吸力减小,似黏聚力显著降低,但有效内摩擦角的变化不大。通过对似黏聚力和吸力关系进行线性拟合(图 3-28),得到重塑非饱和膨胀土抗剪强度理论公式:

$$\tau = c' + (\sigma - u_a)\tan\varphi' + (u_a - u_w)\tan\varphi^b \tag{3-9}$$

式中，τ 为极限抗剪强度；c'为有效黏聚力；u_a-u_w 为吸力；φ'为膨胀土的有效内摩擦角；$\tan\varphi^b$ 为似黏聚力和吸力关系曲线的斜率，$c=c'+(u_a-u_w)\tan\varphi^b$。

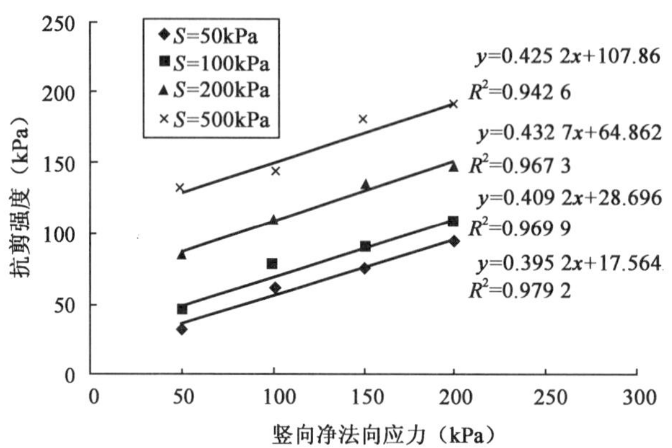

图 3-27　不同吸力状态下非饱和膨胀土的抗剪强度包络线

不同吸力状态下非饱和膨胀土抗剪强度指标　　表 3-11

抗剪强度指标	吸力(kPa)				
	500	200	100	50	0
c(kPa)	107.86	64.86	28.70	17.56	9.6
φ'(°)	23.04	23.40	22.25	21.56	21.12

注：0kPa 吸力状态下抗剪强度指标由饱和固结慢剪试验得到。

对等应力干湿循环试验后的试样，即完成 4 次干湿循环后的试样进行饱和固结慢剪试验，得到 c'和 φ'分别为 1.5kPa 和 20.5°。由此看出，经历 4 次干湿循环后，有效黏聚力显著降低，而内摩擦角变化不大。膨胀土干湿循环胀缩裂隙演化 CT 试验结果表明，随着干湿循环次数的增加，试样内部裂隙破坏了膨胀土体的完整性，这使得在前期制样时因静压而形成的有效黏聚力几乎完全丧失。基于这一原因，提出干湿循环条件下重塑非饱和膨胀土抗剪强度公式：

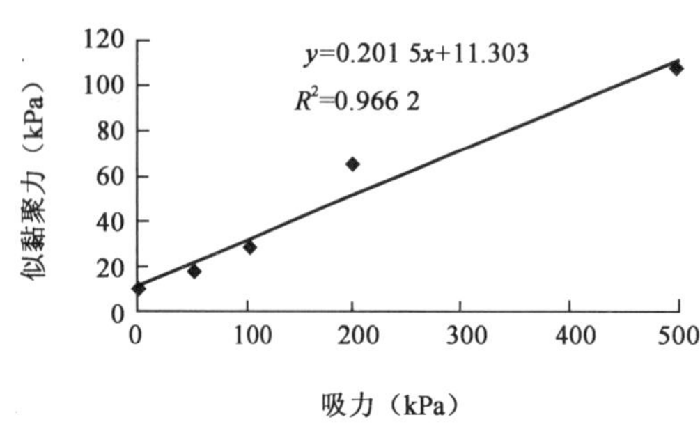

图 3-28　似黏聚力随吸力的变化曲线

$$\tau=\left(1-\frac{n}{4}\right)c'+(\sigma-u_a)\tan\varphi'+(u_a-u_w)\tan\varphi^b \tag{3-10}$$

式中，n 为干湿循环次数，$n=0,1,2,3,4$。

3.4.2　膨胀土土岩界面抗剪强度特性

考虑降雨入渗后，雨水会渗入软弱结构面造成界面软化，为此通过大型直剪试验研究膨胀土土岩软弱界面在天然和浸水状态下的抗剪强度特性。

1. 试验仪器及方法

考虑到测试膨胀土土岩界面抗剪强度所需试件较大，为获得较准确的抗剪强度参数，同时寻求各因素对其抗剪强度影响的规律，研制了大型直接剪切仪（图3-29，剪力盒直径15.2cm，上、下盒高均为6cm）。通过固定支撑上盒，采用下盒滑动施剪，消除了上盒自重对下盒的作用，克服接触摩擦带来的试验误差；同时引入直线导轨技术，将测力计在滚轴丝杆的同一侧，消除了传统剪切仪由于两者位置偏离带来的误差。仪器测试结果表明，该仪器使用性能良好。

试验选用湖南浏醴高速公路膨胀土路堑边坡软弱结构面附近的天然岩块和土体，制成两个圆柱形试件，将两个试件叠合在一起放入剪切盒中，土岩界面与剪切盒的剪切面一致。剪切采用慢剪的方法，剪切速度约为15s/r，每转的剪切位移约为0.1mm，一个竖向压力下需转150～200r得到其结果，记录不同加载即不同正应力情况下，剪切面的剪应力随剪切位移变化的情况；完成天然状态下的抗剪强度试验后，在界面上喷水浸湿，然后测试界面抗剪强度。

2. 试验结果及分析

膨胀土土岩界面在天然和浸湿状态下剪应力和剪切变形的关系曲线如图3-30和图3-31所示。抗剪强度峰值与竖向应力之间的关系曲线如图3-32所示。根据图3-32，可得到天然和浸湿状态下膨胀土土岩界面的抗剪强度参数（表3-12）。

红砂岩风化土和岩块试件干燥和浸湿状态的抗剪强度参数 表3-12

红砂岩风化土和岩块试件	天然状态	浸湿状态
黏聚力 c(kPa)	7.2	0
内摩擦角 φ(°)	45.2	12.0

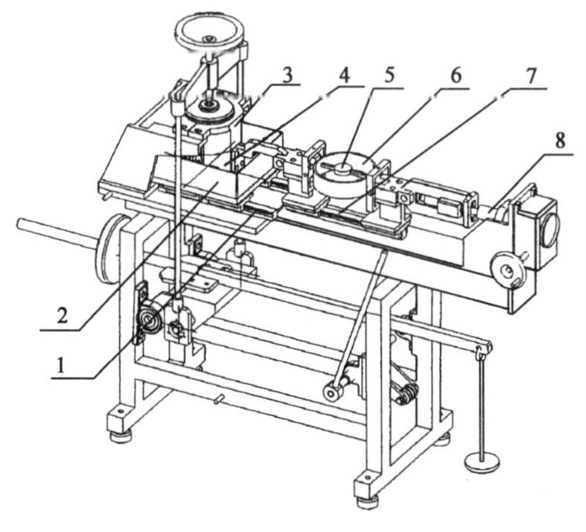

图3-29 大型直接剪切仪示意图

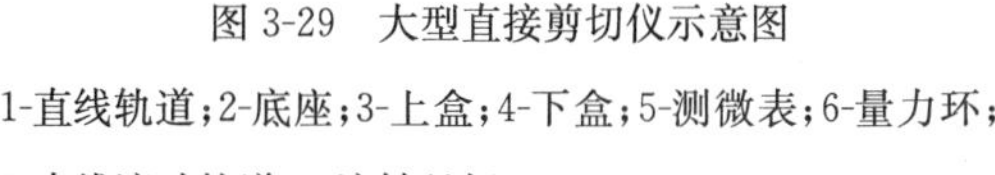
1-直线轨道；2-底座；3-上盒；4-下盒；5-测微表；6-量力环；7-直线滚动轨道；8-滚轴丝杆

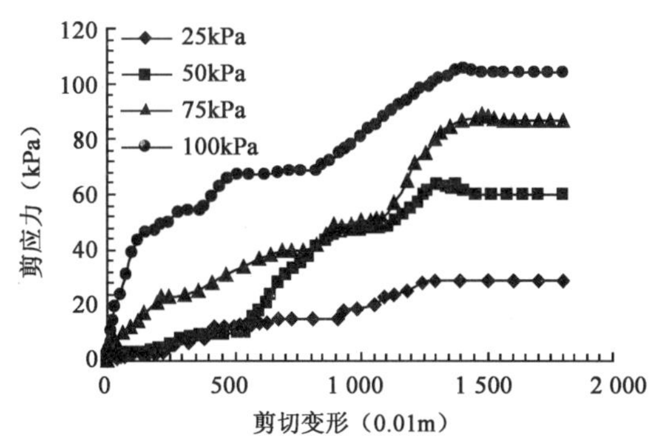

图3-30 天然状态下剪应力与剪切位移关系

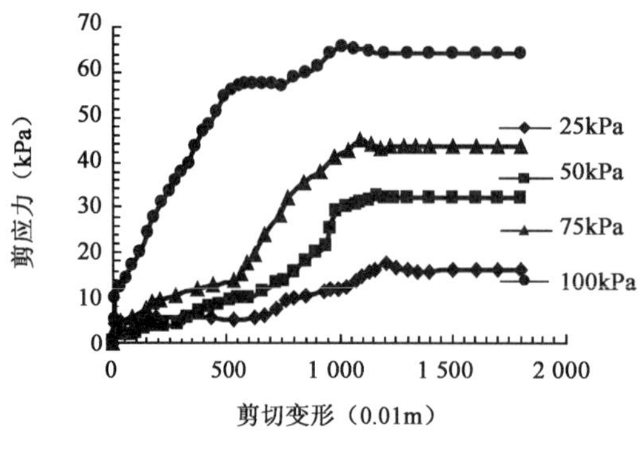

图 3-31　浸湿状态下剪应力与剪切位移关系

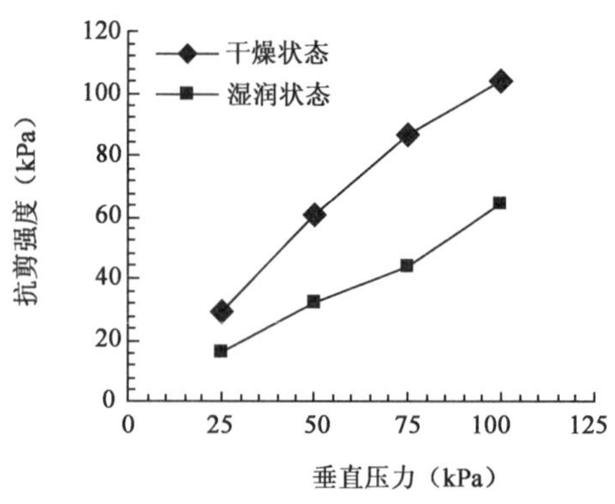

图 3-32　红砂岩风化土和岩块试件不同干湿状态抗剪强度和正应力关系

图 3-30 是膨胀土和岩块界面在天然状态下的剪应力曲线。从图可以看出，增长曲线不平滑，反映了膨胀土岩界面在天然状态下摩擦的不均匀性，剪应力增长需要经历较大的剪切位移才达到峰值，说明随剪切位移的增大，土岩界面不断被挤压，经历较长时间才能达到稳定的嵌挤摩擦状态。图 3-31 反映的是膨胀土岩界面浸湿后剪应力的变化曲线。其变化规律明显，曲线分散度较高，随着应力状态下剪应力随剪切位移增长很快，进入稳定区的剪切位移较小，说明其浸润状态下界面颗粒间摩擦抗剪的性能较为稳定。从图 3-32 可以看出，浸水后不同竖向应力状态下土岩界面抗剪强度的衰减程度不一，在低应力状态下衰减为 31%，随着竖向应力的增大，衰减的幅度加大，在竖向应力为 100kPa 时，界面抗剪强度衰减为 44%。与天然状态下土岩界面的抗剪强度参数相比，浸湿后的界面黏聚力衰减为 0，内摩擦角减小至 12°，衰减了 37.9%。以上结果说明，膨胀土岩界面的抗剪强度极易受水分的影响，实际工程中应尽量防止雨水渗入到软弱结构面或者及时疏排软弱结构面上的渗水，避免软弱结构面浸水软化造成边坡失稳。

3.5　膨胀土的裂隙特性

多裂隙性是膨胀土的重要特性之一，由于裂隙发育所产生的一系列不利于边坡稳定的强度与渗透性问题一直受到人们的关注。弄清裂隙发育机理是膨胀土裂隙研究的基础。目前，随着图形、图像数字处理技术的应用，针对膨胀土不规则裂隙的定量描述已有了较大进展，不少学者在探寻裂隙演化规律和裂隙发育影响因素方面做了大量研究工作，但仍不足以全面揭示膨胀土裂隙发育规律。本节介绍膨胀土裂隙定量研究方法及广西 4 种典型膨胀土的裂隙发育规律。

3.5.1 裂隙观测与定量描述

高清数码拍照是最直接的裂隙观测手段。随着计算机图像数字化处理技术的日益成熟，这种手段越来越多地用于膨胀土裂隙发育的量测，但仅局限于表面裂隙。光学显微镜可用于土体表面微观裂隙的观测，但由于观测区域太小，只能反映局部情况，作定性描述。CT 法是一种无损检测，精度高，可量测土体内部裂隙发育，应用较为普遍，并已取得大量研究成果。基于以上分析，采用高清拍照和 CT 扫描来观测膨胀土表面和内部的裂隙宏观发育，采用光学显微镜观测土体表面微观裂隙发育。

裂隙定量描述的目的是寻找合适的指标用以描述裂隙发育的几何特征，及裂隙的走向、倾角、宽度、深度、长度、分布密度等。裂隙定量描述方法有以下类型：

$$\delta_{f1}=\frac{\sum_{i=1}^{n_1}A_i}{A},\delta_{f2}=\frac{\bar{l}}{\bar{d}},\delta_{f3}=\frac{\sum_{i=1}^{n_1}l_i}{A},\delta_{f4}=\frac{\overline{A}_d}{A},\delta_{f5}=\frac{n_d}{A} \tag{3-11}$$

式中，δ_f 为裂隙度；A_i 为第 i 条裂隙所占的面积；A 为统计试样面积；$\bar{l}$ 为裂隙平均长度；$\bar{d}$ 为裂隙平均间距；l_i 为第 i 条裂隙长度；n_1 为裂隙总条数；A_d 为被裂隙分割成的小土块的平均面积；n_d 为裂隙分割土体所成的总块数。其中第一个公式的裂隙度表达为裂隙面积与总面积的比，也被定义为平面裂隙率，该指标能较好地描述裂隙的发育程度，且又综合反映了裂隙发育长度、宽度以及分布密度等情况。以裂隙率作为膨胀土裂隙发育量化指标的应用较为普遍，不少学者已通过高清拍照观测和计算机图像数字化处理技术来获取膨胀土裂隙率指标。但平面裂隙率不能描述裂隙向土体内部的发育情况。因此，提出基于 CT 扫描技术下的体积裂隙率，定义如下：

$$p_v=\frac{\sum_{i=1}^{n}v_i}{V} \tag{3-12}$$

式中，p_v 为体积裂隙率；v_i 为每条裂隙所占的体积；V 为总体积。

由式(3-12)可知，断面间距越小，计算结果越接近于裂隙体积与总体积的比，而断面裂隙率可通过 CT 扫描所获得的断面裂隙图像计算分析得到。以体积裂隙率作为裂隙描述指标较以往的平面裂隙率更加全面，而对裂隙图像的分析则需用到 MATLAB 图像处理技术。

3.5.2 膨胀土干湿循环裂隙发育试验及结果

对宁明灰白膨胀土、宁明灰黑膨胀土、南宁中膨胀土、百色强膨胀土，进行干湿循环条件下土体裂隙发育模拟试验。为了便于分析相关因素对于裂隙发育的影响，主要针对重塑土样，在控制含水率、密度等指标的情况下进行试验。

1. 试样制备和干湿循环模拟方法

制样分三轴试样和直剪试样两种。三轴试样尺寸为 61.8mm×125mm，采用击实法制样，用击实仪分3层击实，用击实层数和每次击实次数控制试样的密度。三轴试样用于观测内部裂隙发育。直剪试样尺寸为1.8cm×40cm，采用土工电动击实仪击实后用环刀制样，一般分3层击实，一批试样控制相同的密度，质量差不超过1g。直剪试样用于观测表面裂隙发育。

干湿循环模拟采用室内方法对试样进行增湿与脱湿。采用抽气法对试样饱和增湿。将试样置于轴试样饱和器中，在抽气饱和过程中，饱和器将限制土样的膨胀变形，保持密度一致。增湿过程为12h。然后将试样置于恒温恒湿箱中进行风干脱湿。通过调节恒温箱的温度来控制脱湿速率，脱湿时间为24h，定时用天平称量试样质量，反算含水率，计算脱湿速率，将脱湿好的试样用塑料袋密封，放入干燥器中养护24h，使试样内部水分平衡。实际上，在风干过程中试样表里水分是不相同的，但差异不大，通过对部分试样表里含水率测试，含水率差异小于0.5%。从试样的饱和增湿至风干脱湿为一次干湿循环，对一次干湿循环后的试样再抽气饱和再失水即为二次干湿循环，以此类推。

2.宏观裂隙观测

采用Panasonic DMC-FH2GK 1200万像素照相机对干湿循环过程中的直剪试样进行拍摄，获取每次风干脱湿后试样的表面开裂照片。为了控制拍摄距离的一致性，将照相机置于自制支架内，并设定焦距不变。采用CT机(图3-33)对每次风干脱湿后的三轴试样进行横向断面扫描，获得内部裂隙发育图像。扫描断面间距为2.5mm，每个试样每次共获得40张CT断面图像，并转换为JPG格式进行保存，同时还获得了竖向断面图和试样三维重构图。

3.微观裂隙观测

微观裂隙观测是观测肉眼和高清拍照无法感知的细小裂隙。采用moticam2306体感显微镜(图3-34)进行观测，最大显示倍数为100倍。每次风干脱湿后将直剪试样置于显微镜下进行观测，由于观测的范围相对于整个试样来说很小，观测前用笔标记观测区域，并避开宏观裂隙发育的位置。该仪器可对微观裂隙的宽度和长度进行量测。

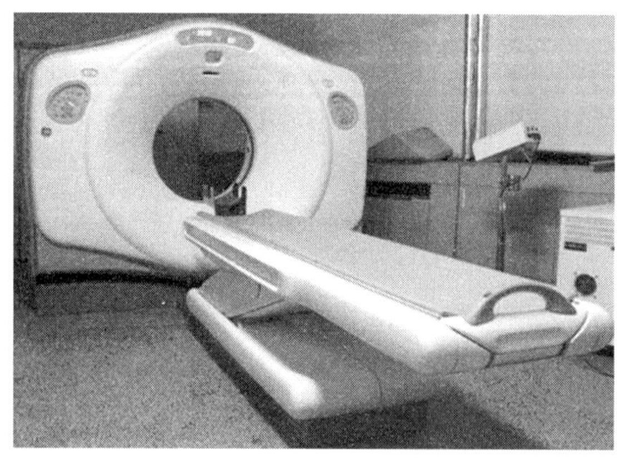

图3-33　亚螺旋CT扫描

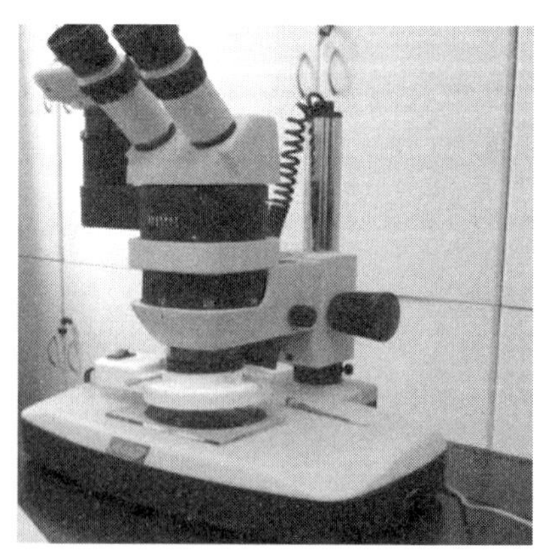

图3-34　体感显微镜

4. 干湿循环下膨胀土裂隙发育规律

(1)体积裂隙率随干湿循环的影响规律

以室内模拟干湿循环的方式，分别对广西宁明灰黑膨胀土、宁明灰白膨胀土、南宁中膨胀土和百色强膨胀土进行裂隙发育观测。通过CT扫描获得4种土样在历经不同干湿循环条件下的断面裂隙图像(扫描间距2.5mm)，并采用MATLAB图形图像处理方法计算出试样的体积裂隙率，图像及分析结果见图3-35、图3-36和表3-13。

不同类型膨胀土干湿循环下裂隙体积率 p_v 表3-13

土类	干湿循环次数下的裂隙体积率 p_v(%)				
	1次	2次	3次	4次	5次
宁明灰黑膨胀土	7.53	7.67	9.17	10.82	11.7
宁明灰白膨胀土	3.13	4.63	4.92	5.82	7.31
百色强膨胀土	4.17	6.87	7.31	7.91	9.55
南宁中膨胀土	3.43	5.67	5.82	5.77	9.1

(2)微观裂隙的发育

微观裂隙的观测，是为了证明试样在干湿循环下不但会产生可见的宏观裂隙，还会产生微观裂隙。但微观裂隙的度量困难，微观裂隙对于膨胀土所产生的影响也很难预计。采用moticam2306体感显微镜对干湿循环下的百色强膨胀土直剪试样进行了观测，显示倍数分别为20倍、100倍。观测结果表明，裂隙发育的位置是随机分布的，第一次裂隙发育位置并不一定是第二次的裂隙产生位置。裂隙的长度和宽度也是杂乱和没有规律的，通过100倍下裂隙宽度量测结果，裂隙宽度在0.002～0.01μm之间。微观裂隙的发育特征说明其较宏观裂隙更加复杂，高倍显微镜的观测仅能观测试样表面裂隙发育，且观测范围很小，对微观裂隙的度量还没有较好的方法，弄清微观裂隙发育对于膨胀土力学性能的影响是今后需进一步研究的课题。

3.5.3 裂隙发育的影响因素

膨胀土裂隙发育受到多种因素的影响，这里就含水率变化量、土体本身物理-力学参数、微观结构特征、土性参数、微观指标等进行相关研究。

1. 含水率变化量的影响

失水收缩是膨胀土开裂的根本原因，已有研究表明含水率变化量与裂缝发育存在一定联系。现以宁明灰黑膨胀土为研究对象，探寻其在脱湿过程中含水率变化量与裂缝发育程度的关系。试验采用直剪试样，土样初始含水率为25%，试样以平面裂隙率来表征其裂隙发育程度。试样在80℃恒温箱内脱湿，每1h对脱湿的试样进行称重和拍照(图3-37)，分别获得其含水率变化量和平面裂隙率，试样结果见图3-38。

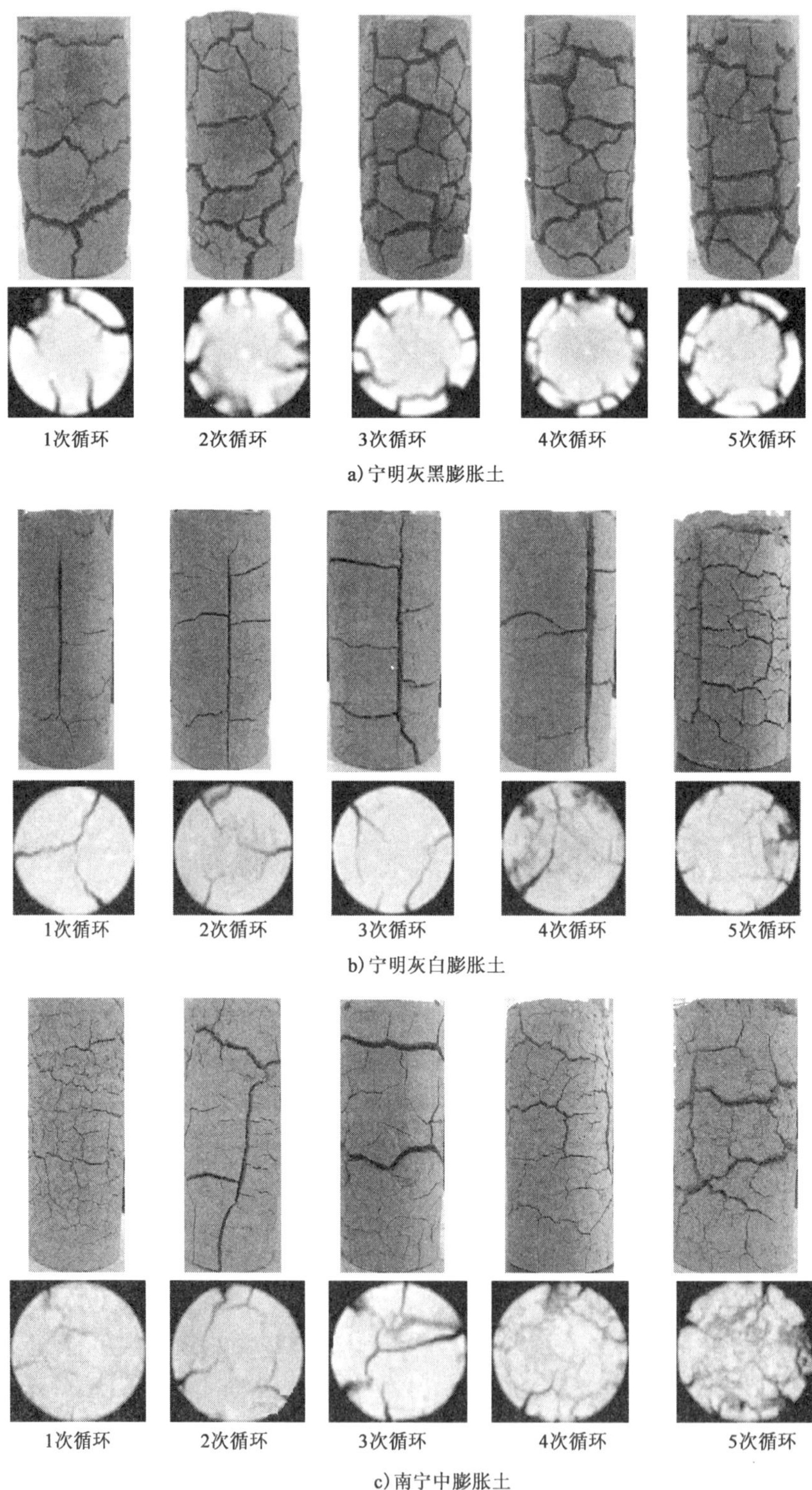

a)宁明灰黑膨胀土

b)宁明灰白膨胀土

c)南宁中膨胀土

图 3-35

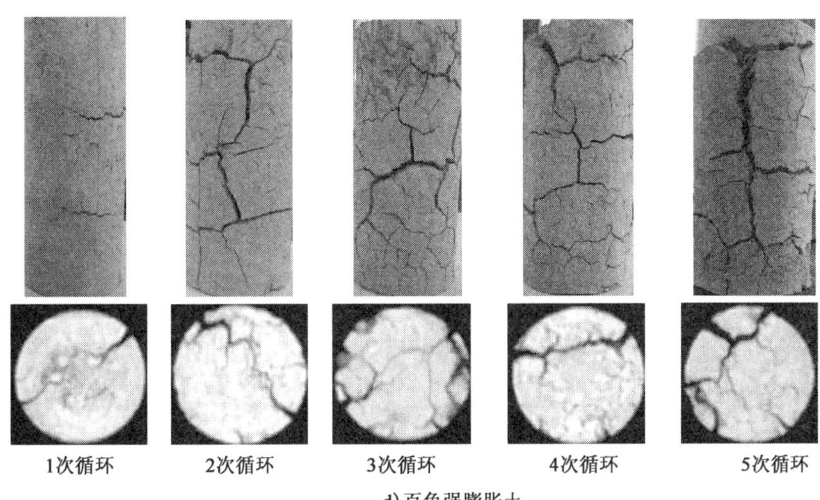

d)百色强膨胀土

图 3-35 不同干湿循环下裂隙发育 CT 横向断面扫描图像(中间断面)

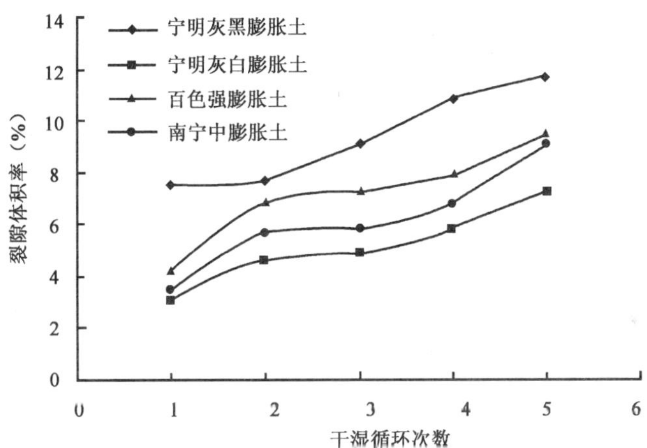

图 3-36 膨胀土裂隙体积率随干湿循环次数的变化曲线

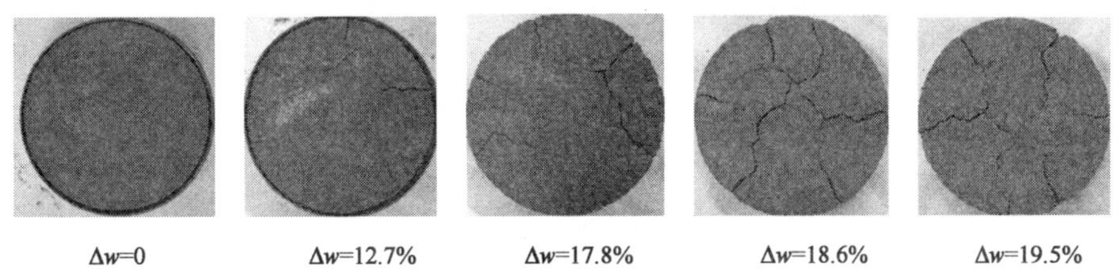

图 3-37 不同含水率变化量下宁明灰黑膨胀土裂隙发育图像

试验结果表明,随着含水率变化量的增加,裂隙发育程度增大,但由于试样脱湿到一定程度后含水率将不再变化,此时裂隙也不再发育。在一定范围内,裂隙发育程度与含水率变化量呈较好的线性关系,即

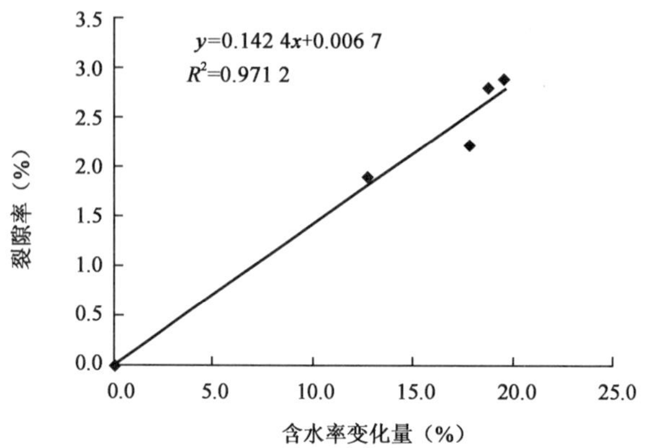

图 3-38　膨胀土裂隙率与含水率变化量的关系

$$P = A\Delta w + B \tag{3-13}$$

式中，P 为裂隙率；Δw 为含水率变化量；A、B 为试验参数。

2. 密度的影响

以宁明灰黑膨胀土为研究对象，制备不同干密度直剪试样，土样制样含水率 25%，在 80℃恒温箱内脱湿至缩限，然后进行拍照（图 3-39）计算裂隙率，试验结果见图 3-40。

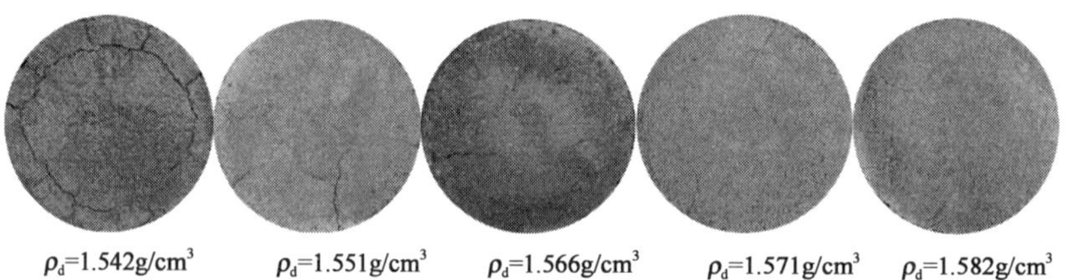

图 3-39　宁明灰黑膨胀土不同干密度试样脱湿后裂隙发育图

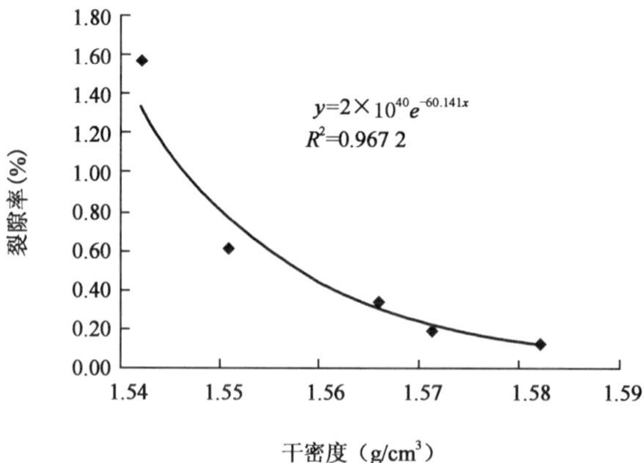

图 3-40　膨胀土裂隙率随干密度的变化曲线

试验结果表明，制样干密度越低，裂隙发育程度越高，干密度与裂隙率呈指数关系，如式(3-14)所示。

$$P = k + c\rho_d^d \tag{3-14}$$

式中，P 为裂隙率(%)；ρ_d 为干密度(g/cm^3)；c、d、k 为试验参数。

3. 抗拉强度

通常情况下土体的抗拉强度比较小，实际工程也中很少涉及，但对于膨胀土而言，该指标对于控制裂隙发育具有十分重要的意义。常用的土的抗拉强度测试可分为直接拉伸法和间接法两大类。直接拉伸试验需制作针对土体的专门夹具，试验中不易操作把握，且测试结果受夹具的影响较大。间接拉伸试验有径向压裂法(劈裂试验)、轴向压裂法(双面冲压法)、土梁弯曲法等。劈裂试验采用圆柱形试样，制样方便，不需要专门的仪器，采用常规劈裂夹具，在一般的压力机上即可完成试验，操作简单，试验结果离散性小，较稳定可靠。

为此，采用劈裂试验进行测试。试验土样为宁明灰黑膨胀土、宁明灰白膨胀土、百色强膨胀土、南宁中膨胀土 4 种重塑土体。分别在初始含水率 10%、13%、15%、18%下采用沥青混合料电动击实仪击实制样，击实次数为双面 25 次，制样圆柱体尺寸 63.5mm×101mm。劈裂试验在自动马歇尔试验仪上进行，加载速率为 50mm/min，测定精密度为 10N，试样以恒定的速率加载直至破坏。抗拉强度可按式(3-15)计算：

$$\sigma_\tau = \frac{2P}{\pi h d} \tag{3-15}$$

式中，σ_τ 为土体抗拉强度(kPa)；P 为径向所施加的最大荷载(kN)；h 为圆柱体试样高度(m)；d 为圆柱体试样直径(m)。

每组 4 个试样，按照劈裂试验规范要求处理误差，试验结果如图 3-41 所示。

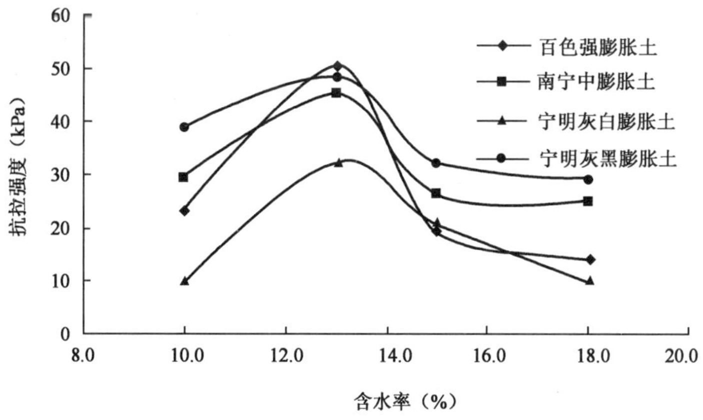

图 3-41 膨胀土抗拉强度与含水率的关系

试验结果表明，4 种膨胀土的抗拉强度反映出相同的规律，4 种土抗拉强度受含水率的影响较明显，且存在一最佳含水率，即含水率为 13%时土体的抗拉强度最高，之后则随含水率升高，抗拉强度逐渐降低。由于仪器测试精度的原因，试样土体含水率不能太高和太低。本次试验采用的10%的含水率基本位于4种土的缩限附近，可代表脱水后土体的最终状态。考察10%含水率下4种土的抗拉强度与膨胀土的裂隙发育程度的关系得到如下规律，见表3-14和图3-42。

膨胀土抗拉强度与裂隙体积率的关系 表3-14

土类	干湿循环次数下的裂隙体积率(%)		抗拉强度(kPa)
	第1次	第5次	
宁明灰黑膨胀土	7.53	11.7	9.78
宁明灰白膨胀土	3.13	7.31	38.78
百色强膨胀土	4.17	9.55	23.07
南宁中膨胀土	3.43	9.1	29.76

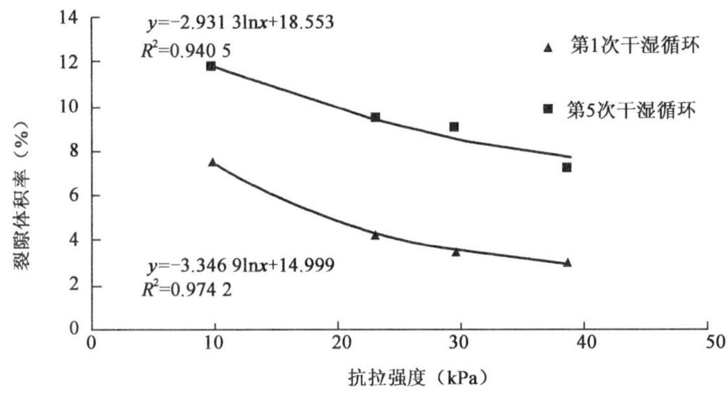

图3-42 膨胀土抗拉强度与裂隙体积率的关系

第1次和第5次干湿循环下膨胀土裂隙发育可分别代表裂隙的初始开裂程度和最终开裂程度。从图3-42中可知，裂隙率与土体的抗拉强度呈良好的对数关系，即：

$$p_v = E\ln\sigma_t + F \quad (3\text{-}16)$$

式中，p_v 为裂隙体积率(%)；σ_t 为抗拉强度(kPa)；E、F 为试验参数。

分析以上干湿循环条件下膨胀土裂隙发育模拟试验结果，可得出如下结论：外部环境所导致的含水率变化是膨胀土产生裂隙的主要原因，在一定范围内裂隙率与含水率变化量呈线性关系；对于重塑土而言，干密度对最终裂隙发育程度有一定影响，密度越低，裂隙越容易发育，且裂隙率与干密度呈指数关系；膨胀土抗拉强度与裂隙发育程度关系密切，且较低含水率下的抗拉强度与干湿循环试验下得到的初次裂隙率和最终裂隙均呈较好的对数关系。膨胀土的微观结构特征是裂隙发育的本质原因。

参考文献

[1] 郑健龙，刘平. 膨胀土土水特征曲线的研究[J]. 长沙交通学院学报，2006，22(4)：1-5

[2] 吴宏伟，陈锐. 非饱和土试验中的先进吸力控制技术[J]. 岩土工程学报，2006，28(2)：123-128

[3] Ng C W W，Pang Y W. Influence of stress state on soil-water characteristics and slope stability[J]. Journal of Geotechnical and Geoenvironmental Engineering，2000，126(2)：157-166

[4] Delage P，Howat M，Cui Y J. The relationship between suction and swelling properties in a heavily compacted unsaturated clay[J]. Engineering Geology，1998，50(1-2)：31-48

[5] Lloret A，Villar M V，Sanchez M，et al. Mechanical behaviour of heavily compacted bentonite under high suction changes[J]. Geotechnique，2003，53(1)：27-40

[6] Zhang R，Zheng J L，Ng C W W. Experimental Study on Stress-Dependent Soil Water Characteristic Curve of a Recompacted Expansive Soil[J]. Applied Mechanics and Materials，2013，256：283-286

[7] 张锐，郑健龙，杨和平. 宁明膨胀土渗透特性试验研究[J]. 桂林工学院学报，2008，3

[8] 张锐. 宁明非饱和膨胀土强度特性试验研究[D]. 长沙：长沙理工大学，2005

第4章 膨胀土的非饱和土理论及本构模型

CHAPTER 4

膨胀土是一类特殊非饱和土，由于经典的土力学理论对膨胀土遇水膨胀失水收缩的变形行为无法作出合理的解释，于是非饱和土理论被广泛地用来描述膨胀土的力学性状和建立其本构模型。本章主要介绍非饱和膨胀土简化固结理论、非饱和膨胀土二维水力耦合本构模型和工程实用型非饱和膨胀土本构模型。

4.1 非饱和膨胀土简化固结理论

20世纪90年代初，国内外学者从不同角度相继推导出了非饱和土变形和孔隙水流及气流的耦合方程组，建立了非饱和土力学的基本框架。该耦合方程组一般包含5个未知变量，即3个位移分量、孔隙水压力、孔隙气压力。这一多变量方程组的求解十分复杂，因此，除了少数学者为了验证自己提出的理论做过一些数值计算外，几乎还未见到将这一理论应用于实际工程的例子。为了使非饱和土固结理论能应用于实际，沈珠江院士对该理论进行了简化❶，为非饱和土力学工程应用作出了贡献[1-2]。

4.1.1 非饱和土固结理论

1. 基本假设

非饱和土固结理论的基本假定为：土体为均质各向同性材料；土骨架只有微小应变；土颗

❶参见沈珠江院士在第二届全国非饱和土学术研讨会上的报告《非饱和土力学实用化之路探索》。

粒和孔隙水不可压缩；孔隙水和气各自连通，可在各自的压力梯度下和温度下运动，且服从Darcy定律；孔隙气体的压缩和溶解分别服从Boyle定律和Henry定律。

2. 控制方程

非饱和土固结理论包括：①土骨架的平衡微分方程；②土骨架的变形方程；③孔隙水分质量守恒方程（孔隙水包括液体水和蒸汽水两部分）；④孔隙气体的质量守恒方程（孔隙气包括除去蒸汽后的自由水和水中溶解气两部分）；⑤热量守恒方程（土体内的热量变化由温度变化和水与蒸汽之间的相变两部分组成）；⑥吸力状态方程。

根据以上方程可得出非饱和土固结理论的控制方程为：

$$d_1\frac{\partial^2\Delta u_x}{\partial x^2}+d_3\frac{\partial^2\Delta u_x}{\partial z^2}+(d_2+d_3)\frac{\partial^2\Delta u_z}{\partial x\partial z}-\left[d_4+\frac{d_7}{\tau_\sigma}(\sigma_x-\sigma_m)\right]\frac{\partial\Delta u_w}{\partial x}-\frac{d_7}{\tau_\sigma}\tau_{xz}\frac{\partial\Delta u_w}{\partial z}-$$

$$\left[d_5-\frac{d_7}{\tau_\sigma}(\sigma_x-\sigma_m)\right]\frac{\partial\Delta u_a}{\partial x}+\frac{d_7}{\tau_\sigma}\tau_{xz}\frac{\partial\Delta u_a}{\partial z}-\Delta b_x=\frac{\partial\sigma_x^k}{\partial x}+\frac{\partial\tau_{xz}^k}{\partial z}+b_x^k+d_6\frac{\partial\Delta q}{\partial x} \tag{4-1a}$$

$$d_3\frac{\partial^2\Delta u_z}{\partial x^2}+d_1\frac{\partial^2\Delta u_z}{\partial z^2}+(d_2+d_3)\frac{\partial^2\Delta u_x}{\partial x\partial z}-\left[d_4+\frac{d_7}{\tau_\sigma}(\sigma_x-\sigma_m)\right]\frac{\partial\Delta u_w}{\partial z}-\frac{d_7}{\tau_\sigma}\tau_{xz}\frac{\partial\Delta u_w}{\partial x}-$$

$$\left[d_5-\frac{d_7}{\tau_\sigma}(\sigma_x-\sigma_m)\right]\frac{\partial\Delta u_a}{\partial z}+\frac{d_7}{\tau_\sigma}\tau_{xz}\frac{\partial\Delta u_a}{\partial x}-\Delta b_z=\frac{\partial\sigma_z^k}{\partial z}+\frac{\partial\tau_{xz}^k}{\partial x}+b_z^k+d_6\frac{\partial\Delta q}{\partial z} \tag{4-1b}$$

$$\frac{\partial}{\partial t}(sn)=\mathrm{div}\left(\frac{k_w}{\rho_w g}\nabla u_w\right)+\frac{\partial}{\partial z}k_w \tag{4-1c}$$

$$\frac{\partial}{\partial t}[(1-s+Hs)n\rho_a]=\mathrm{div}\left(\frac{\rho_a}{\rho_w g}k_a\nabla u_a\right)+H\mathrm{div}\left(\frac{\rho_a}{\rho_w g}k_w\nabla u_w\right)+\frac{\partial}{\partial z}(Hk_w\rho_a) \tag{4-1d}$$

3. 初值和边值条件

对于静力问题，一般以加荷前的状态作为参考基准，因此可以令位移和孔隙气压力的初值为0，但孔隙水压力和温度的初值则要根据具体情况设定。土体是大自然的产物，在人工干预之前就已经存在。如果以人工干预以前的状态为起点，此时土体已有一定的初始应力、孔隙水压力（吸力）和温度分布，需要通过实测或某种办法间接推定。初值的设定往往是阻碍计算理论实用化的一个难点。

边界条件则针对变形、孔隙水、孔隙气和温度四种变量，每一种又可以区分为第一类和第二类边界，即

位移边界：

$$\{\Delta U\}=\{\Delta\overline{U}\}$$

荷载边界：

$$[N]\{\Delta\sigma\}=\{\Delta\overline{F}\}$$

孔隙水压力边界：

$$u_w = \bar{u}_w$$

孔隙水流边界：

$$q_w = \bar{q}_w$$

孔隙气压边界：

$$u_a = \bar{u}_a$$

孔隙气流边界：

$$q_a = \bar{q}_a$$

温度边界：

$$T = \bar{T}$$

热流边界：

$$q_h = \bar{q}_h$$

对于恒温问题，如果再略去蒸汽的蒸发、冷凝和扩散的影响，孔隙水分质量守恒方程和孔隙气体的质量守恒方程可以简化，并可得出非饱和土固结方程。

4.1.2 有效应力原理与折减吸力

非饱和土力学发展至今，采用净应力和吸力双变量理论已取得共识。但是在一定的条件下，采用单变量的有效应力理论也是可行的，例如具有湿胀性的超固结黏土。已经证明，非饱和土有效应力原理适用的条件是吸力系数 χ 为吸力 $s = u_a - u_w$ 本身的函数，并且把 $s = u_a - u_w$ 称为折减吸力。但是，不管是双变量理论还是单变量理论，吸力都是一个重要的变量。为了避免吸力量测的困难，用折减吸力作为基本变量。

非饱和土的有效应力一般采用下列 Bishop 公式表达：

$$\sigma' = \sigma - u_a + \chi(u_a - u_w) \tag{4-2}$$

定义 $\bar{s} = \chi(u_a - u_w)$ 为折减吸力，则 $\chi = \frac{\bar{s}}{s}$ 称为折减系数，$s = u_a - u_w$ 为基质吸力。

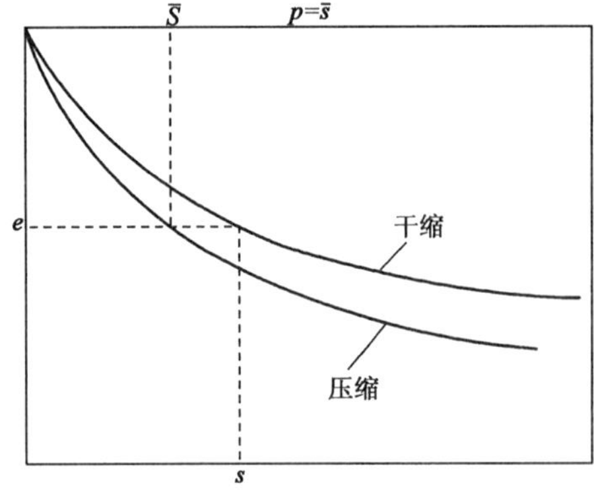

图 4-1 折减吸力的确定

折减系数 χ 随吸力或饱和度的变化规律可以通过饱和土的压缩-回弹曲线与非饱和土的干缩-湿胀曲线的对比试验求得，如图 4-1 所示。设 p 和 s 分别为同一孔隙比下饱和土所受的压力和非饱和土所受的吸力，则折减系数将为 $\chi = p/s$，或写成一般形式：

$$\chi = f_1(s)$$

当 s 与饱和度 S_r 的关系已知时，χ 也可以表示为 S_r 的函数。

4.1.3 非饱和土固结方程的简化

1. 基本方程

如果忽略温度影响以及孔隙气中蒸汽和孔隙水中溶解气的流动，非饱和土固结理论的方程组可以归纳为：

(1)平衡方程：

$$[L]\{\Delta \sigma\}+\{\Delta b\}=0 \tag{4-3}$$

(2)孔隙水连续方程：

$$\frac{\partial}{\partial t}(S_r n)=\mathrm{div}\left(k_w \cdot \mathrm{grad}\left(\frac{u_w}{\rho_w g}\right)+z\right) \tag{4-4}$$

(3)孔隙气连续方程：

$$\frac{\partial}{\partial t}(\rho_a(1-S_r)n+\rho_a c_h S_r n)=\mathrm{div}\left(\rho_a k_a \cdot \mathrm{grad}\left(\frac{u_a}{g}\right)\right) \tag{4-5}$$

(4)有效应力-变位关系：

$$\{\Delta \sigma'\}=[D][L]^T\{\Delta U\} \tag{4-6}$$

(5)饱和度-吸力方程：

$$S_r=f_2(s) \tag{4-7}$$

(6)透水系数：

$$k_w=f_3(s) \tag{4-8}$$

(7)透气系数：

$$k_a=f_4(s) \tag{4-9}$$

2. 简化假设

定义

$$n_a=[1-(1-c_h)S_r]n \tag{4-10}$$

为孔隙含气率，即单位土体内孔隙气的体积含量，n 为孔隙率，c_h 为 Henry 溶解系数，则在完全不排气的条件下，将 Boyle 定律 $\rho_a=\rho_{a0}\left(1+\frac{u_a}{p_a}\right)$ 代入孔隙气连续方程，因其右边为 0，可得孔隙气压力公式如下：

$$u_a=\left(\frac{n_{a0}}{n_a}-1\right)p_a \tag{4-11}$$

式中，$n_{a0}=[1-(1-c_h)S_{r0}]n_0$，为初始含气率。

当存在部分排气情况时，假设单位时间内的排气量为 Δq_a，并定义排气率如下：

$$\xi=\frac{\Delta q_a}{\rho_a \Delta n_a} \tag{4-12}$$

将 Boyle 定律和式(4-12)代入孔隙气连续方程中,可得孔隙气压力的增量公式如下:

$$\Delta u_{\mathrm{a}} = -\frac{p_{\mathrm{a}} + u_{\mathrm{a}}}{n_{\mathrm{a}}}(1-\xi)\Delta n_{\mathrm{a}} \tag{4-13}$$

当排气率 ξ 为常量时,由上式积分可得:

$$u_{\mathrm{a}} = \left[\left(\frac{n_{\mathrm{a0}}}{n_{\mathrm{a}}}\right)^{(1-\xi)} - 1\right]p_{\mathrm{a}} \tag{4-14}$$

不排气时 $\xi=0$,上式就退化为式(4-11);完全排气时,$\xi=1$,$u_{\mathrm{a}}=0$。以上关于排气率的假设虽然比较粗糙,但很多情况下排气的边界条件是很难确定的。例如降雨量比较大时,排水通道被水淹没,孔隙气只能以气泡形式冒出水面,边界条件就很难设定。这时,如果不进行简化而采用完整的固结理论,计算结果未必可靠。

3. 简化方程式

考虑到 $\Delta\varepsilon_{\mathrm{v}} = -\Delta n$,$\Delta n_{\mathrm{a}} = \frac{\partial n_{\mathrm{a}}}{\partial S_{\mathrm{r}}}\frac{\partial S_{\mathrm{r}}}{\partial s}(\Delta u_{\mathrm{a}} - \Delta u_{\mathrm{w}}) - \frac{\partial n_{\mathrm{a}}}{\partial n}\Delta\varepsilon_{\mathrm{v}}$,把其代入非饱和土有效应力公式[式(4-2)],则得相应的总应力增量公式:

$$\Delta\sigma = \Delta\sigma' + A_1\Delta u_{\mathrm{w}} + A_2\Delta\varepsilon_{\mathrm{v}} \tag{4-15}$$

式中,$A_1 = \dfrac{\chi + s\dfrac{\partial\chi}{\partial s} + P\dfrac{\partial n_{\mathrm{a}}}{\partial S_{\mathrm{r}}}\dfrac{\partial S_{\mathrm{r}}}{\partial s}}{1 + P\dfrac{\partial n_{\mathrm{a}}}{\partial S_{\mathrm{r}}}\dfrac{\partial S_{\mathrm{r}}}{\partial s}}$;$A_2 = \dfrac{\left(\chi + s\dfrac{\partial\chi}{\partial s} - 1\right)P\dfrac{\partial n_{\mathrm{a}}}{\partial n}}{1 + P\dfrac{\partial n_{\mathrm{a}}}{\partial S_{\mathrm{r}}}\dfrac{\partial S_{\mathrm{r}}}{\partial s}}$;$P = (1-\xi)\dfrac{(p_{\mathrm{a}} + u_{\mathrm{a}})}{n_{\mathrm{a}}}$;

$\dfrac{\partial n_{\mathrm{a}}}{\partial S_{\mathrm{r}}} = -(1-c_{\mathrm{h}})n$;$\dfrac{\partial n_{\mathrm{a}}}{\partial n} = 1-(1-c_{\mathrm{h}})S_{\mathrm{r}}$。

把上述各式代入平衡方程[式(4-1)]后可得:

$$\begin{aligned}&(d_{11}+A_2)\frac{\partial^2\Delta u_x}{\partial x^2} + (d_{14}+d_{41})\frac{\partial^2\Delta u_x}{\partial x\partial z} + d_{44}\frac{\partial^2\Delta u_x}{\partial z^2} + d_{14}\frac{\partial^2\Delta u_z}{\partial x^2} + \\ &(d_{12}+d_{44}+A_2)\frac{\partial^2\Delta u_z}{\partial x\partial z} + d_{42}\frac{\partial^2\Delta u_z}{\partial z^2} - A_1\frac{\partial\Delta u_{\mathrm{w}}}{\partial x} = \Delta F_x\end{aligned} \tag{4-16a}$$

$$\begin{aligned}&d_{41}\frac{\partial^2\Delta u_x}{\partial x^2} + (d_{21}+d_{44}+A_2)\frac{\partial^2\Delta u_x}{\partial x\partial z} + d_{24}\frac{\partial^2\Delta u_x}{\partial z^2} + d_{44}\frac{\partial^2\Delta u_z}{\partial x^2} + \\ &(d_{24}+d_{42})\frac{\partial^2\Delta u_z}{\partial x\partial z} + (d_{22}+A_2)\frac{\partial^2\Delta u_z}{\partial z^2} - A_1\frac{\partial\Delta u_{\mathrm{w}}}{\partial z} = \Delta F_z\end{aligned} \tag{4-16b}$$

为了推导水量连续方程,设 v_{w} 为孔隙水体积,则由饱和度的定义 $S_{\mathrm{r}} = \frac{v_{\mathrm{w}}}{e}$ 可得:

$$\frac{\partial\varepsilon_{\mathrm{v}}}{\partial t} = \frac{1}{e}\frac{\partial v_{\mathrm{w}}}{\partial t} - S_{\mathrm{r}}\frac{\partial e}{\partial t} \tag{4-17}$$

上式两边除以 $1+e$,考虑到 $\frac{\mathrm{d}e}{1+e} = -\mathrm{d}\varepsilon_{\mathrm{v}}$,$\frac{e}{1+e} = n$ 和 $\frac{1}{1+e}\frac{\mathrm{d}v_{\mathrm{w}}}{\mathrm{d}t} = -\mathrm{div}(\vec{q})$,并假定 S_{r} 与 $-u_{\mathrm{w}}$ 之间的关系(水分特征曲线)已经测定,且换算成下列关系:

$$S_r = f(-\bar{u}_w) \tag{4-18}$$

则式(4-17)可以写为：

$$\mu n \frac{\partial \bar{u}_w}{\partial t} = -\operatorname{div}(\vec{q}) + S_r \frac{\partial \varepsilon_v}{\partial t} \tag{4-19}$$

式中，$\mu = \frac{\partial S_r}{\partial \bar{u}_w}$。孔隙水流量一般用下列 Darcy 定律表示：

$$\vec{q} = -k\mathrm{grad}(h) \tag{4-20}$$

式中，$h = \frac{u_w}{\rho_w g} + z$ 为水头；ρ_w 为水的密度。为了变量的统一，将式(4-20)改写为：

$$\vec{q} = -\bar{k}\mathrm{grad}(\bar{h}) \tag{4-21}$$

式中，$\bar{h} = \frac{\bar{u}_w}{\rho_w g} + z$。

新的渗透系$\bar{k}$的测定方法与原先的渗透系数k的测定方法是一样的，但在整理数据时要把u_w换算成$\bar{u}_w$。把式(4-21)代入式(4-19)后最终可得：

$$\mu n \frac{\partial \bar{u}_w}{\partial t} = -\frac{\partial}{\partial r}\bar{k}_r \frac{\partial \bar{h}}{\partial r} - \frac{\bar{k}_r}{r}\frac{\partial \bar{h}}{\partial r} - \frac{\partial}{\partial z}\bar{k}_z \frac{\partial \bar{h}}{\partial z} + S_r \frac{\partial \varepsilon_v}{\partial t} \tag{4-22}$$

另一方面，在拟饱和条件下，即孔隙气以气泡形式封闭在孔隙水中时，可以把孔隙水和孔隙气一起看作可压缩流体，此时的水量连续方程将变成：

$$m_f n \frac{\partial u_w}{\partial t} = -\frac{\partial}{\partial r}k_r \frac{\partial h}{\partial r} - \frac{k_r}{r}\frac{\partial h}{\partial r} - \frac{\partial}{\partial z}k_z \frac{\partial h}{\partial z} + \frac{\partial \varepsilon_v}{\partial t} \tag{4-23}$$

式中，m_f 为孔隙流体的压缩系数。

当饱和度达到1时，只要令 $\mu = m_f$，式(4-22)将自动退化为式(4-23)。

4.强度模型

采用土骨架的双硬化模型。按照前述有效应力原理，以下公式中的应力均指有效应力。仍采用下列双硬化屈服面：

$$F(\sigma, \varepsilon_v^p, \varepsilon_s^p) = \frac{\sigma_m}{1 - \left[\frac{\eta}{\alpha(\varepsilon_s^p)}\right]^n} - p(\varepsilon_v^p) \tag{4-24}$$

式中，$\sigma_m = \frac{1}{3}(\sigma_1 + \sigma_2 + \sigma_3)$；$\eta = \frac{1}{\sqrt{2}}\left[\left(\frac{\sigma_1 - \sigma_2}{\sigma_1 + \sigma_2}\right)^2 + \left(\frac{\sigma_2 - \sigma_3}{\sigma_2 + \sigma_3}\right)^2 + \left(\frac{\sigma_3 - \sigma_1}{\sigma_3 + \sigma_1}\right)^2\right]^{\frac{1}{2}}$；$n$ 为屈服面的形状参数，取 $n=1.2$ 时其右端形状将与椭圆面接近(图4-26)；p 和 α 为两个硬化参数，分别随塑性体应变 ε_v^r 和塑性剪应变 ε_s^p 的积累而硬化，并分别采用下列硬化规律：

$$p = p_0 \exp\left(\frac{\varepsilon_v^p}{c_c - c_e}\right) \tag{4-25}$$

$$\alpha = \alpha_m - (\alpha_m - \alpha_0)\exp\left(\frac{\varepsilon_s^p}{c_a}\right) \tag{4-26}$$

式(4-25)与剑桥模型一致，c_c 和 c_e 为压缩和回弹曲线的斜率。式(4-26)中 $\alpha_m = \sqrt[n]{1+n\sin\varphi}$，$\varphi$ 为内摩擦角。α_0 和 c_a 为另外两个参数，可以通过侧压力降低的三轴剪切试验测定。按照传统的塑性理论，塑性应变由下式计算：

$$\{\Delta\varepsilon^p\} = \frac{1}{H}\left\{\frac{\partial F}{\partial \sigma}\right\}\left\{\frac{\partial F}{\partial \sigma}\right\}^T\{\Delta\sigma\} \tag{4-27}$$

而硬化模量为：

$$H = -\frac{\partial F}{\partial \alpha}\frac{\partial \alpha}{\partial \varepsilon_s^p}\frac{\partial F}{\partial \sigma_s} - \frac{\partial F}{\partial p}\frac{\partial p}{\partial \varepsilon_v^p}\frac{\partial F}{\partial \sigma} \tag{4-28}$$

式中，$\sigma_s = \frac{1}{\sqrt{2}}[(\sigma_1-\sigma_2)^2+(\sigma_2-\sigma_3)^2+(\sigma_3-\sigma_1)^2]^{\frac{1}{2}}$ 。

用这一模型模拟的单轴压缩及回弹过程的应力路径在图 4-2 中给出。其中 oa 为弹性卸荷，到达 b 点时又发生新的屈服。此时屈服面将在横轴方向收缩，但 α 角增大，如图中虚线。加荷和卸荷时的$\frac{\sigma_3}{\sigma_1}$变化曲线如图 4-3 中 $abcd$ 所示。如果采用通常的单硬化模型，则相应的变化曲线如图中 $oabcd'$ 所示，即直到最后才发生屈服。

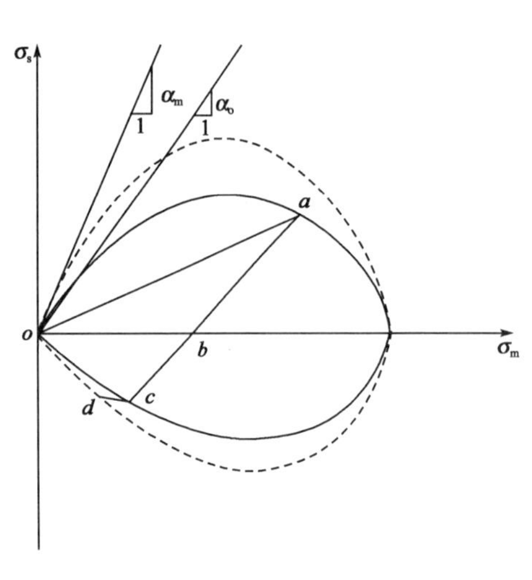

图 4-2　双硬化屈服面

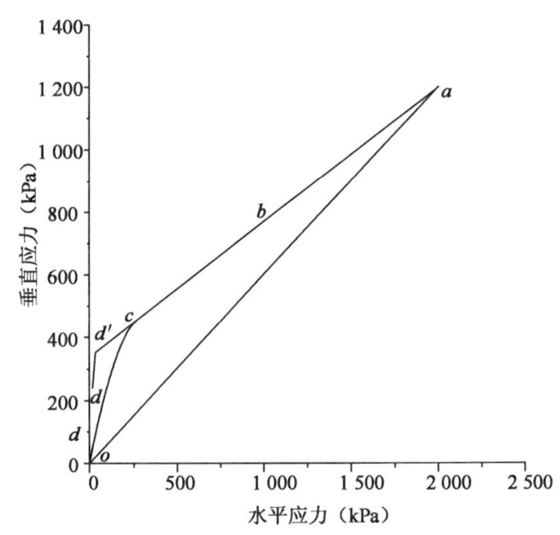

图 4-3　单轴压缩中的侧压力变化

5. 水分特征曲线

如果初始条件相同的两个试样中一个进行压缩试验，另一个进行干缩试验，并把两条曲线绘在同一幅图上，则根据等效原则可以确定与吸力 s 对应的压应力 p 即为相应的有效吸力$\bar{s}$。知道了$\bar{s}$与 s 的关系后，即可把通常表达的水分特征曲线 $S_r = f(s)$ 修改为 $S_r = f(\bar{s})$，如图 4-4 中虚线所示。

下面计算中将土水特征曲线分成两段。当吸力小于进气压力 s_e 时，按拟饱和土考虑，并假定此时的饱和度为 0.95；当吸力大于 s_e 时，则按下列幂曲线计算：

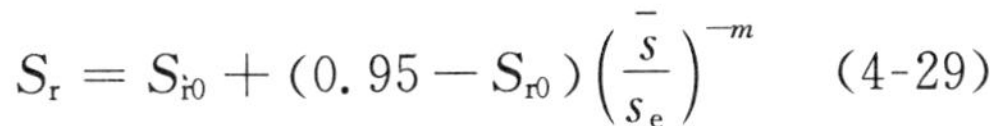

$$S_r = S_{r0} + (0.95 - S_{r0})\left(\frac{\bar{s}}{s_e}\right)^{-m} \quad (4\text{-}29)$$

求导后可得

$$\mu = (0.95 - S_{r0})\frac{m}{\bar{s}}\left(\frac{\bar{s}}{s_e}\right)^{-m} \quad (4\text{-}30)$$

6. 透水系数

式(4-22)中的渗透系数$\bar{k}_r$和$\bar{k}_z$可以同样处理，即按通常办法求得k_r和k_z与吸力s的关系，然后整理资料时把吸力s换算成等效吸力$\bar{s}$，得出$\bar{k}_r$和$\bar{k}_z$与$\bar{s}$的关系。如果不考虑渗流的各向异性，可根据式(4-31)计算$\bar{k}$：

$$\bar{k} = k_s \exp\left(-c_k \frac{\bar{s} - s_e}{\rho_a}\right) \quad (4\text{-}31)$$

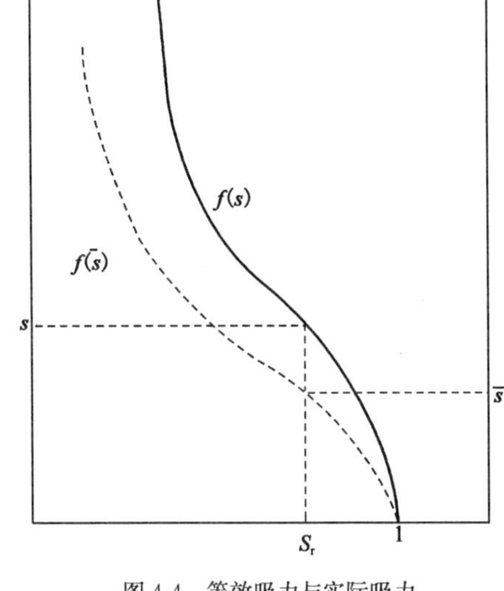

图 4-4 等效吸力与实际吸力

式中，k_s为饱和土的渗透系数；c_k为经验常数。当$\bar{s} \leqslant s_e$时，$\bar{k} = k_s$，即饱和土渗透系数。

7. 折减系数

折减系数χ可以视为吸力的函数，并采用下列幂函数表达：

$$\chi = \left(\frac{s}{s_e}\right)^{-m_2} \quad (4\text{-}32)$$

4.2 非饱和膨胀土二维水力耦合本构模型

非饱和膨胀土随应力状态和吸力状态同时变化而产生变形的过程是典型的水力耦合过程。因为瞬态渗流改变土体的应力状态，继而土结构变形响应应力状态的变化达到一个新的平衡状态。产生的变形又改变了提供水流动的空间大小，导致土体水力性质发生变化。因而，这些耦合变化使得水流动的瞬态过程是高度非线性的。水力耦合计算关键是需要水连续方程与平衡方程联立求解[3]。

4.2.1 非饱和膨胀土非线性弹性本构模型的三维形式

三维耦合模型基于以下几点假设：①气相连续；②土体为各向同性和非线性弹性；③小应变；④孔隙水不可压缩；⑤气不溶于水；⑥气相与大气相通，即u_a为0。

1. 应变-位移关系

首先考虑一个三维笛卡尔坐标系，x为水平方向，y为垂直方向，u_i为位移向量，u、v、w分

别为 x、y、z 方向。则应变的张量形式表示为：

$$\varepsilon_{ij}=\frac{1}{2}(u_{i,j}+u_{j,i}) \tag{4-33}$$

正应变设为 ε_x、ε_y、ε_z，分别为 x、y、z 方向。对于微小变形，体积应变为各个应变分量之和：

$$\varepsilon_v=\frac{\partial u_i}{\partial x_i}=\frac{\partial u}{\partial x}+\frac{\partial v}{\partial y}+\frac{\partial w}{\partial z}=\varepsilon_x+\varepsilon_y+\varepsilon_z \tag{4-34}$$

2. 本构关系

土骨架的本构关系可以写成增量型弹性形式：

$$\mathrm{d}\varepsilon_{ij}=\frac{1+\mu}{E}\mathrm{d}(\sigma_{ij}-\delta_{ij}u_a)-\frac{\mu}{E}\mathrm{d}(\sigma_{kk}-3u_a)\delta_{ij}+\frac{\mathrm{d}(u_a-u_w)}{H}\delta_{ij} \tag{4-35}$$

式中，σ_{ij} 为总应力分量；δ_{ij} 为克罗内克符号；E 为与应力变化相关的弹性模量；H 为与吸力变化相关的弹性模量。

由式(4-35)可以推导出以固结形式表达的体变方程：

$$\mathrm{d}\varepsilon_v=m_1^s\mathrm{d}(\sigma-u_a)+m_2^s\mathrm{d}(u_a-u_w) \tag{4-36}$$

式中，$\sigma=\frac{\sigma_{kk}}{3}=\frac{\sigma_x+\sigma_y+\sigma_z}{3}$，为平均应力；$m_1^s=\frac{3(1-2\mu)}{E}$，为与净应力变化相关的体变系数；$m_2^s=\frac{3}{H}$，为与净应力变化相关的体变系数。

故式(4-35)可以变换成应力-应变关系：

$$\mathrm{d}(\sigma_{ij}-\delta_{ij}u_a)=\frac{E}{1+\mu}\mathrm{d}\varepsilon_{ij}+\frac{\mu E}{(1+\mu)(1-2\mu)}\delta_{ij}\mathrm{d}\varepsilon_{kk}-\frac{E}{(1-2\mu)H}\delta_{ij}\mathrm{d}(u_a-u_w) \tag{4-37}$$

平均净应力可以表达为体变和吸力的函数：

$$\mathrm{d}(\sigma-u_a)=\frac{E}{3(1-2\mu)}\mathrm{d}\varepsilon_v-\beta\mathrm{d}(u_a-u_w) \tag{4-38}$$

式中，$\beta=\frac{m_2^s}{m_1^s}=\frac{E}{H(1-2\mu)}$。

水相本构关系为：

$$\frac{\mathrm{d}V_w}{V_0}=\frac{1}{E_w}\mathrm{d}(\sigma_{ii}-3u_a)+\frac{1}{H_w}\mathrm{d}(u_a-u_w) \tag{4-39}$$

式中，E_w 为与净应力变化相关的水体积模量；H_w 为与吸力变化相关的水体积模量。

将弹性模量改写为压缩系数，则变为：

$$\frac{\mathrm{d}V_w}{V_0}=m_1^w\mathrm{d}(\sigma-u_a)+m_2^w\mathrm{d}(u_a-u_w) \tag{4-40}$$

式中，$m_1^w=\frac{3}{E_w}$，为净应力变化相关的体变系数；$m_2^w=\frac{3}{H_w}$，为吸力变化相关的体变系数。

将式(4-40)代替平均净应力，则变为：

$$\frac{\mathrm{d}V_{\mathrm{w}}}{V_0}=\beta_{\mathrm{w}1}\mathrm{d}\varepsilon_{\mathrm{v}}+\beta_{\mathrm{w}2}\mathrm{d}(u_{\mathrm{a}}-u_{\mathrm{w}}) \tag{4-41}$$

式中，$\beta_{\mathrm{w}1}=\frac{m_1^{\mathrm{w}}}{m_1^{\mathrm{s}}}=\frac{E}{E_{\mathrm{w}}(1-2\mu)}$；$\beta_{\mathrm{w}1}=m_2^{\mathrm{w}}-\frac{m_1^{\mathrm{w}}m_2^{\mathrm{s}}}{m_1^{\mathrm{s}}}=\frac{1}{H_{\mathrm{w}}}-\frac{3E}{E_{\mathrm{w}}H(1-2\mu)}$。

3.流动定律

水相遵循Darcy定律：

$$v_{\mathrm{w}i}=-k_{\mathrm{w}i}\frac{\partial}{\partial x_i}\left(\frac{u_{\mathrm{w}}}{\rho_{\mathrm{w}}g}+y\right) \tag{4-42}$$

式中，$v_{\mathrm{w}i}$为i方向的流速；$k_{\mathrm{w}i}$为i方向的渗透系数；ρ_{w}为水的密度；g为重力加速度；y为位置水头。

连续方程为：

$$\frac{\partial(\rho_{\mathrm{w}}nS_{\mathrm{r}})}{\partial t}+\nabla\cdot(\rho_{\mathrm{w}}v_{\mathrm{w}})=0 \tag{4-43}$$

式中，n为孔隙率；S_{r}为饱和度；ρ_{w}为水的密度；$\nabla=\frac{\partial}{\partial x}i+\frac{\partial}{\partial y}j+\frac{\partial}{\partial z}k$；$v_{\mathrm{w}}=v_{\mathrm{w}}^{x}i+v_{\mathrm{w}}^{y}j+v_{\mathrm{w}}^{z}k$。

通常认为水是不可压缩的，即水的密度为常数，则上式可以写为：

$$\frac{\partial(nS_{\mathrm{r}})}{\partial t}+\nabla\cdot(v_{\mathrm{w}})=0 \tag{4-44}$$

或

$$\frac{\partial(\theta_{\mathrm{w}})}{\partial t}+\nabla\cdot(v_{\mathrm{w}})=0 \tag{4-45}$$

式中，θ_{w}为体积含水率。

在小应变的假设下，上式可以写为：

$$\frac{\partial\left(\frac{V_{\mathrm{w}}}{V_0}\right)}{\partial t}+\nabla\cdot(v_{\mathrm{w}})=0 \tag{4-46}$$

式中，V_{w}为单元体水体积；V_0为单元体体积。

4.水相偏微分方程

水相偏微分方程可以通过将水相本构方程和Darcy公式对时间的导数代入到水相连续方程中，得：

$$\beta_{\mathrm{w}1}\frac{\partial\varepsilon_{\mathrm{v}}}{\partial t}+\beta_{\mathrm{w}2}\frac{\partial(u_{\mathrm{a}}-u_{\mathrm{w}})}{\partial t}-\nabla\cdot\left[k_{\mathrm{w}}\nabla\left(\frac{u_{\mathrm{w}}}{\gamma_{\mathrm{w}}}+y\right)\right]=0 \tag{4-47}$$

式中，$\beta_{\mathrm{w}1}=\frac{m_1^{\mathrm{w}}}{m_1^{\mathrm{s}}}=\frac{E}{(1-2\mu)E_{\mathrm{w}}}$；$\beta_{\mathrm{w}1}=m_2^{\mathrm{w}}-\frac{m_1^{\mathrm{w}}m_2^{\mathrm{s}}}{m_1^{\mathrm{s}}}=\frac{1}{H_{\mathrm{w}}}-\frac{3E}{(1-2\mu)E_{\mathrm{w}}H}$。

5. 土结构平衡控制偏微分方程

将位移-应变关系和应力-应变关系式代入到平衡方程中得到以下控制方程：

$$G\nabla^2 u_i + \frac{G}{1-2\mu}\frac{\partial \varepsilon_v}{\partial x_i} - \beta\frac{\partial(u_a - u_w)}{\partial x_i} + \frac{\partial u_a}{\partial x_i} + b_i = 0 \tag{4-48}$$

式中，$\beta = \frac{m_2^s}{m_1^s} = \frac{\frac{E}{H}}{1-2\mu}$；$\nabla^2 = \frac{\partial^2}{\partial x^2} + \frac{\partial^2}{\partial y^2} + \frac{\partial^2}{\partial z^2}$，为拉普拉斯算子；$\varepsilon_v = \frac{\partial u_i}{\partial x_i} = \frac{\partial u}{\partial x} + \frac{\partial v}{\partial y} + \frac{\partial w}{\partial z}$；$G = \frac{E}{2(1+\mu)}$。

对于三维水力耦合计算，则需要将式(4-47)和式(4-48)联立求解。

4.2.2 非饱和膨胀土二维水力耦合本构模型

膨胀土路基工程问题可以简化为平面应变问题。假设 x 是水平方向，y 是垂直方向，应变仅发生在 xy 平面内，纵向方向 z 的应变假设为 0。体积应变可以写为以下形式：

$$\varepsilon_v = d\varepsilon_x + d\varepsilon_y \tag{4-49}$$

与纵向应变为 $\varepsilon_z = 0$ 对应的净应力为：

$$d(\sigma_z - u_a) = \mu d(\sigma_x + \sigma_y - 2u_a) - \frac{E}{H}d(u_a - u_w)$$

假设 u、v 分别为 x、y 方向上的位移。应变向量可以写成位移的导数形式：

$$\varepsilon = \begin{Bmatrix} \varepsilon_x \\ \varepsilon_y \\ \gamma_{xy} \end{Bmatrix} = \begin{Bmatrix} \frac{\partial u}{\partial x} \\ \frac{\partial v}{\partial y} \\ \frac{\partial u}{\partial y} + \frac{\partial v}{\partial x} \end{Bmatrix} \tag{4-50}$$

土结构在平面应变条件下的本构关系为：

$$d(\sigma - mu_a) = D d\varepsilon - D_s d(u_a - u_w) \tag{4-51}$$

式中，$\sigma^T = [\sigma_x, \sigma_y, \tau_{xy}]$；$m^T = [1,1,0]$；$D = \frac{E}{(1+\mu)(1-2\mu)}\begin{bmatrix} 1-\mu & \mu & 0 \\ \mu & 1-\mu & 0 \\ 0 & 0 & \frac{1-2\mu}{2} \end{bmatrix}$；$D_s = \frac{E}{(1-2\mu)H}\begin{bmatrix} 1 \\ 1 \\ 0 \end{bmatrix}$。

体积应变方程可以写为以下形式：

$$d\varepsilon_v = m_{1-2D}^{s} d(\sigma_{ave} - u_a) + m_{2-2D}^{s} d(u_a - u_w) \tag{4-52}$$

式中，$\sigma_{ave} = \dfrac{\sigma_x + \sigma_y}{2}$；$m_{1-2D}^{s} = \dfrac{2(1+\mu)(1-2\mu)}{E}$；$m_{2-2D}^{s} = \dfrac{2(1+\mu)}{H}$。

净平均应力可以用体积应变和吸力的形式表达：

$$d(\sigma_{ave} - u_a) = \frac{E}{2(1+\mu)(1-2\mu)} d\varepsilon_v - \beta d(u_a - u_w) \tag{4-53}$$

式中，$\beta = \dfrac{E}{H(1-2\mu)}$。

水相二维本构关系可以写为：

$$\frac{dV_w}{V_0} = m_{1-2D}^{w} d(\sigma_{ave} - u_a) + m_{2-2D}^{w} d(u_a - u_w) \tag{4-54}$$

$$\text{式中，} m_{1-2D}^{w} = \frac{2(1+\mu)}{E_w}；m_{2-2D}^{w} = \frac{1}{H_w} - \frac{E}{E_w H} \tag{4-55}$$

将式(4-53)代入式(4-54)，则有：

$$\frac{dV_w}{V_0} = \beta_{w1} d\varepsilon_v + \beta_{w2} d(u_a - u_w) \tag{4-56}$$

式中，$\beta_{w1} = \dfrac{E}{(1-2\mu)E_w}$；$\beta_{w2} = \dfrac{1}{H_w} - \dfrac{3E}{(1-2\mu)E_w H}$。

水相流动定律：

对于 x 和 y 坐标轴方向与大、小渗透系数方向一致的情况，Darcy 定律可以写为：

$$v_w = -k_w \nabla \left(\frac{u_w}{\rho_w g} + Y \right) \tag{4-57}$$

式中，$v_w^T = [v_w^x, v_w^y]$；$k_w^T = [k_w^x, k_w^y]$。

物理基本方程：

水相连续方程有以下形式：

$$\frac{\partial\left(\dfrac{V_w}{V_0}\right)}{\partial t} + \nabla \cdot (v_w) = 0 \tag{4-58}$$

二维情况下平衡方程为：

$$\begin{aligned} \frac{\partial \sigma_x}{\partial x} + \frac{\partial \sigma_x}{\partial x} + b_x = 0 \\ \frac{\partial \tau_{xy}}{\partial x} + \frac{\partial \sigma_y}{\partial y} + b_y = 0 \end{aligned} \tag{4-59}$$

平面应变膨胀控制偏微分方程可以推导为以位移、孔隙水压力和孔隙气压力表示的平面应变形式。其中，水相的控制方程为：

$$\beta_{w1}\frac{\partial \varepsilon_v}{\partial t}+\beta_{w2}\frac{\partial s}{\partial t}=\frac{\partial}{\partial x}\left(k_w^x\frac{\partial}{\partial x}(Y-s)\right)+\frac{\partial}{\partial y}\left(k_w^y\frac{\partial}{\partial y}(Y-s)\right) \tag{4-60}$$

式中，$\beta_{w1}=\dfrac{E}{(1-2\mu)E_w}$；$\beta_{w2}=\dfrac{1}{H_w}-\dfrac{3E}{(1-2\mu)E_wH}$。

x 轴方向应力应变控制方程为：

$$\frac{\partial}{\partial x}\left(c_{11}\frac{\partial u}{\partial x}+c_{12}\frac{\partial v}{\partial y}\right)+c_{33}\frac{\partial}{\partial y}\left(\frac{\partial u}{\partial y}+\frac{\partial v}{\partial x}\right)-d_s\frac{\partial(u_a-u_w)}{\partial x}=0 \tag{4-61}$$

$$c_{33}\frac{\partial}{\partial x}\left(\frac{\partial u}{\partial y}+\frac{\partial v}{\partial x}\right)+\frac{\partial}{\partial y}\left(c_{12}\frac{\partial u}{\partial x}+c_{22}\frac{\partial v}{\partial y}\right)-d_s\frac{\partial(u_a-u_w)}{\partial y}+b_y=0 \tag{4-62}$$

式中，$c_{11}=c_{22}=\dfrac{(1-\mu)E}{(1+\mu)(1-2\mu)}$；$c_{12}=\dfrac{\mu E}{(1+\mu)(1-2\mu)}$；$c_{33}=\dfrac{E}{2(1+\mu)}$；$d_s=\dfrac{E}{(1-2\mu)H}$。

所有的独立变量都出现在每一个耦合方程中。在耦合方程中非饱和土土性参数为净法向应力和基质吸力的函数。

耦合模型中水连续方程(渗流方程)和平衡方程(应力-应变方程)是同时求解的，充分考虑了渗流和变形之间动态的相关性。模型中有 3 个独立变量，水平和竖向位移以及孔隙水压力。除了泊松比，所有水力和力学性质参数均为净法向应力和基质吸力的函数。水连续方程和平衡方程的边界条件均需要指定，即孔隙水压力和水流量以及位移和荷载。分析将得到位移和孔隙水压力随时间的变化，瞬态过程中任意时刻的应力和水流量均可得到，耦合模型的方程可用有限元方法求解。

4.3 工程实用型非饱和膨胀土本构模型

从国内外对膨胀土本构模型研究现状可以看出，建立应力-应变-吸力本构关系是一种较严格的方法，必须与吸力计算或量测相结合，使得参数获取困难，难以在工程中得到推广。建立应力-饱和度-应变本构关系，是一种近似方法，虽然不能精确反映浸水对骨架应力的影响，但较简单直观，参数较易测试，便于工程应用。正如文献[4]指出：

“由于对膨胀土复杂性质面面俱到的表述必将导致数学模型的形式复杂而失去实用的价值，因此可从以下两个方面建立实用型非饱和膨胀土本构模型：①抓住主要矛盾。水是工程破坏的主要肇因，且工程中常用含水率(或饱和度)这一指标反映土的湿度状态，加之土水特征曲线表明饱和度与吸力之间存在对应关系，因此，用饱和度作为主要参变量建立应力-饱和度-应变关系既方便实用，又反映了非饱和土的本质特征。②以经典饱和土本构模型为基础，建立后继屈服面和初始屈服面重合的理想弹塑性本构模型。”

4.3.1 经典饱和土弹塑性本构关系

经典饱和土弹塑性本构关系为：

$$d\varepsilon_{ij} = \frac{dI_1}{9K}\delta_{ij} + \frac{1}{2G}dS_{ij} + d\lambda S_{ij} \tag{4-63}$$

其中，弹性部分为：$d\varepsilon_{ij}^{e} = \frac{dI_1}{9K}\delta_{ij} + \frac{1}{2G}dS_{ij} = \frac{1-2\mu}{E}d\sigma_m\delta_{ij} + \frac{1+\mu}{E}dS_{ij}$　　(4-64)

塑性部分为：

$$d\varepsilon_{ij}^{p} = d\lambda S_{ij} \tag{4-65}$$

塑性变形与流动法则相关：

$$d\varepsilon_{ij}^{p} = d\lambda S_{ij} = d\lambda\frac{\partial f}{\partial\sigma_{ij}} \tag{4-66}$$

式中，f 为屈服函数，选择莫尔-库仑屈服准则，则：

$$f = \frac{1}{3}I_1\sin\varphi - c\cos\varphi + \sqrt{J_2}\left(\cos\theta_\sigma + \frac{\sin\theta_\sigma\sin\varphi}{\sqrt{3}}\right) = 0 \tag{4-67}$$

式中，I_1 为应力张量第一不变量；J_2 为应力偏量第二不变量；θ_σ 为应力 Lode 角；c、φ 分别为土的黏聚力和内摩擦角。

以上的流动法则、屈服准则以及弹塑性本构关系，构成了饱和土的理想弹塑性本构模型。

4.3.2 工程实用型非饱和膨胀土的弹塑性本构模型及其参数

很明显，膨胀土在工程中常处于非饱和状态，其力学性质随应力状态和湿度变化发生显著变化。考虑到膨胀土的非饱和特性、膨胀性和工程中的实际受力状态，将饱和度作为反映非饱和土本质特征的参变量，同时注意到其非线性特征，故将本构模型中其他参数作为饱和度和应力状态的函数，并且在体积应变中考虑膨胀变形，则可将经典的饱和土理想弹塑性本构模型转变为简单实用的非饱和膨胀土弹塑性本构模型[5]。即将式(4-64)、式(4-66)、式(4-67)联立，并加上膨胀土湿胀变形项，得到工程实用型非饱和膨胀土的本构模型：

$$\begin{cases} d\varepsilon_{ij} = d\varepsilon_{ij}^{e} + d\varepsilon_{ij}^{p} + \beta_{ij}(\sigma_{ij}, S_r)dS_r \\ d\varepsilon_{ij}^{p} = d\lambda S_{ij} = d\lambda\dfrac{\partial f}{\partial\sigma_{ij}} \\ d\varepsilon_{ij}^{e} = \dfrac{dI_1}{9K}\delta_{ij} + \dfrac{1}{2G}dS_{ij} = \dfrac{1-2\mu(\sigma_{ij}, S_r)}{E(\sigma_{ij}, S_r)}d\sigma_m\delta_{ij} + \dfrac{1+\mu(\sigma_{ij}, S_r)}{E(\sigma_{ij}, S_r)}dS_{ij} \\ f = \dfrac{1}{3}I_1\sin\varphi(S_r) - c(S_r)\cos\varphi(S_r) + \sqrt{J_2}\left(\cos\theta_\sigma + \dfrac{\sin\theta_\sigma\sin\varphi(S_r)}{\sqrt{3}}\right) = 0 \end{cases} \tag{4-68}$$

式中，弹性参数 E、μ 分别为弹性模量与泊松比，是体积应力与饱和度的函数；屈服参数 c、φ 分别为黏聚力和内摩擦角，均为饱和度的函数；$\beta_{ij}(\sigma_{ij}, S_r)dS$ 为膨胀土湿胀变形增量；β_{ij} 为膨胀系数，亦与应力状态与饱和度相关。

1. 弹性参数的量测及其与饱和度的关系

弹性模量 E 和泊松比 μ 可通过 GDS 三轴试验系统获得。其中对 E 的测试可以根据《土工试验规程》弹性模量试验标准(SL 237-029—1999)通过三轴反复加卸载的方法进行测定[6]。

但是由于三轴试验系统不能准确地测得土体压缩过程中的体积变化,故泊松比的测试一直难以实现。但根据弹性力学的基本原理,泊松比可以通过三轴试验中的 K_0 固结(无侧向变形固结)试验获取。

事实上,在三轴 K_0 固结试验中,因为试样无侧向变形,故有:

$$d\varepsilon_r = d\varepsilon_\theta = 0 \tag{4-69}$$

如果假定增量加载过程中服从胡克定律,则有:

$$d\varepsilon_r = \frac{1}{E}[d\sigma_r - \mu(d\sigma_z + d\sigma_\theta)] = 0 \tag{4-70}$$

$$d\varepsilon_\theta = \frac{1}{E}[d\sigma_\theta - \mu(d\sigma_z + d\sigma_r)] = 0 \tag{4-71}$$

由式(4-70)和式(4-71)可得:

$$\frac{d\sigma_r}{d\sigma_z} = \frac{d\sigma_\theta}{d\sigma_z} = \frac{\mu}{1-\mu} = K_0 \tag{4-72}$$

故有:

$$\mu = \frac{K_0}{1+K_0} \tag{4-73}$$

可见,不同应力状态和不同饱和度下的泊松比 μ 可根据《土工试验规程》静止侧压力系数试验(K_0 试验)标准(SL 237-028—1999)进行。广西宁明灰黑、灰白膨胀土弹性参数测试结果见图 4-5 和图 4-6。

从测试结果可以看出,弹性参数 μ 和 E 都是随饱和度和体积状态变化而变化的。通过回归分析可得弹性模量 E 和泊松比 μ 与饱和度 S_r 及体积应力之间的相关关系:

宁明灰黑膨胀土:

$$\mu(p,S_r) = 0.000\,2p + 0.50 - \frac{0.50 - 0.15}{1 + e^{\frac{S_r - 0.887}{1.668}}} \tag{4-74}$$

$$E(p,S_r) = (-0.978S_r^2 + 1.215S_r - 0.195\,9)p + (-113.5S_r + 121.9) \tag{4-75}$$

宁明灰白膨胀土:

$$\mu(p,S_r) = (0.000\,83S_r - 6\times10^{-5})p + 0.50 - \frac{0.5 - 0.1}{1 + e^{\frac{S_r - 1.177}{0.204}}} \tag{4-76}$$

$$E(p,S_r) = (-0.369S_r^2 + 0.322S_r + 0.153\,9)p + (24.369S_r + 30.434) \tag{4-77}$$

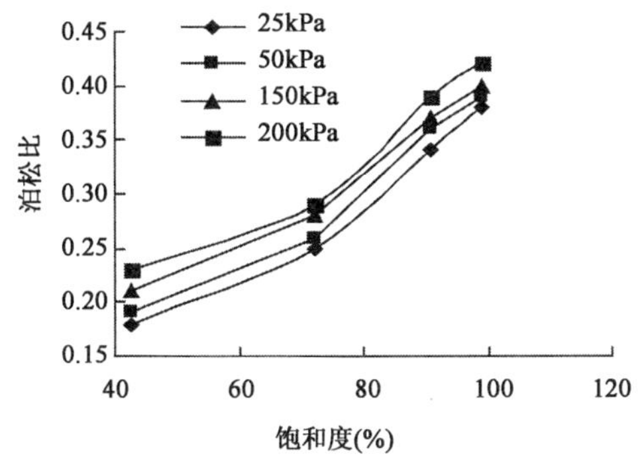

a)不同围压下泊松比随饱和度变化

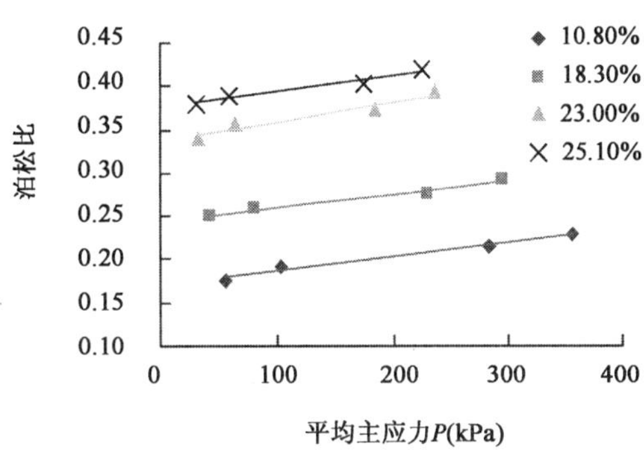

b)不同饱和度下泊松比随体积应力变化

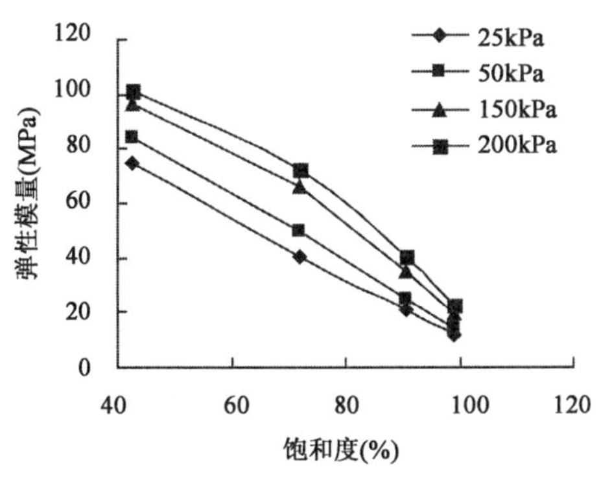

c)不同围压下弹性模量随饱和度变化

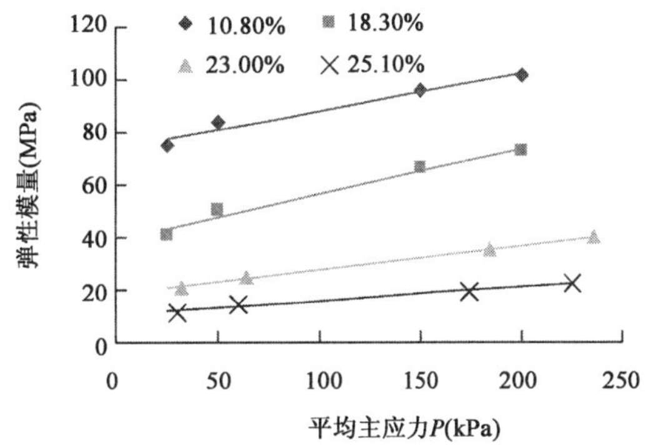

d)不同饱和度下弹模量随体积应力变化

图 4-5 宁明灰黑膨胀土弹性参数测试结果

2. 屈服参数的量测及其与饱和度的关系

屈服准则[式(4-67)]中 c、φ 是饱和度的函数，可通过控制土样的状态，测量不同初始饱和度、含水率下土的抗剪强度，获得含水率、饱和度与总抗剪强度的关系。当试件达到控制饱和度后，采用常规直剪仪分别对不同竖向荷载作用下的试件进行固结快剪，从而获取不同含水率及饱和度下的抗剪强度，分析整理后即可得到总抗剪强度与含水率及饱和度的关系。其中土样的固结和剪切过程可按照《公路土工试验规程》(JTG E40—2007)规定的方法进行[7]。

采用上述方法对广西宁明灰白膨胀土进行了不同饱和度状态下的直剪试验，屈服参数与饱和度的关系如图 4-7 所示。

通过回归分析，得到抗剪强度与饱和度的关系为：

$$c = k_1 S_r^2 - k_2 S_r + k_3 \tag{4-78}$$

$$\varphi = -m_1 S_r + m_2 \tag{4-79}$$

式中，k_1、k_2、k_3、m_1、m_2 为土样试验结果确定的回归参数。

本次试验中，$k_1 = 1\,394.8$，$k_2 = 2\,757.4$，$k_3 = 1\,436.5$，$m_1 = 41.17$，$m_2 = 51.19$。

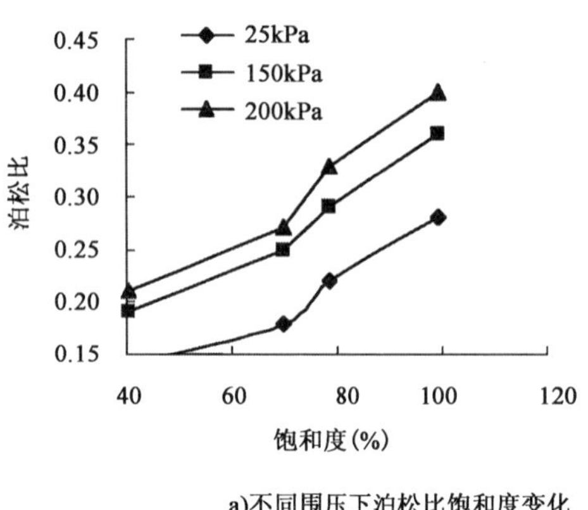

a)不同围压下泊松比饱和度变化

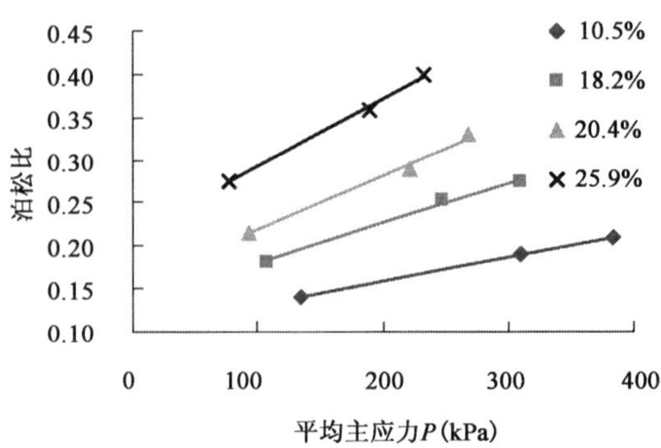

b)不同饱和度下泊松比随体积应力变化

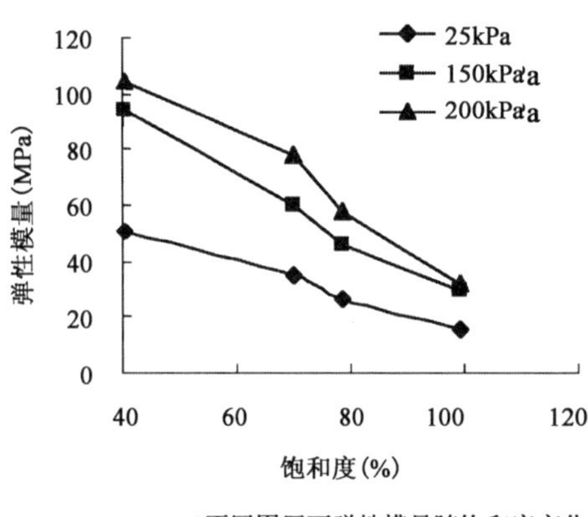

c)不同围压下弹性模量随饱和度变化

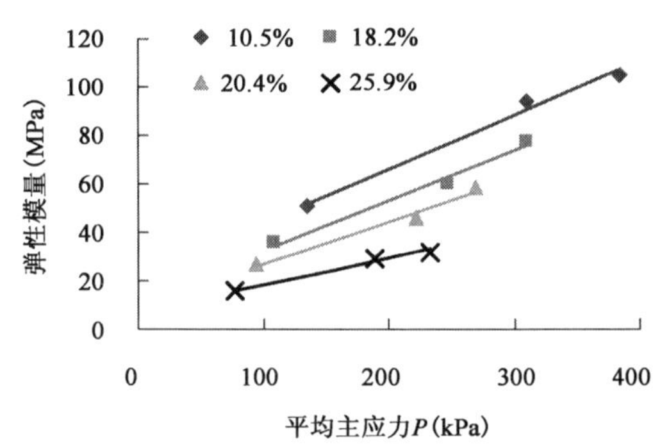

d)不同饱和度下弹性模量随体积应力变化

图 4-6 宁明灰白膨胀土弹性参数测试结果

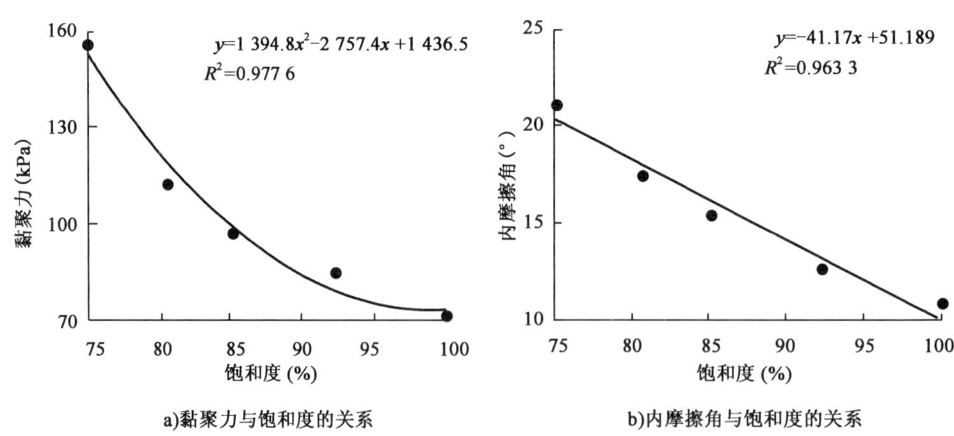

a)黏聚力与饱和度的关系　　b)内摩擦角与饱和度的关系

图 4-7 宁明灰白膨胀土屈服参数与饱和度的关系

3. 膨胀系数与饱和度的关系

利用三向胀缩仪及其试验方法，可以测得膨胀土任一向的膨胀率为[8]：

$$\varepsilon_i = \beta_i \Delta S_r \tag{4-80}$$

式中，ε_i 为某一方向的膨胀率；ΔS_r 为饱和度变化量；β_i 为该方向线膨胀系数，该系数反映了膨胀土的变形特性，与膨胀土的干密度 ρ、初始饱和度 S_r、三向应力状态 P_{ij} 有关[9]，其关系为：

$$\begin{cases} f_x(P_x) + g_x(P_y) + q_x(P_z) = \beta_x \\ f_y(P_x) + g_y(P_y) + q_y(P_z) = \beta_y \\ f_z(P_x) + g_z(P_y) + q_z(P_z) = \beta_z \end{cases} \tag{4-81}$$

式中，$f_x(P_i)$、$g_y(P_i)$，$q_z(P_i)(i=x,y,z)$分别为三个方向应力单独存在时，对三向线膨胀系数影响的 9 个关系式，下标 x、y、z 即代表影响的方向；P_x、P_y、P_z 分别为 x、y、z3 个方向的应力，同时，3 个方程中的系数与初始饱和度相关。

考虑 X 向与 Y 向同性，故有：

$$f_x(P_x) = g_y(P_y); f_y(P_x) = g_x(P_y); f_z(P_x) = g_z(P_y); q_x(P_x) = q_y(P_y)$$

所以方程可以改写为：

$$\begin{cases} f_x(P_x) + f_y(P_x) + q_x(P_z) = \beta_x \\ f_y(P_x) + f_x(P_x) + q_x(P_z) = \beta_y \\ f_z(P_x) + f_z(P_x) + q_z(P_z) = \beta_z \end{cases} \tag{4-82}$$

由式(4-82)可知，需根据试验结果拟合出 $f_x(P_x)$、$f_y(P_x)$、$q_x(P_z)$、$f_z(P_x)$、$q_z(P_z)$5 个关系式。

根据三向膨胀试验结果，以上 5 个关系式的函数形式为：

$$\begin{cases} f_x(P_x) = a\ln(P) + b \\ f_y(P_x) = cP^2 + d \\ q_x(P_z) = eP^2 + f \\ f_z(P_x) = gP^2 + h \\ q_z(P_z) = m\ln(P) + n \end{cases} \tag{4-83}$$

式中，参数 a、b、c、d、e、f、g、h、m、n 与初始饱和度有关，根据三向胀缩试验结果发现它们与初始饱和度之间呈线性关系。将线性关系式代入式(4-83)，作无量纲化并消除对数极值奇异点，整理后即得膨胀土三向膨胀系数表达式(式 3-13)，相应的参数及拟合值见表 4-1。

$$
\begin{cases}
\beta_x = (a_1 S_{r0} + a_2)\ln(\dfrac{P_x}{P_0} + 1) + b_1 S_{r0} + b_2 + (c_1 S_{r0} + c_2)P_y^2 + \\
\qquad (d_1 S_{r0} + d_2)P_y + (e_1 S_{r0} + e_2)P_z^2 + (f_1 S_{r0} + f_2)P_z \\
\beta_y = (a_1 S_{r0} + a_2)\ln(\dfrac{P_y}{P_0} + 1) + b_1 S_{r0} + b_2 + (c_1 S_{r0} + c_2)P_x^2 + \\
\qquad (d_1 S_{r0} + d_2)P_x + (e_1 S_{r0} + e_2)P_z^2 + (f_1 S_{r0} + f_2)P_z \\
\beta_z = (m_1 S_{r0} + m_2)\ln(\dfrac{P_z}{P_0} + 1) + n_1 S_{r0} + n_2 + (g_1 S_{r0} + g_2)P_x^2 + \\
\qquad (h_1 S_{r0} + h_2)P_x + (g_1 S_{r0} + g_2)P_y^2 + (h_1 S_{r0} + h_2)P_y
\end{cases}
\tag{4-84}
$$

式中，$P_0 = 1\text{kPa}$。

三向胀缩模型参数及拟合值　表4-1

参　数	拟合值	参　数	拟合值
a_1	-6.10×10^{-3}	f_1	3.00×10^{-5}
a_2	-2.00×10^{-4}	f_2	-3.00×10^{-6}
b_1	3.41×10^{-2}	g_1	1.00×10^{-7}
b_2	1.60×10^{-3}	g_2	-3.00×10^{-9}
c_1	-3.00×10^{-7}	h_1	5.00×10^{-5}
c_2	2.00×10^{-8}	h_2	-5.00×10^{-6}
d_1	1.00×10^{-4}	m_1	-6.10×10^{-3}
d_2	-6.00×10^{-6}	m_2	-5.00×10^{-4}
e_1	5.00×10^{-8}	n_1	3.96×10^{-2}
e_2	1.00×10^{-8}	n_2	3.00×10^{-3}

参 考 文 献

[1] 沈珠江. 非饱和土简化固结理论及其应用[J]. 水利水运工程学报，2003(4)：1-6

[2] 沈珠江. 广义吸力和非饱和土的统一变形理论[J]. 岩土工程学报，1996，2

[3] Fredlund D G. Unsaturated soil mechanics in engineering：the Terzaghi lecture. Journal of Geotechnical and Geoenvironmental Engineering，2006，132：286-321

[4] 郑健龙，杨和平. 中国公路膨胀土工程问题、研究现状及展望//膨胀土处治技术理论与实践[M]. 北京：人民交通出版社，2004，1-17

[5] 郑健龙. 膨胀土土性与物理力学特性试验研究[R]. 长沙：长沙理工大学，2007

[6] Rui Zhang, Jian-Long Zheng, He-Ping Yang. Experimental Study on K0 Consolidation Behavior of Recompacted Unsaturated Expansive Soil[A]. ASCE: Geohunan 2009 GSP No. 192 [C], 2009,8

[7] 杨和平，张锐，郑健龙. 非饱和膨胀土总强度指标随饱和度变化规律[J]. 土木工程学报，2006，39(4):58-62

[8] 周玉峰. 宁明膨胀土膨胀变形规律和本构关系研究[D]. 长沙:长沙理工大学,2005

[9] 韦秉旭，周玉峰，刘义高,等. 基于工程应用的膨胀土本构模型研究[J]. 中国公路学报，2007(2)

第5章 膨胀土路基平衡含水率理论

CHAPTER 5

对于膨胀土地区公路而言，工程质量的关键在路基，路基质量的关键在膨胀土，膨胀土的关键问题则是湿度变化引起土体胀缩开裂和强度衰减。根据路基不同层位的工作状态和受力特点，将膨胀土填于特定的部位，并采取有效的保湿防渗措施，使路基填料和路堑边坡土体在大气干湿循环的长期作用下处于相对平衡的湿度状态，正是解决这一工程技术难题的有效途径[1]，也是公路膨胀土工程中最为复杂和重要的科学技术问题。其复杂性在于，膨胀土路基湿度平衡及其所引起的路基变形和边坡稳定性的变化是路基与大气、非饱和膨胀土与水相互作用的结果，是一个多相多场耦合的复杂问题。其重要性在于，膨胀土路基平衡湿度理论是公路膨胀土工程基础性理论，在实践中对于预测膨胀土路基湿度变化趋势，评价路基长期性能，制订经济有效的工程措施都具有重要而广泛的指导作用。

5.1 膨胀土路基含水率平衡过程的现场监测

现场试验和原位监测是客观认识膨胀土路基含水率变化过程的有效途径之一。为此，选取我国典型膨胀土分布区广西宁明盆地，依托南友高速公路，对膨胀土路堤和膨胀土自然边坡开展了为期一年的含水率原位监测[2-3]。

5.1.1 膨胀土路堤含水率变化规律

监测对象非膨胀性黏土包边膨胀土路堤位于南友高速公路 K133＋640～K133＋810，地处广西宁明盆地。该地区属于南亚热带海洋型季风气候。每年4～10月为夏季，平均气温为

23～28℃；11 月至次年 3 月为冬春季，平均气温为 13～19℃。年平均气温为22. 1℃。年平均降雨量约为 1 200mm，降雨日数为 130 多天。每年 5～ 9 月是雨季，降水量占全年的 75%；10 月至次年 4 月是旱季，降水量占全年的 25%。年平均日照时数为 1 700h。该试验段于 2003 年 11 月开始修筑，2004 年 4 月底完成膨胀土下路堤填筑。试验段观测期为 2004 年 4 月至 2005 年 9 月。

1. 路基结构

非膨胀性黏土包边膨胀土路堤结构形式如图 5-1 所示。路堤顶宽 24. 5m，最大设计填高为 12m；基底以上 4m 范围内用碎石土(级配良好砾)填筑，以隔断地下水毛细作用对填芯膨胀土的影响；碎石土以上逐层填筑膨胀土和细粒土，每 25cm 左右一层，填筑 24 层，共 6m。膨胀土位于路堤中部，按湿法重型击实最佳含水率和压实度进行压实控制。距边部 3. 5m 水平范围内为非膨胀性细粒土。上路堤和路床用碎石土填筑，路堤包边部分边坡坡率为 1 ∶ 1. 5，碎石土部分边坡坡率为 1 ∶ 1. 75，路堤边坡采用植草防护。

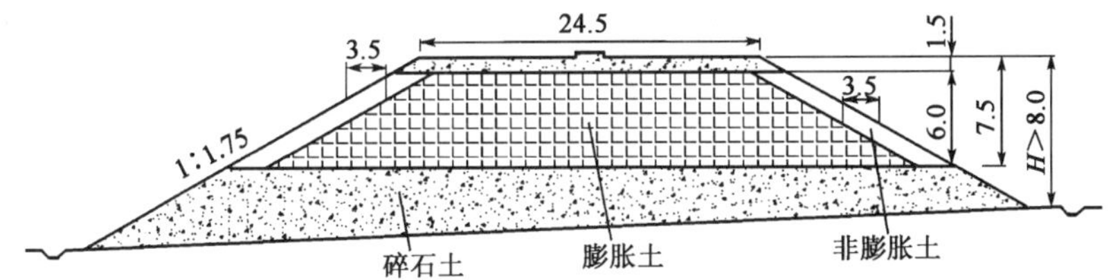

图 5-1 非膨胀性黏土包边膨胀土路堤结构示意图(尺寸单位：m)

路堤填筑过程中，对每层压实后的填芯膨胀土进行厚度、含水率和干密度检测，其检测结果如表 5-1 所示。

填芯膨胀土初始状态 表 5-1

层 数	层厚(cm)	含水率(%)	干密度(g/cm^3)	层 数	层厚(cm)	含水率(%)	干密度(g/cm^3)
1	24. 0	21. 1	1. 59	10	24. 3	21. 8	1. 60
2	26. 0	18. 4	1. 59	11	24. 0	21. 6	1. 58
3	25. 7	21. 1	1. 60	12	25. 0	22. 8	1. 61
4	24. 0	22. 5	1. 57	13	25. 0	21. 8	1. 62
5	26. 0	20. 6	1. 60	14	25. 1	21. 5	1. 61
6	24. 0	21. 0	1. 60	15	24. 0	21. 8	1. 60
7	24. 9	19. 8	1. 60	16	25. 0	21. 0	1. 60
8	25. 2	21. 4	1. 57	17	24. 0	20. 9	1. 60
9	25. 0	21. 9	1. 58	18	26. 0	21. 9	1. 60

续上表

层　数	层厚(cm)	含水率(%)	干密度(g/cm^3)	层　数	层厚(cm)	含水率(%)	干密度(g/cm^3)
19	27.0	21.9	1.60	22	25.0	20.0	1.60
20	25.3	19.4	1.60	23	26.0	21.5	1.59
21	25.5	19.9	1.60	24	24.0	21.5	1.59

2.监测结果及分析

图 5-2 为距边坡不同位置处含水率随时间的变化曲线。从图中可以看出，观测初期，距边坡水平距离 0.4m 处的含水率在 6d 内持续增加 2%左右。该时段为降雨期，但其他位置处的含水率响应较为缓慢，增幅随水平距离的增大而减小。这与黏土渗透系数低，降雨入渗慢有关。之后，表层含水率持续降低直至 6 月 9 日，这期间为少雨期，虽然有短暂降雨，但降雨量不大，路基以蒸发为主。在蒸发过程中，不同水平距离处的含水率的响应也不相同，存在滞后性，且相对于降雨期的滞后性更为显著。这可以从渗透系数随吸力的变化曲线得到解释，在吸力小(含水率大)的状态下，土体的渗透系数要高于吸力大(含水率小)状态下的渗透系数，差值往往在几个数量级范围内。因为蒸发过程中，水分迁移的速度明显要小于降雨时的速度，所以在整个观测期内，表层土体的含水率变化范围要大于距离边坡水平方向较大处土体含水率的变化范围。

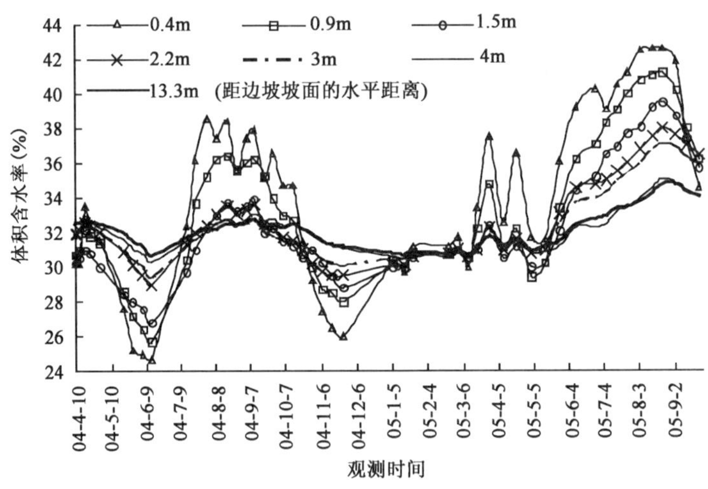

图 5-2　非膨胀性黏土包边膨胀土路堤体积含水率随时间变化曲线

对距离边坡不同位置处含水率监测结果进行了统计分析，计算得到了观测期内不同位置处含水率变化的最大值 θ_{wmax}、最小值 θ_{wmin}、平均值 $\bar{\theta}_w$ 和标准差 σ，如表 5-2 所示。同时绘制了统计值随水平距离的变化曲线，如图 5-3 所示。

非膨胀性黏土包边膨胀土路堤体积含水率统计分析结果　　表 5-2

距坡边水平距离(m)	初始值 θ_{w0}(%)	终值 θ_{wf}(%)	最大值 θ_{wmax}(%)	最小值 θ_{wmin}(%)	平均值 $\bar{\theta}_w$(%)	标准差 σ
0.4	30.2	34.6	42.6	24.7	33.9	23.9
0.9	30.7	36.2	41.2	25.7	33.2	15.7
1.5	30.2	35.7	39.5	26.8	32.2	9.5
2.2	31.9	36.5	38.0	29.0	32.5	5.5
3	31.7	35.9	37.1	29.4	32.3	3.8
4	32.6	34.0	35.1	30.3	32.1	1.4
13.3	32.6	34.1	34.8	30.7	32.2	1.2

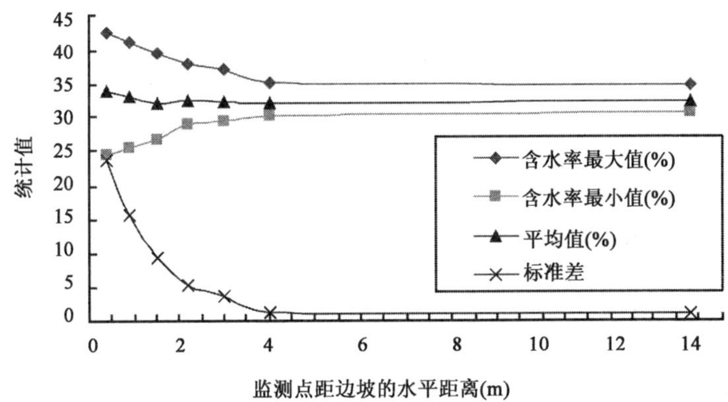

图 5-3　非膨胀性黏土包边膨胀土路堤体积含水率统计值随水平距离的变化曲线

统计结果表明，距离边坡水平方向0.4m处含水率最小值为24.7%，标准差最大；随着距离边坡水平距离的增大，各含水率的最大值、最小值和标准差均减小，表明含水率的波动幅度增大。这说明外界干湿对路基含水率的影响逐渐减小。距离边坡水平方向4m处和13.3m处位于填芯膨胀土内，观测期内含水率的平均值分别为32.1%和32.2%，标准差分别为1.4和1.2，与初始含水率32.6%相差在0.4%左右。两者水平距离相差9m，但含水率变化较小，说明观测期内大气干湿循环未对膨胀土填料湿度造成影响。此期间填芯膨胀土中部的体积含水率 θ_w 由32.6%升至34.1%，增加1.5%，按照 $\Delta w=\frac{\Delta\theta_w}{\rho_d}$ 和 $\rho_d=1.61\text{g/cm}^3$ 计算，重量含水率变化量为0.93%，变化很小，因此可视为观测期内，该膨胀土路堤处于湿度平衡状态，平衡含水率 $w_e=\frac{\theta_e}{\rho_d}=\frac{32.2\%}{1.61}=20\%$。将表5-2中的标准差与水平距离进行拟合，计算得出拟合曲线的拐点，拐点所对应的水平距离视为大气对路基的水平影响范围。计算结果表明，该水平距离为2.7m。

5.1.2 膨胀土自然边坡天然含水率变化规律

为了研究膨胀土自然边坡天然含水率随时间和空间的变化规律，2004年4月至2005年3月间，在南友高速公路非膨胀性黏土包边膨胀土路堤试验段附近（K134＋500）的自然边坡上，前后三次进行钻孔取样，所测得广西宁明膨胀土重量含水率随深度分布的剖面变化如图5-4所示。图中的含水率剖面是取原状样用烘干法测定得到的。用钻石符号表示的是2004年4月降雨之后测得的含水率剖面，可以看出含水率变化的总体趋势是随深度的增加而减小，表现为一个典型的降雨剖面；而三角形符号表示的2005年3月降雨前测得的含水率剖面则在深度2.0m以上，随深度的增加而增加，表现为一个蒸发剖面。从降雨前后的含水率剖面可以看出，大气降雨蒸发对膨胀土自然边坡垂直深度2.0m以上有显著影响，对2.0m以下的土层影响相对小些。整体而言，广西宁明膨胀土的天然含水率较高，说明此膨胀土体具有较好的持水性能。可以看出深度4.0m以下含水率变化趋势较为一致，且均在23％左右，可以将该含水率视为该处膨胀土自然边坡天然含水率。

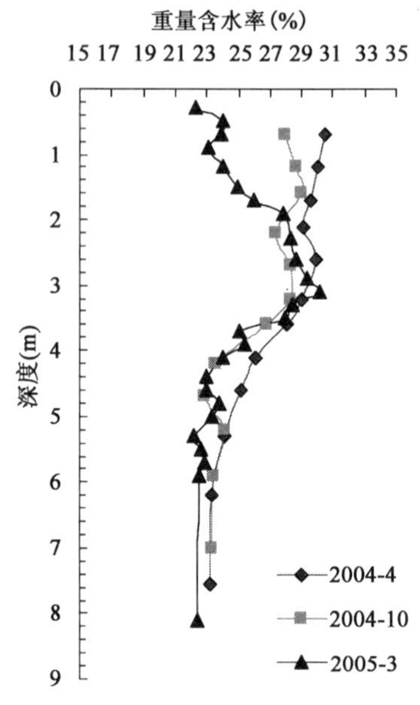

图5-4 边坡土体天然含水率随深度变化

之前膨胀土路堤测得的平衡含水率为20％，接近这一天然含水率。现场监测证明，随着时间的推移，路基初始含水率将受当地大气的影响发生变化，最终都将达到一种稳定的湿度平衡状态，路基最终所处平衡湿度状态与当地膨胀土自然边坡的天然湿度状态相接近。

5.2 膨胀土路基平衡含水率预测理论与方法

膨胀土路基处于大气环境影响下，大气主要以降雨和蒸发两个过程控制着与膨胀土路基表面的水分交换，进而影响路基的湿度状态。由于膨胀土渗透系数极低，大气干湿循环作用下膨胀土路基湿度变化和变形是一个漫长的过程。根据全国铁路部门历次膨胀土会议资料❶记述，焦枝、枝柳、阳安、襄渝、南昆及成昆等铁路的膨胀土路堤自通车初期即开始出现变形，数年或十余年后各种变形仍然不断产生。5.1节的膨胀土路堤现场试验和监测资料表明，在一年

❶见廖世文主编的《全国首届膨胀土科学讨论会论文集》，西南交通大学出版社，1990。

多的观测期内，膨胀土路堤内部含水率虽然变化很小，但仍有增加的趋势。然而，目前尚缺乏对膨胀土路基平衡含水率的分析理论和计算方法。为此，基于室内外试验对非饱和膨胀土力学性质和路基含水率变化规律的认识，在土与大气相互作用理论和计算方法的基础上，针对公路膨胀土工程特点，建立了膨胀土路基平衡含水率理论及计算方法[4]，为膨胀土路基处治提供理论依据。

5.2.1 膨胀土路基与大气相互作用计算方法

土与大气界面的相互作用决定了土体表面温度和水的边界条件，建立界面模型需考虑两类平衡：一类是由降雨、径流、蒸发和渗流组成的水平衡；另一类是土表面能量平衡[5]。

1. 膨胀土表面蒸发蒸腾量的计算

在一个特定的地点，大气水平衡是以下变量的代数之和：

(1)降雨量，考虑为土体水分增加量，符号为正；

(2)蒸发、表面植物截流以及径流，考虑土体水分损失量，符号为负。

由此，大气水平衡方程表述为：

$$B = P - (E + I_{\text{int}} + R_{\text{off}}) \tag{5-1}$$

式中，B 为平衡水量(mm/d)；P 为降雨量(mm/d)；E 为蒸发率(mm/d)；I_{int} 为截流量(mm/d)；R_{off}为径流量(mm/d)。

蒸发率或蒸发蒸腾率由潜在蒸发量计算。潜在蒸发量为在特定气候条件下纯水表面的蒸发上限或最大蒸发量。潜在蒸发量由 Dalton 公式计算：

$$E_{\text{a}} = f(u)(e_{\text{s}} - e_{\text{a}}) \tag{5-2}$$

式中，E_{a} 为蒸发率(mm/d)；e_{s} 为水表面的饱和蒸汽压(10^2Pa)；e_{a} 为水表面上方的空气蒸汽压(10^2Pa)；$f(u)$为湍流交换函数，与蒸发表面上方气体的混合特性相关，经验公式为：

$$f(u) = 0.165\left(0.8 + \frac{u}{100}\right) \tag{5-3}$$

式中，u 为土表面上方 2m 左右的风速(km/d)。

膨胀土表面蒸发量按照 Penman-Wilson 公式计算：

$$E = \frac{\Gamma Q_n + \eta E_{\text{b}}}{\eta A + \Gamma} \tag{5-4}$$

式中，Γ 为饱和蒸汽压和温度关系曲线的斜率(Pa/k)；η 为温度常数；$E_{\text{b}} = f(u)e_{\text{a}}(B - A)$；$f(u)$为风函数；$B$ 为空气相对湿度的倒数；A 为土体表面相对湿度的倒数；其他符号意义同式(5-1)和式(5-2)。

根据式(5-4)计算非饱和土表面的实际蒸发量，如没有估计或测量的土表面净辐射量，则采用测量的自由水面潜在蒸发量 PE 来计算实际蒸发量 AE。采用下式：

$$AE=PE\left(\frac{h_{rair}-h_A}{1-h_A}\right) \tag{5-5}$$

式中，h_{rair} 为空气相对湿度；h_A 为土壤表面相对湿度。

当有实际植被覆盖时，必须考虑植物的蒸腾作用，因此土壤表面实际蒸腾蒸发量应进行修正，总体实际蒸发量分为植物蒸腾量和土壤本身的蒸发量，即：

土壤表面蒸发量：

$$AE^*=AE[1-(-0.21+0.7\sqrt{LAI})] \tag{5-6}$$

植物蒸腾量：

$$PT=AE(-0.21+0.7\sqrt{LAI}) \tag{5-7}$$

式中，LAI 为植被的叶面积指数，定义为每平方米地表面积上覆盖植物的叶片的总面积。

植物蒸腾量依赖于植物实际根部水分提取量，该水分提取量取决于植物水分限制函数，即：

$$AT=PRU\cdot PML \tag{5-8}$$

式中，AT 为根部结点实际蒸腾量。

$$PRU=\frac{2PT}{R_T}\left(1-\frac{R_s}{R_T}\right)A_s \tag{5-9}$$

式中，R_T 为植物根部总长度；A_s 为当前根部结点贡献面积；PML 为植物根部水分限制函数，即根部周围吸力的变化，根部提取水分能力是限定函数，当吸力为 0kPa 时，根部充分吸水；而当吸力达到某一值时，根部停止吸水。一般来说，该吸力值为 1 500kPa。计算中一般假设植物根部水分提取能力沿根深方向呈现三角形逐渐递减分布。

设 P_r 为降雨量，则非饱和土体的降雨边界条件为：

$$Q=P_r-E \tag{5-10}$$

2. 土与大气之间的热交换计算

土体的能量平衡方程为：

$$R_n=G+H+L_e \tag{5-11}$$

式中，R_n 为土体表面净辐射量[J/(m^2 · s)]；G 为土体热流量[传递给土体的热能，J/(m^2 · s)]；H 为大气吸收热流量[传递给大气的热能，J/(m^2 · s)]；L_e 为蒸发潜在热流量[土体表面蒸发或者冷凝期间的热交换量，J/(m^2 · s)]。

解湿热耦合流动方程时需要用到土体中的温度。土表面的温度可以根据 Wilson 公式估算[6]：

$$T_s=T_a+\frac{1}{\eta f(u)}(R_n-E) \tag{5-12}$$

式中，T_s 为土表面温度(℃)；T_a 为土表面上方空气温度(℃)。

3. 水和热流动控制方程及其有限元求解

土壤中非饱和渗流是一个典型的湿热耦合非等温过程，特别是在大气持续日照地表面温度梯度非常大的情况下，温度变化会极大地影响水分迁移，进而影响土壤蒸发。其中水分迁移不仅有液态水，还包括气态水扩散。

(1)液态水流动控制偏微分方程

非饱和土中水的渗流遵循 Darcy 定律，在二维条件下液态流流速为：

$$v_w = -k_w \nabla\left(y - \frac{s}{\rho_w g}\right) \tag{5-13}$$

式中，k_w 为非饱和土渗透系数，为吸力 s 的函数(m/s)；y 为位置水头(m)；s 为吸力(kPa)；ρ_w 为水的密度(kg/m^3)；g 为重力加速度。

根据液态流质量守恒定律：

$$\rho_w \frac{\partial\theta_l}{\partial t} = -\rho_w(\nabla v_w + E_1 - Q) = -\rho_w\left\{\nabla\left[-k_w \nabla\left(y - \frac{s}{\rho_w g}\right)\right] + E_1 - Q\right\}$$

即：

$$\frac{\partial\theta_l}{\partial t} = \nabla\left[k_w \nabla\left(y - \frac{s}{\rho_w g}\right)\right] - E_1 + Q \tag{5-14}$$

式中，E_1 代表液态和气态之间的湿度转换量；Q 为外界流入水流量；ρ_w 为水的密度；k_w 为渗透系数；θ_l 为液态水体积含水率。

(2)气态水流动控制偏微分方程

气态水流来自于蒸汽压梯度，水蒸气在多孔介质中传递的速度按下式计算：

$$v_v = -D_{atm}\frac{\alpha\theta_v w \nabla P_v}{RT\rho_w} = -\frac{D_v}{\rho_w}\nabla P_v \tag{5-15}$$

式中，D_{atm} 为自由空气中水蒸气分子扩散系数，$D_{atm} = 0.229(1 + T/273)^{1.75} \times 10^{-4}$(m^2/s)；$\alpha$ 为土的绕曲因数($\alpha = \beta^{2/3}$)；R 为通用气体常数，R=8.314 32J/(mol·K)；w 为水蒸气的克分子量，w = 18.016kg/kmol；θ_v 为汽态水体积含水率，P_v 为水蒸气的压力；T 为绝对温度，T=(273+t)(K)。

根据 Edlefsen 和 Anderson 公式，

$$P_v = P_{vs}\left(e^{-\frac{sw}{\rho_w RT}}\right) = P_{vs}\mathrm{RH} \tag{5-16}$$

式中，P_{vs} 为同一温度下纯水平面上方的饱和蒸气压；RH 为相对湿度；其他同上。

根据水蒸气质量守恒方程 $\rho_w\frac{\partial\theta_v}{\partial t} = -\rho_w\nabla v_v + \rho_w E_1$，可得：

$$\frac{\partial\theta_v}{\partial t} = -\nabla v_v + E_1 = \frac{1}{\rho_w}\nabla(D_v\nabla P_v) + E_1 \tag{5-17}$$

式中，θ_v 为气态水体积含水率；E_1 为液态和气态之间的湿度转换量。

合并式(5-14)和式(5-17)可得：

$$\frac{\partial \theta_{l}}{\partial t}+\frac{\partial \theta_{v}}{\partial t}=-\nabla v_{w}-\nabla v_{v}+Q$$

令 $\frac{\partial \theta_{l}}{\partial t}+\frac{\partial \theta_{v}}{\partial t}=\frac{\partial \theta_{w}}{\partial t}$ ，即得：

$$\frac{\partial \theta_{w}}{\partial t}=-\nabla v_{w}-\nabla v_{v}+Q \tag{5-18}$$

注意式中：$\frac{\partial \theta_{w}}{\partial t}=\frac{\partial \theta_{w}}{\partial s}\frac{\partial s}{\partial t}$ ，则由式(5-18)可得：

$$\frac{\partial \theta_{w}}{\partial s}\frac{\partial s}{\partial t}=\lambda\frac{\partial s}{\partial t}=\nabla[k_{w}\nabla v_{w}]+\frac{1}{\rho_{w}}\nabla(D_{v}\nabla P_{v})+Q \tag{5-19}$$

式中，λ 为土水特征曲线斜率。

将上式化解为二维平面形式，并假设非饱和土在 x 和 y 方向渗透系数相同，则得到二维水热耦合流动的偏微分控制方程：

$$\lambda\frac{\partial s}{\partial t}=\frac{1}{\rho_{w}}\frac{\partial}{\partial x}\left(D_{v}\frac{\partial P_{v}}{\partial x}\right)+\frac{1}{\rho_{w}}\frac{\partial}{\partial y}\left(D_{v}\frac{\partial P_{v}}{\partial y}\right)+\frac{\partial}{\partial x}\left[k_{w}\frac{\partial\left(y-\frac{s}{\rho_{w}g}\right)}{\partial x}\right]+\frac{\partial}{\partial y}\left[k_{w}\frac{\partial\left(y-\frac{s}{\rho_{w}g}\right)}{\partial y}\right]+Q \tag{5-20}$$

式中，λ 为土水特征曲线斜率(1/kPa)；s 为吸力(kPa)；k_w 为非饱和土渗透系数，为吸力 s 的函数(m/s)；t 为时间；ρ_w 为水的密度(kg/m^3)；P_v 为水蒸气的压力，根据式(5-16)计算；y 为位置水头(m)；g 为重力加速度；Q 为外界流入水流量，为降雨量 P_r 与潜在蒸发量 E 之差，即 $Q=P_r-E$ 。

(3)热流动控制偏微分方程

热量的传递包括热传导、潜热蒸发和对流。对于非饱和路基问题，只需要考虑前两者，热流量可以表示为：

$$q_{h}=-\lambda_{t}\nabla T+L_{v}\rho_{w}v_{v}=-\lambda_{t}\nabla T+L_{v}\rho_{w}\left(-\frac{D_{v}}{\rho_{w}}\nabla P_{v}\right) \tag{5-21}$$

根据热量守恒定律：

$$\lambda_{v}\frac{\partial T}{\partial t}=-\nabla q_{h}+Q_{t}=\nabla(\lambda_{t}\nabla T)+\nabla(L_{v}D_{v}\nabla P_{v})+Q_{t} \tag{5-22}$$

式中，λ_t 为土体的导热系数[J/(m·s·℃)]；λ_v 为土的体积热容[J/(m^3·℃)]；L_v 为水的蒸发潜热[J/mg]；Q_t 为外界输入的热流量。

假设对于均质土体，在 x 和 y 方向热传导系数相同，则二维热流偏微分控制方程为：

$$L_{v}\frac{\partial}{\partial x}\left(D_{v}\frac{\partial P_{v}}{\partial x}\right)+L_{v}\frac{\partial}{\partial y}\left(D_{v}\frac{\partial P_{v}}{\partial y}\right)+\frac{\partial}{\partial x}\left(\lambda_{t}\frac{\partial T}{\partial x}\right)+\frac{\partial}{\partial y}\left(\lambda_{t}\frac{\partial T}{\partial y}\right)+Q_{t}=\lambda_{v}\frac{\partial T}{\partial t} \tag{5-23}$$

(4)水流和热流控制偏微分方程的有限元求解

在考虑二维平面问题时，进行空间域上的离散。以方程(5-20)和方程(5-23)为控制方程，

以 N 为插值函数，则空间每点的变量可以表示如下[7]：

$$s = \langle N \rangle \{s\}^{e}$$

$$T = \langle N \rangle \{T\}^{e}$$

式中，$\langle N \rangle$ 为插值函数；$\{s\}^{e}$ 和 $\{T\}^{e}$ 分别为结点的吸力和温度。

对方程(5-20)和方程(5-23)进行 Galerkin 加权残数法求解：

$$\int_{A}([B]^{T}[C][B])\mathrm{d}A\{s\}^{e} + \int_{A}([B]^{T}[D_{2}][B])\mathrm{d}A\{T\}^{e} + \int_{A}([B]^{T}[K][B])\mathrm{d}A\{y\}^{e} + \int_{A}\lambda_{t}\langle N \rangle^{T}\langle N \rangle)\mathrm{d}A\{s\}_{t}^{e} = Q\int_{L}(\langle N \rangle^{T})\mathrm{d}L \tag{5-24}$$

$$\int_{A}([B]^{T}[C_{t}][B])\mathrm{d}A\{T\}^{e} + \int_{A}([B]^{T}[L_{v}D_{1}][B])\mathrm{d}A\{s\}^{e} + \int_{A}(\lambda_{t}\langle N \rangle^{T}\langle N \rangle)\mathrm{d}A\{T\}_{t}^{e} = Q_{t}\int_{L}(\langle N \rangle^{T})\mathrm{d}L \tag{5-25}$$

式中，$[B]$ 为梯度矩阵；$[C]$ 为刚度矩阵，$[C] = \left[\frac{K}{\rho_{w}g} + D_{1}\right] = \left[\frac{K}{\rho_{w}g} + \frac{D_{v}d_{1}}{\rho}\right]$；$[D_{2}] = \left[\frac{D_{v}d_{2}}{\rho_{w}}\right]$；$\{y\}$ 为位置水头矩阵；$[K]$ 为渗透系数矩阵；$\{s\}_{t}^{e}$ 为吸力对时间的导数；$[C_{t}]$ 为单元热度矩阵，$[C_{t}] = [\lambda_{t} + L_{v}D_{2}]$；$\{T\}_{t}^{e}$ 为温度对时间的导数；$\lambda_{t}\langle N \rangle^{T}\langle N \rangle = [M]$ 为质量矩阵。

离散后的水流和热流控制方程可表示为如下矩阵形式：

$$[K_{tw}]\{s\} + [K_{w}]\{T\} + [M]\{s\}_{t} = \{Q\} \tag{5-26}$$

$$[K_{w}]\{T\} + [K_{tw}]\{s\} + [M_{t}]\{T\}_{t} = \{Q_{t}\} \tag{5-27}$$

4. 膨胀土路基平衡含水率理论计算模型参数

膨胀土路基平衡含水率理论计算模型的主要计算参数共计 10 个，如表 5-3 所示。气象参数可由气象部门提供或现场观测得到；水力性质参数由饱和渗透试验和土水特征曲线试验得到，其中土水特征曲线应根据膨胀土在路基中所受的实际应力状态选取[8]。以下介绍土的热力学参数和植被生理参数物理意义及获取方法。

(1)导热系数

导热系数表示土体传导热量的能力，定义为在单位温度梯度作用下单位时间内通过单位面积和长度的土介质的热量。对于干燥土体，导热系数由干密度估算：

$$\lambda_{dry} = \frac{0.135\rho_{d} + 64.7}{2\,700 - 0.947\rho_{d}} \pm 20\% \tag{5-28}$$

式中，ρ_d 为干密度（kg/m^3）。

对于饱和土体而言，其导热系数 λ_{sat} 与组成成分的导热系数和组成比例有关：

$$\lambda_{sat} = \lambda_s^{(1-n)} \lambda_w^n \tag{5-29}$$

式中，λ_s 为土颗粒的导热系数；λ_w 为孔隙水的导热系数，通常为 0.605J/(s·m·℃)；n 为孔隙率。

当土体处于非饱和状态时，其导热系数与干燥状态和饱和状态的导热系数以及饱和度 S_r 有关。

膨胀土路基平衡湿度计算模型参数一览表　　表 5-3

序号	参数类型	参　数	符　号	单　位
1	气象参数	日平均气温	T	℃
2		日相对湿度	RH	%
3		日平均风速	u	m/s
4		日平均降雨量	P_r	mm
5	土的水力性质参数	饱和渗透系数	k_{ws}	10^{-10}m/s
6		应力相关土水特征曲线	SDSWCC	—
7	土的热力性质参数	导热系数	λ_t	J/(m·s·℃)
8		容积比热	λ_v	J/(kg·℃)
9	植被生理参数	叶面指数	LAI	—
10		植物根深指数	D_R	m

$$\lambda_{unsat} = (\lambda_{sat} - \lambda_{dry})\lambda_e + \lambda_{dry} \tag{5-30}$$

式中，$\lambda_e = \lg S_r + 1.0$；$S_r$ 为饱和度。

(2)容积比热

容积比热 λ_v 定义为单位容积的土壤，在温度增减 1℃时所吸收或释放的能量，单位为 J/(m^3·℃)。因为土壤是一个多相的分散体，其容积比热取决于所含的固相物质、液相物质(水)和气相(空气)在土壤中所占的容积比，以及它们各自的热容。空气相对较少，可以忽略，因此，对单位体积土体而言：

$$\lambda_v = \lambda_{vs} V_s + \lambda_{vw} V_w \tag{5-31}$$

式中，λ_{vs} 为土颗粒容积比热，为 1 875kJ/(m^3·℃)；λ_{vw} 为水的容积比热，一般值为 4 187kJ/(m^3·℃)；V_s 和 V_w 分别为单位体积土壤中固液两相物质的体积。

(3)植被生理参数

叶面指数 LAI 是植被的叶面积指数，定义为每平方米土体表面积上覆盖植物的叶片总面积。对于叶面发达且易生长的植被，一年中覆盖路基边坡表面的叶面指数大，占整个蒸发量的比

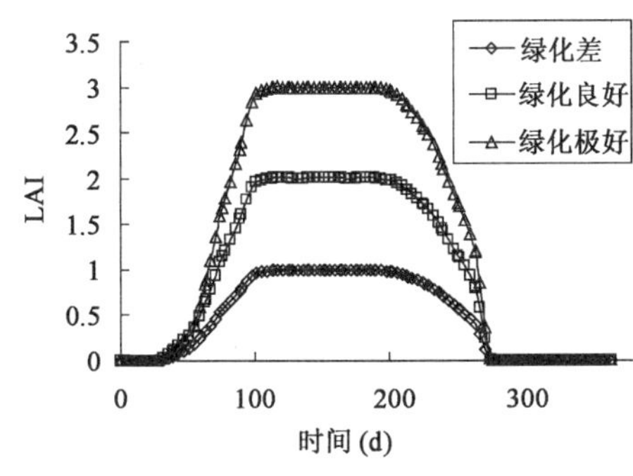

图5-5 叶面积指数LAI生长曲线

重大,对土体表面的吸力又一定影响。图5-5是3种不同种类植被的叶面指数在一年中随时间的变化。从图中可以看出,植被在冬秋两季枯萎,此时蒸腾量为0,春夏两季茂盛,蒸腾作用对路基湿度影响增强。

D_R 定义为根的长度,在路基边坡覆土植草后,植物的根系长度随时间而增长。而植物蒸腾来自于植物根系向根系周围土体吸收的水分。因此,根系的长短决定着植物蒸腾对边坡影响的范围。表5-4为各类公路绿化植物生长的根系最小深度。表5-5为适宜膨胀土地区边坡防护的灌木成年植株根系状况,可作为计算的参考值。

各类公路绿化植物生长的根系最小深度 表5-4

类　别	植物根系生长深度 d(cm)	类　别	植物根系生长深度 d(cm)
短草	15	浅根性乔木	90
小灌木	40	深根性乔木	150
大灌木	60		

膨胀土地区部分灌木野外成年植株根系状况 表5-5

植　物	主根长(cm)	侧根长(cm)	根 系 特 点
地枇杷	60～110	20～80	侧根较发达
小叶女贞	80～160	35～120	侧根发达
千斤拔	34～50	25～40	主根发达
美丽胡枝子	60～120	45～80	侧根较发达
小腊	70～120	45～75	侧根发达
云南含笑	90～160	70～130	主根发达,侧根一般
迎春花	60～150	40～120	侧根发达
黄杨叶子	70～170	50～150	侧根一般
火棘	70～160	55～140	主、侧根均发达
马棘	60～130	40～80	主根较发达,侧根一般
野葛	80～180	50～120	主根较发达,侧根一般
车桑子	80～160	60～140	主、侧根均发达
白刺花	90～180	70～150	主、侧根均发达

5.2.2 公路膨胀土路基平衡含水率预测实例

半幅包边膨胀土路堤计算几何模型如图 5-6 所示。路堤顶宽 23m、高 10m，膨胀土填芯高 7.0m，路床及基底 1.5m 范围内为碎石土，包边宽 3.5m；包边土为非膨胀性黏土；地下水位于地面以下 5m。对几何模型进行有限单元网格划分，路堤包边部分适当加密，共计 1 547 个节点和 1 522 个单元。设置 6 个监测点，分别位于填芯膨胀土中轴线和边界的上、中、下部。

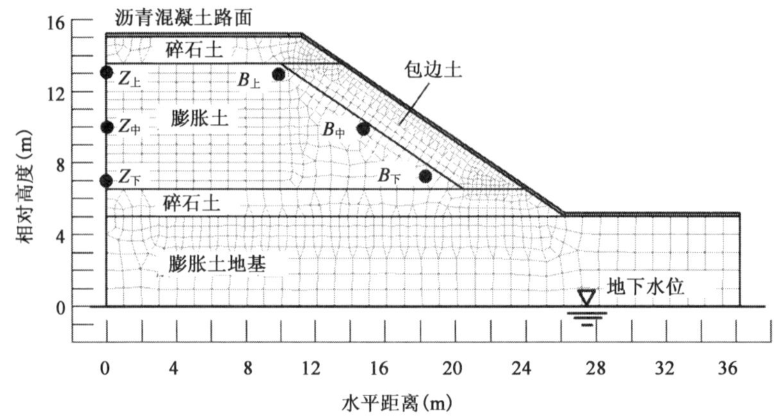

图 5-6 膨胀土路基平衡湿度计算几何模型

设路面、路肩和坡表为大气作用边界，地面以下 5m 为恒温边界。将广西宁明一年的气象数据（图 5-7）作为大气作用边界条件。

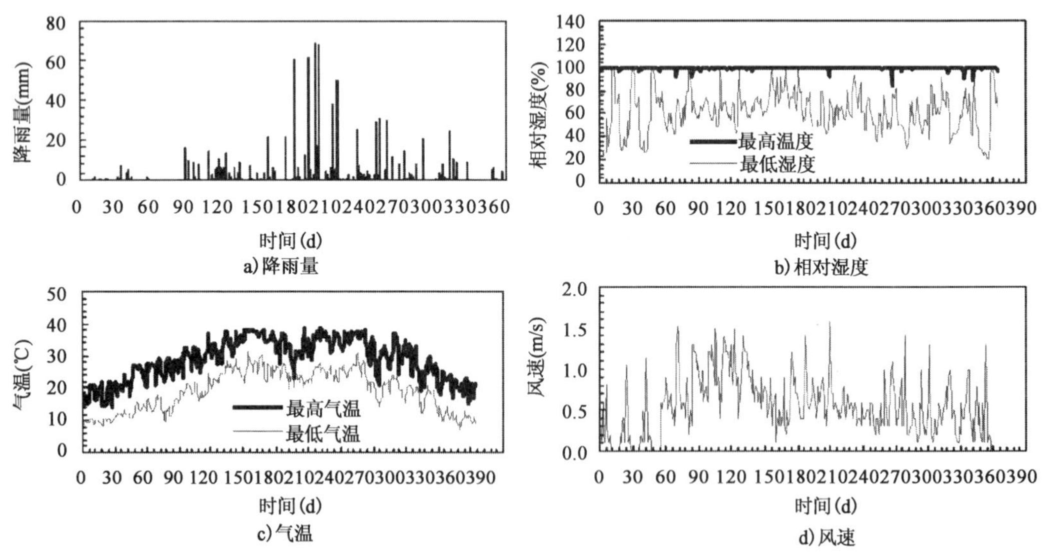

图 5-7 数值模拟所采用的广西宁明地区气象数据

膨胀土、包边土和碎石土水力和热力学参数根据实测和参考值确定取值(表5-6)。其中,根据膨胀土填料在包边路堤中所处的位置和所受到的上覆荷载,选用由试验量测得到的50kPa应力状态下的土水特征曲线。

包边膨胀土路堤不同填料的水力和热力学参数取值 表5-6

材料	渗透系数(m/s)	土水特征曲线				导热系数[J/(s·m·℃)]	体积热容(J/m³)
		θ_{ws}	a	n	m		
膨胀土	2.5×10^{-10}	38.4	258	1.67	0.17	1.984	3.07×10^{6}
包边土	3.1×10^{-9}	18.5	365.2	0.78	0.76	2.354	2.85×10^{6}
碎石土	5.2×10^{-6}	41.0	7.8	9.72	0.79	3.967	2.58×10^{6}
沥青路面	1.0×10^{-4}	—				1.010	1.98×10^{6}

为了研究不同含水率填筑条件对膨胀土路基长期性能的影响,确定合理的压实控制标准,根据干法和湿法击实得到的最佳含水率和最大干密度,设计了两种包边膨胀土路堤初始湿度状态,如表5-7所示。

包边膨胀土路堤两种初始湿度状态模拟方案 表5-7

模拟方案	膨胀土填筑初始状态	重量含水率(%)	干密度(g/cm³)	体积含水率(%)
1	按湿法击实标准填筑	21.0	1.62	34.0
2	按干法击实标准填筑	17.6	1.71	30.0

模拟计算采用图5-7的气象数据循环计算10年,每一天为一个计算时步,共5 475步。采用自适应步长法,即当节点水头的变化超过2.5%时,根据迭代数对当前时间步长进行折减,直至迭代满足控制条件容许误差。

图5-8显示了按湿法击实标准压实的包边膨胀土路堤(简称湿法路堤)内部湿度随时间的变化。从计算结果看,在填芯膨胀土中轴线上,随着时间的推移膨胀土填料含水率逐渐增加[图5-8a)],下部土体含水率在初期(0~1.5年)增加的速度较大,后期减缓,增幅极小(0.5%左右);中、上部土体含水率在0~3年间增加缓慢,3~6年间增加较快,之后又趋于稳定;最终路堤处于平衡湿度状态。由于上、中、下重力势不同,平衡含水率稍有差异(所致),下部平衡湿度稍大,上部稍小,差值在0.5%以内。填芯膨胀土边界上不同深度处含水率同样随时间逐渐增加[图5-8b)],邻近路肩的点$B_{上}$的含水率有较小的波动,反映出大气干湿循环对路肩湿度影响相对较大。根据计算结果评价,湿法路堤湿度平衡时,膨胀土填料体积含水率约为36%(重量含水率22.4%),重量含水率变化约1.4%。

图5-9给出了按干法击实标准压实的包边膨胀土路堤(简称干法路堤)内部湿度随时间的

变化。其湿度变化规律与湿法路堤相应各点的湿度变化趋势总体有相似之处。不同之处在于,中轴线上各点在第10年含水率仍有缓慢增加并趋于稳定的趋势,不难预见最终平衡湿度与湿法路堤的相近。这说明了初始湿度越低,达到平衡湿度所需的时间越长,相应的路基变形持续时间更长。根据计算结果评价,干法路堤湿度平衡时膨胀土填料体积含水率约为36%(重量含水率21.2%),重量含水率变化约3.6%。

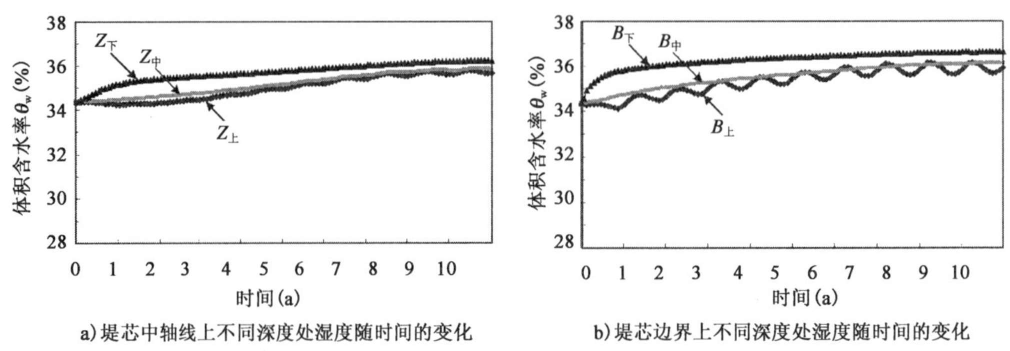

图5-8 按湿法击实标准填筑的膨胀土路堤含水率随时间的变化

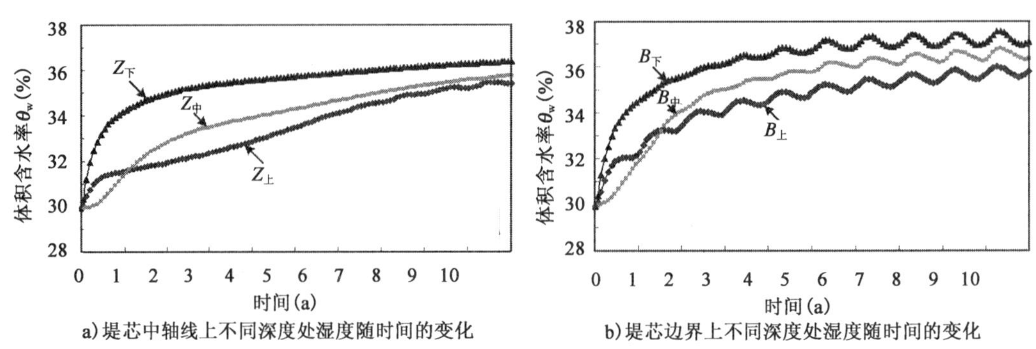

图5-9 按干法击实标准填筑的膨胀土路堤含水率随时间的变化

5.3 指导膨胀土路基压实的平衡湿度理论

土水特征曲线是土体湿度(含水率或饱和度)与吸力之间的关系曲线,表征土体在不同吸力状态下的持水能力,是非饱和土理论中重要的本构关系之一。图5-10为综合采用轴平移、渗析和蒸汽平衡3种吸力控制技术试验得到的百色中膨胀土土水特征曲线,其中实线由土样从饱和状态逐级增大吸力脱湿得到,虚线由土样从干燥状态逐级减小吸力吸湿得到。从图中可以看出,膨胀土脱湿曲线和吸湿曲线在12%～25%含水率范围内(实际工程中含水率变化范围)存在显著差异,同一吸力状态条件下脱湿曲线所对应的平衡含水率要大于吸湿曲线所对应的平衡含水率。可见,在评价路基的工作性能时,有必要结合考虑当地气候和填料含水率的变化趋势分析路基的平衡湿度并用以指导路基的压实控制。

图5-11为膨胀土干法和湿法重型击实曲线。干法击实首先将试验膨胀土样一次性风干,再分成5个试样,分别加不同的水制备成不同含水率的试样(试件制备过程为吸湿过程),逐个击实,并绘制击实曲线。湿法击实则将天然含水率状况下的土分成6份,使其分别风干至不同的含水率(试件制备过程为脱湿过程),再逐个击实,绘制击实曲线。该图表明,膨胀土的脱湿过程和吸湿过程所表现出的击实特性具有显著差异,湿法最佳含水率要大于干法最佳含水率,而相应的最大干密度则正好相反。对南方湿热地区天然含水率较高的膨胀土而言,若按照干法击实标准进行压实控制,获得较大干密度后,对保证路基的长期强度和稳定性并非有利。因为,膨胀土的含水率越低,干密度越大,饱和度越小,土体膨胀潜势更大,路基在潮湿的环境条件下吸湿的能力更强,通过长期的水汽迁移,最终将达到平衡湿度,并产生显著的膨胀变形,使得路基的刚度和承载能力大幅降低,引起路基的形变破坏。另一方面,由于膨胀土的天然含水率较高,碾压时需将土料翻晒,使含水率降至最优含水率附近。因此,湿法击实过程与现场实际情况更为吻合,土颗粒内部晶层之间的持水与当地气候环境相适应,路基成形后的含水率与变形稳定,刚度和承载力均不会产生显著变化,有利于提高了路基的长期性能。

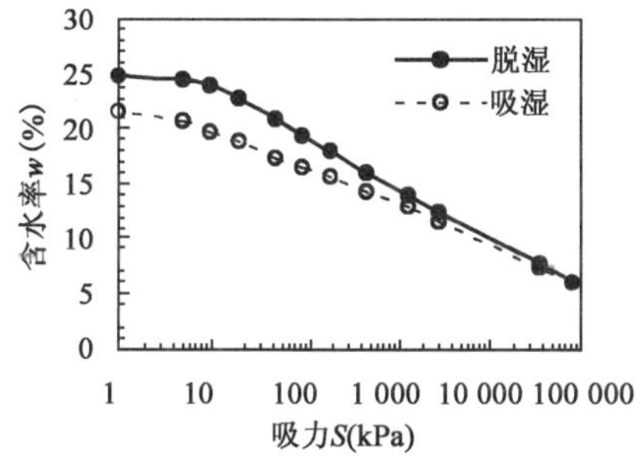

图5-10 膨胀土土水特征曲线

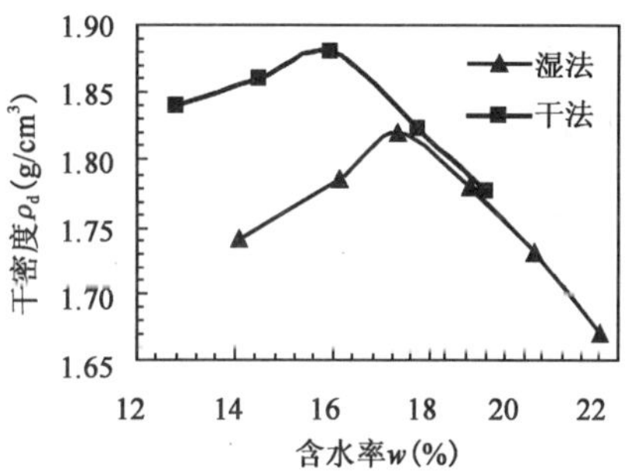

图5-11 膨胀土击实曲线

为了研究不同平衡湿度状态下膨胀土的承载力,对取自河南邓县、广西百色和广西宁明的强、中、弱3种膨胀土进行了不同含水率状态下的CBR试验,测试结果见图5-12。图5-12表明3种膨胀土的CBR随含水率变化规律均类似于击实曲线。

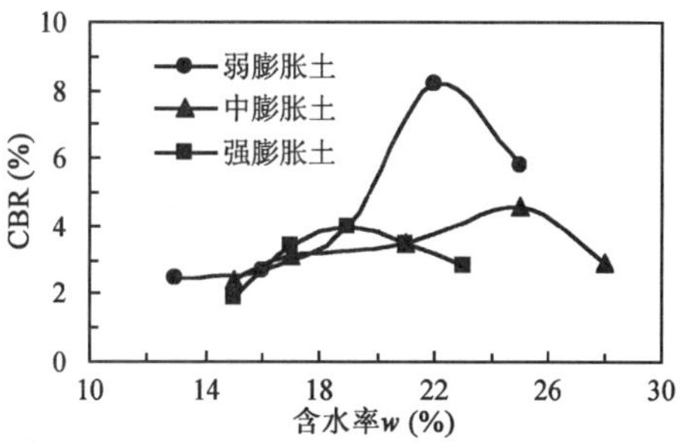

图5-12 CBR随含水率的变化曲线

将CBR峰值所对应的含水率以及各膨胀土样的击实最佳含水率列于表5-8。可以发现CBR峰值对应的含水率接近天然含水率和湿法最佳含水率，且 CBR 峰值均大于 3%，满足路基填料的要求。由此看出天然含水率附近压实的膨胀土，其强度和水稳性最好。而天然含水率反映了膨胀土在当地气候长期作用下的平衡湿度状态，因此考虑路基的长期强度和稳定性，宜用湿法击实标准进行膨胀土路基的压实控制，在进行膨胀土路基设计时也应采取保湿防渗措施维持湿法击实最佳含水率状态。

CBR 峰值对应的含水率与各特征含水率的对比 表 5-8

土 样	湿法最佳含水率(%)	干法最佳含水率(%)	天然含水率(%)	稠度	CBR(%)	CBR 峰值对应的含水率(%)
弱膨胀土	21.0	15.0	24.9	1.10	8.3	25.0
中膨胀土	20.0	17.0	21.0	1.16	4.9	19.0
强膨胀土	20.0	16.0	25.0	1.07	4.0	22.0

参 考 文 献

[1] Zheng Jian-Long, Zhang Rui, Yang He-Ping. Highway Subgrade Construction in Expansive Soil Areas[J]. ASCE: Journal of materials in civil engineering, 2009, 21(4): 154-162

[2] 刘龙武，郑健龙，缪伟. 膨胀土开挖边坡坡体变形特征的跟踪观测[J]. 中国公路学报，2008，21(3)：6-12

[3] 郑健龙，缪伟. 膨胀土路基温度现场观测分析与研究[J]. 路基工程，2002，(3)：3-5

[4] Jian-long Zheng, Rui Zhang. Prediction and Application of Equilibrium Water Content of Expansive Soil Subgrade[J]. ASCE: GSP, 2013. 10

[5] Wilson G W. Soil Evaporative Fluxes for Geotechnical Engineering Problems[D]. Ph. D. Thesis, University of Saskatchewan, Saskatoon, Canada, 1990

[6] Cui Y J, Gao Y B, Ferber V. Simulating the water content and temperature changes in an experimental embankment using meteorological data[J]. Engineering Geology, 2010 (114): 456-471

[7] Vadose Zone Modeling with VADOSE/W 2007 (Fourth Edition). GEO-SLOPE International Ltd, 2010

[8] 张锐. 公路膨胀土路基平衡湿度理论和处治技术研究[D]. 长沙：长沙理工大学，2012

第6章 公路膨胀土的原位试验及勘察技术

我国建筑工程、岩土工程、公路工程、铁路工程部门都曾提出过膨胀土勘察技术要求，但未注意到膨胀土的强度、渗透、裂隙、崩解都随含水率具有变动特性，同时膨胀土的胀缩变形总量的确定、膨胀土路基和路堑边坡的新分析方法、膨胀土的新分类方法都需要膨胀土的新的参数。因此，对膨胀土地区公路工程勘察需要提出新的勘察要求，以期达到岩土工程勘察深度要求。本章主要介绍近些年来以广西膨胀土地区开展勘察技术研究所获得的研究成果，包括膨胀土的原位测试及评价技术、膨胀土干湿循环显著影响深度及其测试技术、膨胀土地基变形与承载力预测技术以及公路膨胀土工程分类方法。

6.1 膨胀土的原位测试及评价技术

6.1.1 原位测试内容与场地

根据广西膨胀土分布类型与特征，结合广西公路建设情况，在广西典型膨胀土分布区，分别选择百乐二级公路 K56＋480 和 K58＋100，南友高速公路 K114＋300、AK1＋440 和 K131＋580以及南宁快速环路 K12＋350、K12＋900 等 7 个场地，进行试坑取样、现场静力载荷试验、旁压试验、静力触探试验、土体大面积原位剪切试验、标准贯入试验等原位测试[1]。测试过程严格执行《公路工程地质勘察规程》(JTJ 064—98)、《岩土工程勘察规范》(GB 50021—2001)等有关规程、规范的规定。测试内容见表 6-1。

6.1.2 测试手段与方法

1. 钻探、取样与标准贯入试验

原状土样主要采用回转钻孔、上提活阀式取土器和试坑人工采取，扰动样为试坑人工采取。标准贯入试验方法及设备符合《岩土工程勘察规范》(GB 50021—2001)要求，试验技术标准完全按该规范规定执行。

膨胀土原位测试内容　　表 6-1

测试地点	钻探		标贯(次)	取样		静力载荷试验(点·次)	原位剪切试验(组)	静力触探试验		旁压试验(点·次)
	钻孔(个)	进尺(m)		原状(件)	扰动(件)			单桥(m)	双桥(m)	
百乐二级公路 K56+480	1	8.50	7	19	3	2	3	13.2	16.0	4
百乐二级公路 K58+100	2	10.85	10	33	3	2	3	14.0	11.0	4
南友高速公路 K114+300	2	13.25	10	29	3	2	3	12.0	12.0	4
南友高速公路 AK1+440	3	12.55	12	23	3	2	3	12.0	12.0	4
南友高速公路 K131+580	4	10.25	10	17	3	2	3	10.0	10.0	2
南宁快速环路 K12+350	2	11.00	10	36	3	2	3	2.4	6.0	4
南宁快速环路 K12+900	2	11.90	9	30	3	3	3	—	14.0	4

每个试验点钻孔一个，深 10m，每隔 1m 做一段标贯试验。标贯试验主要在土层内进行，一个点可钻若干个孔，标贯段次累计 10 个左右。

2. 旁压试验

试验采用的设备为江苏溧阳天目仪器厂生产的 PM-1A 型预钻式旁压仪，旁压器外径为 50mm，测量腔有效长度约为 340mm，测管截面积为 19.2cm^2，测量腔初始体积为 $A_c=667.3\text{cm}^3$，用测管水位降表示为 $S_c=34.75\text{cm}$，最大试验压力为 2.5MPa。

同一钻孔中试验点垂直间距为 1m，每孔最大深度 4m；加荷级数为 6～15 级，每级压力下的观测时间为 1min。当测管水位下降接近 40cm 或水位急剧下降而无法稳定时，则终止试验。

试验前首先进行仪器率定，绘制出弹性膜约束力率定曲线和仪器综合变形率定曲线。求得仪器综合变形校正系数 $\alpha=0.039\text{mm/kPa}$。

对试验测得的压力 P 及相应的测管水位降 S 分别进行弹性膜约束力及仪器综合变形的

修正后，绘制压力 p 与测管水位降 S 关系曲线，并计算相应的旁压模量：

$$E_{\mathrm{m}}=2(1+\mu)\left(V_{\mathrm{c}}+\frac{V_0+V_{\mathrm{f}}}{2}\right)\cdot\frac{\Delta p}{\Delta V}=2(1+\mu)\left(S_{\mathrm{c}}+\frac{S_0+S_{\mathrm{f}}}{2}\right)\cdot\frac{\Delta p}{\Delta S} \tag{6-1}$$

式中，E_{m} 为旁压模量(kPa)；μ 为泊松比(取 0.42)；V_{c} 为旁压器测量腔初始体积(cm^3)；V_0 为与初始压力 p_0 对应的体积(cm^3)；V_{f} 为与临塑压力 p_{f} 对应的体积(cm^3)；$\frac{\Delta p}{\Delta V}$ 为旁压曲线(p-V)直线段的斜率(kPa/cm^3)；S_{c} 为旁压器测量腔初始体积，用测管水位降表示(cm)；S_0 为与初始压力 p_0 对应的水位降(cm)；S_{f} 为与临塑压力 p_{f} 对应的水位降(cm)；$\frac{\Delta p}{\Delta S}$ 为旁压曲线(p-S)直线段的斜率(kPa/cm)。

3. 静力触探试验

试验采用的设备为电动式静力触探机，单桥探头为宁波镇海电讯厂生产的 ZQD10-2 探头，其锥底面积为 $10cm^2$，率定系数为 1.515MPa/mV(8V 桥压时)。双桥探头为富阳科学仪器厂生产的 TZF 系列探头，其锥底面积为 $15cm^2$。率定系数 K，端阻 q_{c} ：24kg/(cm^2 · mV)＝2.4MPa/mV(6V 桥压时)；侧阻 f_{s} ：0.24kg/(cm^2 · mV)＝24kPa/mV(8.1V 桥压时)。仪器设备的各项参数指标均满足规范要求。本次试验深度的终止条件：地层阻力超出设备量程，系统报警。

分别在 7 个场地进行了单桥和双桥试验。由于场地条件的限制以及实际地层与原设想地层不一致，个别点的位置与原定位置有所偏离，另外，实际地层在深度上的变化情况也与原设想的情况有很大的差别，因此，单孔贯入深度与原计划的深度也有一定差异。

试验过程严格按照《岩土工程勘察规范》(GB 50021—2001)的要求进行。

4. 土体大面积原位剪切试验

(1)基本原理

土体大面积原位剪切试验的基本原理是在现场开挖试坑至试验深度以上 25cm 左右，制备一组(3～4 个)试件，并施加不同的垂直压力，然后分别施加水平剪力，直至试样剪断为止，以求得各试样抗剪强度，然后根据不同垂直压力(法向应力)与抗剪强度的关系，以求得土体的抗剪强度指标 c、φ 值。

(2)试验装置

试验所用仪器主要有：垂直加压千斤顶 1 个、水平加压千斤顶 1 个、百分表 1 个、垂直加压钢垫板 2 块、滚排 1 块、水平加压钢垫板 2 块、垂直加压斜撑反力装置 1 套、剪切盒 1 组，剪切盒面积为 $0.12m^2$(32.5cm×37cm)。仪器设备现场安装按如下程序进行：试坑开挖→用剪切盒制备试样→安放垂直千斤顶→安放反力装置(通过斜撑以坑壁为反力)→安装水平加压钢垫板及水平加压千斤顶→安装百分表。

(3)试验方法

试验采用抗剪断试验方法，对试验的一组试样，采用单个试件分别开挖制作，在制作好1个试样并安装好仪器设备后，即施加垂直压力(法向应力)。本次试验采用的法向应力根据实际情况，主要选用了50kPa、100kPa、150kPa、200kPa、300kPa和400kPa。在施加垂直压力达到预定值并稳定后，开始施加水平荷载，并分别测得水平荷载及相应的水平位移，直至试件破坏(试件破坏或终止加载的标准为水平千斤顶压力下降或水平位移增幅显著增大)。然后根据试样剪断时的最大水平荷载，计算试件的抗剪强度。试验按照《岩土工程勘察规范》(GB 50021—2001)的要求进行。

5.现场静力载荷试验

(1)试验装置

①加荷设备为立式油压扁千斤顶，最大出力400kN，加荷顶出力精度允许误差±1%，加荷顶最大行程100mm，承压板为圆形厚钢板，直径56.4cm，面积为0.25m^2。

②反力装置:8根地锚(长2.90m，入土视土体具体情况为1.0～2.6m)，8根拉杆，8根撑杆及适当的钢管立柱等共同组成伞式构架装置。

③量测系统:百分表检测精度为0.01mm，可估读至0.001mm;精密压力表量程分别为6MPa和10MPa，检测精度为0.1MPa，可估读至0.01MPa。

(2)试验资料整理

根据静载试验原始记录，分别计算出每级压力下的沉降量及累计沉降量;根据每个点的P_i、$\sum S_i$的关系绘制P-S曲线，并用MATLAB进行最小二乘线性拟合及其他曲线拟合;按《建筑地基基础设计规范》(GB 50006—2002)确定承载力特征值f。

6.1.3 试验成果

1.标准贯入试验

标准贯入试验结果列于表6-2。

广西膨胀土标准贯入试验地基承载力标准值表　　表6-2

试验地点	岩性	统计个数	锤击数平均值 $\overline{N}$(击)	标准差 σ	承载力标准值 f_k(kPa)	备注
百乐二级公路 K56+480	黏土 ≤3m	2	21.0		360	按$\overline{N}$降低30%后查表
	黏土 >3m	4	28.4	5.3	520	
	风化泥岩	1	56.4		>600	
百乐二级公路 K58+100	黏土 ≤3m	4	13.75		250	按$\overline{N}$降低30%后查表
	黏土 >3m	5	35.0		>600	
	风化泥岩	1	35.3	6	>600	

续上表

试验地点	岩性	统计个数	锤击数平均值 $\overline{N}$（击）	标准差 σ	承载力标准值 f_k（kPa）	备注
南友高速公路 K114+300	黏土	8	12.95	1.1	280	舍去 5m 以下、软塑土的两个数据
南友高速公路 AK1+440	黏土	11	9.78	1.8	186	按 $\overline{N}$ 降低 30% 后查表
	风化泥岩	1	53.5		>600	
南友高速公路 K131+580	黏土	8	12	2.6	206	去掉 2 个明显偏大数据
南宁快速环路 K12+350	黏土	6	15.6	3.69	247	按 $\overline{N}$ 降低 30% 后查表
	粉土	3	22.7		400	
	风化泥岩	1	19.8		345	
南宁快速环路 K12+350	黏土	2	11		206	按 $\overline{N}$ 降低 30% 后查表
	粉质黏土	7	16.8	1.04	370	
南宁快速环路 K12+350	黏土	2	11		206	按 $\overline{N}$ 降低 30% 后查表
	粉质黏土	7	16.8	1.04	370	

2. 静力触探试验

在百乐二级公路、南友高速公路、南宁快速环路的 7 个路段上进行了单桥和双桥静力触探试验，分别得到相应的 p_s-H 曲线、f_s-H 曲线、R_f-H 曲线。图 6-1 为其中一组典型的试验曲线。

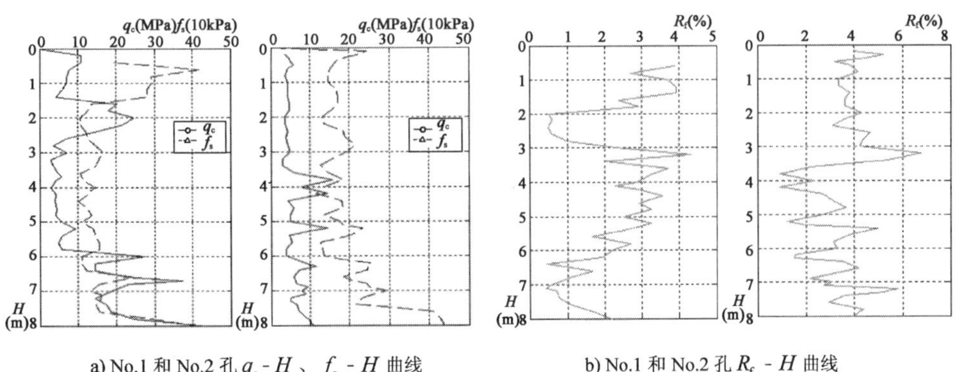

a) No.1 和 No.2 孔 q_c-H、f_s-H 曲线　　b) No.1 和 No.2 孔 R_f-H 曲线

图 6-1　百乐二级公路 K56+480 双桥静力触探曲线

3. 旁压试验

旁压试验结果列于表 6-3。典型旁压曲线见图 6-2。

广西膨胀土旁压曲线特征参数 表 6-3

序 号	地 点	深度 (m)	初始压力 p_0(kPa)	临塑压力 p_f(kPa)	极限压力 p_L(kPa)	旁压模量 E_m(MPa)
1	百乐二级公路 K56+480	0.8	50	400	650	7.21
		1.8	65	330	700	8.35
		2.8	70	400	700	7.36
		3.8	100	600	1 150	14.7
2	百乐二级公路 K58+100	0.8	80	280	550	4.90
		1.8	65	330	700	8.35
		2.8	100	500	900	10.6
		3.8	80	800	1 450	13.9
3	南友高速公路 K114+300	0.8	20	250	550	16.4
		1.8	50	230	460	8.52
		2.8	10	170	400	8.79
		3.8	80	570	1000	78.1
4	南友高速公路 AK1+440	0.8	40	255	500	13.9
		1.8	55	220	400	9.19
		2.8	10	160	420	8.00
		3.8	20	520	780	25.9
5	南友高速公路 K131+580	0.8	50	250	500	11.4
		1.8	50	300	650	19.9
6	南宁快速环路 K12+350	0.8	55	250	410	6.46
		1.8	65	300	650	15.3
		2.8	70	600	1220	27.1
		3.8	200	1000	1250	21.2
7	南宁快速环路 K12+900	0.8	37	90	200	1.07
		1.8	30	300	500	4.20
		2.8	50	400	700	4.17
		3.8	15	165	400	3.46

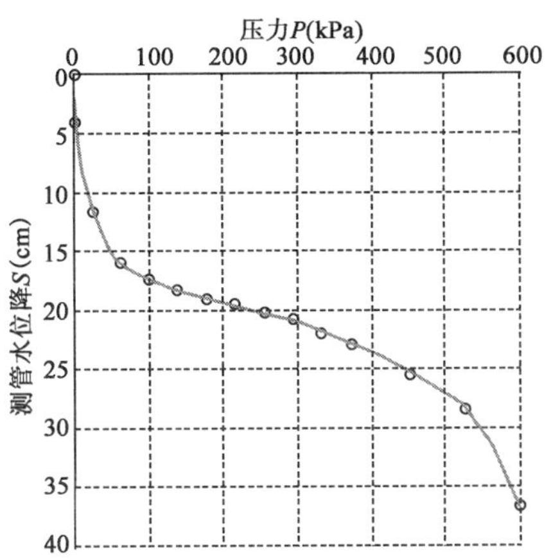

图 6-2　百乐二级公路 K56+480 深度 0.8m 旁压试验曲线

4. 静力载荷试验

静力载荷试验结果见表 6-4。典型的静力载荷试验曲线见图 6-3。

地基土原位载荷板地基承载力试验成果表　　表 6-4

序　号	地　点	里　程	试验点编号	承载力特征值 f(kPa)
1	百乐二级公路	K56+480	No. 1	310
			No. 2	227
2	百乐二级公路	K58+100	No. 1	320
			No. 2	300
3	南友高速公路	K114+300	No. 1	230
			No. 2	250
4	南友高速公路	AK1+440	No. 1	230
			No. 2	250
5	南友高速公路	K131+580	No. 1	210
			No. 2	245
6	南宁快速环路	K12+350	No. 1	162
			No. 2	170
7	南宁快速环路	K12+900	No. 1	300
			No. 2	195
			No. 3	150

5. 原位大型直接剪切试验

典型的原位剪切包络线图见图 6-4。试验结果见表 6-5。

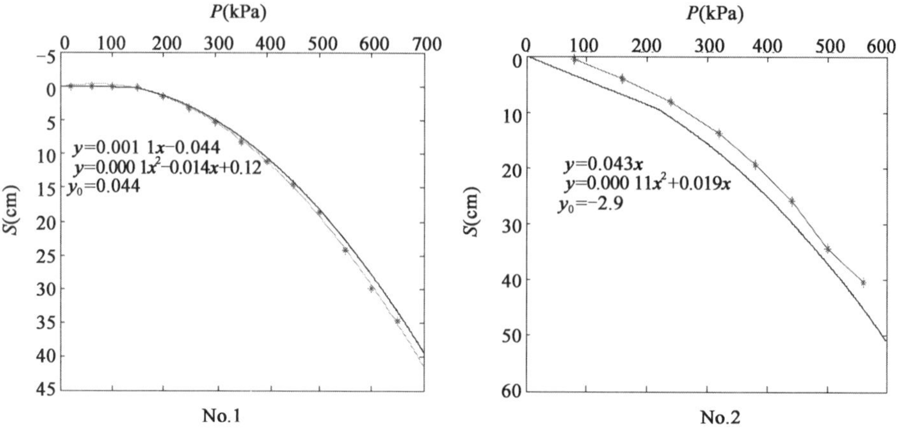

图 6-3 百乐二级公路 K56+480 静力载荷试验 *P-S* 曲线(No. 1 和 No. 2 试验点)

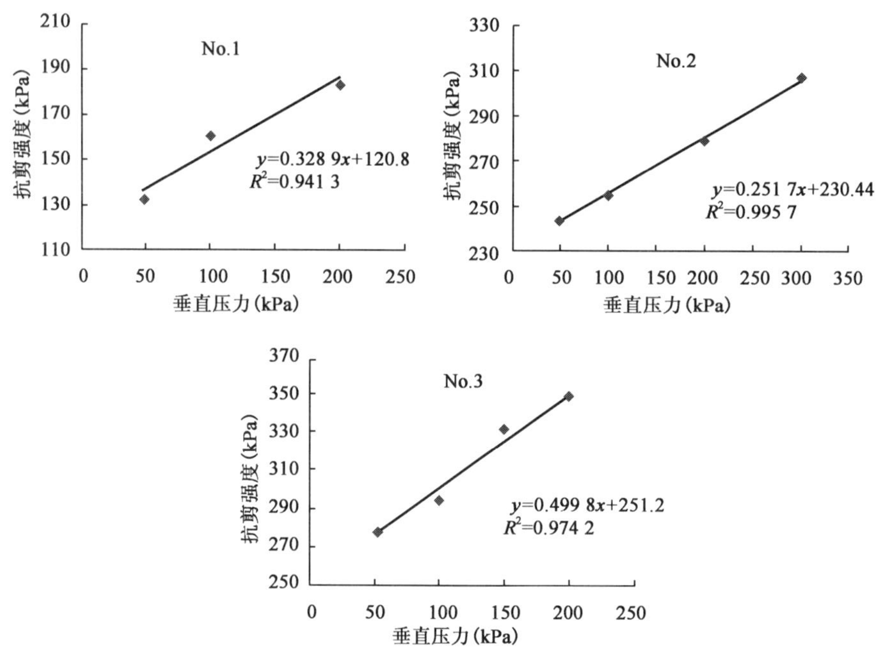

图 6-4 百乐二级公路 K56+480 原位剪切试验 σ-τ_f 关系曲线(1.1m)

6.1.4 试验成果分析与结论

原位试验结果汇总于表 6-6。通过静力触探试验比贯入阻力确定的地基承载力,通过标准贯入试验标贯击数确定的地基承载力,通过旁压试验确定的地基承载力与计算地基承载力之间的比较,如图 6-5～图 6-7 所示。由于原位地基承载力的静力载荷试验受到条件的限制,未能求出极限承载力,因此,分析受到影响。计算地基承载力与其他原位试验的测试结果有较好的一致性。

膨胀土原位剪切试验成果表 表 6-5

序 号	地 点	里 程	剪切面埋深(m)	黏聚力 c(kPa)	内摩擦角 φ(°)
1	百乐二级公路	K56+480	1.10	120.8	18.2
			2.00	230.44	14.1
			2.80	251.2	26.6
2	百乐二级公路	K58+100	1.00	52.9	15.8
			1.60	93.3	12.4
			2.00	104.77	8.66
3	南友高速公路	K114+300	1.00	31.01	51.50
			1.65	62.10	28.69
			2.00	63.70	27.00
4	南友高速公路	AK1+440	1.00	47.25	9.26
			1.50	64.23	10.13
			2.00	48.66	10.11
5	南友高速公路	K131+580	0.80	38.17	20.56
			1.30	47.69	12.79
			1.80	56.37	20.66
6	南宁快速环路	K12+350	1.00	78.295	12.1
			1.80	98.5	10.77
			2.70	141.35	10.67
7	南宁快速环路	K12+900	1.00	62.168	30.32
			1.60	70.168	23.31
			2.10	88.25	20.27

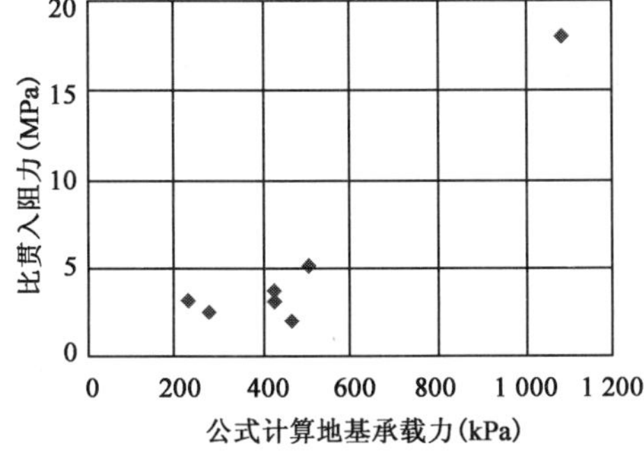

图 6-5 计算地基承载力与比贯入阻力之间的关系

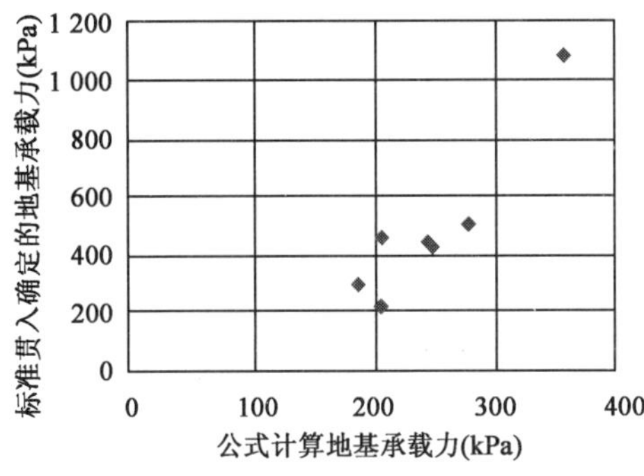

图 6-6 计算地基承载力与标准贯入确定的地基承载力之间的关系

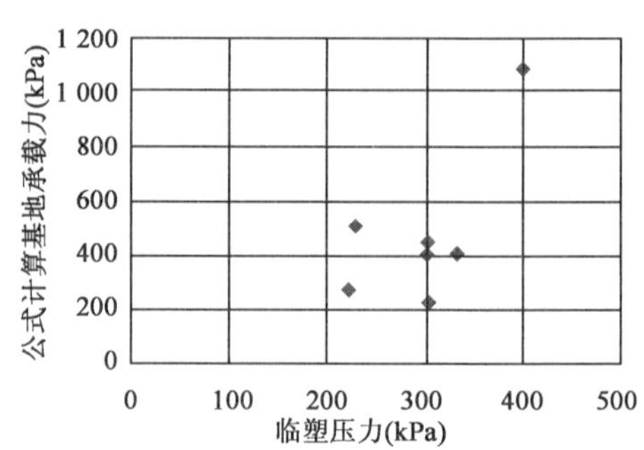

图 6-7 计算地基承载力与旁压试验确定的地基承载力之间的关系

从原位试验结果中可以看出：

(1)活动区范围内膨胀土的静力触探比贯入阻力与非活动区膨胀土的比贯入阻力有明显区别。如南宁快速环路 K12＋350、南友高速公路 K131＋580、百乐二级公路 K58＋100 等单桥静力触探 p_s-H 曲线中活动区 p_s 只有非活动区的 p_s 的 1/2 或 1/3。南友高速公路 K114＋300 活动区的单桥静力触探 p_s 比非活动区的 p_s 大，这是因为该处土层为红黏土，红黏土含有较多的氧化铁等无定型氧化物，在较高含水率时具有较高的地基承载力，这与室内试验时具有较大的 CBR 值是一致的。因此，膨胀土地区勘察时，推荐用静力触探试验确定膨胀土的活动区深度为主，其他物理力学标志为辅。

膨胀土原位试验结果汇总表 表 6-6

试验地点	岩性	标准贯入 f_k (kPa)	旁压试验		静载试验 f (kPa)	原位剪切			静力触探 p_s (MPa)
			临塑压力 (kPa)	旁压模量 (MPa)		c (kPa)	φ (°)	地基承载力设计值 (kPa)	
百乐二级公路 K56＋480	黏土≤3m	360	400	7.21	270	230.4	14.1	1085.2	18
	黏土＞3m	520	600	14.7	—	—	—	—	—
百乐二级公路 K58＋100	黏土≤3m	250	330	8.35	310	93.3	12.4	420.1	3
	黏土＞3m	＞600	800	13.9	—	—	—	—	—
南友高速公路 K114＋300	黏土	280	230	8.52	240	62.1	28.7	506.6	5
南友高速公路 AK1＋440	黏土	186	220	9.19	240	64.2	10.1	272.8	2.5
南友高速公路 K131＋580	黏土	206	300	19.9	228	47.7	12.8	228.6	3
南宁快速环路 K12＋350	黏土	247	300	15.3	166	98.5	10.8	426.9	3.5
	粉土	400	—	—	—	—	—	—	—
南宁快速环路 K12＋350	黏土	206	300	4.20	300	70.2	23.31	453.8	2.0

(2)原位静载荷试验可用来准确地确定膨胀土的地基承载力，但承载力受土的活动区范围的影响和土的干湿状态的影响。膨胀土地区公路勘察时，活动区范围内的地基承载力宜采用

现场浸水载荷试验的结果，而非活动区范围内的膨胀土地基承载力宜采用天然状态下的载荷试验结果。

(3)膨胀土的地基承载力在缺少静载荷试验的情况下，可用标准贯入试验确定膨胀土的地基承载力，或用旁压试验的比例界限 P_a 来确定膨胀土的地基承载力，也可以以原位剪切试验确定的抗剪强度 c、φ 值按临塑荷载计算地基承载力。这些原位试验确定的地基承载力基本一致，具有较高的可信度。

(4)在缺少原位试验条件的情况下，可采用室内试验指标确定膨胀土的地基承载力基本值。含水比和孔隙比两个参数可按《膨胀土地区建筑技术规范》(GB 50112—2013)的结果给出。具体见表6-7。

地基承载力基本值 表6-7

含水比 α_w	孔隙比 e		
	0.6	0.9	1.1
<0.5	350	280	200
0.5～0.6	300	220	170
0.6～0.7	250	200	150

注：含水比为天然含水率与液限之比；此表适用于开挖时土的天然含水率小于或等于勘察取土试验时的天然含水率的情况。

(5)若有现场膨胀土地基吸力或含水率监测结果，可用采用非饱和膨胀土地基承载力公式[式(6-2)]计算[2-3]，并与现场地基承载力实际检测结果进行比较。

$$q_u = q_{u0} + q_{us} \tag{6-2}$$

式中，q_{u0}是饱和土地基承载力；q_{us}是基质吸力产生的地基承载力，即：

$$q_{u0} = c'N_c + qN_q + \frac{1}{2}\gamma BN_r \tag{6-3}$$

$$q_{us} = u_s + N_s \tag{6-4}$$

式中，$N_s = N_c\tan\varphi^b$；$N_c = \tan\psi + \dfrac{\cos(\psi-\varphi)}{\cos\psi\sin\varphi}\left[e^{\left(\frac{3}{2}\pi+\varphi-2\psi\right)\tan\varphi}(1+\sin\varphi)-1\right]$；$N_q = \dfrac{\cos(\psi-\varphi)}{\cos\psi\sin\varphi}\left[e^{\left(\frac{3}{2}\pi+\varphi-2\psi\right)\tan\varphi}\tan\left(\dfrac{\pi}{4}+\dfrac{\varphi}{2}\right)\right]$；$N_r = 1.8(N_q-1)\tan\varphi$；$q$ 为超载；B 为地基基础宽度；c' 为膨胀土的有效黏聚力；φ 为膨胀土的有效内摩擦角；γ 为重度；u_s 为膨胀土基质吸力；φ^b 为膨胀土剪切强度随基质吸力增加而增加的角度。

(6)膨胀土基桩承载力计算时，桩侧摩阻力和桩端阻力可用单桥或双桥静力触探试验结果乘以一定的折减系数后采用。

6.2 膨胀土干湿循环显著影响区及其测试

大气干湿循环的作用是导致膨胀土路基边坡变形破坏的主要肇因，膨胀土路基设计与施工时，迅速而准确地获得其影响范围也是确定路基边坡防护与加固技术措施的关键[4]。以往，对膨胀土路基处治范围以大气影响区（活动区）深度为依据，同时考虑了水、气的影响，深度的勘测所需时间长，处治范围偏大。为此，针对路基边坡破坏的特点，着重考虑水的影响，提出了膨胀土干湿循环显著影响区的新概念，并提出将标准贯入试验作为快速测定显著影响区深度的标准测试方法[5]，为快速、合理确定膨胀土路基“保湿防渗”的有效处治范围提供了新途径。

6.2.1 膨胀土活动区及其形成机理

膨胀土问题主要是由于表面几米厚的膨胀土层含水率变化所诱发的。深层的膨胀土出现地质灾害是十分少见的。浅层膨胀土含水率的变化主要受气候环境影响，而受气候环境影响的区域称之为季节波动区或活动区（Active Zone）。工程实践表明，无论是建筑物地基，还是路堑、渠道的边坡、填筑的路堤土坝，只要膨胀土直接暴露于大气中，都可以观测到斜坡土体很容易出现碎裂、泥化，形成表面松散的现象，这便是膨胀土在环境作用下产生的风化作用。这种作用常常表现在土体结构破坏，强度降低，从而直接影响膨胀土地基与边坡的稳定性。

膨胀土为多裂隙结构，大气风化作用首先切割土体产生机械破碎，同时在原生裂隙的基础上又发育了风化裂隙，从而加剧了土体的破坏，使膨胀土具备了物理风化与化学风化的天然破碎条件。裂隙的发育为水的渗入与蒸发创造了良好的通道，促进了水在土中的循环。一方面加剧土体的干缩湿胀效应，引起土体的变化和破碎；另一方面，有限的淋溶进一步促进化学风化的进行，有利于伊利石和蒙脱石的形成。这种后期的风化作用，尤其在裂隙结构面表现最为活跃，其主要标志是在膨胀土中的裂隙面上普遍发育有灰白色次生蒙脱石黏土条带或薄膜，有的富集成块，使膨胀土亲水性大大增强，常表现在裂隙面上灰白色黏土的吸水性比其他部位土体高得多，膨胀性与崩解性也同样增强。这对于土体的稳定性是十分不利的。此外，膨胀土中植物的生长，一方面吸收土中的水分，产生蒸发和蒸腾，加剧土中的收缩并伴随裂隙的增加，甚至形成长大地裂；同时植物根系的发育，又使原有裂隙扩大，并出现新的裂隙，从而加剧了风化。

6.2.2 传统膨胀土活动区勘察方法

膨胀土风化是在一定的大气风化营力作用下的结果。水可以加强甚至决定其他风化营力的作用。温度的变化主要对土体产生机械破坏和破碎。因此可以用湿度的变化、温度的变化、力学参数的变化以及裂隙深度来确定膨胀土活动区的深度。

1. 利用湿度变化确定活动区

膨胀土对水相当敏感，膨胀土中含水率的变化引起膨胀土体积的膨胀与收缩。因此土中含水率的变化，既能较好地反映气候与环境作用的影响规律，又是膨胀土的状态指标。可以测定一个地区在一年内各个季节土层含水率，并绘制土层含水率与深度的变化曲线。图 6-8 为安康膨胀土含水率与湿度变化关系，膨胀土浅层受降雨和蒸发影响较大，含水率变化较为明显，在一定深度处，土层含水率受气候影响已相当微弱，可以将含水率由急剧变化到稳定的临界深度看作是膨胀土的活动区深度。该地区膨胀土活动区深度为 3m 左右。

2. 利用地温变化确定活动区

土层的温度一般称之为地温。将某一地区膨胀土在一年或多年内地温随土层深度的变化绘制成曲线，变化幅度由大变小较为明显的深度可以看作为膨胀土的活动深度。图 6-9 中表示焦枝、汉丹等铁路膨胀土地区的地温曲线。由于地处南阳盆地和江淮平原，气候条件基本相似，所以多年地温测试结果各条曲线均在 3m 左右深度处集中，3m 可以作为该地区膨胀土活动区的深度。

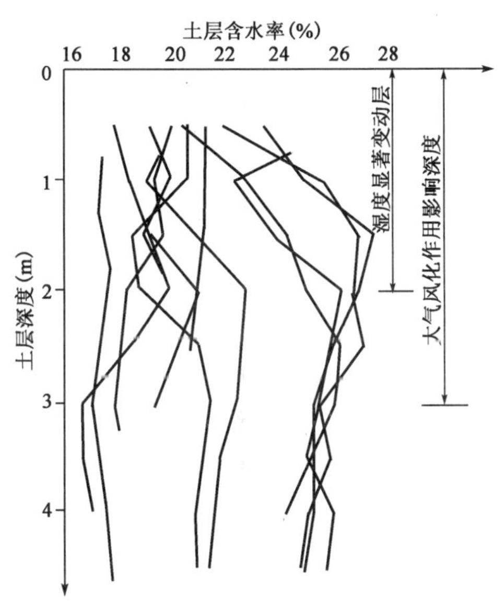

图 6-8 膨胀土的湿度随深度变化曲线

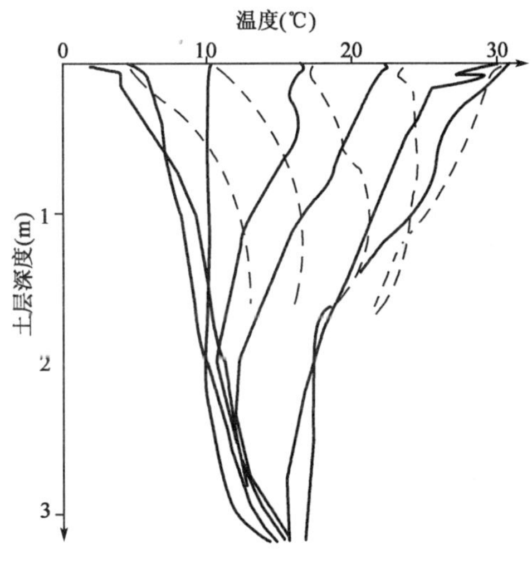

图 6-9 焦枝、汉丹等铁路膨胀土中地温变化曲线

3. 利用力学参数的变化确定活动区

膨胀土在周围环境作用下，土体经过多次往复循环的缩胀变形，原有结构发生破坏，产生裂隙，其强度必然会大大地降低，强度的降低为膨胀土活动区的划分提供了依据。采用静力触探试验可以测试土层对探头的比贯入阻力，比贯入阻力反映土层的物理力学特性，通过比贯入阻力的大小确定不同土层的密实度和结构强度。图 6-10 为某膨胀土地层静力触探曲线，地表土体风化强烈，比贯入阻力最小，随着深度增加，土体风化程度减弱，比贯入阻力逐渐增大，直

到一定深度处，强度显著提高，该处以上土层为活动区。从图中可以看出该地区膨胀土的活动区深度为4m左右。

4.利用裂隙深度确定活动区

膨胀土是多裂隙黏性土，膨胀土地区地表随处可见张开裂隙。张开裂隙一般都是大气营力的作用而产生的风化裂隙，其中包括胀缩裂隙。这些可见裂隙发育发展成为长大贯通裂隙，通常称之为地裂(地质构造作用或地震产生的裂隙不属于我们的研究范畴)，因此，膨胀土裂隙发育深度在一定程度上反映了膨胀土活动区的深度。膨胀土的地裂开展深度可以按理论计算公式进行计算，也可以进行地区调查确定。

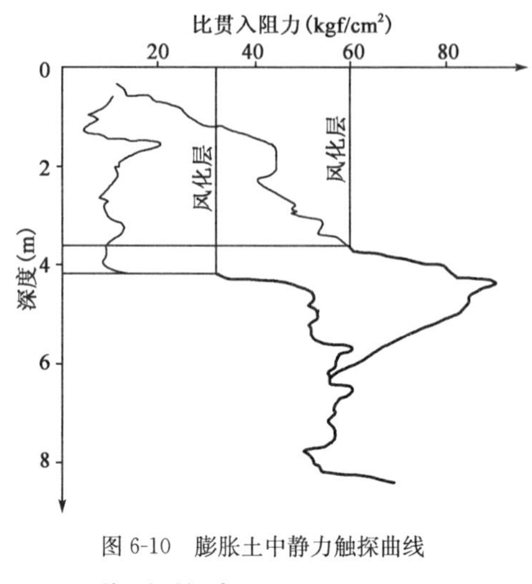

图6-10　膨胀土中静力触探曲线

注：$1kgf/cm^2$＝0.098 066 5MPa。

据调查，我国云南、广西膨胀土的裂隙或地裂发育深度较大，一般为2.5～4.0m，个别地区达到7.0m，湖北、安徽膨胀土中的裂隙或者地裂常见深度为1.5～2.0m，陕西膨胀土中的裂隙或者地裂常见深度为2.0～3.0m。这些均同各地膨胀土层的含水率标志、地温标志和力学标志基本一致。因此，膨胀土地区膨胀土的裂隙或者地裂可见深度可以作为膨胀土活动区深度。

5.我国一些地区膨胀土活动区深度

根据一些文献资料，对我国一些典型膨胀土地区活动区深度的调查资料进行汇总，其结果如表6-8所示。膨胀土活动区深度的确定对膨胀土场地分类、地基分类具有重要的意义。

6.2.3　膨胀土干湿循环显著影响区及其勘察方法

1.膨胀土干湿循环显著影响区的概念

膨胀土活动区深度在土木工程实践中尤其是建筑工程中已得到广泛应用，并形成了各种行业规范。规范规定，膨胀土地区建筑物的基础埋深应大于大气影响深度，这为有效减少膨胀土地区建筑工程病害起到了重要作用。但是，在道路工程及水利工程建设中，尤其是边坡工程中，如何运用这一成功的处治思路减少工程病害并没有得到广泛的重视，也没有形成系统的处治方法和取得有效的成果。对于膨胀土地区公路路基工程而言，路堑边坡存在着工程地质条件的复杂性和引起路基病害因素的多样性，加之大气影响深度的确定主要是通过气候因素求得，往往代表着一个地区的区域平均结果，而膨胀土边坡的浅层病害还受到边坡所处的微地貌、水文、地质构造、土质成因等非区域性因素的重要影响，从而使得实际工程中同一地区不同边坡和同一边坡不同部位的膨胀土边坡胀缩活动范围存在一定差异。

我国一些典型膨胀土地区膨胀土活动区深度 表 6-8

地区	各种判定标志下的膨胀土临界活动区深度(m)				大气活动区深度(m)
	温度标志	地温标志	深度标志	地裂标志	
云南鸡街	3	—	—	—	3～4
云南江水池	5	—	—	—	3～5
四川成都	1.5	1.8	—	—	1.5
广西南宁	2～3	—	3	2～2.5	2～3
广西宁明	—	—	3.5	2.5～3.5	3
陕西安康	3	—	—	2～3	3
湖北荆门	1.5～2	2	1.5	1.2～1.5	1.5～2
湖北郧县	2	2	—	<2	2
湖北宜昌	—	2.1	—	—	2.1
河南南阳	—	3.2	—	—	3.2
河南平顶山	2.5	2.1	3	—	2.5
安徽合肥	2	2	—	—	2
河北邯郸	2	—	—	—	2

为此，将膨胀土浅层气候作用区土体的水分变化规律作为重点突破口，为便于从土体水分变化特征及其相关变化标志等易于工程勘察的土性特征出发，探索可用于路基工程的膨胀土活动带深度的勘察方法，提出了干湿循环显著影响区的新概念。干湿循环显著影响区是指受气候季节变化和晴雨交替作用的影响，地表水平面以下自然土体水分发生显著变化的深度范围。与活动区比较，干湿循环显著影响区着重考虑"水"的影响，而活动区既重视"水"的影响，也考虑"气"的影响。

2. 膨胀土干湿循环显著影响区的勘察

为了获得通过原位工程勘察进行干湿循环显著影响区深度的快速测定的实用方法，在南友高速公路分别于 2004 年 4 月、2004 年 10 月及 2005 年 3 月，对 AK0、AK2、K133、K135、K136、K138 等处膨胀土路堑边坡进行了 3 次专项工程勘察活动，以研究标准贯入方法等进行干湿循环影响区快速测定的工程可行性。3 次勘察中得到的各钻孔标准贯入 10cm 深度击数 N_{10} 与深度之间的关系见图 6-11。

从图 6-11 可以看出，在浅层贯入时，数据离散性较大，但在一个特定深度附近的离散性较小，此后离散性又逐渐增大。出现这种情况是由于在浅表层土体已完全风化，但在气候干湿循环过程中，不同季节、不同地形、不同干缩开裂的情况具有随机性，导致浅表层的数据离散性大，但到一定深度后气候影响的敏感性减弱，所以数据的离散性减弱，然而如果深度进一步增加，将进入不完全风化层，由于风化程度不同，加之岩层裂隙、节理及土性的变化将导致数据离散性再度增大。

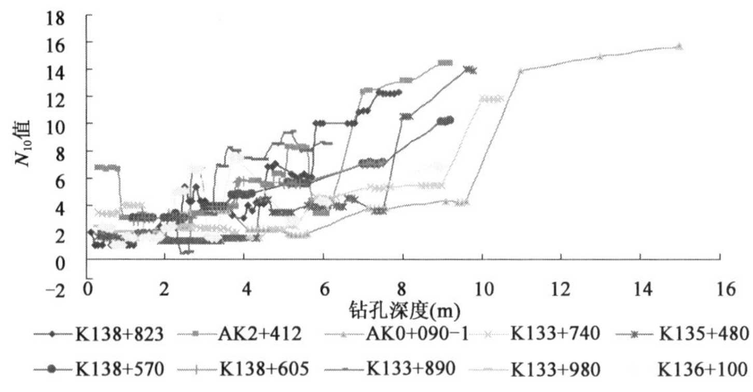

图 6-11　3 次标贯试验 N_{10}结果汇总图（彩图见 337 页）

鉴于上述原因，认为通过标准贯入数据离散性的分析来确定干湿循环显著影响区深度，不失为一种有效的方法。

为了降低数据的离散性，以相邻 5 个点的平均值作为其中间的代表值，进行平滑处理，所得到的均值曲线如图 6-12 所示，均方差曲线如图 6-13 所示。

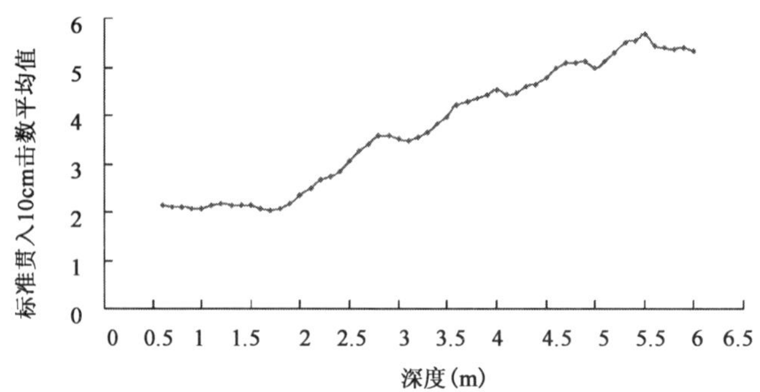

图 6-12　3 次试验等深度 N_{10}累计平均值随深度变化（特征深度 1.8m）

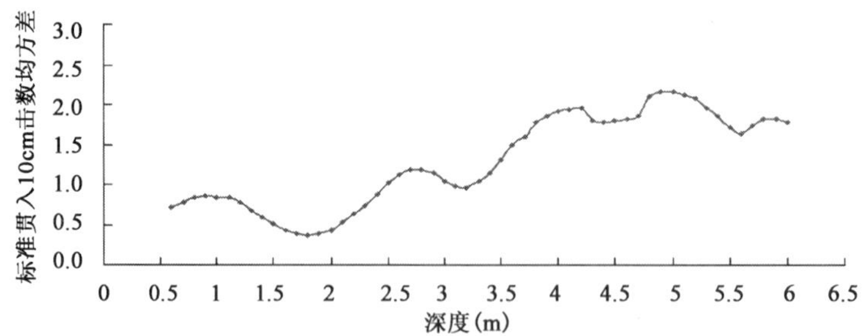

图 6-13　3 次试验等深度 N_{10}累计均方差随深度变化（特征深度 1.8m）

从图 6-12 近地表范围可看出，N_{10}的变化性是一种很稳定的标志，除在原始数据图（图 6-11）中可直接看出接近 2m 处 N_{10}存在一个均衡的低值段外，平均值、变异系数与深度的关系图中(图 6-12、图 6-13),低值拐点标志非常明显,且数据稳定,均为 1.8m。

N_{10}平均值和变异性低值拐点在稳定深度出现,是表层土体在气候干湿循环作用影响下发生反复胀缩变形,从而使土体结构疏松、强度降低的反映,平均值和变异性低值拐点同时出现在该深度,说明该深度处气候作用引起的水分变化趋于均衡,是蒸发作用在该部位急剧衰弱的结果。该深度以下,气候影响迅速减弱,土体强度则迅速增大,控制土体强度的主要因素由气候剧烈作用转为长期风化作用造成的各处土质差异,N_{10}平均值和变异性也随之迅速增大。因此,可利用 N_{10}平均值和变异性低值点作为干湿循环显著影响区深度的判别标志,由此可分别得到该测试区域的干湿循环显著影响区深度为 1.8m。

3.膨胀土干湿循环显著影响区勘察方法

(1)勘察时间选择

最好选择在旱季后雨季前的时段进行,由于此时干湿循环显著影响区内越近地表越干燥,土的强度呈现出由地表往下强度减低,标准贯入击数迅速下降,但由于显著影响区以下,土体强度逐渐增大,标准贯入值也将逐渐增大,因此标准贯入击数随深度的变化曲线将在显著影响区底部呈现 U 形特征。U 形段是干湿循环显著影响区底部水分相对稳定区的反映,因此,通过该标志可直接得到膨胀土显著影响区深度。

(2)测点布置原则

土质条件、地质条件相同时,可视为同一测区。单个测区布置测点数应不小于 6 个,原则上应布置在 3 000m 范围,当边坡场地地质条件稳定时也可适当加大,但一般不宜超过5 000m。单个测点的勘察深度视当地气候干湿循环作用程度取 4~6m,但不宜小于 4m。测点与测点间的距离以不小于 500m 为宜,以保证测点对场地的代表性。

(3)现场试验方法

要求采用连续标准贯入试验方法进行,具体方法参照《岩土工程勘察规范》(GB 50021—2001),但应在取出贯入器时进行编录,记录每 10cm 贯入深度击数及其他情况,并采集相应深度的土样,现场测定其湿土重后再密封装入土样盒。室内试验主要进行含水率,密度和液限、缩限的测试,试验参照《岩土工程勘察规范》(GB 50021—2001)进行。

(4)数据分析和成果整理

整理编制每个测点的标准贯入击数 N_{10}(贯入 10cm 深度的锤击数)、含水率 w 随深度变化的表格;进行平滑处理,用某处理点及其相邻 2 点或 4 点的平均值为其代表值;计算各钻孔相同深度的标准贯入击数 N_{10}和含水率 w 的总平均值和总均方差;制作标准贯入击数 N_{10}、含水率 w 的总平均值和总均方差随深度变化的曲线图,取 4 根曲线中低值拐点对应的深度为膨胀土显著影响区深度的初步估计值,综合评价初步估计值后确定测区的膨胀土显著影响区深度。

通常应用上述方法可由一次勘察得到结果。但当一次勘察无法得到确定性的结果时,应分析原因，并进行再次勘察。

6.2.4 干湿循环显著影响区快速测定方法的验证

膨胀土边坡胀缩活动带是长期的气候干湿循环作用引起边坡表层膨胀土胀缩变形活动的累积结果。因此，分别在3个膨胀土路堤试验段的6个断面埋设了体积含水率探头和位移计进行了为期20个月的跟踪观测，以确定外界干湿循环对膨胀土路堤含水率具体影响深度，验证膨胀土干湿循环显著影响区快速测定法的结果。

1. 通过观测体积含水率变化进行验证

含水率是判定干湿循环影响区深度的重要指标之一。为了确定外界干湿循环对膨胀土填芯路堤含水率的具体影响深度，将同一观测断面在同一月份中不同测点的含水率绘制成一条曲线，将有代表性的9个月的9条曲线绘制在同一图上，即可得到一个曲线束(图6-14～图6-16)，分析每条曲线可得到每个测点随距边坡水平距离增大其含水率的变化趋势，分析整个曲线束可以得到路堤边部的湿度在一年内的变化规律。

(1)K133+700断面，将5、6、11(旱季)，7、8、9(雨季)，1、4、10(含水率变化较小)9个月的数据绘制成9条曲线，见图6-14。

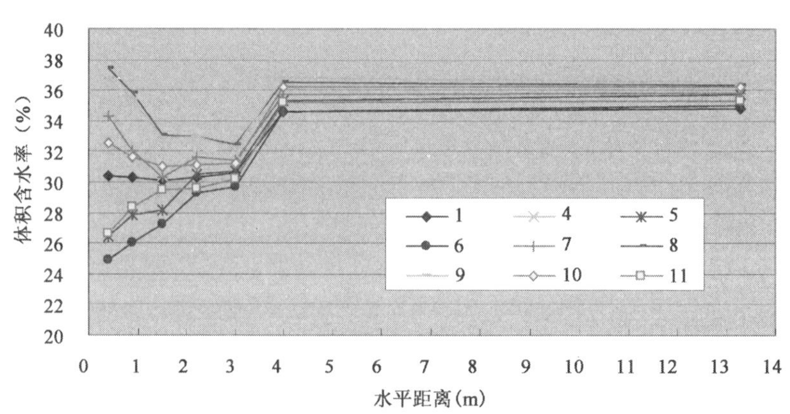

图6-14　K133+700路堤断面含水率随距离变化的曲线束(彩图见338页)

(2)K133+720断面，将5、6、11(旱季)，7、8、9(雨季)，1、4、10(含水率变化较小)9个月的数据绘制成9条曲线，见图6-15。

(3)K135+460断面，将5、6、11(旱季)，7、8、9(雨季)，1、4、10(含水率变化较小)9个月的数据绘制成9条曲线，见图6-16。

分析图6-14～图6-16的曲线束可看出，3个断面的曲线束均呈喇叭形状，说明气候变化(干湿循环)对路堤含水率的影响规律还是很明显的，在3m范围以内，各测点含水率沿距边坡表面水平距离的减小，变化幅度增大。边坡表层(0.4～3m范围)的含水率明显表现出旱季的

3个月(5、6、11)相对较小，雨季的3个月(7、8、9)相对较大。边坡内部(4～13.3m范围)虽受雨季和旱季的影响，但变化不大。通过仔细分析3个断面中6条曲线(雨季3条、旱季3条)的变化规律可以从图上直观地看出，宁明地区膨胀土路堤边坡土体含水率在水平方向的急剧变化范围为距坡面3m的范围。

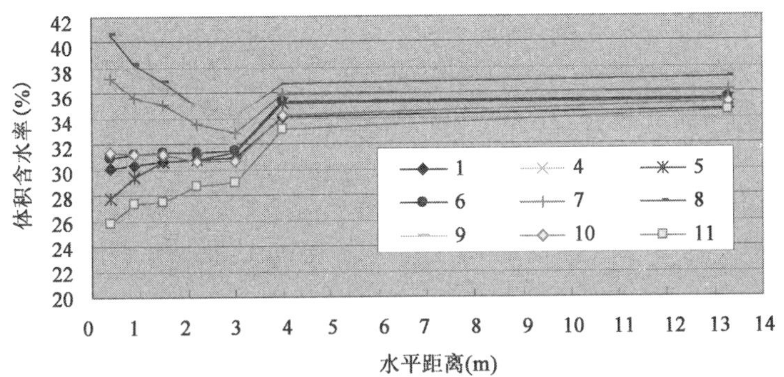

图6-15 K133+720路堤断面含水率随距离变化的曲线束(彩图见338页)

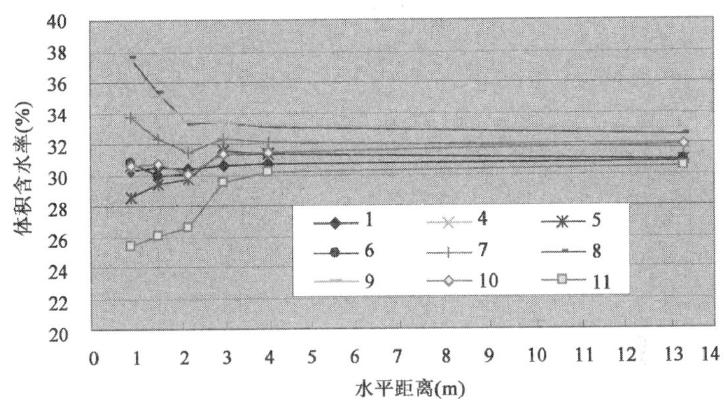

图6-16 K135+460路堤断面含水率随距离变化的曲线束(彩图见338页)

为了从定量上分析上述判断，根据图6-14～图6-16所示监测结果，分别计算3个典型观测断面(K133+700、K133+720、K135+460)不同埋深测点体积含水率的均方差，并作均方差随深度变化的关系图，如图6-17～图6-19所示。

从图6-17～图6-19可看出，均方差随深度的变化曲线在距边坡3m和4m的测点出现明显的拐点，把路堤内部水分相对均衡段和表层水分变化段截然分开。如果取体积含水率的均方差大于或等于1%的深度为膨胀土显著影响区范围，则根据均方差的数学意义可知，膨胀土显著影响区是指土体水分在其平均值上下波动幅度达1%的体积含水率以上的深度范围，这与活动带取重量含水率为1%的变幅为分界有一定的可比性。

根据上述定义，可分别得到K133+700、K133+720和K135+460三个剖面测试的干湿循环显著影响区深度为2.19m、3.59m和2.91m，三者平均值为2.9m。考虑到坡率(1∶1.75)和修坡后的实际情况，按水平方向的急剧变化范围为3.2m计算，可得到边坡竖向方向的干湿循环显著影响区深度为1.83m。

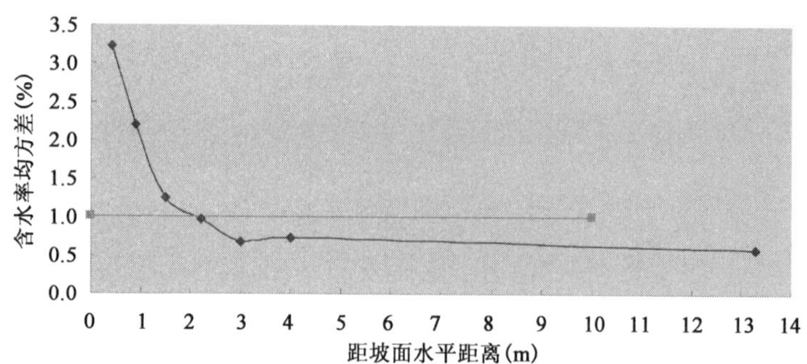

图6-17　K133+700剖面等深度含水率的均方差随深度变化图

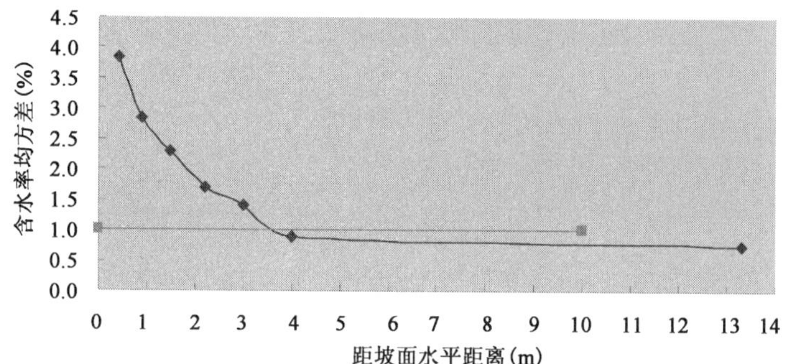

图6-18　K133+720剖面等深度含水率的均方差随深度变化图

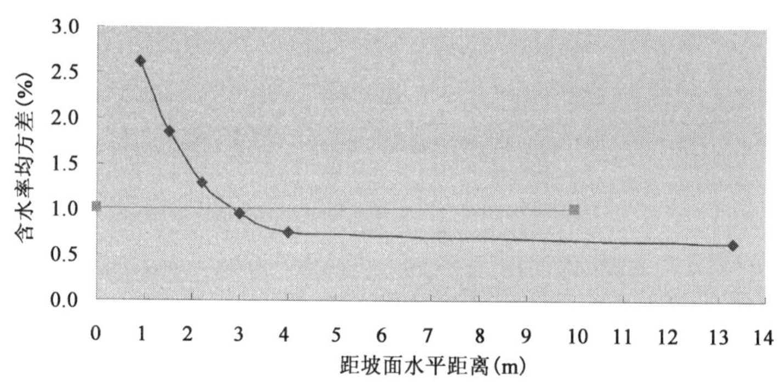

图6-19　K135+460剖面等深度含水率的均方差随深度变化图

2.通过观测胀缩变形进行验证

将各观测剖面中各水平位移计测点上所测得的最大值及最小值观测数据与距边坡不同距离的关系绘制成曲线，得到图6-20、图6-21。

由图6-20、图6-21可以看出，两张图的曲线形状相似，观测值的特征变化点也相差不大，同时各测点的水平位移随距边坡水平距离变化的规律与含水率随距边坡水平距离变化的规律相类似，说明其规律性还是很好的。收缩变形曲线规律性不是很好，这可能是埋设元件本身存在缺陷或是膨胀土收缩变形受其他更为复杂的因素影响所致，但从整体上还是可以说明沿路堤水平方向 3m 以外区域无论是收缩变形还是膨胀变形都已不明显。因此,根据胀缩变形直接标志的观测,可得到宁明地区膨胀土路堤边坡土体在水平方向的膨胀变形急剧变化范围为距坡面 3m 的范围。考虑到坡率(1∶1.75)和修坡后的实际情况及仪器观测范围,按水平方向的急剧变化范围为 3.3～3.5m 计算,可得到边坡垂直方向的剧烈胀缩活动带深度为 1.89～2m,中间值为 1.96m。

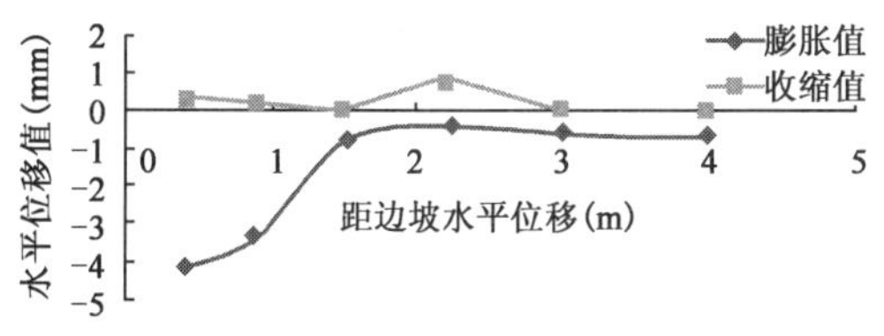

图 6-20 K133+720 水平位移的最大、最小值随距边坡距离变化的趋势图

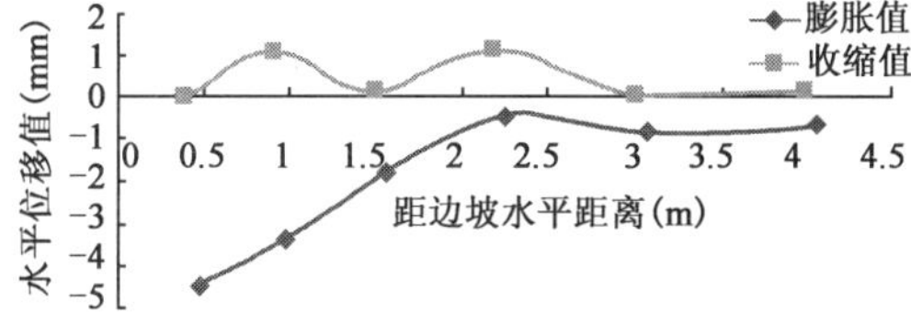

图 6-21 K133+720 水平位移的最大、最小值随距边坡距离变化的趋势图

由直接观测胀缩变形的方法得到的膨胀土路堤边坡剧烈胀缩活动带深度为 1.89～2m,中间值为 1.96m;由直接观测体积含水率的方法得到的膨胀土路堤边坡干湿循环显著影响区为 1.83m,两者相差仅 0.13m,说明干湿循环显著影响区与边坡剧烈胀缩活动带深度两个概念的相似性,但由于水分变化的测量比胀缩变形的测量要简便得多,因此运用干湿循环显著影响区的概念,将更有利于膨胀土路基工程的实际应用。

直接观测法得到的宁明地区膨胀土路堤边坡干湿循环显著影响区为 1.83m,与勘察法用标准贯入击数 N_{10} 的总平均值和总变异系数稳定段标志确定的 1.8m 十分接近,与勘察法用含水率测定得到的 2.0m 也相差不大。因此,直接观测法所得结果验证了采用标准贯入勘察方法快速确定膨胀土干湿循环显著影响区深度是可行的。

6.3 膨胀土地基的变形与承载力预估

6.3.1 建立在固结试验基础之上的膨胀土地基变形预测

1. 固结试验数据的校正

Fredlund、Hamberg 和 Nelson 认为恒体积固结试验是最好的预测膨胀土变形的方法[6-7]。用等效基质吸力的概念,最大膨胀压力可以用常规的恒体积固结试验得到。如果没有基质吸力,理论上最大膨胀压力就等于产生初始体积变化的有效应力。由于土样扰动的影响,传统的试验方法过低地估计了膨胀压力 σ'_s,因此对膨胀压力应该进行修正,从而得到修正后的膨胀压力 σ'_{sc}。图 6-22 *OMN* 代表原始压缩曲线,某一个地质时期,土层沿虚线 *M*-1 卸载,在干燥或者吸力增加的情况之下(假定有效应力没有变化),孔隙比沿 1-2 减小。土样在 2 点从地面取出,取出过程中假定土样体积变化忽略不计。恒体积膨胀试验沿着 2-3-4 路径,如果没有土样扰动影响,4 点对应的压力即为膨胀压力。由于土样扰动影响,吸力松弛很快,实际被实测的膨胀压力在 3 点。

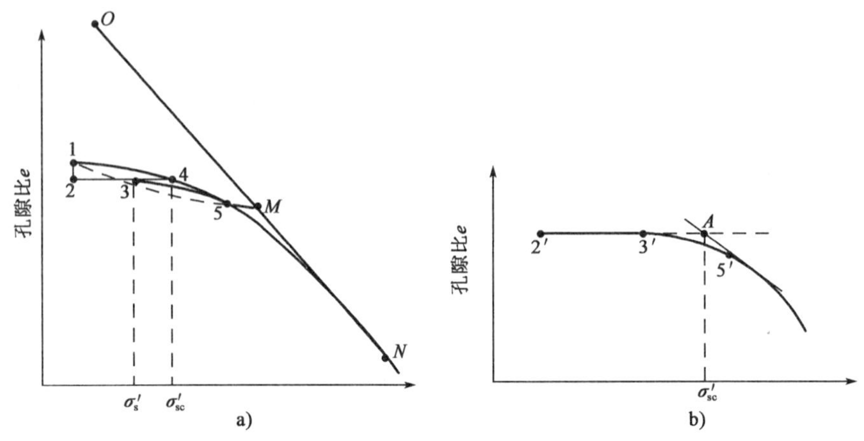

图 6-22　扰动土样恒体积膨胀试验数据的修正

因此,膨胀压力可以按下列方法进行修正:①画出试验室实测的固结压缩曲线 2′-3′-5′;②找出最大曲率点 5′;③过 5′点画切线与 2′-3′直线的延长线交于 A 点;④A 点对应压力即为校正的膨胀压力 σ'_{sc}。

校正的膨胀压力 σ'_{sc} 比未校正的膨胀压力 σ'_s 大得多。一旦初始有效应力条件和校正的膨胀压力 σ'_{sc} 被得到,膨胀土的变形就可以从常规膨胀回弹曲线得到的膨胀指数和最终应力条件求出。

图 6-23 为膨胀土在浸水过程中"实际"和"分析"用应力路径。

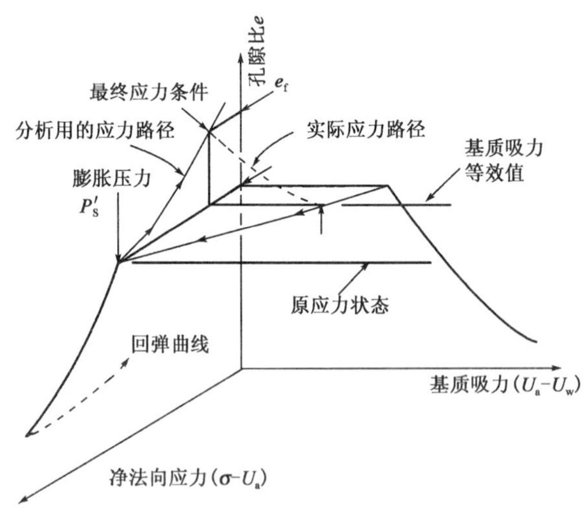

图 6-23　膨胀土在浸水过程中"实际"和"分析"用应力路径

2. 应力状态的确定

决定膨胀土总隆胀量的主要因素有 3 个，即体积的变化指数、现在的应力状态和将来的应力状态。除了土的性质，如干密度和含水率外，膨胀土的总变形量也是施加于土样上的总应力的函数。在试验中，将当前的原位应力状态投影到净法向应力平面上，称为“校正”膨胀压力。测得的校正膨胀压力代表了等效的上覆荷载与基质吸力之和。等效基质吸力是指土的基质吸力在净应力平面上的投影。这样，通过固结试验就可以测到原位应力状态（在总应力平面上），而不必去测应力的各个分量。

在通过固结试验确定目前原位应力状态和膨胀指数后，就可以进行分析，预测应力状态将来的可能变化。根据地区经验和气候条件，可以预测施工结束若干年后的应力状态。总应力可能因开挖基坑 、置换土料或其他加荷而发生变化。将来可能发生的应力状态通常假定为在常净法向应力作用下，土的最终基质吸力变为零，即假定膨胀土 100% 饱和，最后的应力状态为：

$$\sigma_f' = \sigma_0' \pm \Delta\sigma - u_{wf} \tag{6-5}$$

式中，$\Delta\sigma$ 为由于开挖或超载引起的总应力的变化；u_{wf} 为估算的最后的孔隙水压力。

3. 膨胀土地基变形预测

根据固结试验回弹曲线，膨胀土地基的最后孔隙比可以写为：

$$e_f = e_0 - C_s \lg \frac{\sigma_f'}{\sigma_{sc}'} \tag{6-6}$$

式中，e_0 为初始孔隙比；e_f 为最后孔隙比；σ_{sc}' 为由恒体积试验中校正的膨胀压力；σ_f' 为最后有效应力；C_s 为膨胀指数。

土层的总变形为各层土变形之和。因此

$$\rho = \sum_{i=1}^{n} \Delta z_i = \sum_{i=1}^{n} \frac{\Delta e_i}{(1+e_0)_i} z_i = \sum_{i=1}^{n} \frac{C_s z_i}{(1+e_0)_i} \lg\left(\frac{\sigma_f'}{\sigma_{sc}'}\right)_i \tag{6-7}$$

式中，ρ 为总隆起变形；Δz_i 为第 i 层土的隆起变形；z_i 为第 i 层土的初始厚度；$\Delta e_i = (e_f - e_0)_i = [C_s \lg(\sigma_f'/\sigma_{sc}')]_i$ 为第 i 层土的初始孔隙比的变化；n 为土层的层数。

6.3.2 建立在土壤吸力试验基础上的膨胀土地基变形预测

由有效应力和基质吸力变化引起膨胀土体积变化可以表达为：

$$\rho = \sum_{i=1}^{n} \Delta z_i = \sum_{i=1}^{n} \frac{\Delta e_i}{(1+e_0)_i} z_i = \sum_{i=1}^{n} \frac{z_i}{(1+e_0)_i} [C_{mi} \Delta \lg(u_a - u_w) + C_{ti} \Delta \lg(\sigma - u_a)]_i \tag{6-8}$$

式中，ρ 为总隆起变形；$\sum z_i$ 为第 i 层土的隆起变形；z_i 为第 i 层土的初始厚度；C_{mi} 为第 i 层土的基质吸力指数；C_{ti} 为第 i 层土的有效应力指数；σ 为总应力；u_a 为孔隙气压力；u_w 为孔隙水压力。

需要指出的是，用式(6-8)来计算膨胀土的地基变形需要求出膨胀土的本构参数，并假定本构面为平面，因此，在实际应用过程中存在较大的难度[8]。

6.3.3 建立在收缩试验基础上的膨胀土地基变形预测

在外荷载不变的情况下，含水率的变化是膨胀土体积变化的主要原因。同时也注意到在缩限以下含水率的变化并不能引起膨胀土体积的变化。在缩限含水率之上，收缩含水率与孔隙比之间的关系是线性关系，如图 6-24 所示。

非饱和膨胀土体积收缩指数 C_w 为：

$$C_w = \frac{\Delta e}{\Delta w} \tag{6-9}$$

地面隆起可以表示为：

$$\rho = \sum_{i=1}^{n} \Delta z_i = \sum_{i=1}^{n} \frac{C_w \Delta \omega_i}{(1+e_0)_i} z_i \tag{6-10}$$

通过现场观察，地面的含水率不会低于缩限，在有覆盖层的底板下的含水率不会比塑限含水率大很多。在地表处，可以将塑限含水率和缩限含水率各自作为初始含水率和最终含水率。在活动区内假定含水率呈线性变化[9]，如图 6-25 所示。

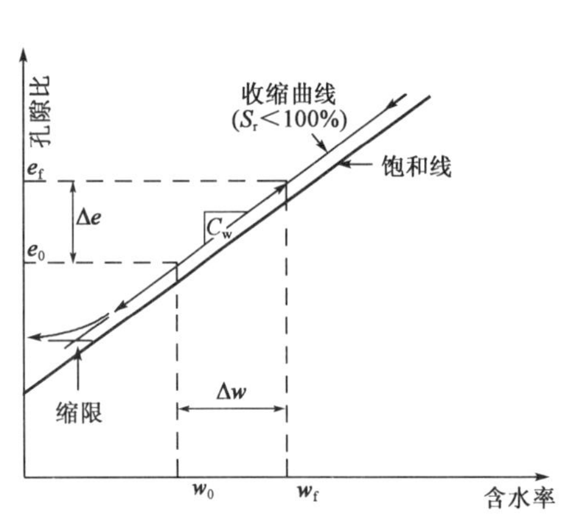

图 6-24 确定收缩模量比的收缩曲线

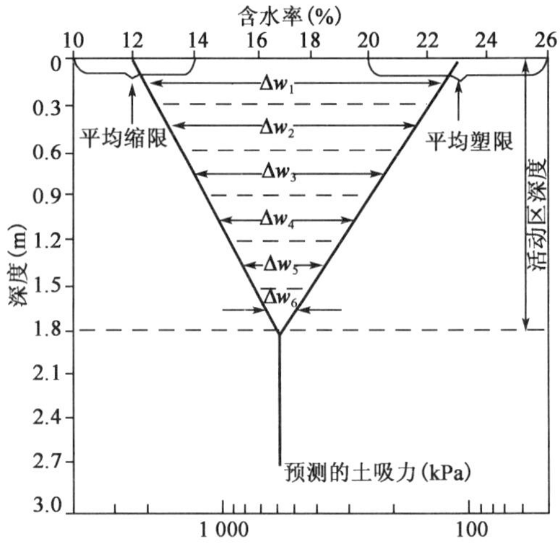

图 6-25 理想化膨胀土含水率边界剖面图

6.3.4 膨胀土地基变形预测实例

1. 利用收缩试验预测广西膨胀土地面变形实例

(1)试验点工程地质状况

试验场地位于百乐二级公路沿线百色西北乐村，属丘陵地貌，试验点为一小山丘。以残坡积土(Q^{el+dl})为主。土质致密，切口光滑细腻。地表有 0.5m 左右的灰色耕植土，含少量植物根、虫孔等，未见地下水。地质剖面描述见表 6-9。

百乐二级公路 K58＋100 地质剖面描述　　表 6-9

分层厚度(m)	岩性描述
4.95	膨胀土：红、黄、白、灰色斑杂状，稍湿，硬塑，夹有黑色铁锰质结核，微裂隙较发育，3.6m 处有一竖向裂隙最为发育，裂隙间充填一层青灰色黏土
8.35	泥岩：灰黄色，稍湿，强风化，有竖向裂隙，新鲜面呈青灰色，细腻光滑，质地坚硬，手难捏碎

(2)静力触探试验结果

对百乐二级公路 K58＋100 试验点进行了单桥静力触探试验，其 P_s-H 关系曲线如图 6-26 所示。

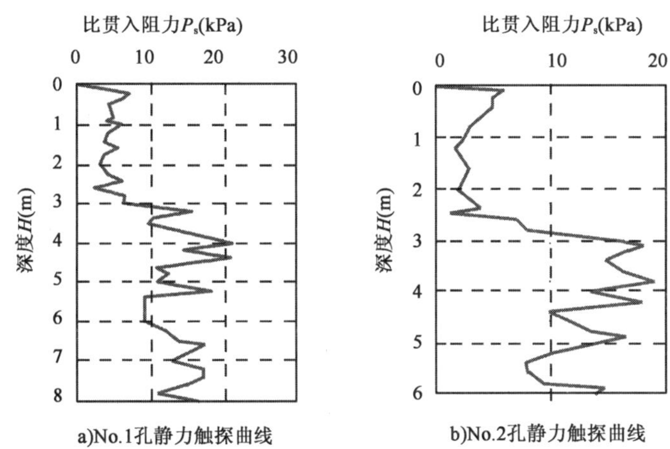

图 6-26　百乐二级公路 K58＋100 单桥静力触探 P_s-H 关系曲线

从 No. 1 和 No. 2 孔静力触探曲线可以明确地判断，该试验点的膨胀土活动区的影响深度为 3～4m 之间，与现场试坑观测到的竖向裂隙发育深度 3.6m 相一致。

(3)膨胀土地裂发育深度的理论计算

在非饱和土中，基质吸力不仅影响剪切强度，而且影响其抗拉强度土的抗拉强度。土的抗拉强度为：

$$t = -0.5[c' + (u_a - u_b)\tan\varphi^b]\cot\varphi' \tag{6-11}$$

当裂纹尖端水平应力超过土的抗拉强度时，裂隙开始扩展。根据裂纹尖端的平衡条件，得到：

$$z_c = \frac{s_0 + ct}{\dfrac{s_0}{w} + D} \tag{6-12}$$

式中，s_0 为地表膨胀土的吸力；z_c 为裂隙深度；t 为抗拉强度；w 为地下水位埋深；$c=(1-\mu)/(1-2\mu)$；$D=\mu\gamma/(1-2\mu)$；μ 为泊松比。

取土体特性参数 $\mu=0.3$，$t=10\text{kPa}$，$\gamma=20\text{kN/m}^3$，$s_0=150\text{kPa}$(根据地表膨胀土的含水率

和膨胀土的 SWCC 曲线确定或者现场实测确定)，w=4.95m(为基岩的埋置深度)，根据式(6-12)，裂隙扩展深度 z_c 为：

$$z_c=\frac{s_0+ct}{\frac{s_0}{w}+D}=\frac{150+1.75\times 10}{\frac{150}{4.95}+15}=3.70\text{m}$$

根据现场观测到的地裂开展深度，现场静力触探曲线和膨胀土地裂发育深度的理论计算结果，可以综合判断出百乐二级公路 K58+100 试验场地膨胀土的活动区深度为 3.6m。

(4)试验点膨胀土的三维收缩试验结果

利用百乐二级公路 K58+100 试验场地膨胀土样品切成 4cm×4cm×4cm 立方体试样进行膨胀土的三向收缩试验，膨胀土试样的收缩试验得出的体积收缩指数 $C_w=\frac{\Delta e}{\Delta w}$=0.0211。

(5)试验点膨胀土地基变形计算模式

试验点的膨胀土物理力学性质如表 6-10 所示。

百乐二级公路 K58+100 试验膨胀土物理力学性质　　表 6-10

取样地点	取样深度(m)	含水率(%)	湿密度(g/cm³)	干密度(g/cm³)	饱和度(%)	液限(%)	塑限(%)	塑性指数	缩限(%)	孔隙比	c_d(kPa)	φ_d(°)
K58+100	0.9～1.1	21.3	1.97	1.63	83	50.3	23.9	26.4	19.4	0.72	22.6	27.8

在地表处，将塑限含水率和缩限含水率各自作为初始含水率和最终含水率。活动区深度为 3.6m，假定含水率在活动区内呈线性变化。试验点膨胀土地基变形计算模式如图 6-27 所示。

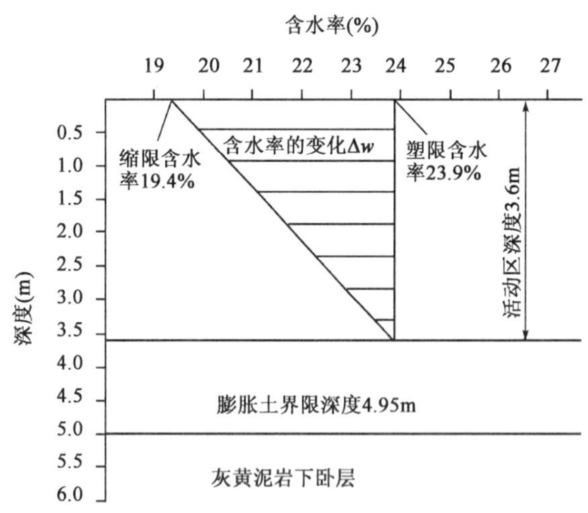

图 6-27　试验点膨胀土地基变形计算模式

(6)试验点膨胀土地基变形计算结果

假定场区膨胀土土层是均匀的,按一层土来考虑,建筑场区膨胀土地基总变形计算结果为:

$$\rho=\sum_{i=1}^{n}\Delta z_i=\sum_{i=1}^{n}\frac{C_{\mathrm{w}}\Delta w_i}{(1+e_0)_i}z_i$$

$$=\frac{0.0211\times(23.9-19.4)/2}{1+0.72}\times3.6$$

$$=99\mathrm{mm}$$

2.利用固结试验预测广西膨胀土地面变形实例

在广西膨胀土固结试验的基础之上,进行了膨胀土地基变形计算,为膨胀土地基的分类和膨胀土地基上的建筑物基础选型提供了依据。现场其他条件与收缩试验对广西膨胀土地面变形预测实例的条件相同,活动区的深度为 $Z=3.6\mathrm{m}$。

(1)固结试验

利用广西依托工程膨胀土进行了两种形式的固结试验:一种是膨胀固结试验,另一种是常体积固结膨胀试验。进行膨胀土的膨胀固结试验时,先将原状膨胀土切样,然后将试样放入高压固结仪中,施加一指定的荷载,再加水饱和,在饱和过程中容许试样体积充分吸水膨胀,然后对饱和后的膨胀土样进行常规固结回弹试验。进行常体积固结膨胀试验时,先将原状膨胀土试样切样,然后将试样放入高压固结仪中,再加水饱和,在饱和过程中保持试样的初始体积不变,在试样达到饱和后对试样进行常规固结回弹试验。

图6-28为百乐二级公路(K58+100,深度1.6~1.85m)膨胀土恒体积固结试验曲线。初始孔隙比 $e=0.61$,膨胀指数 $C_s=0.05$,由恒体积试验中校正的膨胀压力 $\sigma'_{sc}=250\mathrm{kPa}$。

图6-29为百乐二级公路(K58+100,深度1.6~1.85m)膨胀土膨胀固结试验曲线。初始孔隙比 $e=0.61$,膨胀指数 $C_s=0.06$,膨胀压力 $\sigma'_{sc}=280\mathrm{kPa}$。

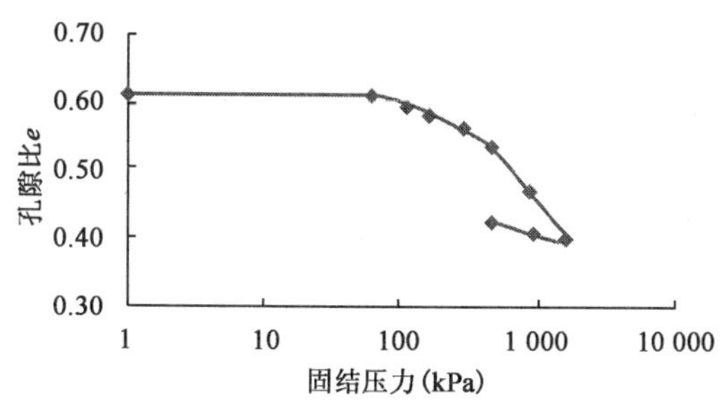

图6-28 百乐二级公路膨胀土恒体积固结试验曲线

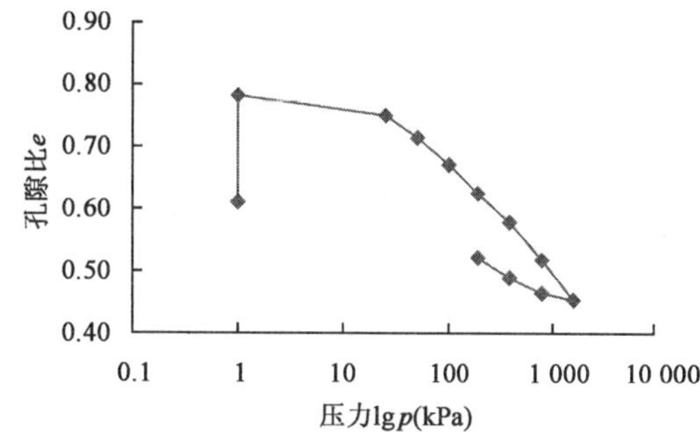

图6-29 百乐二级公路膨胀土膨胀固结试验曲线

从图6-28和图6-29可以看出,两种固结试验得到的膨胀指数和膨胀力基本一致。计算时取膨胀压力 $\sigma'_{sc}=280\mathrm{kPa}$,膨胀指数 $C_s=0.06$。

(2)应力状态的确定

初始应力状态为 $\sigma_0' + (u_a - u_w)_0 = \sigma_{sc}'$,即垂直压力等于土的上覆自重压力与土的基质吸力两者之和,故得 $\sigma_{sc}' = 250\text{kPa}$ 。

将来可能发生的应力状态通常假定为在常净法向应力作用下,土的最终基质吸力变为零,即假定膨胀土 100%饱和,最后的应力状态为 $\sigma_f' = \sigma_0' \pm \Delta\sigma - u_{wf}$ 。本实例计算中假定土的最终孔隙水压力为零,且不考虑超载的影响, $\Delta\sigma = 0$,则最后的应力状态为 $\sigma_f' = \sigma_0' = 19.7 \times 1.8 = 35.5\text{kPa}$ 。

(3)建立在固结试验基础之上的膨胀土地基变形计算

利用式(6-10)对百乐二级公路 K58+100 试验点进行了膨胀土地基变形预测。

试验场膨胀土深度为 4.95m,膨胀土土性为红、黄、白、灰色斑杂状,稍湿,硬塑,夹有黑色铁锰质结核,微裂隙较发育,3.6m 处有一竖向裂隙最为发育,裂隙间充填一层青灰色黏土,以残坡积土为主。土质致密,切口光滑细腻。

根据《公路路基设计规范》(JTG D30—2004),膨胀土的分类标准指标和分类结果如表 6-11所示。

膨 胀 土 分 类　　表 6-11

取样点	自由膨胀率 F_s(%)	塑性指数 I_p	标准吸湿含水率(%)	膨胀潜势
K58+100	50	24.6	3.17	弱

假定场区膨胀土土层均匀,按一层土来考虑,建筑场区膨胀土地基总变形为:

$$\rho = \sum_{i=1}^{n} \Delta z_i = \sum_{i=1}^{n} \frac{\Delta e_i}{(1+e_0)_i} z_i = \sum_{i=1}^{n} \frac{C_s z_i}{(1+e_0)_i} \lg\left(\frac{\sigma_f'}{\sigma_{sc}'}\right)_i = \frac{0.05 \times 3.6}{1+0.62} \times \lg \frac{35.5}{250} = 94\text{mm}$$

由收缩试验对广西膨胀土地面变形预测 $\rho = 99\text{mm}$;由固结试验对广西膨胀土地面变形预测 $\rho = 94\text{mm}$。比较上述计算结果,可知同一地点的膨胀土地基用两种不同的方法进行地基变形计算相差不大,都可以用作地基分类和基础选型的重要指标。

6.4 公路膨胀土的工程分类

膨胀土的工程分类包括膨胀土的填料分类、膨胀土的地基分类、膨胀土的边坡分类和膨胀土的场地分类。其中,膨胀土用作路堤填料的分类将在第 7 章讨论。

6.4.1 膨胀土地基分类

根据《膨胀土地区建筑技术规范》(GB 50112—2013),建筑物地基容许变形值如表 6-12 所示。

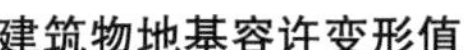

建筑物地基容许变形值 表 6-12

结构类型	相对变形		变形量(mm)
	种类	数值	
砖混结构	局部倾斜	0.001	15
房屋长度3～4开间及四角有构造柱或配筋承重结构	局部倾斜	0.001 5	30
工业与民用建筑相邻柱基:			
(1)框架结构无充填墙时	变形差	0.001l	30
(2)框架结构有充填墙时	变形差	0.000 5l	20
(3)当基础不均匀沉降时不产生附加应力的结构	变形差	0.003l	40

注:l 为相邻柱基的中心距离(m)。

膨胀土的地基评价,应根据地基的膨胀、收缩变形对构造物、建筑物和土工建筑物的影响程度进行。以膨胀土地基变形量 ρ 作为分类指标对膨胀土地基进行分类[10]。分类标准如表6-13所示。

膨胀土地基分类表 表 6-13

膨胀土地基分类等级	膨胀土地基变形量 ρ(mm)	说明
Ⅰ	$\rho \geqslant 200$	地下水位埋藏较深,活动区的深度大,属强膨胀土区域,一般采用深基础
Ⅱ	$100 \leqslant \rho < 200$	地下水位埋藏一般较深,建筑物一般采用深基础,如采用浅基础必须加大埋深并采取保湿措施,还应与深基础进行经济技术比较
Ⅲ	$40 \leqslant \rho < 100$	地基变形较大,基础必须加大埋深并采取保湿措施。在坡顶和坡腰的建筑物产生破坏的可能性较大。整体结构厂房和筒仓可采用筏板基础
Ⅳ	$15 \leqslant \rho < 40$	采用浅基础时必须采用恰当的上部结构措施才能保证建筑结构不受膨胀土地基胀缩变形的影响
Ⅴ	$\rho < 15$	对各类建筑物来说可以不考虑膨胀土地基胀缩变形的影响

膨胀土地基的变形可按式(6-7)和式(6-8)进行计算。

6.4.2 膨胀土路堑边坡分类

1.影响路堑边坡变形的重要因素

(1)土质

有效蒙脱石成分含量大、比表面积大、干缩湿胀效应强、风化快、强度衰减快的强膨胀土,路基边坡变形最普遍,破坏最严重。

(2)土层

由多种土层或有软弱夹层组成的复合边坡,要比单一土层的均质土边坡的稳定性更差,变形破坏更严重,影响范围更广。

(3)裂隙

网状裂隙极为发育的膨胀土体,边坡易沿组合裂隙发生破坏。组合裂隙走向与路线走向的交角越小,裂隙倾向与边坡同向,则边坡越容易产生变形破坏。

(4)风化作用

越是气候季节变化大、旱季和雨季分明、干湿交替频繁的地区,膨胀土风化越严重,边坡变形破坏越普遍。一般变形破坏集中在久旱后第一次降雨,雨量越大,降雨持续时间越长,边坡变形破坏越严重。

(5)微地貌

岗间负地形处易汇水,水渗入边坡土体,导致膨胀土软化,故较岗脊正地形处边坡容易发生变形破坏。

(6)环境条件

若路堑边坡顶有池塘或水田渗水,坡角有灌溉沟渠浸泡软化,则容易产生边坡变形破坏。

(7)边坡高度与坡度

边坡过高、过陡容易引起变形破坏。

2.路堑边坡分类

根据工程地质条件和路堑边坡的复杂程度,可将路堑边坡划分为复杂边坡、较复杂边坡与简单边坡三类,以便分别采取相应的稳定措施。详细的膨胀土路堑边坡分类标准见表6-14。

6.4.3 膨胀土场地分类

公路建设场地所处的地形地貌、地质环境、膨胀土分布规模与工程性质、胀缩等级,公路建设中存在的主要工程地质问题及对公路工程影响程度,地质病害治理规模与技术难度,各级公路建设的难易程度等因素是决定公路膨胀土建设场地分类的主要依据。

膨胀土建筑场地的复杂程度,可在场地的膨胀土判别与分类基础上,根据场地膨胀土地基等级分类、膨胀土路堑边坡复杂程度等级分类进行三级分类。

一级分类:膨胀土的判别与分类;

二级分类:膨胀土地基分类、膨胀土填料分类、膨胀土边坡分类;

三级分类:膨胀土的场地复杂程度分级。

膨胀土的场地复杂程度分级标准如表6-15所示。

膨胀土路堑边坡分类 表6-14

边坡类型		工程地质条件				边坡状况			稳定措施
		膨胀潜势	土层	地形地貌	结构面产状	水文地质	高度(m)	稳定性评价	
Ⅰ	复杂边坡	强	多层,且有软弱夹层	斜坡高陡,岗间负地形	顺层或反向	汇水面积长大,地下水活动频繁	>15	极不稳定	加强排水,20m以上以支挡为主,20m以下以柔性支护为主
		中	多层,且无软弱夹层	斜坡高陡,岗间负地形	顺层、顺坡	汇水面积长大,地下水活动频繁	6~15	极不稳定	加强排水,以柔性支护为主
Ⅱ	较复杂边坡	中	多层,无软弱夹层	斜坡短缓,岗侧缓坡	反层	汇水面积小,偶有地下水出露	6~15	不稳定	加强排水,坡面防护辅以支挡
Ⅲ	简单边坡	弱	土层单一,较均质	平坦无坡,岗脊正地形	顺层或反向	无地表水汇集,无地下水活动	<6	较稳定	加强排水坡面防护为主

公路膨胀土场地复杂程度等级 表6-15

膨胀土地基分类	膨胀土边坡复杂程度等级		
	Ⅰ	Ⅱ	Ⅲ
Ⅰ	复杂	复杂	复杂
Ⅱ	复杂	中等	中等
Ⅲ	复杂	中等	中等
Ⅳ	复杂	简单	简单
Ⅴ	复杂	简单	简单

1. 复杂场地

复杂场地:地表沟谷切割严重,地形起伏很大,负地形,土体为含有软弱夹层的复合式结构,具有强~中等膨胀性,裂隙极其发育,不良地质现象很普遍,地下水变动很显著,且存在地表水(河渠塘等)严重渗漏的影响。其特征如下:地形坡度大于5°,地形起伏大;高差大于5m以上的沟谷多、陡坎多;地貌单元多;地下水局部分布,埋深不一,变化大;膨胀土与非膨胀土互层多、透镜体多;土层厚度、产状、埋深、土质(尤其膨胀性)变化大;浅层滑坡、崩塌多;中等膨胀土为顺层顺坡的边坡;对房屋等结构工程有重大的影响。

2. 中等场地

中等场地:地表沟谷切割较严重,地形起伏较大,土体为复合结构,但无软弱夹层,具有中等～弱膨胀性，裂隙较发育，不良地质现象仅局部发育，可能有地下水渗漏的影响，但不很严重。其特征如下：地形坡度2°～5°，地形起伏较大；沟谷、边坡、陡坎高差小于5m；地貌单元较多；地下水局部分布，但埋藏较深（地表8m以下）；膨胀土与非膨胀土互层较少；土层厚度、土质（尤其膨胀性）变化较大；对房屋等结构工程有一定的影响。

3. 简单场地

简单场地：阶地垄岗正地形，平坦完整，土体为均质土层单一结构，具中等～弱膨胀性，裂隙发育，无不良地质现象，不存在有地表水系渗漏的影响。其特征如下：地形坡度小于2°，常有水浸润的低洼地带；无沟谷、边坡、陡坎；地貌单一；地下水位很浅（常在地表以下3～4m内），水位稳定；地层单一，厚度和土质（尤其膨胀性）变化较小；对房屋等结构工程影响轻微。

6.4.4 膨胀土公路工程地质勘察阶段划分及勘察要求

工程地质勘察阶段应与设计阶段相适应，可分为选线勘察、初步勘察和详细勘察三个阶段。

对路线穿越膨胀土分布面积不大、地质条件简单或有建设经验的地区，可简化勘察阶段，但应达到详细勘察阶段的要求。对地形地质条件复杂或有成群建筑物破坏的地区，宜针对气候干湿循环影响深度进行专门性的勘察工作。

1. 选线勘察

选线勘察应以工程地质调查为主，辅以少量探坑或必要的钻探工作，了解地层分布，采取适量扰动土样，测定自由膨胀率、液塑限、标准吸湿含水率，初步判定场地内有无膨胀土，对拟选线的膨胀土路基的稳定性和适宜性作出工程地质评价。

工程地质调查应包括下列内容：

(1)初步查明膨胀土的地质时代、成因和胀缩性能。

(2)划分地貌单元，了解地形形态。

(3)查明场地内有无浅层滑坡、地裂、冲沟和隐伏岩溶等不良地质现象。

(4)调查地表水排泄积聚情况，地下水类型，多年水位和变化幅度。

(5)收集当地多年气象资料（包括降水量、蒸发力、干旱持续时间、气温和地温等），了解其变化特点。

(6)调查当地建设经验，分析建筑物损坏的原因。

2. 初步勘察

初步勘察应确定膨胀土的胀缩性，进行地基土分类和路堑边坡分类，对路基稳定性和工程地质条件作出评价，为确定路线平面布置、主要建筑物地基基础方案及对不良地质现象的防治方案提供工程地质资料。

其主要工作应包括下列内容：

(1)工程地质条件复杂并且已有资料不符合要求时,应进行工程地质测绘,所用的比例尺可采用1/1 000～1/5 000。

(2)查明场地内不良地质现象的成因、分布范围和危害程度,预估地下水位季节性变化幅度和对地基土的影响。

(3)采取原状土样进行室内基本物理性质试验、收缩试验、膨胀力试验和50kPa压力下的膨胀率试验,初步查明场地内膨胀土的物理力学性质。

3.详细勘察

详细勘察应详细查明各建筑物及6m以上路堑边坡和路堤地基的力学性质,确定其胀缩等级,进行场地分类和填料分类,为地基基础设计、地基处理、边坡保护和不良地质地段的治理提供详细的工程地质资料。

野外勘探及试验工作,除按国家现行岩土工程勘察规范有关规定进行外,尚应符合下列要求:

(1)取土勘探点,应根据结构物类别、地貌单元及地基土胀缩等级分布布置,其数量不应少于勘探点总数的1/2。详细勘察阶段,在各结构物下及已发生浅层破坏或6m以上具有顺层结构面的路堑边坡不得少于3个取土勘探点。

(2)采取原状土样,应从地表下1m处开始,在1m至大气影响深度内每米取样1件;土层有明显变化处,宜加取土样;对于大气影响深度以下,取样间距可适当加大。

(3)对于气候干湿循环影响深度进行专门性勘察工作时,可采用连续标准贯入取样法,连续标准贯入取样孔宜分别布置在波状地形的上、下部位,每片测试区勘探线不少于2排,总钻孔点不少于6个,勘探线在路基平面中的相互距离不大于1 000m,也不宜小于200m。

(4)重要的和有特殊要求的建筑场地,必要时应进行现场浸水载荷试验,进一步确定地基土的膨胀性能及其承载力。

参考文献

[1] 中交第二公路勘察设计研究院. 膨胀土的原位测试及评价技术研究[R]. 武汉:中交第二公路勘察设计研究院, 2005

[2] 吴礼年.合肥地区膨胀土地基承载力的分析探讨[J].岩土工程技术,2001(1):31-33

[3] 徐永福,孙连进,吴正根.膨胀土地基承载力的确定[J].港口工程,1996(5):13-16

[4] 刘龙武,郑健龙,缪伟.广西宁明膨胀土胀缩活动带特征及滑坡破坏模式研究[J].岩土工程学报,2008,30(1):28-33

[5] 刘龙武,郑健龙,缪伟. 膨胀土干湿循环显著影响区及其测试方法研究[J]. 工程勘察,2007,11

[6] Fredlund D G, Husan J U. One-dimensional consolidation theory: unsaturated soils[J]. Can. Geotech. J., 1979, 16(31): 521-531

[7] Hamberg D J. A simplified method for predicting heave in expansive soils [M. S. Thesis] [D]. Colorado: Colorado State Univ., Fort Collins, 1985, 275

[8] 程平，吴万平，姚海林. 基于固结试验的膨胀土地基变形预测方法[J]. 岩石力学与工程学报，2005(X)：1-6

[9] 姚海林，程平，吴万平. 基于收缩试验的膨胀土地基变形预测方法[J]. 岩土力学，2004，25(11)：1-6

[10] 梁毅，周东，蓝日彦. 膨胀土地区勘察技术研究[J]. 广西大学学报(自然科学版)，2004，29(4)

第 7 章 公路膨胀土路堤物理处治技术
CHAPTER 7

膨胀土用作填料填筑路堤的关键问题是工后固结及干湿循环下土体膨胀与收缩引起的持续的过大变形及高路堤边坡的滑坍破坏。发达国家和我国发达地区❶通常对膨胀土填料采用化学改良。化学改良在试验室里很容易实现,但在工程实际中则较难实施,通常土中掺灰需两次作业:分散成团膨胀土块,掺灰后需闷料一周;填料在路上摊铺时,进行二次掺灰、机械拌和碾压。由于机械设备和施工工艺要求高,工程造价高(每立方米土至少需增加 30 元),还可能污染环境,该技术难以在我国贫困落后而膨胀土广为分布的西部地区公路建设中推广。目前,我国西部膨胀土地区筑路普遍采取弃土换填技术措施,大量借土弃方,引起沿线水土流失,其后果是工程费用大量增加、土地资源极大浪费、生态环境严重破坏。因此,膨胀土地区筑路最受关注的问题是在保证路基强度和稳定性的前提下,如何合理直接利用膨胀土填筑路堤,减少借土弃方带来的水土流失和生态破坏,获得最大经济、环保效益。

本章将介绍膨胀土的承载特性、改进 CBR 试验方法和新的公路膨胀土填料分级标准;针对膨胀土直接填筑路堤,介绍膨胀土封闭包盖厚度设计方法和长期稳定性评价方法;针对膨胀土填料压实,介绍基于平衡含水率理论的膨胀土路堤压实控制标准与方法。

7.1 膨胀土的承载特性

膨胀土的承载力除与膨胀土的矿物成分相关外,还受控于含水率、干密度[1]。通过制备不同含

❶发达国家主要指美国、加拿大等国家,我国发达地区主要指江苏等省区。

水率的中、强膨胀土试件，在同一含水率条件下采用不同击实功进行击实试验，同时开展相应的承载比(CBR)和回弹模量试验，研究不同含水率状态下膨胀土的承载力及水稳性[2]。

通过击实性状、CBR、回弹模量试验以及CBR膨胀量试验，得到以下结论：

(1)击实试验结果(表7-1)表明含水率和压实功显著影响其击实效果。击实功越大，土的最大干密度越大，对应的最佳含水率越小。相同击实功条件下，胀缩性弱的膨胀土最大干密度较胀缩性强的膨胀土大，而最佳含水率则正好相反。

膨胀土击实试验结果 表7-1

土　样	胀缩等级	击实次数	制样方法	w_{opt} (%)	ρ_{dmax} (g/cm^3)
宁明灰黑膨胀土	弱	98击	干法	15.0	1.82
			湿法	20.5	1.74
		70击	干法	15.8	1.78
			湿法	21.0	1.71
		27击	干法	16.7	1.68
			湿法	22.0	1.61
宁明灰白膨胀土	中	98击	干法	15.2	1.83
		27击		19.0	1.66
南邓强膨胀土	强	98击	干法	15.8	1.77
		27击		18.2	1.62

(2)浸水CBR试验结果(图7-1)表明，对弱、中膨胀土而言，初始含水率对其CBR影响显著，但并非压实度最大时对应的CBR最大，CBR随初始含水率呈曲线变化。在3种击实功(98、59和27击)条件下，CBR最大值对应的含水率高于最佳含水率2%～5%，接近天然含水率。因此，膨胀土在天然含水率时，与其他含水率状态相比，其浸水CBR最大，水稳性最好。此外，在相同含水率下，击实功越大，其浸水CBR越大，膨胀土的水稳性越好。

(3)CBR膨胀量试验结果(图7-2)表明膨胀量随初始含水率增大而减小。初始含水率越低，膨胀量就越大，其水稳性越差。所以，在路基填筑过程中，控制初始含水率是关键因素。且在同一含水率下，随着击实功增大，膨胀量的变化不明显。单根据CBR膨胀量这一指标分析，膨胀土填筑宜采用较高含水率(天然含水率)和重型压实。

(4)不同初始含水率状态下，膨胀土不浸水CBR试验结果(图7-3)和不浸水回弹模量试验结果(图7-4)表明中、中偏弱膨胀土在非饱和状态下承载能力都是相当高的。因此，只要将膨胀土填筑在特定部位(如下路堤)，并能将其含水率控制在一定范围内，中膨胀土并非不能直接用作路堤填料。此外，对相同的击实功和相同含水率条件下测得的不浸水CBR与不浸水回弹模量值进行回归，发现它们的关系可用下列关系式表示：

$$E = a\mathrm{CBR}^{b} \tag{7-1}$$

式中，a、b 为回归参数；E 为不浸水回弹模量。

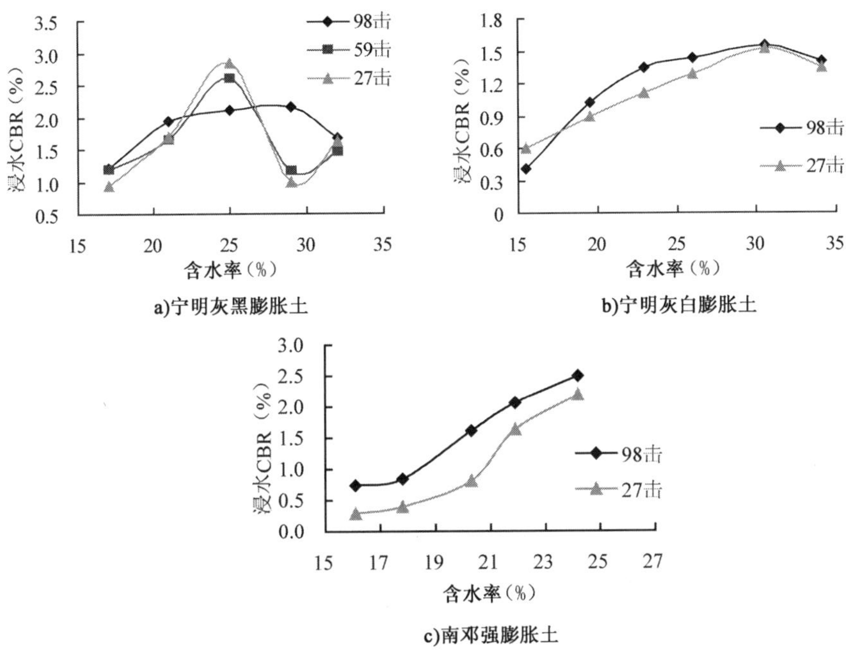

图 7-1 膨胀土浸水 CBR 随初始含水率的变化

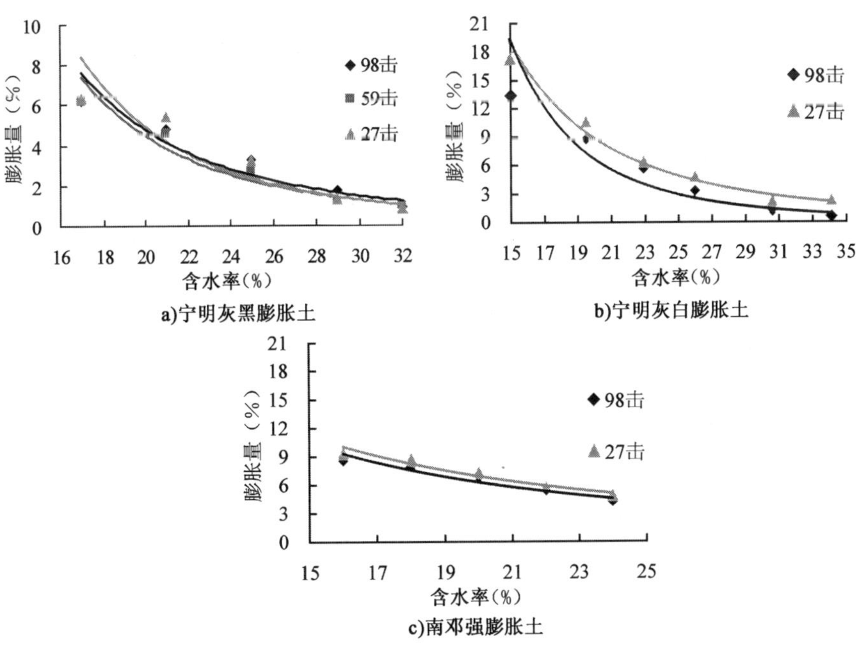

图 7-2 膨胀土 CBR 膨胀量随初始含水率的变化

由式(7-1),可根据填料 CBR 估算 E 值大小。

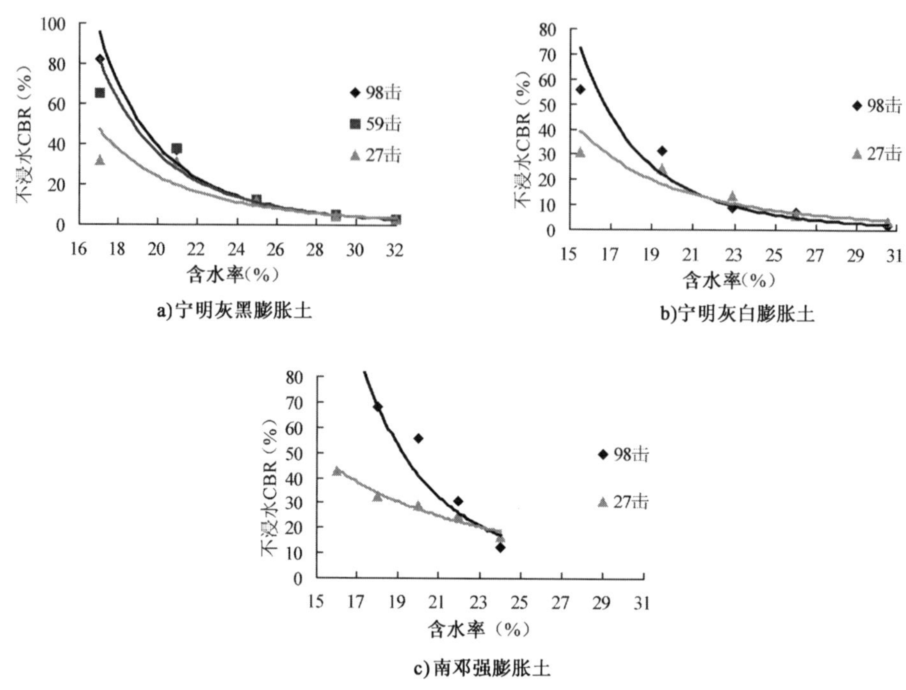

图 7-3　膨胀土不浸水 CBR 随初始含水率的变化

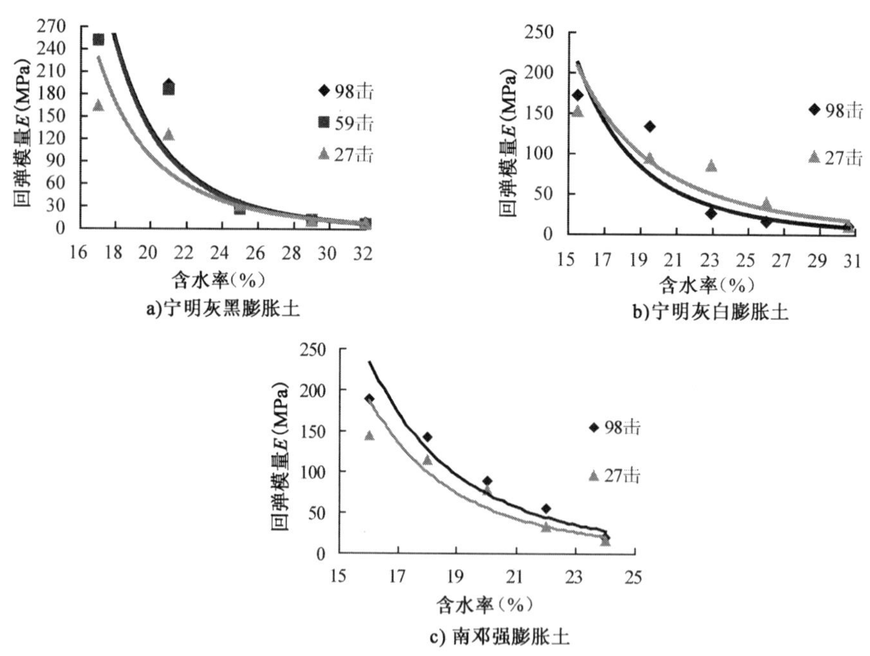

图 7-4　膨胀土不浸水回弹模量 E 随初始含水率的变化

7.2 用于膨胀土路用性能评价的改进CBR试验方法

7.2.1 常规CBR试验用于膨胀土承载力评价的局限性

《公路路基设计规范》(JTG D30－2004)规定，路堤填料选择的首要依据为CBR强度指标。笔者在以往多年开展的膨胀土试验研究中发现，凡真正的膨胀土，其标准CBR测试值均小于3%的下限值，它们都是不能用作路堤填料的。宁明膨胀页岩风化破碎土(简称宁明页岩风化土)的CBR也不例外，最初工地试验室得到的CBR测试结果为1.3%。但现行的CBR标准是否适用于工程性质比较特殊的膨胀土，能否采取一定控制条件或通过技术措施将膨胀土用于路堤填筑，是一个值得深入探讨的问题[3]。

为此，首先应就有关标准CBR试验是否适用于判别膨胀土填料进行研究。考虑到CBR试验的标准浸水方式及其试验条件与膨胀土路基的实际工作状况存在较大的差异，进行不泡水的膨胀土CBR试验，即模拟路堤膨胀土被有效封闭条件下的土性试验，以获得不泡水条件下膨胀土CBR强度与土体初始含水率的关系，试验结果如图7-5所示。试验采用的土样为宁明灰白膨胀土，其膨胀性比宁明页岩风化土强。

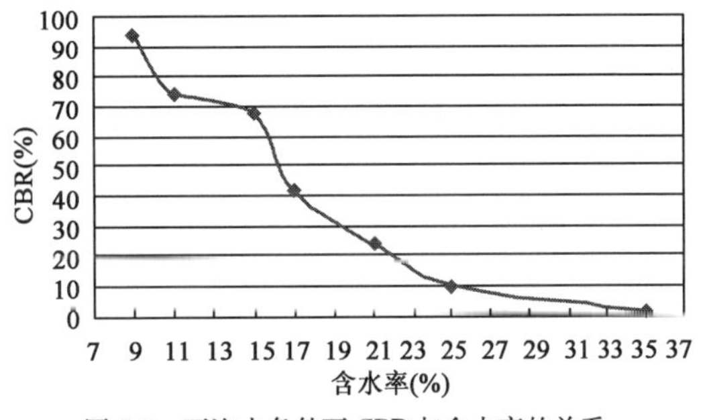

图7-5 不泡水条件下CBR与含水率的关系

分析图7-5可知，不泡水条件下膨胀土的CBR随土样含水率增加而降低，但含水率大于25%以后的曲线下降趋势变缓，当$w=25\%$时，CBR=10%，说明含水率是影响膨胀土强度的重要原因。同时得到一个重要信息，膨胀土在不泡水条件下，尤其土样含水率较低时，其CBR是较高的。只要把握好路堤土含水率的变化，膨胀土用作填料完全能满足CBR≥3%的强度要求。

膨胀土是一种特殊的黏性土，具有黏粒含量高，压实后透水性差，尤其是遇水膨胀、失水收缩等显著特点。不少学者在开展膨胀土的CBR试验研究时发现，不管其膨胀潜势的大小，由标准试验测得的膨胀土CBR试验结果肯定小于3%，而膨胀土在不泡水条件下，其无侧限抗压强度和抗剪强度常高于一般黏性土。

此外，研究发现采用规范规定的标准试验方法进行CBR试验，由于膨胀土特殊的工程性质，试件泡水4d后，表层土经膨胀，已完全松散、泥化，毫无强度可言，而贯入试验又恰好在试件表面进行，结果是完成试验后的12个试件中，9个试件测得的贯入深度为5mm时的CBR

比贯入深度为 2.5mm 时的 CBR 大，说明用标准 CBR 试验来测定膨胀土强度的方法值得商榷[4]。由于试件底部底板固定以及膨胀土试件与试筒周边摩擦力的约束，下部分膨胀土的膨胀受到较大限制，试件顶面却相对能够“自由膨胀”。所以，泡水后的试件，其底部的密度很大，顶部的密度却很小，造成测得的 CBR 很小。试件泡水后，膨胀土试件内部湿密度并不均匀，而 CBR 只能反映贯入杆贯入 2.5mm 及 5mm 时的值，所以该 CBR 不能十分准确地反映出试件泡水后总体湿密度情况下的 CBR。

另一方面，标准 CBR 试验中的极度饱水状态在实际工程中是不会发生的，膨胀土试验路堤的填筑采用封闭包盖的技术措施后更难以发生泡水的情况，因此有必要探讨现有的 CBR 试验方法对膨胀土试验存在的问题，并研究其改进措施，找到充分证据，才能判定膨胀土是否可以用作填料[5]。

通过上述分析，常规 CBR 试验用于膨胀土承载力评价主要存在以下几个方面的问题：

1. *浸水方式*

《公路土工试验规程》(JTG E40—2007)规定，试件浸水时水面应保持在试件顶面以上大约 25mm，通常泡水 4d(96h)，以模拟材料在使用过程中处于最不利状态。正如前面分析所指出，恰恰是这种浸水方式，使膨胀土这种特殊土的 CBR 强度急剧降低。为了说明这种条件对膨胀土试件的不良影响，选取长沙红黏土(低液限黏土)、宁明页岩风化土(中膨胀土)和百色中强膨胀土 3 种土样，均采用标准干法击实试验得到的最佳含水率制作试件(表 7-2)，分别进行标准 CBR 试验。

3 种土样的干法击实最佳含水率(%) 表 7-2

宁明页岩风化土	百色中强膨胀土	长沙红黏土
15	13	19

对泡水 4d 的试件分别脱模取出试样，并测定试件不同部位的含水率(表 7-3 和图 7-6)。百色中强膨胀土按上、中、下用土工刀平均切成 3 层，依次取其中部土样，用烘干法测各点含水率；其余两种土均采用由上而下切成等高的 6 个土饼，同样测出相应的含水率。

从表 7-3 和图 7-6 可以看出，长沙红黏土试件的含水率分布较均匀，直接泡水的顶部稍大一点，由上而下的最大差值不到两个百分点，而泡水后膨胀土试件顶部表层土的含水率变得很高。宁明页岩风化土试件离顶部 1cm 处含水率达 29.8%，比制件时含水率(15%)增大近一倍。百色中强膨胀土试件距顶面 2cm 处的含水率为 23.8%，比制件时含水率(13%)增加了近 90%。随着深度的增加，含水率急剧下降，试件中部的含水率最小，说明膨胀土的透水性较差。由于试件底部置于多孔底板上，水分可由多孔底板渗入内部，但影响不及上部大。宁明页岩风化土试件离底部 1cm 处土样含水率为 22.2%，远小于上部 1cm 含水率的变化，比制件时含水率高出约 7 个百分点，比中部的含水率(19.9%)高出 2 个百分点左右，说明试件底部浸水的影响基本上在中部以下，对贯入试验影响不大。泡水4d后，膨胀土试件含水率分布很不均匀，说明其透水性差。

常规CBR试件浸水后不同深度的含水率　　表7-3

长沙红黏土		宁明页岩风化土		百色中强膨胀土	
浸水深度(cm)	含水率(%)	浸水深度(cm)	含水率(%)	浸水深度(cm)	含水率(%)
1.2	21.0	1	29.8	2	23.8
3.6	19.8	3	25.3	6	18.60
6.0	19.7	5	21.3	10	19.5
8.4	20.4	7	19.9	—	—
10.8	20.3	9	20.5	—	—
—	—	11	22.2	—	—

泡水4d后，膨胀土试件顶部含水率最大，说明表层土已完全膨胀、松散成流塑状，根本无强度可言，而贯入试验的深度仅为2.5mm(或5mm)，可想而知，该值不能代表填料的真实强度。因此，用CBR试验确定膨胀土强度时，必须设法找到一种合理的浸水方式。

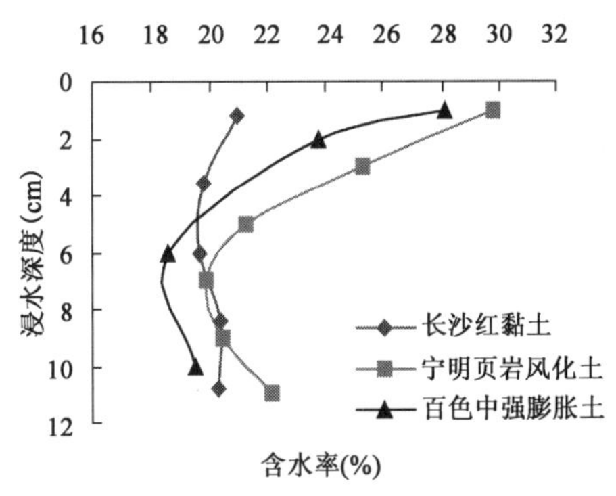

图7-6　标准CBR试件含水率随浸水深度变化曲线

2. 上覆荷载

《公路土工试验规程》(JTG E40—2007)规定了在浸水和贯入过程中要在试样顶部加荷载板，目的是模拟该材料层受到的路面结构重力作用，实现试件在受到一定约束力的条件下进行试验。因为路面结构的类型和材料不同，很难准确确定约束力大小，所以标准CBR试验方法规定均采用施加50N上覆荷载，这种方法世界各国都普遍采用。但是，《公路路基设计规范》(JTG D30—2004)对填料CBR的取值要求是以填土部位离路基顶面的高度来划分的，不同部位的路堤土所受上覆荷载是不同的，50N的荷载相当于2.7kPa。实际工程中膨胀土一般只用来填筑下路堤，上路堤加上路面结构层厚度一般会大于2m，若按土的重度计算，压力将达到40kPa，而上覆荷载对膨胀土的浸水CBR和膨胀量的影响，要比非膨胀性黏土敏感得多。因此，为了模拟实际情况，试件在泡水过程中应增大上覆荷载，这样才能真实反映填料的工作状态。

3. 试件制备时的含水率

如前所述，膨胀土的工程性质受初始含水率的影响很大，而标准CBR试验方法要求以土样风干后加水进行击实试验得到的最佳含水率制备CBR试件(干法)，这与实际情况不符。以天然土失水进行击实试验(湿法)得到最佳含水率,并制备试件更符合工程实际。而这两种方法得到的最佳含水率是不同的:干法击实时,土颗粒内部晶层间没有充分吸水,所得的最佳含水率低;湿法击实时,土颗粒内部晶层间没有充分失水,故含水率高。因此,为了验证不同制件含水率对 CBR 的影响,就宁明页岩风化土进行了不同制件含水率下的 CBR 试验,结果见表 7-4和图 7-7。

宁明页岩风化土 CBR 试验结果　　表 7-4

含水率(%)	15	17	21	25	28
CBR(%)	2.1	2.3	2.9	3.0	2.4

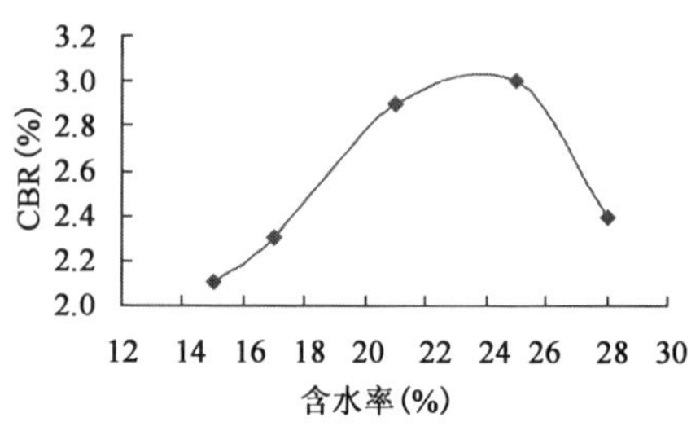

图 7-7　标准试验的 CBR 与制件含水率的关系

从表 7-4 和图 7-7 可以看出,标准试验的 CBR 与试件制备含水率关系类似于击实曲线的关系,该结果也验证了孔令伟等人的试验结论。含水率较小时,CBR 随其增加而增大,当含水率达到 25%左右时,CBR 出现最大值,它比干法击实的最佳含水率(15%)大得多,接近于这种土的天然含水率(24.9%)。可见,不同的制件含水率对 CBR 试验结果有很大影响。另外,由膨胀土的性质可知,其含水率越低,击实干密度越大,遇水后的膨胀量越大,强度衰减越厉害,这也说明这种情况下测得的 CBR 强度不能真实反映填料在实际工作状态下的强度。

7.2.2　改进的 CBR 试验方法

国内外研究者[6-7]在室内测定黏性土的静回弹模量时,对试样准备、浸水方式、模拟土体现场含水率变化等试验条件与方法做了一些更符合路基土实际工作状况的改进,并提出为准确测定黏性土的回弹模量。试验中要特别注重两点:一是要准确把握路基工作时的含水率,即平衡含水率(EMC),该值通常大于施工最佳含水率(OMC),并要求按照此含水率来模拟土体含水率变化范围进行模量测定;二是重型击实土样的泡水需采用在击实筒侧向留孔浸水来实现,这样可让水由试件侧面自由且均匀地渗入,达到湿度变化均匀并实现试件充分饱水的目的。这种做法符合路基的实际工作状况,完全可以用于膨胀土的 CBR 改进试验,因为这两种试验的目的都是测定土体的强度指标。

膨胀土路堤物理处治技术的核心是采取有效的封闭包盖法,它是将膨胀土填筑于下路堤堤芯,其上部填筑强度较大的非膨胀性土或粗粒土,顶部还设有不透水的路面结构层,边坡两侧以足够厚度的非膨胀性土、化学改良膨胀土或土工合成材料包边。对这种结构的道路路基,降雨对膨胀土下路堤不会产生直接影响,水分只可能从两侧入渗。在这种情况下,标准试验方法采用的试件上部浸水方式与实际路堤的情况并不相符。因此,改进 CBR 试验方法使之尽量模拟路基实际工作情况是必要的，即用侧向浸水方式代替标准试验中的上部浸水方式。同时，考虑到采用物理处治方法后膨胀土在路堤中的填筑部位，上部有较大的上覆荷载作用，在试件泡水时，增大上覆荷载，尽可能使之与真实状态相一致。另外，制备CBR试件时也应按照工地施工实际采用的湿法重型击实标准来确定其含水率[8]。

1.试验方法的改进

(1)浸水方式：水位不超过试件顶面(离试件顶面5mm)，以保证水不漫过试件，原来的上部浸水改为侧向浸水，并注意在给浸水池(桶)加水过程中不让水溅至试件顶部，以免对上部土层产生影响。

(2)上覆荷载：试件浸水过程中，根据需要在试件顶面施加不同的荷载。荷载大小通过荷载板和调整荷载块的数量来实现，其中荷载板用来将荷载块的重力传递到土体顶部。在荷载板和土体之间还放置一块圆形垫板，以使荷载在土体顶部均匀分布。

(3)制件含水率：采用湿法重型击实标准的最佳含水率。

2.试验仪器的改进

试验仪器改进的基本思路是在尽可能沿用标准CBR试验仪器的基础上加以改进，以满足改进试验方法的需要。改进的CBR试验装置示意图见图7-8。主要改进如下：

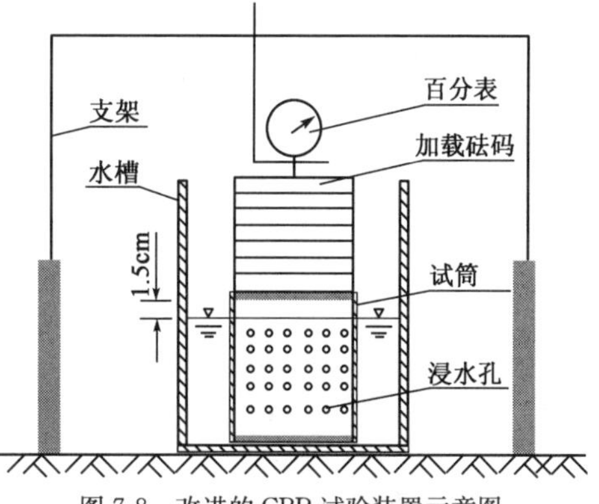

图7-8 改进的CBR试验装置示意图

(1)试筒

为实现对击实试件的侧向浸水，在标准CBR试验试筒壁上钻出一定数量的透水孔，使水能通过这些透水孔向试件内部渗入，从而实现侧向浸水条件。选用的透水孔直径为3mm，沿筒壁均匀分布，68行，11列，共724个。透水孔孔径不能太大，以免在击实过程中因土中细颗粒受到冲击，挤破滤纸由透水孔漏出，影响试件的干密度。改进试筒及透水孔布置示意图见图7-9。

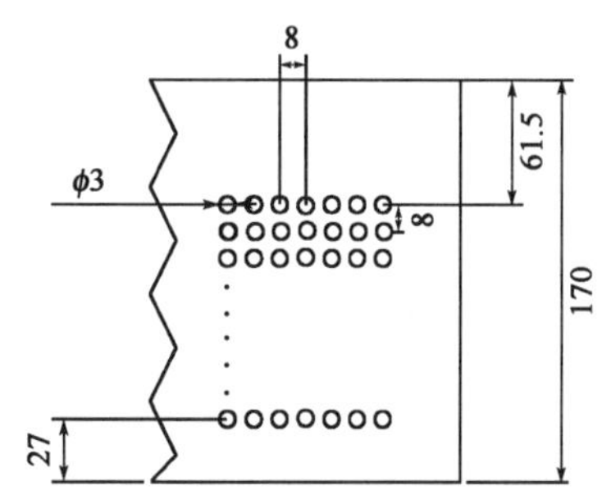

图7-9 改进试筒及透水孔布置(尺寸单位：mm)

(2)支架

由于上部荷载块的施加,标准的 CBR 测试装置将无法进行试件浸水膨胀量的测试。因此,应设置专用的整体式膨胀量测定支架,满足对不同上覆荷载多个试件同时测试的需要。

(3)加载砝码

膨胀土填筑的堤芯位于下路堤,其上部路堤高度还有 1.5m,采用非膨胀性黏土或粗粒土填筑,再加上顶部的路面结构(厚 70～80cm),经简单换算可知,作用在膨胀土堤芯顶面上的荷载可达 40kPa,填筑在下部的膨胀土所受到的荷载会更大。在浸水过程中,在试件上部施加不同加载砝码,每个砝码质量为 10kg。如上部荷载选定为 40kPa,共需加载 7 个砝码。

(4)滤纸

击实时,先在试筒内侧垫一层滤纸,可起到两个作用:避免细土颗粒在落锤的冲击下从小孔中挤出,造成试件质量变化(干密度减小);同时利用滤纸本身所具有的吸湿作用,可使整个试件沿高度浸水更为均匀。试验所用滤纸为定性滤纸,规格为 50cm×50cm,将它均匀裁成 4 条,每条长 50cm,宽 12.5cm,其长略大于试筒周长,宽能将透水孔全部覆盖,并可使套筒和试筒夹住滤纸的多余部分,避免击实过程中滤纸因冲击力作用发生移动而导致土颗粒由透水孔挤出。

3.试验操作步骤

(1)称量试筒质量后将其固定在底板上,安放滤纸,使之覆盖筒壁上的透水孔。放下垫块并压住滤纸底部边缘使其紧贴试筒壁,在垫块上放一张圆形滤纸,安上套环,夹住滤纸上部边缘使其固定。

(2)进行标准重型击实。试件分 3 层击实,每层需试样 1 600g 左右。第一层击实完后,将试样层面“拉毛”,然后进行第二层击实,重复上述方法进行其余每层试样的击实。

(3)卸下套环,用直刮刀沿试筒顶修平击实的试件并削去多余滤纸,表面不平整处用细料修补。取出垫块,称取试筒和试件的质量。

(4)泡水测膨胀量:试件制成后,在修平的表面放一张好滤纸,并在滤纸上安装多孔底板;将试件放入整体式膨胀量测定支架下的泡水筒里(先不放水),在顶面安装一没有调整杆的多孔板(使试件受力均匀,并便于膨胀量的测量),在多孔板上依次加上 6 块荷载块和 3 块荷载板,所加荷载板累加厚度高于试筒上边缘,避免因较大荷载引起的试件压缩使荷载块与试筒接触;调整支架的拉杆,安装百分表,并读取初读数;向筒内放水,使水自由从试件的侧向和底部入渗(放水时注意不要让水溅到试件顶面),筒内水面应控制在最上层的透水孔处;按规定时间间隔读百分表,并计算膨胀量;泡水 4d,卸载后取出试件静置 15min,让其排水,并称量,计算试件的湿度和密度的变化。

(5)贯入试验:将泡水试验终了的试件放到路面材料强度试验仪的升降台上,调整偏球座,使贯入杆与试件顶面全面接触,在贯入杆周围放置 4 块荷载板;先在贯入杆上施加 45kN 荷载，然后将测力和测变形的百分表的指针都调整至零点；加荷使贯入杆以1～1.25mm/min的速度压入试件，记录测力计内百分表某些整读数（如20、40、60）时的贯入量，并注意使贯入量为2.5mm时能有5个以上的读数。

（6）结果整理：同标准试验方法，参照《公路土工试验规程》（JTG E40—2007）T 0134—1993承载比（CBR）试验执行。

7.2.3 改进CBR试验方法的验证

为验证改进CBR试验方法的合理性和改进试验仪器的可靠性，对3种膨胀土（宁明页岩风化土、百色中强膨胀土、南邓强膨胀土）及3种非膨胀土（长沙红黏土、校园土、S211土）进行了标准CBR试验和改进CBR试验的对比。除宁明页岩风化土采用湿法击实最佳含水率制件外，其余土样都采用干法击实得到的最佳含水率制备试件。

1.试验用土基本性质

（1）宁明页岩风化土：土样取自广西南友高速公路宁明段，其塑性指数为26.3，自由膨胀率为42%，有效蒙脱石含量为17.64%，比表面积为161.11m^2/g，属中膨胀土。

（2）百色中强膨胀土：土样取自广西南百高速公路K179+100段，其塑性指数为25.9，自由膨胀率为73.33%，有效蒙脱石含量为12.22%，比表面积为111.08m^2/g。

（3）南邓强膨胀土：土样取自河南南阳至邓县高速公路，其塑性指数为31.52，自由膨胀率达92.5%，有效蒙脱石含量为24.6%，比表面积为214.75m^2/g。

（4）校园土：土样取自长沙理工大学校园基建工地，外观呈红黄色，夹带一些石灰质结核，为含砂高液限黏土。

（5）S211土：取自湖南省道211线，外观呈灰白色，粗粒含量多，为含细粒土砂。

（6）长沙红黏土：土样呈砖红色，手感细腻，为低液限黏土。

2.不同浸水方式对CBR试验的影响

对上述6个土样（两类土：膨胀土和非膨胀土）分别进行了标准方法（顶部浸水）和改进方法（侧向浸水）的CBR对比试验，试验条件采用的是重型击实标准，按干法击实的最佳含水率制件，浸水时试件的上覆荷载为标准CBR试验荷载（2.7kPa），测试结果见表7-5。

由表7-5可以看出，3种膨胀土侧向浸水测得的CBR比上部浸水所测得的值大。长沙红黏土在两种测试条件下所测得的CBR相差很小，校园土的侧向浸水CBR稍大于上部浸水CBR，而S211土侧向浸水CBR稍小于上部浸水CBR。总之，3种非膨胀土在两种测试条件下各自的CBR的相对误差都小于10%。由此可见，无论采用何种浸水方式，对非膨胀土的CBR测试结果影响不大，对这类土进行CBR试验时，采用两种浸水方式都是可以的。但是，不同的浸水方式对膨胀土的CBR却有很大的影响，侧向浸水时测得的CBR明显大于上部浸水时的对应值。表明改进CBR的试验方法是有意义的，能够较好地反映膨胀土的真实强度；同时也说明，浸水方式是决定膨胀土 CBR 强度的一个重要影响因素。

为了从本质上对这个问题加以认识，对 6 个土样在两种泡水方式下，沿试样高度取样测定其含水率，分析其随深度变化规律，探讨两种方法下不同土类的浸水效果，结果见表 7-6。

不同浸水方式下 6 种土的 CBR 测试值(%) 表 7-5

土　样	侧向浸水	上部浸水	土　样	侧向浸水	上部浸水
长沙红黏土	16.7(20.3)	16.4(20.2)	校园土	25.7(21.1)	23.3(22.4)
宁明页岩风化土	2.4(30.3)	2.1(33.9)	S211 土	38.3(12.3)	41.2(12.1)
百色中强膨胀土	3.7(21.9)	1.8(23.8)	南邓强膨胀土	2.7(29.3)	2.4(28.7)

注：括号内为贯入处土样含水率。

不同浸水方式下 CBR 试件浸水后不同深度的含水率 表 7-6

长沙红黏土		宁明页岩风化土		百色中强膨胀土		校园土		S211 土		南邓强膨胀土	
浸水深度(cm)	含水率常规/侧向(%)	浸水深度(cm)	含水率常规/侧向(%)	浸水深度(cm)	含水率常规/侧向(%)	浸水深度(cm)	含水率常规/侧向(%)	浸水深度(cm)	含水率常规/侧向(%)	浸水深度(cm)	含水率常规/侧向(%)
1.2	21.0	1	29.8	2	23.8	1	20.3	1	13.0	1	29.2
	20.3		27.4		28.1		21.1		12.3		28.7
3.6	19.8	3	25.3	6	18.6	3	19.8	3	11.6	3	27.3
					20.4		20		10.9		25.7
6	19.7	5	21.3	10	19.5	5	19.2	5	10.2	5	17.4
	19.1		21.9		22.6		19.7		9.6		23.2
8.4	20.4	7	19.9	—	—	7	19.9	7	9.8	7	16.8
							19.1		10.2		22.3
10.8	20.3	9	20.5	—	—	9	20.4	9	10.1	9	17.0
	19.5						20.1		10.7		21.0
—	—	11	22.2	—	—	11	22.4	11	12.1	11	19.2
			21.5								21.6

为方便对比分析，根据表 7-6 绘出两种浸水方式条件下两类土 CBR 试件含水率随浸水深度的变化曲线(图 7-10)。

从图 7-10 可以看出：

(1)3 种非膨胀土各自测得的两条曲线(侧向浸水曲线和顶部浸水曲线)很接近，并且含水率沿深度(12cm)的最大变化值都不超过 3%(仅 S211 土为 3%)。

(2)膨胀土测得的曲线形状跟正常土有明显差别，两种土各自含水率的最大值都位于曲线顶部，两种浸水方式下沿深度测得的含水率差值都较大。其中，宁明页岩风化土侧向浸水含水率的最大差值为5.9%，顶部最大差值为10.1%；百色中强膨胀土侧向浸水含水率最大差值为7.7%，顶部最大差值为7.5%；南邓强膨胀土侧向浸水含水率最大差值为7.7%，顶部最大差值为12.4%。

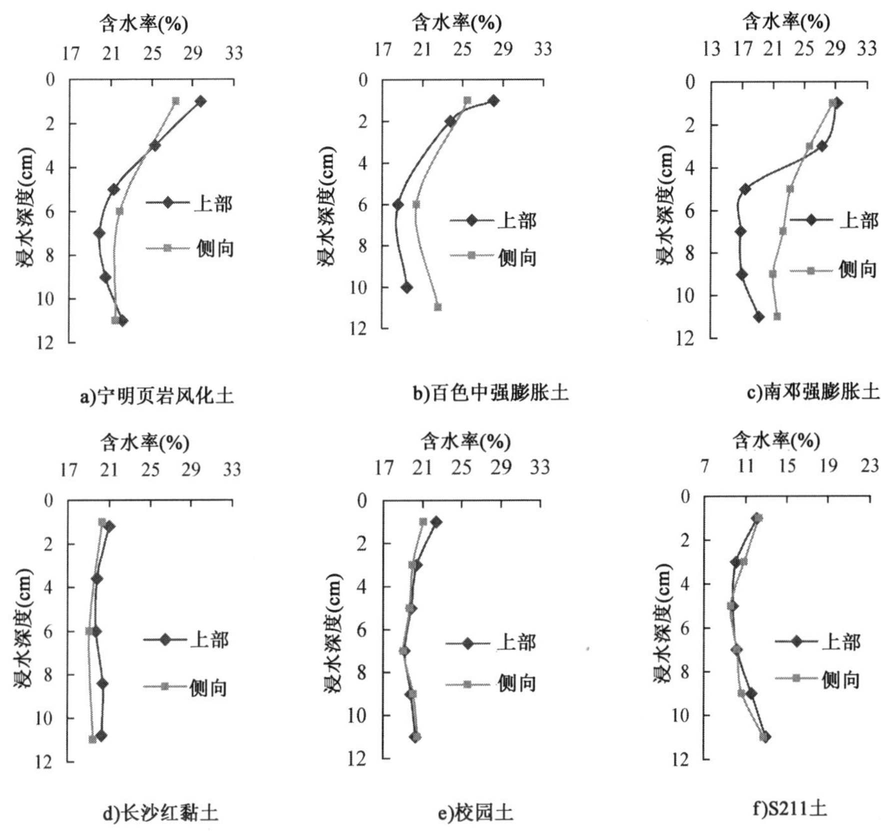

图7-10 不同浸水方式下CBR试件含水率随深度的变化曲线

(3)膨胀土采用侧向浸水的效果优于顶部浸水，侧向浸水比顶部浸水更为均匀，而且总的来说侧向浸水比顶部浸水各层的含水率要大。

(4)为了进一步分析试件在浸水后不同层位沿径向含水率的变化规律，用切土刀将试件按上、中、下分层切成3个土饼，分别对每个土饼沿半径方向由外至内依次挖取3个(长沙红黏土、百色中强膨胀土、南邓强膨胀土)或6个(宁明页岩风化土、校园土、S211土)土样测试其含水率，对比不同土类侧向浸水效果，结果见表7-7。

由表7-7和图7-11可以发现，采用侧向浸水后，6个土样不同高度含水率还是有所差别的。总体规律是：

(1)黏粒含量多的土(黏粒＜0.002mm，宁明页岩风化土、百色中强膨胀土、校园土)沿径向的含水率变化较大，粗粒为主的变化较小，表明细粒土透水性较差。

(2)细粒含量较多的膨胀土比非膨胀土沿径向的含水率变化大(均为上层)，宁明页岩风化土的差值为2.8%，百色中强膨胀土为2.0%，校园土为1.4%。

(3)膨胀土上、中、下三层沿径向的含水率变化是不一样的，其中上层的含水率变化最大，下层其次，中层变化最小。由于安装的是多孔底板，试件底部仍然泡在水中，水分由底部向土体内渗入，所以试件下层的含水率高于中层的含水率。

膨胀土和非膨胀土侧向浸水方式下含水率径向分布(%)　　表7-7

土　类	层　位	试件径向由外至内(mm)		
		12	36	60
长沙红黏土	上层	20.40	20.40	20.30
	中层	19.60	19.30	19.10
	下层	19.90	19.80	19.50
宁明页岩风化土	上层	30.20	28.90	27.40
	中层	22.00	21.70	21.90
	下层	22.50	21.80	21.50
百色中强膨胀土	上层	30.10	29.20	28.10
	中层	23.90	21.50	20.40
	下层	23.70	22.20	22.60
南邓强膨胀土	上层	28.00	26.70	24.90
	中层	24.20	23.10	22.90
	下层	20.90	20.14	21.11
校园土	上层	20.90	20.30	19.50
S211土	上层	12.30	11.50	11.30

注:所有试件均按干法重型击实标准制件，其中校园土、S211土仅测上层土含水率。

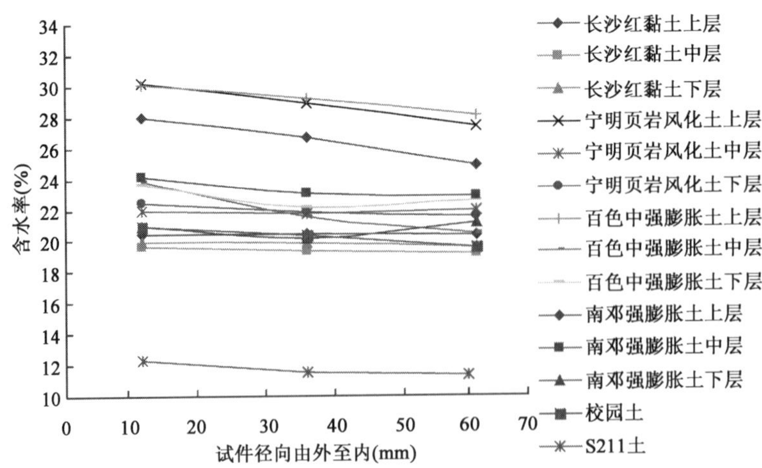

图7-11　膨胀土和非膨胀土CBR试件浸水后的含水率径向分布(彩图见339页)

3. 不同上覆荷载对CBR试验的影响

如前所述，膨胀土填筑下路堤后，其上部有1.5m上路堤填料和70～80cm路面结构，经换算，相当于有40kPa的荷载作用在膨胀土下路堤顶面。对6个土样进行不同上覆荷载下的CBR试验，其中宁明页岩风化土采用湿法击实试验得到的最佳含水率(21%)制件，其余5个均以干法击实试验得到的最佳含水率制备试件。试验结果见表7-8和图7-12。

膨胀土和非膨胀土在不同荷载条件下的CBR(%) 表7-8

土样	荷载(kPa)					
	2.7	10	20	30	40	增量相对变化率(%)
宁明页岩风化土	3.5	6.2	8.7	10.2	10.8	209
百色中强膨胀土	3.7	—	—	5.9	6.5	76
长沙红黏土	16.7	—	—	—	20.0	20
校园土	25.7		33.3		43.2	68
S211土	38.3		49.2		52.9	38
南邓强膨胀土	2.7		13.3		22.1	718

注：增量相对变化率$=\frac{40\text{kPa对应的CBR值}-2.7\text{kPa对应的CBR值}}{2.7\text{kPa对应的CBR值}}$。

从表7-8和图7-12可分析得出：

(1)对于膨胀土与非膨胀土，增大试件在浸水过程中的上覆荷载都可以提高CBR。这是由于上覆荷载增大后，土中的有效应力随之增大，同时上覆荷载也使膨胀土颗粒的间距变小，从而阻碍了土中水分的增加。

(2)膨胀土比非膨胀土的CBR增量相对变化率大，黏粒含量多的土比粗粒土的CBR增量相对变化率大，说明增大上覆荷载后，膨胀土的强度明显增大。

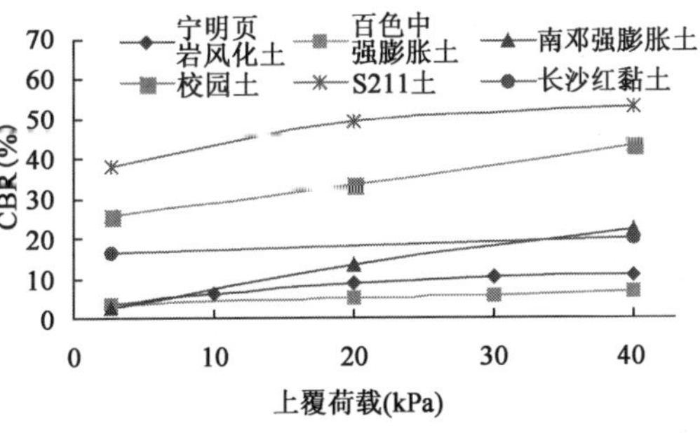

图7-12 不同荷载下的CBR(彩图见339页)

(3)即使采用侧向浸水并增大上覆荷载，膨胀土的CBR仍然比同条件下非膨胀土的CBR小得多，这也说明膨胀土强度性能比较差。

4. 不同制备试件含水率对CBR的影响

前面已经提到，标准CBR试验方法采用干法击实得到的最佳含水率制备试件与路堤压实时填料的实际含水率不符，为了研究制件含水率对改进CBR试验到底有何影响，对3种膨胀土进行不同试件制备含水率、侧向浸水的CBR试验，采用重型击实，浸水时的上覆荷载为标准的2.7kPa，结果见图7-13。

从图 7-13 可以看出，3 种膨胀土的侧向浸水 CBR 变化曲线都位于其对应的上部浸水 CBR 变化曲线的上方，这说明改进 CBR 试验方法测得的膨胀土的 CBR 强度确实有明显提高；不管哪种膨胀土和浸水方式，CBR 随制件含水率的变化规律类似于击实曲线，存在一个最佳值；当上覆荷载都为 2.7kPa 时，不管上部浸水还是侧向浸水，两者的 CBR 峰值大致对应同一个含水率值；宁明页岩风化土 CBR 峰值对应的含水率约大于 25%，这个含水率远大于干法重型击实的最佳含水率(15%)，很接近天然含水率(24.9%)，对应稠度为 1.08；南邓强膨胀土 CBR 峰值对应的含水率约为 22%，这个含水率远大于干法重型击实的最佳含水率(16%)，接近天然含水率(25%)，对应稠度为 1.03；百色中强膨胀土 CBR 峰值对应的含水率约为 19%，这个含水率远大于干法重型击实的最佳含水率(13%)，亦接近天然含水率(21%)，制件含水率对测试结果有很大影响。湿度处于天然稳定含水率附近时的压实膨胀土，其强度和水稳性最好。

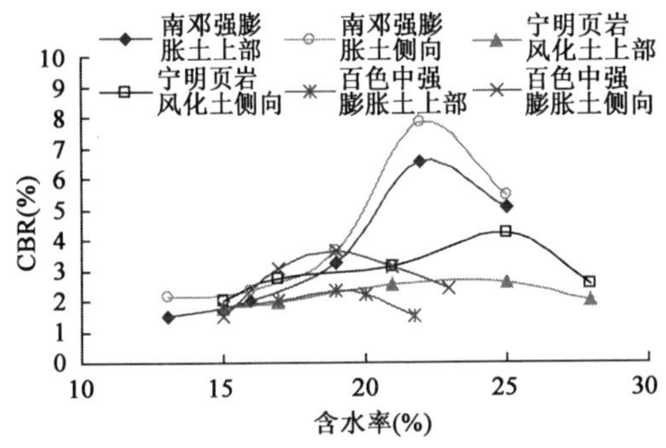

图 7-13 侧向浸水 CBR 与制件含水率的关系(彩图见 339 页)

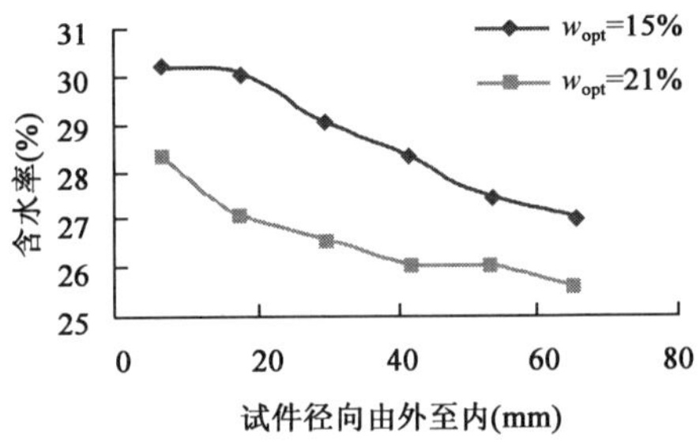

图 7-14 侧向浸水试件含水率径向分布

为做进一步分析，对宁明页岩风化土用两种最佳含水率制件(干法重型标准 $w_{opt}=15\%$，湿法重型标准 $w_{opt}=21\%$)，上覆荷载仍采用2.7kPa，浸水 4d 后分别测得其含水率沿径向 6 个点的变化规律(图 7-14)。由图可以看出，采用侧向浸水干法重型标准 $w_{opt}=15\%$时沿径向 6 个点的含水率比湿法重型标准 $w_{opt}=21\%$对应点的含水率都要大(平均为 2%以上)。变化规律仍然是中间小，外侧大，且两条变化曲线近似平行。这也解释了制件含水率接近天然含水率时强度为什么会增大，同时也说明了为什么改进 CBR 试验方法需用湿法重型标准确定制件最佳含水率。

7.3 膨胀土填料的分级标准与方法

膨胀土的工程性质较差，是一种不良路堤填料，但从环保和经济的角度考虑，在大面积膨胀土分布区筑路时不得不考虑将其用作填料，当然必须采取特殊的技术措施才能保证路基的强度和稳定性。为此,首先必须建立膨胀土填料分级标准和方法,从而在膨胀土路堤设计与施工中为工程师提供正确的依据。

7.3.1 指标体系建立的原则

目前,膨胀土的判别分级有国家标准和各种行业标准,但这些标准主要用来对土进行判别,分清是否为膨胀土,其次是用来判定这些土膨胀潜势的大小。对于公路膨胀土工程而言,这些判别是必要的,但它不能用于评价这些土用作路基填料的工程性质,如水稳性及施工性能。因此,为了科学地利用膨胀土作为路堤填料,必须有一套方便、简捷的指标与标准方法用于膨胀土填料的分类,分级指标必须满足以下原则:①能反映膨胀土的本质特征及工程性质;②指标的测定要简单、便捷,一般的工地试验室都能完成;③指标数据可靠,重现性好;④指标对于路基设计与施工有直接指导意义。要实现以上原则,分级指标体系的建立必须走继承和创新相结合的道路。所谓继承是将目前已有分级指标体系中的精华加以保留,这些指标都是经长期研究和实践检验而积累的宝贵经验,而创新则是要提出新的指标或者是对原有指标加以丰富和改进。

7.3.2 分级指标的提出

从膨胀土用作填料后的胀缩性、强度、稳定性和施工压实要求出发,遵循以上建立分级指标体系的四个原则,在总结大量室内外试验、实体工程修筑的基础上提出由改进 CBR 试验方法测得的 CBR 值、CBR 膨胀量和稠度作为填料分级的 3 个指标[9]。

1. CBR 值

CBR 试验又称为加州承载比试验,由美国学者 Porter 于 1927～1928 年在调查美国加利福尼亚州柔性路面的破坏状况时提出。它是表征路基路面材料强度的一个指标,在世界各地得到广泛应用,成为公路和机场道面设计及路基填土的质量控制指标。1995 年,我国在《公路路基设计规范》(JTJ 013—95)和《公路路基施工技术规范》(JTJ 033—95)中第一次同时提出将 CBR 作为路基填料选择的主要依据。尽管该指标引入我国路基设计、施工规范只有十几年的历史,但在我国公路建设中已深入人心,为保证我国公路路基的建设质量作出了重要贡献。继续选用 CBR 作为膨胀土填料分级的主要指标之一,其原因是该指标能反映膨胀土的承载能力,并与目前的设计规范相配套。

由 7.2 节可知,按照《公路土工试验规程》(JTG E40—2007)规定的标准 CBR 试验方法,膨胀土的试验测试结果往往达不到作填料的基本要求(CBR≥3%),不能反映膨胀土作为填料的真实强度。为此,在完成对标准 CBR 试验方法是否适合膨胀土问题的大量试验和深入研究的基础上,提出了改进 CBR 试验方法。室内大量试验表明,采用这种改进方法测得的膨胀土 CBR 反映了膨胀土在路基中工作时的真实强度,同时证明采用封闭包盖法所处治的膨胀土路堤强度完全可以达到要求。因此，采用改进 CBR 试验方法测得的 CBR 值作为填料分级指标比较合理。

2. CBR 膨胀量

CBR 膨胀量是 CBR 试验过程中，试件浸水 96h 后高度变化与其初始高度的比值，可用式(7-2)表示。

$$V_{\mathrm{h}} = \frac{h' - h}{h} \tag{7-2}$$

式中，V_{h} 为 CBR 膨胀量(%)；h'为试件泡水后高度；h 为试件初始高度。

中交第二公路勘察设计研究院提出，膨胀土填料的分级应根据压实膨胀土的膨胀变形、收缩变形对路面的影响程度，以击实膨胀土的 50kPa 胀缩总率 e_{PS}作为分级指标进行分级，如表 7-9 所示。

膨胀土填料分级 表 7-9

等级	分级指标	适用性
填料等级Ⅰ	$e_{\mathrm{PS}}<0.7$	能直接利用
填料等级Ⅱ	$0.7<e_{\mathrm{PS}}<2.5$	不能直接用于路床，但经采取结构措施可用于填筑路堤
填料等级Ⅲ	$2.5<e_{\mathrm{PS}}<5.0$	经改性后可利用，或采用 CNS 可以用于路基填料
填料等级Ⅳ	$e_{\mathrm{PS}}>5.0$	改性后可用，但要考虑施工条件和进行经济比较

胀缩总率必须在同时完成了土的膨胀率试验和收缩试验后方能通过计算获得，计算中有些技术参数的获取需要长期的积累，因此试验周期较长，计算也较烦琐。膨胀总率能反映膨胀土的黏土矿物成分与结构特征。在一定条件下，它是膨胀土比较稳定的属性指标，可以作为膨胀土判别指标之一，但要获得该指标所需的时间较长。在工程实际中，工地试验室要测得这个指标比较困难，不能满足“指标的测定要简单、便捷，一般的工地试验室都能完成”的原则。

东南大学方磊教授研究认为，胀缩总率的大小主要取决于在 50kPa 下测得的膨胀土的膨胀率，而该指标与 CBR 膨胀量呈较好的线性关系，由此提出用 CBR 膨胀量替代膨胀土工程分级标准中的胀缩总率。这样做的目的一方面是考虑胀缩总率测试的烦琐，另一方面也是为了给工程提供便利。

交通运输部公路科学研究院杨世基研究员在提出三指标分级标准(表 7-10)时，引进了国外最新的非饱和土理论研究成果，将吸力作为分级指标之一；同时考虑到路基规范已有的标准，仍把胀缩总率作为一个指标；根据大量实际工程经验的总结，将 CBR 膨胀量作为首要指标提出，这是因为该指标最具有工程意义，而且是路基填料选择时必做的试验之一，相比之下后两个指标的获取难度大得多，尤其是吸力的测试。

杨世基提出的公路膨胀土填料分级标准　　表7-10

分　级	CBR 膨胀量(%)	吸力(kPa)	胀缩总率(%)
强膨胀土	>3	>440	>4
中膨胀土	2～3	160～440	2～4
弱膨胀土	1～2	100～160	0.7～2
正常土	<1	<100	<0.7

因此，从继承的原则出发，仍把CBR膨胀量作为填料分级关键指标之一，但需要指出的是，这个CBR膨胀量也应该采用改进CBR试验方法测得。

3. 稠度

土的稠度 w_c 定义为土的液限与土的含水率之差与土的塑性指数(液限与塑限之差)的比值，可用式(7-3)表示。

$$w_c = \frac{w_L - w}{I_P} \tag{7-3}$$

式中，w 为含水率(%)；w_L 为液限(%)；I_P 为塑性指数。

交通运输部公路科学研究院杨世基研究员通过几十年的深入研究得出一些有价值的研究成果，提出膨胀土、高液限土等过湿土施工压实按稠度控制的原则，一般黏性土按其稠度可划分为以下几个状态：$w_c<0.5$ 时，呈极软塑状态，相当于软土，作为构筑物地基需要按规定进行加固处理，由于含水率过大，不能直接用作筑路材料；$w_c=0.5\sim0.7$ 时，呈软塑状态，用于工程建筑物，属于需要处理的湿黏土，此类土用作路基填料时，为保证路堤填土的密实度，必须采用固化材料作稳定处理，如掺入无机结合料，视情况晾晒拌和后压实，方能获得满意效果；$w_c=0.75\sim1.00$ 时，呈硬塑状态，用于工程建筑物，属于可利用的湿黏土，其中，$w_c=0.9\sim1.00$ 时，用于路堤可以晾晒后压实，$w_c=0.75\sim0.9$ 时，需要晾晒的时间较长，可掺入小剂量的结合料拌和后压实；$w_c>1.00$ 时，呈半固体状态，是工程使用的正常湿黏土，可直接用重型机具碾压密实。

膨胀土多为高液限黏土，天然含水率高，塑性指数大，其天然稠度往往小于1，将其用作填料时施工碾压困难。为了说明这点，统计了全国多个省(自治区、直辖市)浅层膨胀土的天然稠度，经整理得天然稠度统计结果，如表7-11和图7-15所示。

一般情况下，膨胀土的天然含水率较高，常大于最佳含水率(干法重型击实标准)10%以上，比轻型标准最佳含水率大5%以上，是膨胀土路堤施工压实的主要难题之一，也是决定膨胀土能否直接用作路基填料的关键所在。必须设法降低含水率至满足路堤施工压实控制的条件，但实际工程不太可能做到。同时根据第7.1节的论述，对膨胀土而言，采用干法重型击实标准填筑的路基，其强度和稳定性都不是最好的，不能按这个最佳含水率控制压实，而应选用符合稳定性要求和可实施碾压的最低稠度值以控制压实。通过室内大量膨胀土压实性能试验研究，同时参考交通部公路科研所“七五”国家重点科技攻关项目《湿黏土路基的压实与稳定性》的研究成果，得出在稠度为1～1.2之间时，膨胀土经压实后的长期水稳性最好，由此提出用稠度指标进行填料分级。尽管该指标不能直接反映膨胀土的胀缩特性，用它作为分级指标具有一定的局限性，但对膨胀土这样一种天然含水率通常高于其塑限的特殊土，能否作为填料首先要看它的可施工性及路基压实成型后承载力的稳定性。按照这种观点，选择稠度作为填料分级指标，既具有科学性，也具有必要性。

我国膨胀土天然稠度统计表 表7-11

省（自治区、直辖市）	地点或工程名称	工程特性及特征指标				
		含水率 w（%）	液限 w_L（%）	塑限 w_P（%）	塑性指数 I_P	稠度 w_c
广西	南宁盆地（南宁市人防工程）	15.7	48.015	17.515	30.5	1.060
	324国道	19.9	58.15	27.3	30.85	1.240
		21.25	42.55	17.95	24.6	0.866
	322国道	9.96	36	19.2	16.8	1.550
		11.8	30.5	16.2	14.3	1.308
		14.76	40.2	20.6	19.6	1.298
	南宁市某工程地基	34.5	59	28	31	0.790
	南宁体校	16.5	54.2	22.3	31.9	1.182
		8.7	35.2	17.7	17.5	1.514
	南昆铁路（百色盆地段）	32.75	71	41.3	29.7	1.288
	宁明某部队营地	30	59	29.5	29.5	0.983
	某水库	26	59.7	25.2	34.5	0.977
		25.4	54.8	24.5	30.3	0.970
	贵港市	34.75	69	32.5	36.5	0.938
	柳州市、柳城县	32.5	59.5	26.5	33	0.818
	黎湛铁路（隆安段）	29.05	68.4	34.9	33.5	1.175
	南昆铁路某段	38.785	61.95	28.25	33.7	0.687
	南昆铁路隆安段	35.96	70.01	37.71	32.3	1.054
云南	蒙自机场	35	60	40	20	1.250
		35	69	36.5	32.5	1.046

续上表

省（自治区、直辖市）	地点或工程名称	工程特性及特征指标				
		含水率 w（%）	液限 w_L（%）	塑限 w_P（%）	塑性指数 I_P	稠度 w_c
云南	东方红小学	23.2	52	27	25	1.152
		32.9	79.6	31.1	48.5	0.963
	开远煤矿	1.8	59.2	25.8	33.4	1.719
	弥勒盆地	29.5	46	26.5	19.5	0.846
		34.95	82	30.5	51.5	0.914
	开远公路	37.5	63	35	28	0.911
	昭通盆地	57.3	104	35.5	68.5	0.682
	文山县	37.3	57	27	30	0.657
	建水县	32.5	59	30	29	0.914
	小龙潭电站	22.2	44.5	21.6	22.9	0.974
	楚大高速公路	25.25	69.1	18.7	50.4	0.870
	昆明市	35.5	70.5	44	26.5	1.321
		37	68	32	36	0.861
贵州	贵州工学院	58	100.5	42	58.5	0.726
	贵州省人民医院	49.8	68.5	36	32.5	0.575
	贵州省某技术中心	48.8	66.5	37.5	29	0.610
	遵义卷烟厂	49.9	60.5	33.5	27	0.393
	六盘水市	53	59	23	36	0.167
	贵昆铁路	55.85	71.85	37.15	34.7	0.461
湖北	207国道（荆门段）	24.75	55.5	28.1	27.4	1.122
		30.2	66.6	32	34.6	1.052
	天然气管道（荆门段）	25	50.5	21	29.5	0.864
	天然气管道（枝江段）	26.44	53.9	21.75	32.15	0.854
	焦枝铁路（荆门—宜昌鸦鹊岭段）	27.4	51.1	19.6	31.5	0.752
	襄阳—谷城公路斜坡	25.75	47.05	22.55	24.5	0.869
	枣阳市、襄阳市、随州市	24.6	46.5	20.4	26.1	0.839

续上表

省（自治区、直辖市）	地点或工程名称	工程特性及特征指标				
		含水率 w（%）	液限 w_L（%）	塑限 w_P（%）	塑性指数 I_P	稠度 w_c
湖北	枣阳市、襄阳市、随州市	25.8	52.6	24.3	28.3	0.947
		19.8	45.2	20.8	24.4	1.041
	焦枝铁路襄阳肖湾段	21.65	55.5	24	31.5	1.075
		29.35	56	32.5	23.5	1.134
	焦枝铁路（宜城段）	23.5	54.68	22.18	32.5	0.959
	灌溉工程（襄阳段）	26	57	24.5	32.5	0.954
	襄阳市引丹总干渠	29.4	54.9	28.1	26.8	0.951
		25.15	60.1	29.1	31	1.127
	郧县新城	27.5	55.05	28.45	26.6	1.036
		22.5	48	25	23	1.109
		23.8	41.7	19.45	22.25	0.804
	走马岗村	25.5	51	30	21	1.214
河南	南阳盆地西部	29.65	60	26.75	33.25	0.913
		23.4	57.95	26	31.95	1.081
		25.05	69.6	23.1	46.5	0.958
	南水北调中线总干渠（方城、鲁山、宝丰段）	19.15	50.15	15.95	34.2	0.906
		21.55	76.8	23.9	52.9	1.044
	平顶山市	27.4	63.4	22.65	40.75	0.883
	南水北调工程南阳盆地段	22.85	41.4	17.9	23.5	0.789
		24	49.5	20.5	29	0.879
	宁西铁路（信阳、罗山、潢川、光山、固始段）	28	61	39	22	1.500
安徽	合肥工业大学	22	46.8	19.8	27	0.919
		25	51.5	23	28.5	0.930
	合肥南苑新村	24.3	47.9	24.9	23	1.026
		23	55.8	28.7	27.1	1.210
		26.3	61.6	29	32.6	1.083

续上表

省（自治区、直辖市）	地点或工程名称	工程特性及特征指标				
		含水率 w(%)	液限 w_L(%)	塑限 w_P(%)	塑性指数 I_P	稠度 w_c
安徽	合肥铁路专线	22.1	43.9	20.9	23	0.948
	阜阳—潘集铁路	25.2	55.2	25.2	30	1.000
	定远总后汽车试验场	29.05	56.1	26.65	29.45	0.919
		27.7	49.65	22.65	27	0.813
	干渠	28.55	46.1	25.1	21	0.836
	淮南市	22.76	51.5	23.1	28.4	1.012
	六安市	24	49	23.5	25.5	0.980
	肥西县	24	47.5	23	24.5	0.959
	和县驷马山引水渠道	34	78	37	41	1.073
江苏	苏北某地	28.4	67.5	25.6	41.9	0.933
		29.13	63.68	19.03	44.65	0.774
		22.68	56.07	23.49	32.58	1.025
	苏北岗地、残丘	22.1	41.3	22	19.3	0.995
陕西	襄渝铁路(安康早阳—七里沟段)	23.6	46.7	27.2	19.5	1.185
		27.1	50.1	24.05	26.05	0.883
		23.3	43.5	21.1	22.4	0.902
		26.2	49.2	21.8	27.4	0.839
	阳安铁路(西乡段)	23.8	43	23.7	19.3	0.995
		27.5	56.5	29.3	27.2	1.066
		21	47.65	22.5	25.15	1.060
	阳安铁路(汉中盆地段)	23.4	47.6	27.7	19.9	1.216
		27.5	51.4	24.6	26.8	0.892
	阳安铁路(勉西段)	21.4	45.2	21.5	23.7	1.004
	延安市	20.95	44.5	20.8	23.7	0.994
	西安市	18.35	46.95	23.6	23.35	1.225

续上表

省（自治区、直辖市）	地点或工程名称	工程特性及特征指标				
		含水率 w（%）	液限 w_L（%）	塑限 w_P（%）	塑性指数 I_P	稠度 w_c
山东	兖石铁路(临沂段)	39.5	58.3	29.3	29	0.648
	兖石铁路(费县段)	24.2	39	20	19	0.779
	泰安市	23	43	21	22	0.909
	泰(安)莱(芜)公路	23.9	46	25.6	20.4	1.083
	临沂费县	26.5	47.1	25.3	21.8	0.945
	青新铁路南段	31.8	76.54	29.69	46.85	0.955
	即墨市	28.3	54.7	26.9	27.8	0.950
山西	太焦铁路北段	12.7	52.2	23.1	29.1	1.357
		22	58.8	27.6	31.2	1.179
		20.4	48.5	24.9	23.6	1.191
	太焦铁路南段	24.1	41.5	20.5	21	0.829
		23.2	45.3	22.4	22.9	0.965
	引黄入晋总干渠	24.6	45.5	23	22.5	0.929
	保德电厂滑坡	17.6	49.2	23.65	25.55	1.237
内蒙古	某原油管道工程	19.05	59.48	29.88	29.6	1.366
	赤峰元宝山露天矿	23.5	41.45	17.45	24	0.748
	赤峰某矿	28	57.5	31.3	26.2	1.126
	内蒙古东南部	5.64	53.4	26.45	26.95	1.772
	伊敏河露天矿	23	40.2	28.5	11.7	1.470
		25	30.9	20.5	10.4	0.567
		26	44.5	24.6	19.9	0.930
	包头某大滑坡	44.8	84.7	40	44.7	0.893
	某石油管道工程	23.2	67.78	31.28	36.5	1.221
辽宁	黑山县	27.3	45	18	27	0.656
		46	56.1	21.7	34.4	0.294
	大连新港油罐区	29	50.4	27.1	23.3	0.918

续上表

省（自治区、直辖市）	地点或工程名称	工程特性及特征指标				
		含水率 w（%）	液限 w_L（%）	塑限 w_P（%）	塑性指数 I_P	稠度 w_c
辽宁	大连新港油罐区	33.9	62.7	29.3	33.4	0.862
	大连港	48.8	54.4	31.6	22.8	0.246
四川	成都平原岷江二、三级阶地	22	44.8	21.5	23.3	0.979
		23	47.2	23.6	23.6	1.025
		23	43.5	22	21.5	0.953
	攀枝花市	45	71	37.5	33.5	0.776
		24	46	23	23	0.957
		25	58.5	31.5	27	1.241
	华蓥市	36.85	55.45	26.725	28.725	0.648
广东	茂名市及其周边地区	25.5	55.3	26.5	28.8	1.035
		31.5	67.6	32.6	35	1.031
		14.9	49.9	22.7	27.2	1.287
	湛江市	42.9	65.7	25.5	40.2	0.567
	雷州半岛玄武岩分布区	52.5	77.6	43	34.6	0.725
		64.8	59.8	42.5	17.3	−0.289
		46.3	76.5	40.8	35.7	0.846
	清远市	38.6	55	32.25	22.75	0.721
	韶关东北	27.5	50	24	26	0.865
	化州南盛引水渠	24	62	35	27	1.407
海南	海口市	31	47.45	24.75	22.7	0.725
北京	北京西客站	13.557	39.45	19.35	20.1	1.288
		23.14	44.9	22.4	22.5	0.967
河北	南水北调工程（邯郸永年西）	26.1	63	27.5	35.5	1.039
		21.5	48.25	24.25	24	1.115
	邯郸鸡毛山公路	27.8	59.6	28.1	31.5	1.010
	邯郸某部队营地	23	50.8	24.1	26.7	1.041

续上表

省（自治区、直辖市）	地点或工程名称	工程特性及特征指标				
		含水率 w（%）	液限 w_L（%）	塑限 w_P（%）	塑性指数 I_P	稠度 w_c
河北	磁县岳城水库	23.7	51.2	23.6	27.6	0.996
甘肃	黄土高原（黄土底部大多有N2红土分布）	23.5	38.5	21.5	17	0.882
宁夏	N2沉积盆地分布区	24.45	54.5	23.15	31.35	0.959
		20.9	43.7	25.7	18	1.267
新疆	克拉玛依油田钻井工艺研究所	12.795	44.3	21.7	22.6	1.394
	准噶尔盆地、塔里木盆地周边	13.475	40.5	22.5	18	1.501

注：1. 含水率 w(%)、液限 w_L(%)、塑限 w_P(%)、塑性指数 I_P 均为平均值。
2. 其中，$0.9<w_c<1.0$ 占26.5%，$w_c>1.0$ 占41.3%，数据资料来源于《国内外膨胀土工程地质信息集成》（中国科学院，曲永新等）。

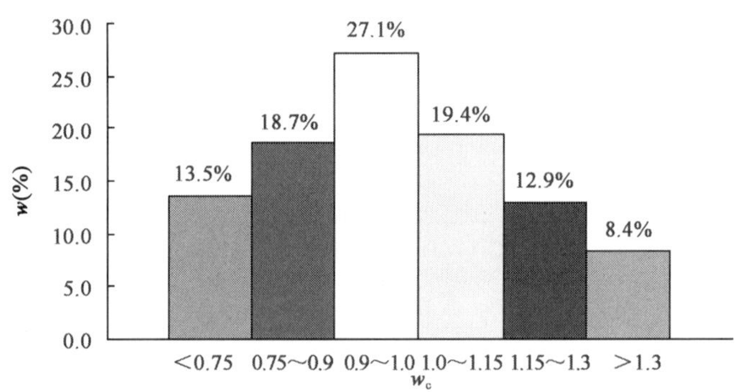

图7-15 中国膨胀土（岩）主要分布省区天然稠度统计图

7.3.3 膨胀土填料分级指标体系

为了进一步论证三指标选取的合理性并为分析确定各自的分级界限值提供实际测试数据的支持，选取宁明页岩风化土、百色中强膨胀和南邓强膨胀土3种典型膨胀土进行分级指标试验研究。

1.3种典型膨胀土填料分级指标的测试与分析

如前所述，实际工程中规定膨胀土一般只能用于填筑下路堤，公路结构的上路堤加上路面结构层总厚度一般会大于2m，若按土的重度进行计算，膨胀土填芯处的压力会达到40kPa。但考虑到这是一种极端情况，而工程设计通常需要考虑一定的安全系数，因此在改进CBR试验中，试件泡水时选定的标准上覆荷载为20kPa。为了便于比较，同时进行了上覆荷载为2.7kPa和20kPa的改进CBR试验。采用由小到大的系列含水率制件，再改变上覆荷载，在各种不同组合条件下，分别测出CBR峰值以及对应的CBR试件浸水膨胀量，探讨制件含水率、不同泡水上覆荷载下的CBR与CBR试件浸水膨胀量的关系，为合理确定填料分级指标CBR和CBR试件浸水膨胀量的取值标准提供依据，同时也探讨用湿法重型击实标准确定制件含水率的合理性。南友高速公路上宁明页岩风化土最具代表性。因此，对这种土除了进行不同浸水方式、不同上覆荷载、不同的试件制备含水率条件下的试验以外，还探讨了浸水时间对改进CBR试验结果的影响。

试验方法如前所述，对3种不同胀缩等级的膨胀土具体开展以下试验：

①南邓强膨胀土，上覆荷载分别为2.7kPa、20kPa，进行13%、16%、19%、22%和25%共5种制件含水率下的改进CBR对比试验。

②百色中强膨胀土，上覆荷载分别为2.7kPa、20kPa时的改进CBR试验，制件含水率共采用5种：13%、15%、17%、21%和23%。

③宁明页岩风化土，上覆荷载分别为2.7kPa、10kPa、20kPa、40kPa时的改进CBR对比试验，制件含水率分别为13.3%、15%、16%、17%、20%、21%、24.7%、25%、27.5%和28%，此外还进行了不同浸水时间下的CBR对比试验和CBR试件浸水膨胀量试验。

(1)南邓强膨胀土试验结果及分析

①不同上覆荷载下的CBR强度试验

采用侧向浸水方式进行试验，上覆荷载分别为2.7kPa、20kPa。不同上覆荷载下CBR随制件含水率的变化曲线如图7-16所示。从图中可以看出，当上覆荷载为2.7kPa时，出现CBR峰值的含水率为22%，其CBR峰值为8.2%，而在湿法击实最佳含水率16%处的CBR约为2.7%，远小于20kPa下湿法击实最佳含水率对应的CBR值14.1%；当上覆荷载为20kPa时，出现CBR峰值的含水率为19%，其最大值为15.9%，而湿法击实最佳含水率16%处的CBR为14.1%。由此说明，该土在20kPa上覆荷载下湿法击实最佳含水率16%附近的CBR较大，真实反映了该土的实际CBR强度，故将20kPa作为上覆荷载测泡水CBR是合理的。

②不同上覆荷载下的CBR试件浸水膨胀量试验

试验方法同上。测得CBR的同时也测得其CBR试件浸水膨胀量，试验结果如图7-17所示。

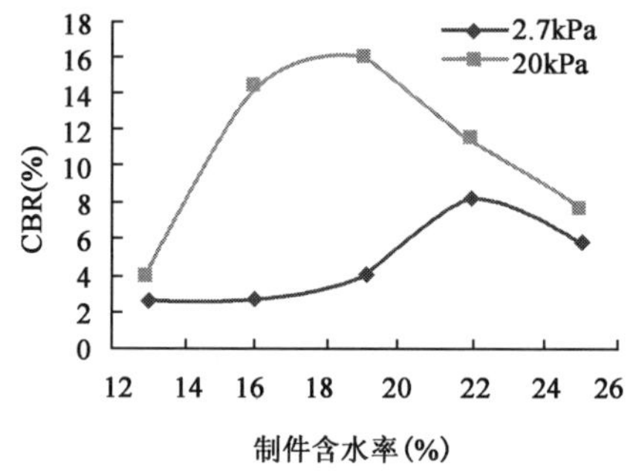

图7-16 不同上覆荷载下CBR随含水率的变化图

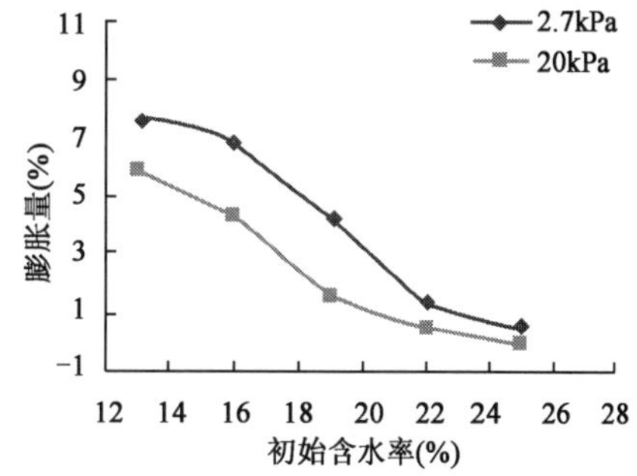

图7-17 不同上覆荷载下CBR试件浸水膨胀量随含水率的变化图

试验结果表明，采用 20kPa 上覆荷载时，在湿法击实最佳含水率 16%处的 CBR 试件浸水膨胀量为 4.3%，在含水率为 18%时 CBR 试件浸水膨胀量为 3%；分别采用 2.7kPa 上覆荷载与 20kPa 上覆荷载时，在湿法击实最佳含水率附近(16%～18%)对应 CBR 试件浸水膨胀量相差约为 2%。因而只要制件含水率控制在 18%以上，CBR 试件浸水膨胀量小于 3%，就能满足最低 CBR 试件浸水膨胀量标准值。

(2)百色中强膨胀土试验结果及分析

①不同上覆荷载下的 CBR 强度试验

试验采用侧向浸水方式，上覆荷载分别为 2.7kPa、20kPa，两种荷载下 CBR 随制件含水率的变化曲线如图 7-18 所示。经分析得到：当上覆荷载为 20kPa 时，CBR 峰值出现在 18.27%的含水率处，最大值为 5.2%，这种土的湿法击实最佳含水率为 15.8%，对应 CBR 为 4.8%左右，并且在湿法击实最佳含水率附近 CBR 都大于 4.5%；当上覆荷载为 2.7kPa 时，CBR 峰值出现在 19%的含水率处，最大值为 4%，而在湿法击实最佳含水率处的 CBR 只有 2.5%，约为 20kPa 下最佳含水率对应 CBR 的一半，若采用干法击实最佳含水率(13%)进行控制，这时对应的 CBR 更小。20kPa 下 CBR 曲线位于 2.7kPa 下 CBR 曲线的上方，这能反映膨胀土填筑在下路堤时实际工况下的真实 CBR 强度。百色中强膨胀土的 CBR 远小于南邓强膨胀土的 CBR，这说明百色中强膨胀土若用作填料，其强度还是相对较低；进一步说明中膨胀土用作路堤填料不一定比强膨胀土好，而应视其路用性能(改进 CBR 及 CBR 膨胀量)而定。

②不同上覆荷载下的 CBR 试件浸水膨胀量试验

试验方法同上。测得 CBR 的同时也测得其 CBR 试件浸水膨胀量，试验结果如图 7-19 所示。相比之下，上覆荷载 20kPa 时 CBR 试件浸水膨胀量比上覆荷载为 2.7kPa 时对应的 CBR 试件浸水膨胀量小 2～3 个百分点，表明上覆荷载的提高有利于抑制膨胀土填料的膨胀性。该土的湿法击实最佳含水率为 15.8%，对应 20kPa 上覆荷载下的 CBR 试件浸水膨胀量约为 5.2%，而采用 2.7kPa 上覆荷载时该最佳含水率处的 CBR 试件浸水膨胀量达到 8%。与南邓强膨胀土相比，百色中强膨胀土的 CBR 试件浸水膨胀量还是比较大的。当上覆荷载为 20kPa 时，

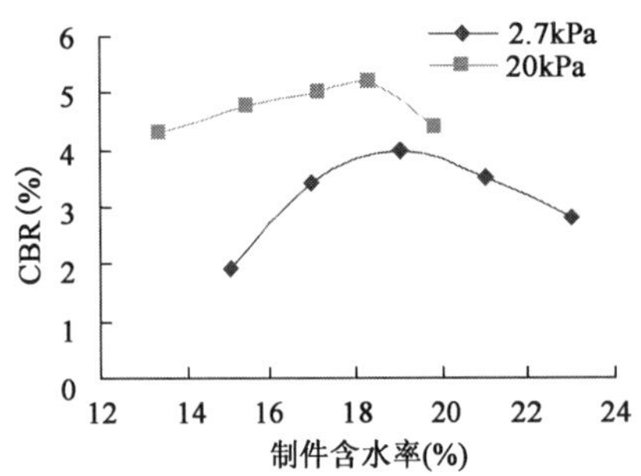

图 7-18　不同上覆荷载下 CBR 随含水率的变化图

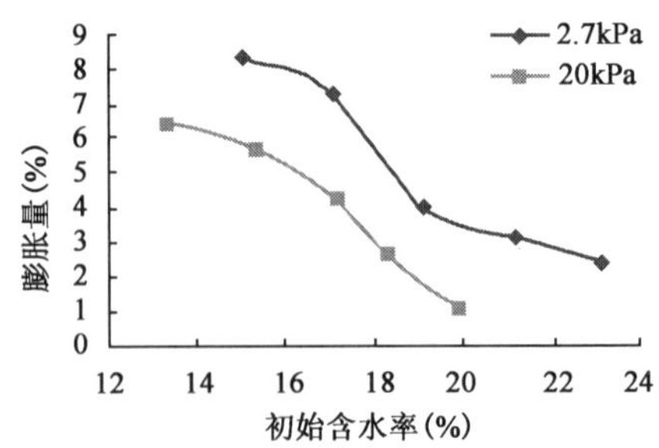

图 7-19　不同上覆荷载下 CBR 试件浸水膨胀量随含水率的变化图

采用湿法重型击实标准，按90%的压实度要求确定填料含水率(最佳含水率+2%)，所对应的CBR试件浸水膨胀量可满足规范要求。

(3)宁明页岩风化土试验结果及分析

①不同上覆荷载下的CBR强度试验

当上覆荷载为2.7kPa和40kPa时，制件含水率分别采用15%、17%、21%、25%、28%；当上覆荷载为20kPa时，制件含水率分别采用13.3%、16%、20%、24.7%、27.5%。均采用侧向浸水方式，重型击实(每层98击)，分3组进行CBR强度试验，结果如图7-20所示。

从3条曲线的位置可以看出，试件浸水时的上覆荷载越大，所测得的CBR也越大。当上覆荷载为40kPa时，在试验控制的含水率范围内(实际施工中可能出现的湿度范围)，CBR的大小随制件含水率的增大而减小，说明当上覆荷载足够大时，水分已很难浸入试件内，此时试件的强度主要取决于制件时试件的密实状态。当浸水时上覆荷载不是太大时，CBR会出现峰值。上覆荷载大小不同，其峰值对应的含水率也不同，其变化的基本规律是，随着上覆荷载的增大，CBR峰值对应的含水率会减小。当上覆荷载为2.7kPa时，CBR峰值出现在25%的含水率处，最大值为4.2%，而在湿法击实最佳含水率处的CBR只有3.2%，约为20kPa下最佳含水率对应CBR的1/3，若采用干法击实最佳含水率(15%)进行控制，所对应的CBR为2.4%。当上覆荷载为20kPa时，CBR峰值出现在20%的含水率处，这与湿法击实最佳含水率比较接近，此时的CBR最大值为9.3%，说明将试验标准上覆荷载定为20kPa与南友高速公路实体工程比较符合。该试验从CBR的角度证明了只要对填芯膨胀土在天然含水率下采用重型压实，同时辅以合适的封闭包盖措施，膨胀土路堤的强度和稳定性可以得到保证。

②不同上覆荷载下的CBR试件浸水膨胀量试验

2.7kPa、20kPa两种上覆荷载下的CBR试件浸水膨胀量测试结果如图7-21所示。试件浸水时上覆荷载越大，CBR试件浸水膨胀量越小。采用20kPa上覆荷载时，在湿法击实最佳含水率21%处的CBR试件浸水膨胀量为2.9%，而在含水率为16%(接近干法重型压实最佳含水率)附近，CBR试件浸水膨胀量出现峰值(6.4%)，表明若用干法最佳含水率控制施工，其路堤稳定性会最差。当宁明页岩风化土路堤施工含水率控制在21%左右时，CBR试件浸水膨胀

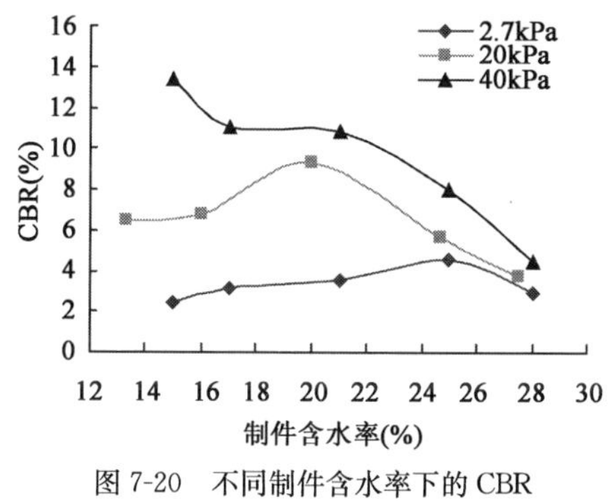

图7-20 不同制件含水率下的CBR

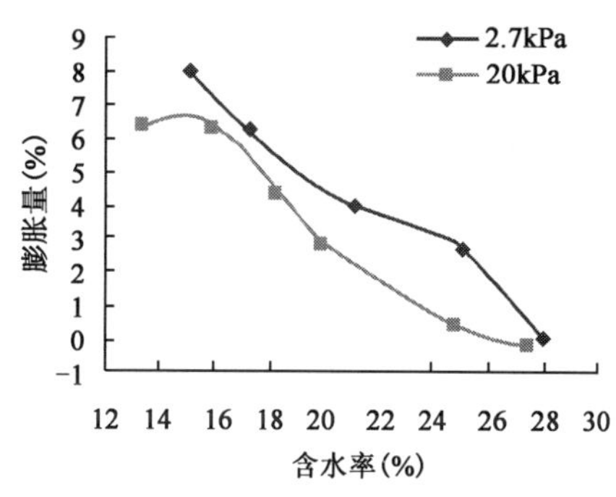

图7-21 CBR膨胀量随含水率的变化图

量小于 3%，可满足最低 CBR 试件浸水膨胀量要求。

③上覆荷载对改进 CBR 试验的影响

为了更加详细地研究宁明页岩风化土 CBR 强度随上覆荷载的变化规律，分别采用了 2.7kPa、10kPa、20kPa、30kPa、40kPa 5 种荷载进行 CBR 试验，试验的制件含水率采用湿法重型击实标准最佳含水率(21%)。测试结果如图 7-22 和 图 7-23 所示。

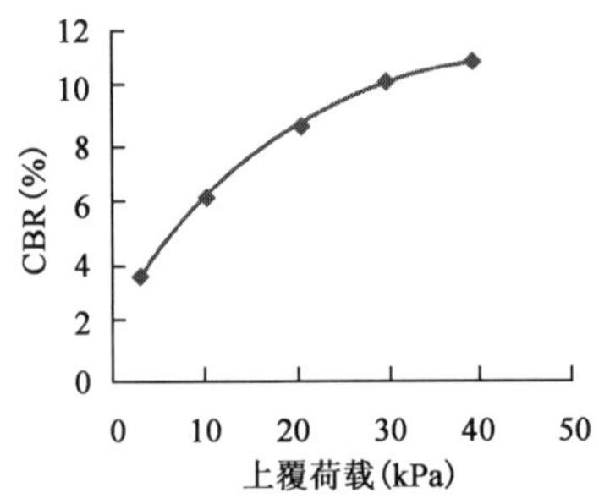

图 7-22　不同上覆荷载下的 CBR 强度

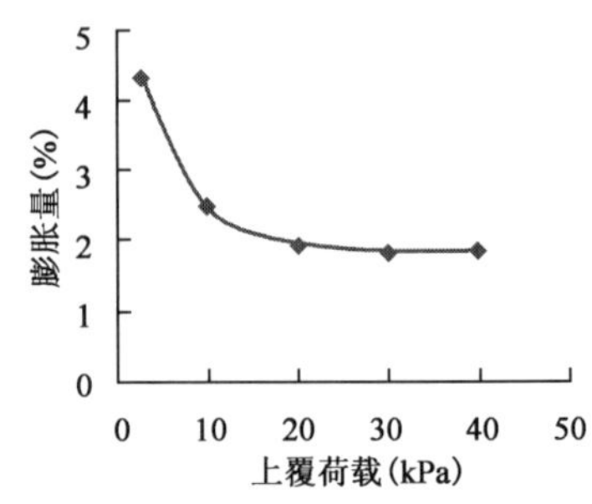

图 7-23　不同上覆荷载下的 CBR 试件浸水膨胀量

试验结果表明，随着上覆荷载的增大，CBR 强度增大；同样，随着上覆荷载的增大，CBR 试件浸水膨胀量减小；当上覆荷载为 30kPa、40kPa 时，CBR、CBR 试件浸水膨胀量差别不大，说明 CBR 强度值不会随上覆荷载的增大无限增大，CBR 试件浸水膨胀量也不会无限减小，上覆荷载为 40kPa 基本接近其极值，再加大荷载的意义不大；考虑用 20kPa 作为改进 CBR 试验方法的标准上覆荷载是合理的，因为 40kPa 已属于一个极端情况，而工程设计中常常存在一些不确定或未知的因素，为了安全起见，应留有一定的余地。

④不同上覆荷载条件下浸水后试件含水率变化规律

贯入结束后将试件脱模，对不同上覆荷载下 CBR 试件的顶面分别沿其半径方向由外至内依次挖取 6 个土样测含水率，以得到含水率沿半径方向的变化规律，如图 7-24 所示。

图 7-24 表明，当上覆荷载较小时，表土层吸水膨胀十分严重，但膨胀土的透水性差，其试件表层边部的含水率比中心处土体含水率高得多；当上覆荷载增大时，土中有效应力随之增大，水分更不易渗入，表层边部的含水率和内部土体含水率较为接近，所以随着上覆荷载的增加，试件内外含水率之差逐渐减小。因此，当上覆荷载增大时，在土中有效应力随之增大的同时，上覆荷载也使膨胀土颗粒的间距变小，两者的综合作用阻碍了土中水分的增加，使膨胀土受水的影响大大减小，所以其强度衰减变小，CBR 逐渐增大。

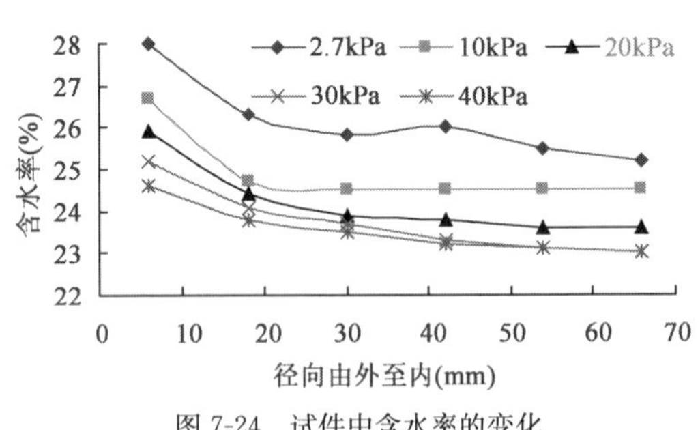

图 7-24　试件中含水率的变化

此外，结合图 7-22 进行分析，可以看出随着上覆荷载的增加，宁明页岩风化土的 CBR 曲线变化有不断趋近于某个值的趋势。因为随着上覆荷载的不断增大，渗入土体中的水分越来越少，试件泡水后的湿度状况与不泡水时的状态越来越接近，其CBR强度也就逐渐接近试件不泡水时测得的CBR。

⑤不同浸水时间下的CBR试验

在标准试验的荷载下(2.7kPa)和40kPa荷载下对宁明页岩风化土进行不同浸水天数的侧向浸水CBR试验，采用重型击实，每层98击，制备试件的含水率为21%。由于时间限制，试件最长浸水14d。试验结果如图7-25所示。从图7-25可以看出，CBR都随浸水时间延长而逐渐减小，不同荷载下CBR减小的幅度不同。虽然膨胀土的透水性较差，但随浸水时间的增加，水分还是会逐渐渗入土体内部，试件逐渐达到稳定状态。而且上覆荷载为2.7kPa的试验曲线比40kPa的试验曲线陡，说明在较小的荷载下CBR下降得较大。

测得的CBR膨胀量随时间的变化曲线如图7-26所示。两种上覆荷载下(2.7kPa、40kPa)，宁明页岩风化土的CBR试件浸水膨胀量随浸水时间延长而变化的曲线有较大差异。2.7kPa上覆荷载下试件的CBR试件浸水膨胀量随浸水时间变化曲线可分为两段，在浸水前5d内曲线斜率大，说明膨胀量增长较快；5d后曲线斜率明显减小，表明膨胀量增长缓慢；浸水两周以后仍没有稳定，说明这种土的透水性很小，需相当长的时间才能达到稳定，或根本不可能达到稳定。而在40kPa上覆荷载作用下，浸水4d后膨胀量就基本稳定，说明上覆荷载能显著抑制膨胀土的晶格膨胀性。这种结果也说明采用封闭包盖处治膨胀土路堤的思路确实是一种有效的途径，同时也为改进CBR试验方法确定泡水时间(4d)提供了依据。

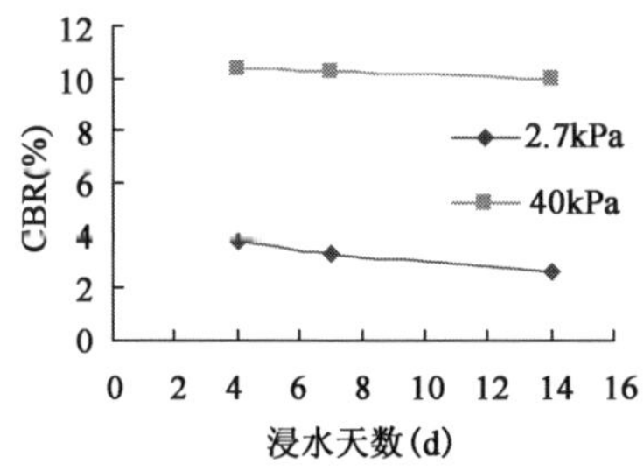

图7-25 CBR随浸水时间的变化

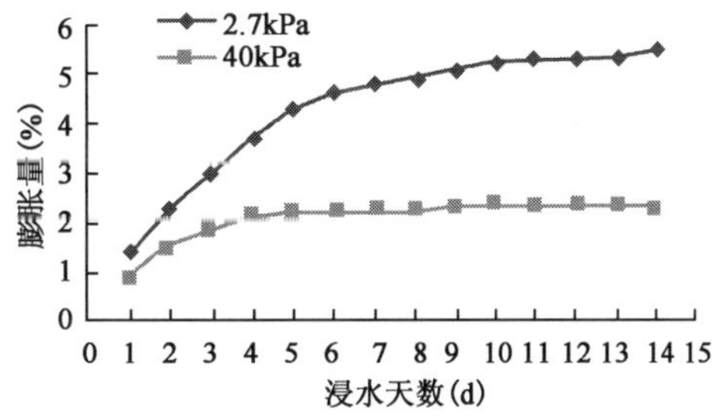

图7-26 浸水14d膨胀量变化曲线

⑥不同浸水时间试件含水率沿径向的变化规律

在贯入结束后，对不同浸水天数下的CBR试件沿其顶面进行了含水率测试，结果如图7-27所示。在标准试验荷载下(2.7kPa)下，随着浸水天数的增加，试件含水率有一定的增加。浸水14d后，侧面20mm范围内的含水率增加得不多，但试件内部的含水率随浸水时间的增加不断提高。这说明膨胀土浸水4d后，表面就已经被水泡软了，达到极度饱和状态，而由于膨胀土的透水性较差，试件内部含水率还相对较低。随着浸水时间的增加，水分逐渐向试件内部渗透，浸水14d后，试件内部含水率比4d的已有较大的提高，而试件表面土体浸水4d已极度饱和，含水率没有太大变化。在40kPa荷载下，因土中有效应力较大，土颗粒的间距变小，浸水

4d、一周、两周后其含水率沿径向有所减小，但沿径向每点对应的值相差不多。可见，在较大的荷载下，即使试件长期泡在水中，对土体的强度影响也不明显，CBR下降很少。

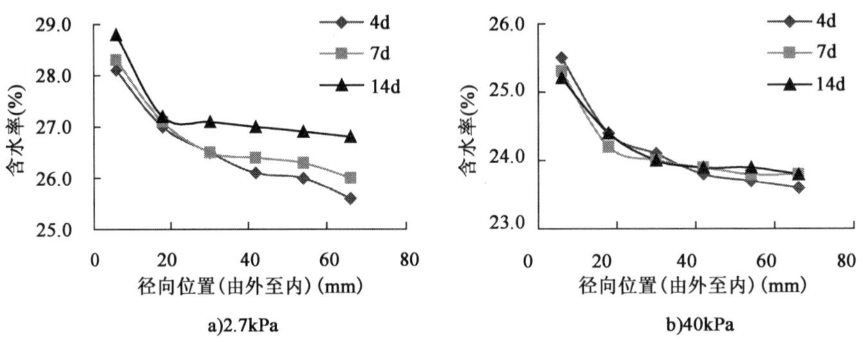

图7-27 不同上覆荷载下CBR含水率随时间变化曲线

2. 膨胀土填料分级的建议指标体系

膨胀土填料分级采用三指标体系的合理性已得到充分论证，建立分级标准时仍采取继承与创新相结合的原则，即在确定填料的强度和变形分级界限值时，仍以规范要求为基础，但又充分考虑两种试验方法对同一土样测试同一指标时测试结果之间客观存在的差异，分析建立它们之间合理的换算关系，进而确定分级界限值，使之既能满足规范的填料分级评价基本要求，又能构建合理的新分级指标体系。本指标体系中，合格膨胀土填料指标等级的划分仍沿用Ⅰ、Ⅱ、Ⅲ级。

(1)CBR值

由于试验条件的改善，在合适稠度范围内改进法测得的CBR值比规范法的对应值提高很多(图7-13)，因此，取《公路路基设计规范》(JTG D30—2004)规定的下路堤、上路堤及下路床填料最小CBR值(3%、4%和5%)作为填料分级的基准界限值。通过分析改进法测CBR所产生的增大效应，确定合适的提高系数后对基准值进行换算。

改进CBR试验既适用于膨胀土又适用于正常土，而规范基准值是针对正常土提出的，因此选择3种正常土(长沙红黏土、校园土、S211土)进行两种方法下的对比试验，通过对测试结果分析进而确定提高系数，即同一土样两测试结果的差值与规范法测定值之比(表7-12)。

两种试验方法下膨胀土的CBR对比 表7-12

土　　样	规　范　法(%)	改　进　法(%)	提高系数(%)
校园土	25.7	33.3	29.6
S211土	38.3	49.2	28.5
长沙红黏土	16.7	20.0	19.8

由表7-12可知，三土样的提高系数分别为29.6%、28.5%、19.8%。考虑工程的安全和可靠性，将提高系数定为30%。这样，Ⅰ、Ⅱ、Ⅲ、Ⅳ级填料的强度界限值分别是6.5%、5.2%、

3.9%。

(2)CBR 膨胀量

公路路基设计规范已提供胀缩总率的分级界限值,通过分析胀缩总率、50kPa 膨胀量以及与 CBR 膨胀量之间存在的相关关系,已明确用 CBR 膨胀量替代胀缩总率作为填料变形的评价指标。利用指标间已建立的关系方程式($y=0.7091x-2.6032$),同样可获得基于规范要求的 CBR 膨胀量分级界限值(表 7-13)。

规范标准值的换算 表 7-13

填 料 等 级	胀缩总率规定值(%)	CBR 膨胀量换算值(%)
Ⅰ级	<0.7	<4.7
Ⅱ级	0.7~2.0	4.7~6.5
Ⅲ级	2~4	6.5~9.3

由于采用的分级指标是改进 CBR 膨胀量,而表 7-13 所列为规范 CBR 膨胀量,试验条件的改变使同一土样经改进法测试的结果要小于规范法的对应值。因此,表 7-13 中所列分界值需乘以折减系数,才能构成新的分级指标。

改进法试验中试样制件采用的含水率是湿法重型击实确定的最佳含水率,分析图 7-17、图 7-19、图 7-21 可确定 3 种典型膨胀土对应该状态的膨胀量及其折减系数(折减系数=1-规范法与改进法测试值之差/规范法测试值),结果见表 7-14。

3 种膨胀土的 CBR 膨胀量变化对比 表 7-14

土 样	最佳含水率(%)	规范法(%)	改进法(%)	折减系数(%)
宁明页岩风化土	21	4.56	2.54	56
百色中强膨胀土	15.8	6.09	4.72	77.4
南邓强膨胀土	16	6.77	4.11	59.2

同样考虑到工程的安全和可靠性,取折减系数为 55%,从而确定变形指标的分级界限值。

(3)稠度

根据 3 种膨胀土改进 CBR 试验下的测试结果,结合现场施工经验以及已有参考文献的研究成果,$w_c \geq 1.00$ 是满足施工碾压的必要条件,而 $w_c \leq 1.30$ 是保证路基强度和稳定性的附加限制条件。因此,选定稠度区间 1.00~1.30 作为合适的填筑稠度范围。

3. 公路膨胀土填料分级指标与标准

基于目前已有的试验研究成果,参考国内外对膨胀土填料采取的分级方法,采用物理处治技术修筑膨胀土路堤时,可按照表 7-15 所示的填料分级指标体系进行填料选择。表中的等级级别由小到大表明填料的性质由好到差。

公路膨胀土填料分级指标与标准 表 7-15

填料等级	CBR(%)	CBR膨胀量(%)	天然稠度	填筑要求
Ⅰ级	>6.5	<2.6	≥1	可直接填筑
Ⅱ级	5.2～6.5	2.6～3.6		
Ⅲ级	3.9～5.2	3.6～5.1		
Ⅳ级	<3.9	>5.1	<1	不可直接填筑

需要进一步说明的是：

(1)首先按公路膨胀土判别分类方法判断取土区内的土料是否为膨胀土，然后对拟作填料的膨胀土进行水理性指标(液、塑限和天然含水率)和改进 CBR 试验。上述试验也是施工前对细粒土料场调查中的必做常规试验，任何工地试验室都可以完成。

(2)通过试验结果分析即可获得填料分级的三指标值:CBR 值、CBR 膨胀量、天然稠度。

(3)进行填料等级评定，决定其取舍并初步确定合适的施工工艺及方法。当同一填料的 CBR 值、CBR 膨胀量分属于不同等级时，选定其中较大(差)的等级作为其分类等级。若同一土料场中同时存在两个以上等级的膨胀土，应优先选用等级小的作填料，或将等级小的填料填筑于膨胀土填芯下路堤的上部。

(4)根据表 7-15 对 3 种典型膨胀土进行分类分级，宁明页岩风化土为Ⅱ级，百色中强膨胀土为Ⅲ级，两者均可用于填筑下路堤。南邓强膨胀土因天然稠度为 0.99，若用作填料，需经摊铺晾晒蒸发失水后，方可进行路堤填筑和压实。

7.3.4 膨胀土填料的分类及处治技术

在膨胀土地区修筑公路，首先应按国家、行业标准或公认有效的膨胀土分类判别指标和方法对路堤填料进行相关指标试验，以确定具体路段的填料是否为膨胀土及膨胀潜势的大小。一旦确定为膨胀土，再进行膨胀土填料分类指标的相关试验，即按规定的试验频率和方法，进行土的液限、塑限、天然含水率、CBR、CBR 膨胀量以及湿法重型击实试验。根据试验结果，按表 7-15 判定该膨胀土是否可直接填筑。

根据已有研究成果，当天然稠度为 0.9～1 时，若当地气候和施工条件允许，可通过对膨胀土填料翻拌使其含水率降低；稠度达到 1 以上时，这种土也可以直接用来填筑。当天然稠度为 1～1.15 时，可采用轻型击实标准；当天然稠度为 1.15～1.3 时，可采用湿法重型击实标准；当天然稠度大于 1.3 时，可采用干法重型击实标准。但考虑到膨胀土的稠度范围与其长期强度和水稳性的关系，建议尽量采用湿法重型击实标准进行施工压实控制。

为保证填土的强度，降低膨胀性，同时提高其长期稳定性，如果现场填料的天然稠度偏小，达不到湿法重型击实标准的要求，也可对下路堤填筑采用轻型击实标准进行压实控制，但压实度不能低于95%；当采用湿法重型击实标准进行压实控制时，压实度不得低于90%。

7.4 物理处治膨胀土路堤的压实控制方法

如前所述，膨胀土填料的另外一些关键问题是施工中能否被正常摊铺和碾压，如何进行压实控制，压实性能如何。研究发现，对于南方湿热地区，若在干法击实所得的最佳含水率条件下施工，绝大多数膨胀土天然含水率远大于该值，使得施工无法进行。另外，即使设法按最佳含水率进行施工，但道路建成两三年后土的含水率会逐渐增大，直至达到稳定的天然状态，由于含水率增加较多，土体膨胀量亦大幅增加，致使路基的强度和稳定性降低。因此，用膨胀土填筑路基，如何进行压实控制，在何种条件下压实时路基强度和稳定性最好，是十分值得研究的问题。

为了获得膨胀土用作路堤填料的压实标准，在南友高速公路11标段工地试验室开展了宁明页岩风化土不同击实功下的干法击实、湿法击实对比试验。

共采用两种方法分6组在3种击实功下进行对比试验，结果如图7-28所示。

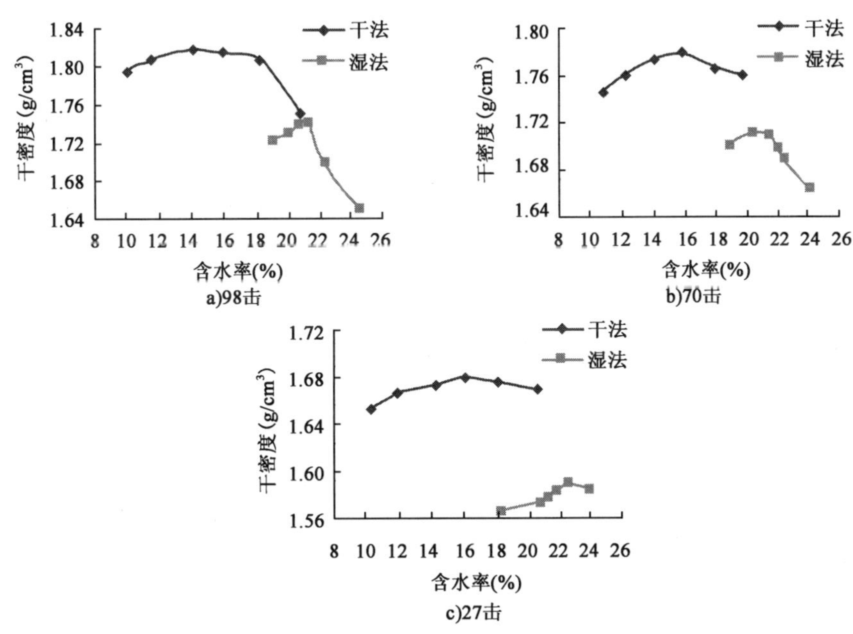

图7-28 不同击实功条件下膨胀土的击实曲线

试验结果表明，无论用何种击实功，湿法确定的最佳含水率均大于干法的最佳含水率，其最大干密度值正好相反；湿法重型击实标准确定的最佳含水率为21%左右，很接近于宁明页岩风化土开挖时的天然含水率(24%左右)。如果按照90%的压实度控制施工，开挖的膨胀土可以直接填筑而不需晾晒；如果按干法击实确定的最佳含水率（15%）控制施工，施工控制含水率至少比天然含水率低八九个百分点，不可能通过短期晾晒达到压实控制含水率的要求；湿法击实土样含水率递减过程与膨胀土填料从天然含水率状态下翻晒至压实控制含水率的过程是一致的，比较符合实际情况，因此用它作为施工控制含水率标准是合适的，也是科学的[10]。

7.5 物理处治膨胀土路堤的设计原理和方法

7.5.1 物理处治技术的基本思路及技术要点

膨胀土填筑路堤的物理处治技术是指采用改进 CBR 试验方法，按照路堤的实际工作状况获取填料的真实强度和变形特性，依据第 7.3 节所述的路堤填料分级指标体系对膨胀土料进行分类判别，遵循保湿防渗的基本原则，选取包边、封闭、加筋、夹层、土加石等措施将判别合格的土料用于下路堤填筑的工程技术。

物理处治技术的基本思路是将膨胀土填于特定的路基部位，限制其填筑高度，同时采取有效的保湿防渗物理措施，设法控制路堤中膨胀土的湿度不产生明显变化，使路堤能保持足够的强度和稳定性。

采用膨胀土填筑路堤的技术要点是：

（1）把握路基工作区的概念及不同层位路基受力特点，合理调配路堑开挖的膨胀土填料，将不同强度、胀缩特性和湿度的土料填筑于下路堤的相应部位，尽可能实现路基施工的移挖作填。

（2）以稠度控制、湿法重型击实标准和改进 CBR 试验方法为基础，形成利用高液限❶及湿度较大的膨胀土填筑路堤的有效处治技术。

（3）通过多种手段（现场调查、跟踪监测、查找相关文献等）获得大气干湿循环作用对膨胀土的显著影响范围，进而确定膨胀土路堤的合理封闭包盖厚度。

（4）有效的保湿防渗是物理处治膨胀土路堤的基本原则。为防止地下水或承压地下水对填芯膨胀土的影响，对低洼处的路堤基底必须做有效的隔水处理。

（5）从受力和工后沉降考虑，膨胀土仅限于填筑下路堤，其有效填筑高度不宜大于 8m。

7.5.2 膨胀土路堤处治方法及其原理

确定膨胀土路堤处治方法的基本原则为：①工程的安全可靠性；②方法的经济合理性；

❶高液限土指小于 0.075mm 的颗粒含量大于 50%、塑限大于 50%、塑性指数大于 26 的土。

③施工后的环保效应；④施工的可操作性。根据膨胀土填料的不同等级、天然稠度，以及当地气候、水文地质条件等综合因素，结合确定膨胀土路堤处治方法的基本原则，对目前处治技术成熟、处治效果好且经济合理的处治方案进行分析研究后，得出处治方案（表7-16），供设计与施工人员参考。

膨胀土路堤处治方案选择 表7-16

填料等级	处治方案	天然稠度
Ⅰ级	非膨胀性土包边、土工格栅包边、土工布加固	Ⅲ级以上填料天然稠度≥1，方可选用表中相应处治方案；天然稠度为0.9～1时，填料需经晾晒至其稠度大于1；天然稠度为0.7～0.9时，需采用石灰改良处治；当天然稠度＜0.7时，应弃用
Ⅱ级	非膨胀性土包边、土工格栅包边、土工布加固	
Ⅲ级	土工格栅包边、非膨胀性土夹层＋土工格栅包边、土工布加固	
Ⅳ级	化学（石灰）改良或弃土	

1. 非膨胀性土包边法

填芯膨胀土的四周用非膨胀性土封闭包盖，以减小外界干湿循环对填芯膨胀土的影响，使填芯膨胀土的湿度变化保持在较小的范围，使其强度不发生大的衰减。

2. 土工格栅包边法

通过土工格栅❶与边部膨胀土的相互咬合和摩擦，形成一种特殊的筋土混合物，对填芯膨胀土起到框箍、封闭包盖作用。一方面，通过土工格栅（网）吸收一部分土体因增湿膨胀产生的膨胀力，抑制坡面膨胀土的膨胀变形；另一方面，在增湿时又不致产生严重开裂为外界环境水分入渗提供通道。而且，土中加土工格栅（网）后，又可防止水分进入坡面而引起土体膨胀松散，从而提高路基表层土体的整体性和抗剪强度，保证路基表层土体雨季饱和后，不至于强度降低很多、自重过大而失稳。

3. 土工布加固技术

通过在膨胀土路堤中铺设土工布❷，提高路堤的强度及其稳定性。其作用一是切断毛细水的上升，同时防止水分入渗而使基底软化，从而使路堤产生破坏；二是通过间隔铺设土工布，调节路堤内的应力分布，使路堤填土的沉降量得到一定程度的均匀化，减少不均匀沉降。而且当路堤中有软弱区域存在时，土工布起到隔离作用，可减弱软弱区域对整个路基稳定性的影响。此外，在膨胀土路堤中加入土工布，还可提高路堤的承载能力。

❶主要指以高密度聚乙烯（HDPE）为原材料，经挤出压成薄板再冲规则孔网，然后纵向拉伸而成的单向土工格栅。

❷由合成纤维通过针刺或编织而成的透水性土工合成材料。

7.5.3 物理处治膨胀土路堤的设计方法

1. 包边宽度

物理处治膨胀土路堤设计必须满足当地膨胀土干湿循环显著影响深度的要求。图 7-29 为特定气候条件下，膨胀土路堤干湿循环显著影响范围示意图。L 表示实测坡面水平方向含水率显著变化范围，H 表示水平面上垂直方向干湿循环显著影响深度。

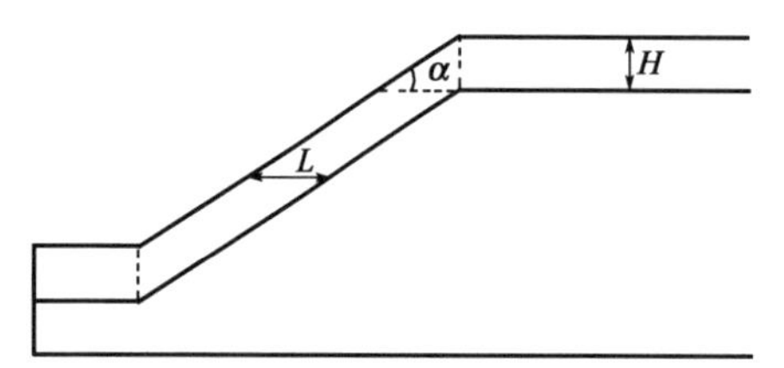

图 7-29 包边法填筑膨胀土路堤结构示意图

由图中几何关系可得：

$$L = H/\tan\alpha$$

即：

$$H = L\tan\alpha \tag{7-4}$$

获取膨胀土干湿循环显著影响深度有多种途径，可采用现场实测，也可通过查找路基设计手册中有关膨胀土地区风化作用影响深度表的建议值论证确定。

膨胀土工程处治的基本原则是保湿防渗，因此，包边法中包边宽度的选取至关重要[11]。由于路堤施工是水平分层填筑，为便于施工控制，确定的包边宽度必须按水平取值；为安全可靠起见，该宽度必须满足式(7-5)的要求。

$$L' \geqslant L = H/\tan\alpha \tag{7-5}$$

式中，L'为包边宽度；H 为垂直方向的干湿循环显著影响深度；α 为边坡倾角。

由此可见，用包边法进行膨胀土路堤设计时，合适包边宽度的选取必须先获得当地膨胀土干湿循环显著影响深度，同时必须确定路堤边坡的坡率。一旦得到膨胀土干湿循环显著影响深度，即可确定物理处治技术必要的包边宽度。

2. 基底处治范围

膨胀土路基的强度与稳定性除了与基底处理及路堤和填筑时的含水率有着直接联系之外，还与路基的湿度变化有密切的联系。地下水位及毛细水上升高度正是引起路基湿度变化的重要因素。为了模拟地下水和有压水的作用条件，我们修建了高 300cm、底面尺寸为 712.5cm(长)×300cm(宽)、顶面尺寸为 300cm(长)×300cm(宽)、坡率为 1∶1.5 的大型足尺膨胀土路堤模型(图 7-30)，并埋设了大量湿度、孔隙水压力及土压力等监测元件，通过改变水箱高度控制地下水水头，长时间对路堤含水率、孔隙水压力、土压力及温度的变化情况进行观测，观测结果如图 7-31～图 7-34 所示。

分析整理发现，路堤底部 25cm 范围内土体含水率受地下水的影响最大，基本饱和；毛细水在路堤中上升高度不超过 70cm；3m 有压水头的影响范围也在 1m 以内。该结论对指导膨胀土路堤修建具有重大意义，只要先在路堤基底填筑 1m 的隔水层，即可消除毛细水或有压水对路堤填芯膨胀土的影响，达到保湿防渗的目的。

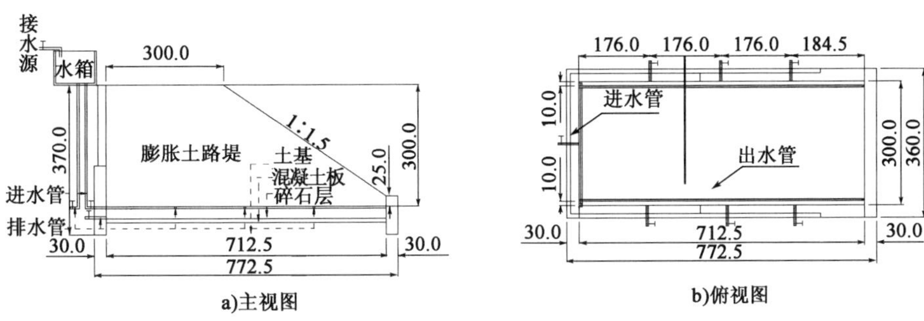

图 7-30 足尺膨胀土路堤试验模型(尺寸单位:cm)

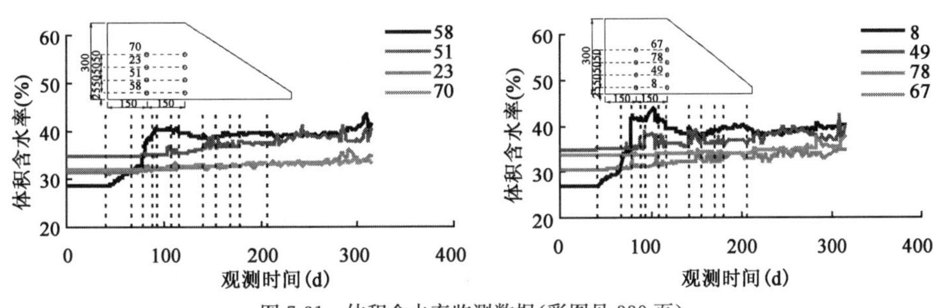

图 7-31 体积含水率监测数据(彩图见 339 页)

注:图例中 58、51、23 等为探头编号,图 7-32～图 7-34 同。

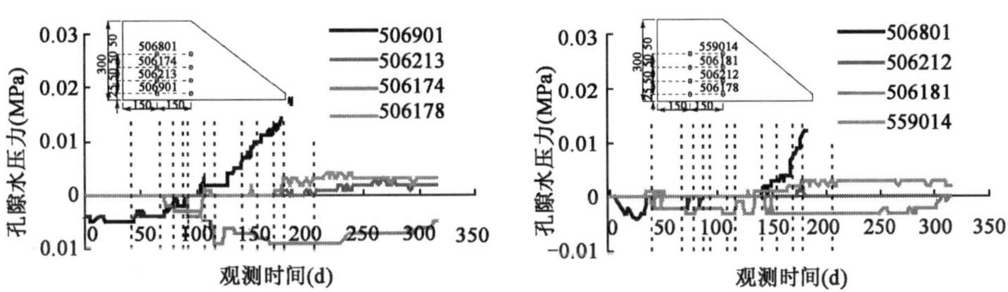

图 7-32 孔隙水压力监测数据(彩图见 339 页)

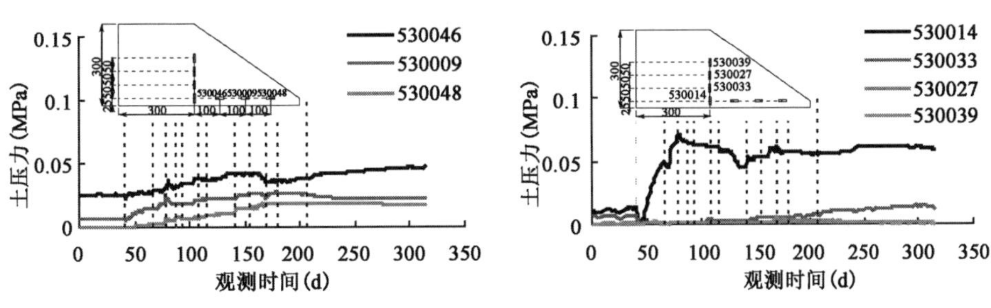

图 7-33 土压力监测数据(彩图见 340 页)

3. 大气作用下物理处治膨胀土路堤长期性能评价

用膨胀土直接填筑路堤并采取封闭包盖措施后,膨胀土路堤在长期的大气作用下能否保持湿度相对平衡,其工后沉降、不均匀沉降以及边坡稳定系数是否在允许值范围内,还需要用有效的方法加以评价。为此，基于公路膨胀土路基平衡湿度理论预测方法、非饱和膨胀土水力耦合本构模型和极限平衡边坡稳定性分析方法，提出物理处治膨胀土路堤长期性能评价方法（图 7-35）。模拟计算了非膨胀性黏土包边路堤在设计年限内湿度、变形和边坡稳定系数的变化规律，对其长期性能进行了评价。

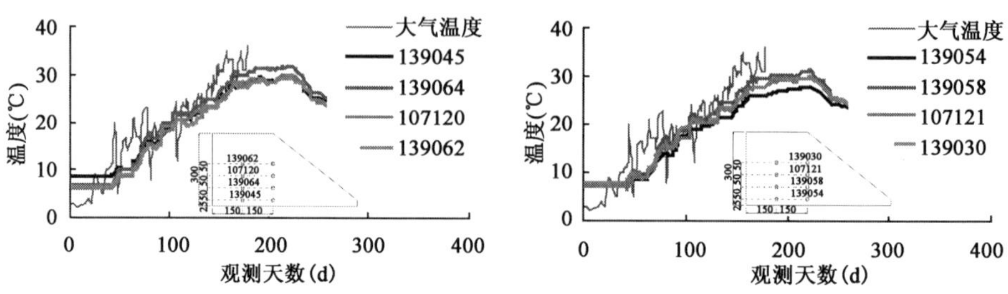

图 7-34　温度监测结果（彩图见 340 页）

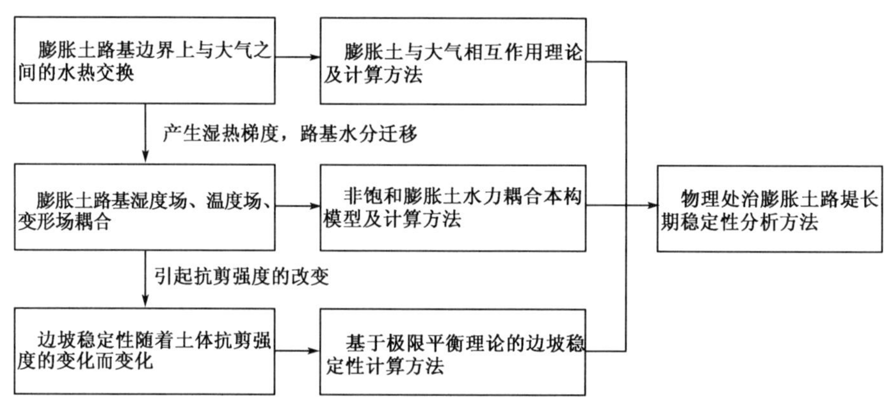

图 7-35　物理处治膨胀土路堤长期稳定性分析方法的组成

以广西地区的膨胀土路堤为研究对象，开展相应的数值模拟计算。图 7-36 为半幅封闭包盖膨胀土路堤计算模型。路堤高为 8m，顶宽为 12.25m，其中路面宽 11.5m，土路肩宽 0.75m。路堤边坡坡率为 1∶1.5。沥青混凝土路面，路床和上路堤为碎石土，下路堤顶面以下 6m 范围

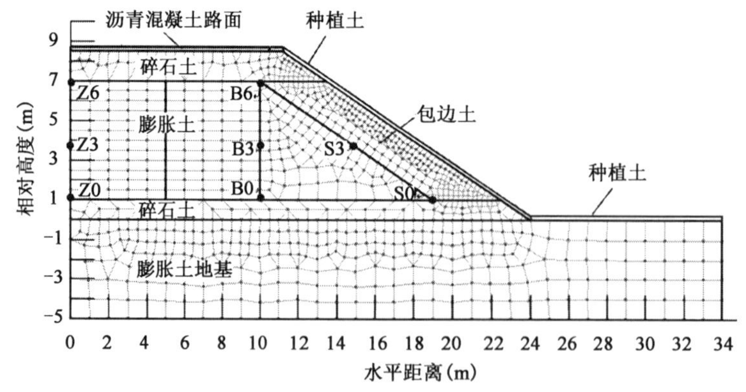

图 7-36　封闭包盖膨胀土路堤计算几何模型

内为膨胀土，距离边坡水平方向3.5m范围内为包边土，基底以上1.5m为碎石土，基底以下为膨胀土地基。路肩和边坡表面为20cm厚种植土。坡面采用植草防护。

采用四边形和三角形混合单元对整个计算几何模型进行网格划分，并在浅表层加密了有限元网格，划分后共计1 547个节点和1 522个单元。设沥青混凝土和种植土表面为大气作用边界。坡脚附近的地面设为排水边界，地面以下5m为恒温恒湿边界，不考虑地基变形及地下水的影响。沥青路面顶面为行车荷载作用边界，设为均布堆载，50kPa。在模型的左右两侧边界施加横向位移约束，模型底部施加垂直向位移约束。

为了分析路面以下不同深度处膨胀土湿度变化情况，在计算几何模型中设置了6个监测点，分别位于路面中轴线和边缘垂直方向以下，距离路基顶面分别为1.5m、4.5m和7.5m，即在填芯膨胀土的顶部、中部和底部。为了分析大气干湿循环对填芯膨胀土边部的影响，分别在填芯膨胀土和包边土交界面上的中部和坡脚设置了2个监测点。

模拟计算高速公路设计使用年限20年内大气作用对膨胀土路堤湿度、变形和稳定性的影响。工程实践表明，膨胀土路堤持续变形的时间在6年以内，为减少运行时间，只模拟计算10年内大气对膨胀土路堤的影响。设定每小时一个时步，共计87 600个时步。针对时间步长过大会使连续时间步之间节点水头变化过大，从而造成计算不收敛的问题，采用自适应步长的方法，即当节点水头的变化超过2.5%时，根据迭代数对当前时间步长进行折减，直至迭代满足控制条件容许误差。

选取广西典型气象条件作为计算模型的大气作用边界条件。一年中气温、相对湿度、平均风速和降雨量随时间的变化如图5-7所示。所选用的气象条件具有南亚热带海洋型季风气候特征。每年4～10月为夏季，平均气温为23～28℃；11月至次年3月为冬春季，平均气温为13～19℃。年平均气温为22.1℃。年平均降雨量约为1 200mm，降雨日数为130多天。每年5～9月是雨季，降雨量占全年的75%，10月至次年4月是旱季，降雨量占全年的25%。年平均日照时数为1 700h。

膨胀土路堤填筑的初始含水率为20%，对应的体积含水率为34.2%。

图7-37为通过数值模拟计算得到的广西气候条件下包边膨胀土路堤湿度随时间的变化曲线。通过分析路堤中关键点位的含水率随时间变化的规律，得到以下结论：

(1)所有点位的含水率随时间的推移均呈上升趋势，在初期各点的变化趋势差异较大，后期均趋于同一含水率附近。

(2)路基底部含水率相对增长较快，虽然路基底部设置了1m厚的碎石层以防止毛细水上升，但坡脚处是降雨入渗容易聚集的区域，易形成湿度较大的环境，容易使水分以气态的形式由外向内通过基底碎石层发生迁移，继而引起底部含水率的增大。

(3)相对而言，路堤中部的含水率变化最为稳定。邻近路肩的膨胀土，其含水率在整个过程中始终处于波动上升趋势，但是波动的幅度相同，表明路肩处易受大气干湿循环的影响。这与上路堤采用的是碎石材料有一定关系，且含水率波动时的波谷在旱季，波峰在雨季，一年中只经历一次干湿循环，并不受大气短期的降雨和蒸发效应的影响。

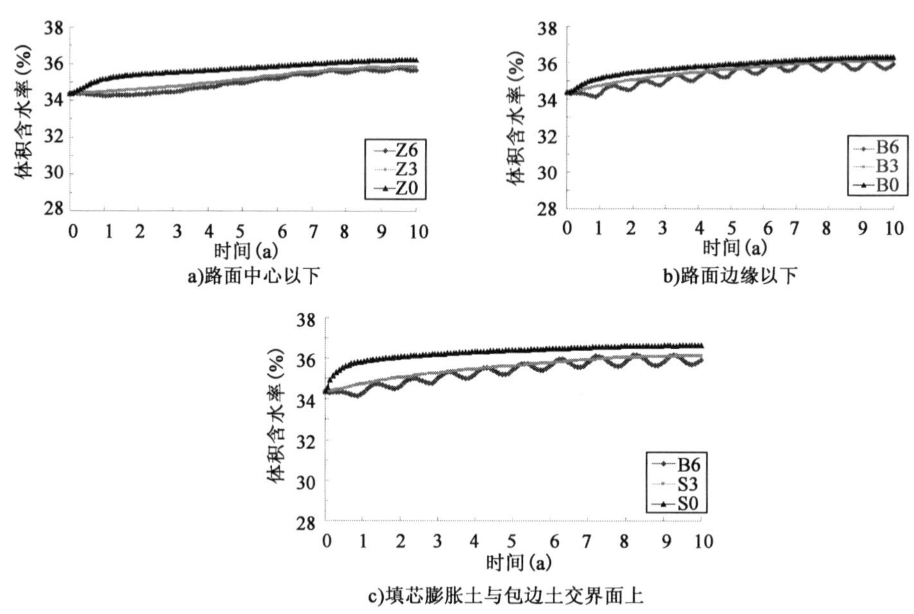

图 7-37 物理处治膨胀土路堤湿度随时间的变化曲线(彩图见 340 页)

(4)在大气干湿循环长期影响下，路堤内部湿度会达到一个与大气相互平衡的状态。该湿度状态是路基最终的工作状态。

(5)从图 7-37 中还可以看出，沿深度方向不同位置的平衡含水率不同，底部平衡含水率相对要高，说明路堤湿度不仅要与大气之间形成相对平衡，还要在重力的作用下达到静水平衡状态。在该状态下从路基顶部到路基底部，平衡含水率逐步增加。

图 7-38 为物理处治膨胀土路堤变形随时间的变化曲线。湿法膨胀土路堤在第 1 年沉降较大，1 年以后沉降变化幅度减小。中部和边部沉降均有随大气干湿循环发生周期性波动的特征，但波动幅度极小，总体趋势以沉降为主。到第 6 年，沉降增加的幅度极小，路堤变形基本趋于稳定。在 10 年中，膨胀土路堤最大差异沉降出现在第 1 年，最大横向变坡率为 0.18%。随后差异沉降量减小，至 1 年半，横向变坡率减小为 0.09%。随后，差异沉降量缓慢增大，但增加幅度很小。在第 10 年末，膨胀土填芯顶面中点的沉降量为 65.0mm，膨胀土填芯顶面边缘的沉降量为 49.0mm。此时，膨胀土路基的横向变坡率为 0.11%，小于最大容许横向变坡率 1%，说明湿法膨胀土路堤在设计年限内其不均匀变形在允许的范围之内，不会对路面造成破坏。

图 7-39 为膨胀土路堤边坡稳定系数随时间的变化曲线。在初期因为降雨量少，以蒸发为主，路基土体吸力增大，湿法和干法两种路堤的边坡稳定系数均有增加。第一个雨季后，干法

路堤的边坡稳定性急剧下降，到年末边坡稳定系数有所增加。第二个雨季时，边坡稳定系数发生比第一次幅度更大的下降。在随后的几年里，边坡稳定系数在反复波动中衰减，直至第6年，这种衰减才趋于稳定。路堤边坡稳定系数则由1.950衰减为1.508。在这期间，边坡稳定系数的最大值出现在每年的年末和年初(旱季)，边坡稳定系数的最小值出现在8月和9月(雨季)。计算结果很好地反映了大气干湿循环对膨胀土路基边坡的影响。结果表明，物理处治膨胀土路堤具有良好的长期稳定性。

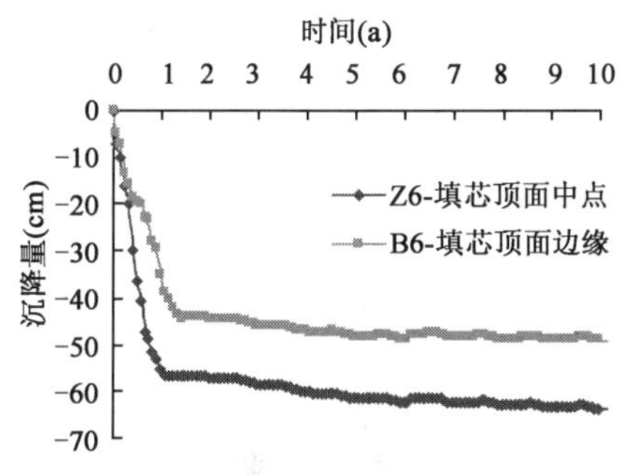

图7-38 湿法膨胀土路堤变形随时间的变化曲线

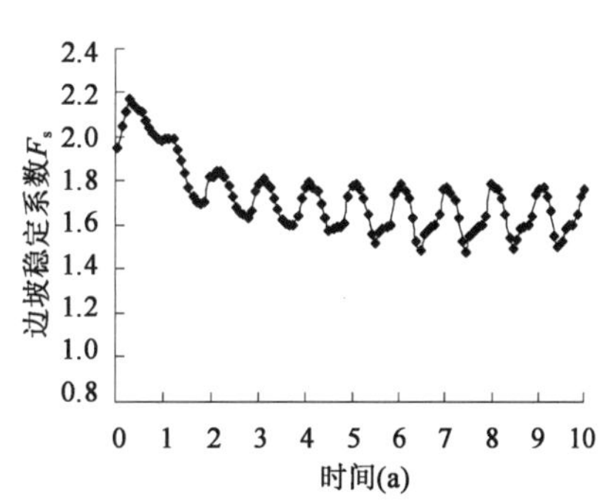

图7-39 膨胀土路堤边坡稳定性计算结果

4.物理处治膨胀土路堤设计方法总结

(1)设计思想及原则

保湿防渗是处治膨胀土的基本原则，只有设法限制路堤内土体中的水分迁移，才能保持膨胀土路堤的稳定状态。因此，阻隔大气温度、湿度变化和季节性的干湿交替对膨胀土的影响是十分重要的。路堤设计时，要充分考虑干湿循环显著影响深度，膨胀土填料不应直接填筑于干湿循环显著影响区范围以内。做好路基排水至关重要，应采取防、排、截、疏相结合的措施，并与路基坡面防护、地基处理以及其他处治措施相互协调，形成完善的排水系统。

(2)路基基底处理

膨胀土路基基底处理跟一般路基基底处理类似：①原地基土为膨胀土，路堤填高不足1m时，必须挖去地表50～80cm的膨胀土，换填非膨胀土，并按《公路路基施工技术规范》(JTG F10—2006)规定的压实度要求压实；②地表为潮湿土时，必须挖去湿软土层，换填碎、砾石土、砂石或挖方中的坚硬岩石碎渣，或将土翻开，掺石灰稳定并按规定压实；③与路堑交界处的填方路堤，应采用台阶式搭接，其开挖台阶长度不应小于2m，并水平铺设长度不小于4m的双向土工格栅于填挖交界部位；④当路堤总的填方高度小于或等于6m时，可采取在清理好的原地面与填方之间加设隔水土工布的措施，也可直接在基底以上填筑足够高(不小于1.5m)的碎、砾石土层，防止原地面以下毛细水上升或直接进入路堤下部；⑤当路堤填高大于10m时，要求地基承载力不小于200kPa，原地面以上几层填土宜用碎砾石土，填高不小于2m，既有利于防止边坡坡脚处被地下水流冲刷，又可减少因膨胀土填方过高而引起路基过大沉降；⑥对基底清理的其他要求同一般填方路堤，见《公路路基施工技术规范》(JTG F10—2006)。

(3)填料选取

对于填芯料，应先判断是否为膨胀土，再按表 7-15 进行分级后选取。

下路堤底部填料宜采用强度高、透水性好的碎、砾石土，并要求其标准 CBR 不低于 8%；或选用砂性土或其他非膨胀性黏土填筑，标准 CBR 不低于 5%。同时根据该土层的填高及毛细水上升的高度，考虑是否加设一层隔水土工布。

路基工作区填料宜选用非膨胀性粗粒土或采用化学改良稳定土。采用非膨胀粗粒土填筑时，其填筑的总厚度不小于 1.5m，分层碾压并满足压实度要求。采用化学改良稳定土填筑时，稳定土的无侧限抗压强度不低于 0.8MPa，CBR 不低于 20%，稳定土层的厚度宜为 0.8～1.0m，压实度应不小于 95%。此外，在进行路面设计与施工时应设置防水层，以防止路表水下渗到膨胀土填筑区，引起路基过大变形。

(4)边坡坡率设计

膨胀土路堤边坡坡率设计可以参考一般路堤边坡坡率的设计，不需单独进行稳定性验算。当总填筑高度小于或等于 8m 时，路堤的边坡形式采用一坡到底，坡率为 1∶1.5～1∶1.75；对总填筑高度大于 8m 的路段，采用台阶式边坡，上部 8m 边坡坡率为 1∶1.5，台阶以下填土采用 1∶1.75的边坡且全部用非膨胀性土填筑，膨胀土只在台阶以上的路基中采用，台阶宽1.5m，设计向外倾斜 3%的坡度。

(5)边坡防护与排水设计

边坡防护可按正常路堤进行，坡面需采取植物防护。但要注意路堤主体土方工程完工后，应立即修整边坡并马上进行植被覆盖。边坡及路面的排水设计同样按《公路排水设计规范》(JTG/T D33—2012)进行，但要特别注意坡脚排水沟以及坡面急流槽的设计与布置。当路堤经过谷地或其基底原地面横坡较陡，需设置涵洞横向排水时，要注意路堤段前后挖方边坡的截水沟与地面横坡上方路堤坡脚排水沟的平顺连接。同时要注意排水沟与涵洞进口的平顺过渡，并保证涵洞进口处设置有一定深度的沉沙井，以防暴雨天气雨水将上方泥沙带入并堵塞涵洞而造成积水浸泡路堤坡脚。

(6)物理处治膨胀土路堤设计流程

物理处治膨胀土路堤可能产生的病害主要是不均匀沉降和边坡滑坍，因此设计主要围绕如何防止这两类变形破坏开展。基于膨胀土路基平衡湿度理论的设计过程包括膨胀土判别分类、膨胀土填料和包边填料的分类分级、水力和力学性质试验、膨胀土填筑路堤的干密度和含水率设计、物理处治膨胀土路堤结构初步设计、不均匀沉降和边坡稳定性计算、设计参数调整等阶段。具体流程如图 7-40 所示。

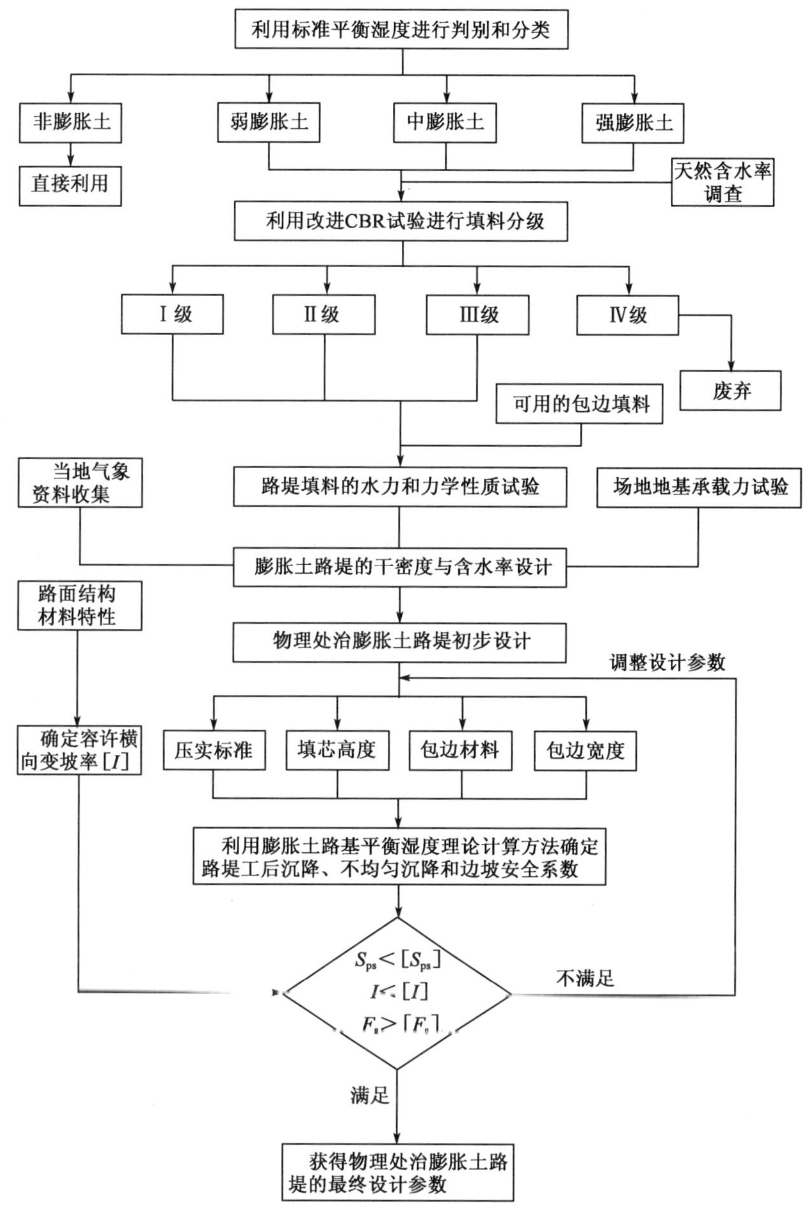

图7-40 基于平衡湿度理论的物理处治膨胀土路堤设计流程图

S_{ps}-工后沉降量；I-横向变坡率；F_s-边坡安全系数

参 考 文 献

[1] 孔令伟，郭爱国，陈善雄. 膨胀土的承载强度特性与机制[J]. 水利学报，2004，11：1-9

[2] 彭娟. 膨胀土用作路堤填料的分类及施工控制指标的试验研究[D]. 长沙理工大学硕士学位论文，2006

[3] 杨和平,郑健龙.云南楚大公路膨胀土的土性试验研究[J].中国公路学报,2002,1:10-14

[4] 郝建新,朱志泽,等. 加州承载比试验作用机理和影响因素研究. 工程勘察,2005,3:7-9

[5] 缪伟, 刘龙武, 郑健龙.膨胀土用作路基填料的试验方法研究[J].公路与汽运,2006,116:59-62

[6] Uzan J. Characterization of Clayey Subgrade Materials for Mechanistic Design of Flexible Pavements. Transportation Research Record: J. Trans. Res. Board, No. 1629, National Research Council, Washington, D. C. , 188-196

[7] 杨树荣,拱祥生,黄伟庆,等.不饱和凝聚性路基土壤回弹模数之研究[C]//第二届全国非饱和土学术研讨会论文集,2005,4:425-435

[8] 杨和平,赵鹏程,郑健龙. 膨胀土填料改进 CBR 试验方法的提出与验证[J]. 岩土工程学报,2007

[9] 杨和平, 赵鹏程,郑健龙. 膨胀土用作路堤填料的分类指标体系研究[J]. 岩土工程学报,2009,02

[10] 郑健龙. 按平衡含水量进行高液限红粘土下路堤填筑的压实方法:中国,ZL201210004290.8[P]

[11] 高志朋,刘龙武,郑健龙,等.包盖法处治膨胀土路堤效果评价[J].西部交通科技,2007(1):31-35

第8章 公路膨胀土路堑边坡柔性支护技术

CHAPTER 8

膨胀土路堑是公路通过膨胀土地层经开挖而形成的构筑物。路堑开挖后，埋藏一定深度的膨胀土体暴露于大气并直接与降雨、蒸发、温度等风化营力发生作用。在大气干湿循环作用下，随着边坡内部土体反复膨胀收缩、裂隙逐渐发育、水平应力逐渐增大，边坡产生了极其复杂的工程地质作用，在施工中和通车初期容易出现不同形式和不同程度的变形破坏。其中，边坡滑坍是最易发生和最为严重的破坏现象。虽然国内外铁道、公路、水利等部门曾采用土钉墙、重力式挡土墙和抗滑桩等加固措施，同时采取全封闭型的短锚杆喷射混凝土和浆砌片石等防护措施对膨胀土路堑边坡进行加固与防护，但从工程实际情况看，大部分工程在施工过程中即出现坍塌和滑坡，所采取的工程措施不少以失败告终。因此，膨胀土路堑边坡滑坍整治、新开挖路堑边坡的有效支护一直是长期困扰我国铁路、公路和水利建设的技术难题，同时也是世界性技术难题。

本章主要介绍了在系统滑坍边坡调查、地质勘探和室内外试验的基础上，得到的膨胀土堑坡破坏规律和失稳机理及其破坏模式；采用工程实用型非饱和膨胀土本构模型和有限元、有限差分等数值计算方法，分析得到的路堑边坡的湿度场分布与变化特征；基于保湿防渗原理的土工格栅加筋柔性支护膨胀土路堑边坡综合支护技术。

8.1 膨胀土路堑边坡的破坏特征和规律

膨胀土路堑边坡的浅层滑动破坏很早就被人们发现，但对于膨胀土路堑边坡的浅层滑动破坏过程却很少见有观测资料，影响了人们对于膨胀土路堑边坡破坏的复杂性的科学认识和深刻把握，并影响到人们采取正确工程措施进行边坡的加固与防护。本节通过对宁明盆地南友高速公路某开挖边坡滑坡过程的跟踪观测[1-2]，分析了坡体侧向位移随气候的反复胀缩活动特性。

8.1.1 观测场地

跟踪观测场地具体位置位于宁明县城西郊约 2km 处的南友高速公路 AK0 匝道右边坡某段，属于宁明盆地北翼边缘的岗地。宁明盆地为典型的膨胀土地区，盆地受东西向构造断裂控制，地貌呈垄岗式低丘，浅而宽的沟谷，地形坡度平缓，一般为 8°～15°，无明显的自然陡坎。据区域地质资料及工程勘察，该区膨胀土属下第三系始新统那读组湖相黏土岩的残积-坡积土，分布于底部的为第三系那读组湖相沉积泥岩，上部为残积型膨胀土组成的岗地。这是控制盆地东西向区域断裂的新构造运动造成盆地北翼沉积泥岩上升，经风化作用而形成。场地地形及根据钻探资料确定的边坡地层土质情况如图 8-1 及图 8-2 所示。从图中可见，边坡开挖高度为 11～13m，地层是由下部的泥岩风化带及其上部残积土组成的二元结构，坡面及地层均大致向东南方向微倾斜，地面坡脚 8°～12°，岩层产状为 130°∠10°，开挖坡面与自然坡面大角度相交。按第 2 章介绍的膨胀土判别分类方法，边坡各层土体具有中等以上的膨胀性。

8.1.2 观测方案

为了探讨气候干湿循环作用对二元结构膨胀土开挖边坡变形的影响，定量研究坡体内部侧向相对位移、坡面胀缩变形随时间(季节)的渐进发展规律，在所观测边坡的坡面和坡顶，分别埋设相应仪器，开展了跟踪观测。具体观测方案如下：在坡顶布设了 AK0＋090 和 AK0＋110 两个观测断面，每个断面分别埋设了 1 根测斜管、2 个温度传感器和 2 个孔隙水压力计；在坡面布设了 3 列共 51 个表面变形标点及 4 个观测浅坑，每个观测坑内分别埋设柔性位移计、温度传感器、含水率探头各 3 个。观测断面及仪器的具体位置如图 8-2 所示。

本次观测在坡顶后一地面裸露大孤石上设定相对不动点。仪器埋设于开挖一周后完成，正式观测从 2004 年 4 月初开始。

8.1.3 开挖坡体侧向相对位移观测结果

通过近一年的观测，共获得测斜管变形测试数据 52 组、表面变形标点测量数据 52 组及浅坑观测的表层土体相对胀缩变形数据 34 组。表 8-1 列出了初期 X 方向及 Y 方向侧向相对位移的部分观测结果。

8.1.4 *X* 方向与 *Y* 方向坡体侧向变形的时间演化特征分析

取平行于坡顶 AK0＋090 处开挖线上坡方向为 X 轴正方向，指向自然边坡坡内的垂直方向为Y轴正方向(图8-1)。据此对测斜管变形测试数据进行整理与分析，发现坡体内部的侧向相对位移(X方向见图8-3)的发展过程可分为三个阶段：

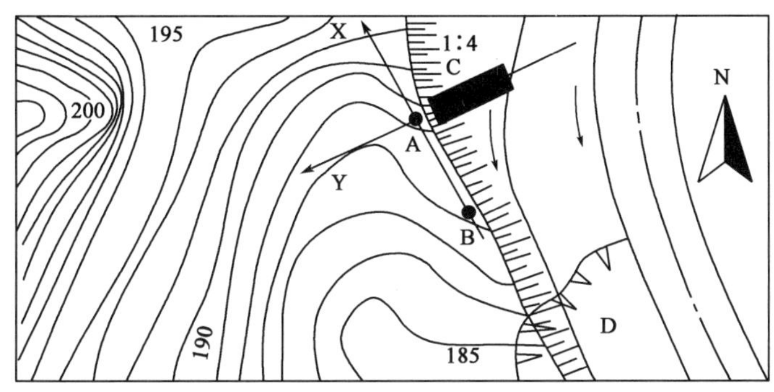

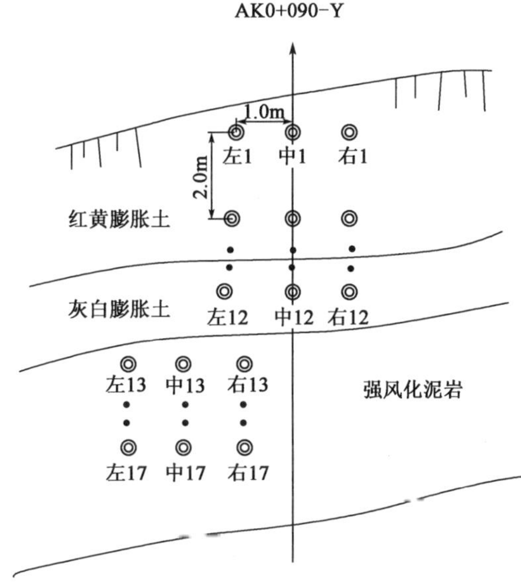

图8-1 场地地形概貌及观测位置分布

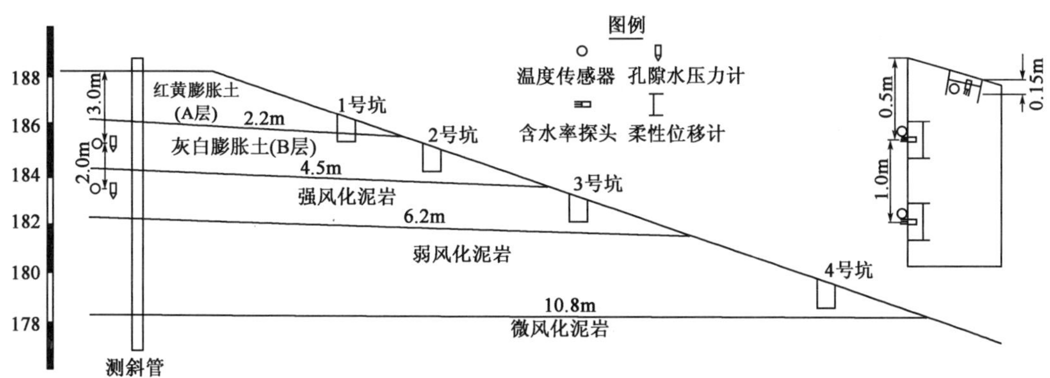

图8-2 坡面测点布置及土层分布

(1)第一阶段(2004 年 4 月 5 日～4 月 28 日),侧斜管埋设后,经过一星期的调整才开始采集到有效数据,本阶段在 11m 深的观测范围内,整体呈现出向自然边坡坡内侧移的趋势。最大相对变位发生在 7m 处,达到＋43.3mm。

X 方向及 Y 方向初期侧向相对位移观测结果　　表 8-1

深度(m)	X 方向初期侧向相对位移(mm)				Y 方向初期侧向相对位移(mm)			
	04-4-5	04-4-13	04-4-18	04-4-28	04-4-5	04-4-13	04-4-18	04-4-28
1	0	0.60	2.00	1.30	0	−4.83	−3.42	−3.86
0.5	0	0.50	1.97	1.28	0	6.46	8.04	7.46
0	0	−7.74	−6.24	−7.43	0	6.74	8.46	7.91
−0.5	0	−6.77	−5.55	−6.77	0	−9.67	−7.54	−7.87
−1	0	14.65	16.51	15.48	0	−0.70	0.29	0.21
−1.5	0	−9.68	−7.82	−8.74	0	−1.88	−0.16	−0.77
−2	0	−14.87	−8.49	−15.04	0	−0.41	5.16	1.29
−2.5	0	4.24	4.99	4.00	0	−1.50	0.44	−0.22
−3	0	10.32	10.88	10.43	0	5.43	7.12	5.98
−3.5	0	4.91	5.33	5.55	0	−2.86	−1.86	−1.83
−4	0	−17.51	−16.59	−18.12	0	0.84	4.34	2.48
−4.5	0	3.83	4.94	3.94	0	11.92	13.86	13.55
−5	0	7.19	8.61	6.94	0	14.63	17.02	15.55
−5.5	0	0.17	2.03	0.20	0	9.12	10.84	10.34
−6	0	−7.63	−6.63	−8.32	0	−0.27	0.75	−0.13
−6.5	0	24.28	27.75	27.58	0	−1.26	−0.16	−0.99
−7	0	13.87	33.74	43.29	0	1.54	17.53	25.56
−7.5	0	2.80	7.49	5.91	0	−0.42	3.18	3.93
−8	0	−13.29	−12.73	−14.73	0	6.77	6.66	6.41
−8.5	0	6.07	2.13	0.97	0	−5.69	−7.71	−9.57
−9	0	1.91	2.99	1.94	0	−12.42	−10.62	−12.28
−9.5	0	−4.97	−4.13	−5.63	0	−0.30	1.69	0.70
−10	0	−0.41	0.42	−0.63	0	11.26	13.25	12.31
−10.5	0	11.54	12.46	11.32	0	2.15	3.85	3.21
−11	0	5.85	3.53	5.66	0	1.49	3.91	1.96

(2)第二阶段(2004 年 5 月 3 日～9 月 2 日),由于 6.5m 处变位过大,7～11m 深度段的观测已无法进行。本阶段开始之初的 2 个观测日,"位移-深度"曲线紧靠 Y 轴,表明坡体由表及里都未发生偏移,还没有形成明显的滑动面,处于剪切蠕变阶段,但随着时间的推移,有可能在最薄弱的地方形成滑动面。从 6 月 19 日开始至 8 月 30 日,单个曲线在 5m 深度以上基本平行于 Y 轴,在 5.5m、6m 处曲线开始折向左下方,出现一个明显的峰值区,最大相对变位依然发生在 6.5m 处,为－13.4mm,在 2.5m 深处也出现了一个－4.4mm 的较大峰值点,表明滑坡沿岩土体多层界面(或结构面)滑动,但各滑块的运动速率不一致,滑坡处于蠕变-滑移阶段。随着时间的推移,曲线束从右往左平行排列,但相邻两条曲线间距不大,这表明边坡整体开始向坡下缓慢、大致匀速地侧移。9 月 2 日的观测曲线显著偏离于之前的曲线束。可看出此前发生了一个突变过程,坡体在短短的 3d 时间内发生了快速大幅度的侧移,特别是在前面出现峰值的位置,如 6.5m 深处的最大相对变位陡增至－30.6mm,潜在初次主滑动面已经形成。

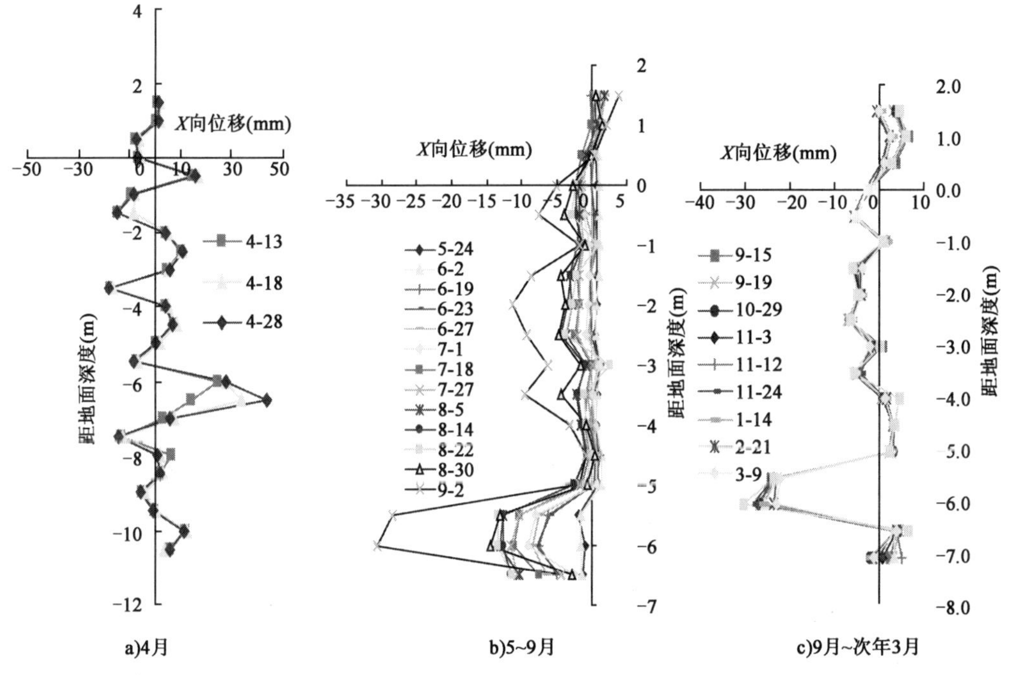

图 8-3 X 方向不同深度侧向位移的状态过程曲线(彩图见 341 页)

(3)第三阶段(2004 年 9 月 15 日～2005 年 3 月 9 日),单个曲线基本维持在上阶段末的形状,整个曲线束几乎重合在一起,这表明该阶段坡体侧向位移不明显,已处于相对稳定状态。

Y 方向的侧向相对位移变化情况也可以分为三个阶段,各阶段的变化时段与 X 方向同步,但变位形式有较大差别,如图 8-4 所示。

(1)第一阶段(2004 年 4 月 5 日～4 月 28 日),与 X 轴变化一致,最大相对变位发生在 6.5m处,达到＋25.6mm,整体呈现出向坡内侧移的趋势。

(2)第二阶段(2004 年 5 月 3 日～9 月 11 日),由于 6.5m 处变位过大,7～11m 深度段的观测已无法进行。从 5 月 3 日开始至 9 月 2 日,随着时间的推移,曲线束从右往左平行排列,但相邻两条曲线间距不大,这表明边坡整体开始向坡下缓慢、大致匀速地侧移。单个"位移-深度曲线"呈山峦状起伏,出现了几个明显的峰值区,最大相对变位依然发生在 5.5m 处,为 −8.5mm,在 3.5m 深处出现了一个 −4.7mm 较大峰值点,表明滑坡沿岩土体多层界面(或结构面)滑动,但各滑块的运动速率不一致,滑坡处于蠕变-滑移阶段。9 月 11 日的观测曲线较之以前显著向左偏移,这表明此前发生了一个突变过程,坡体发生了快速大幅度的侧移,如 6.0m的最大相对变位陡增至 −13.6mm,潜在主滑动面已经形成。

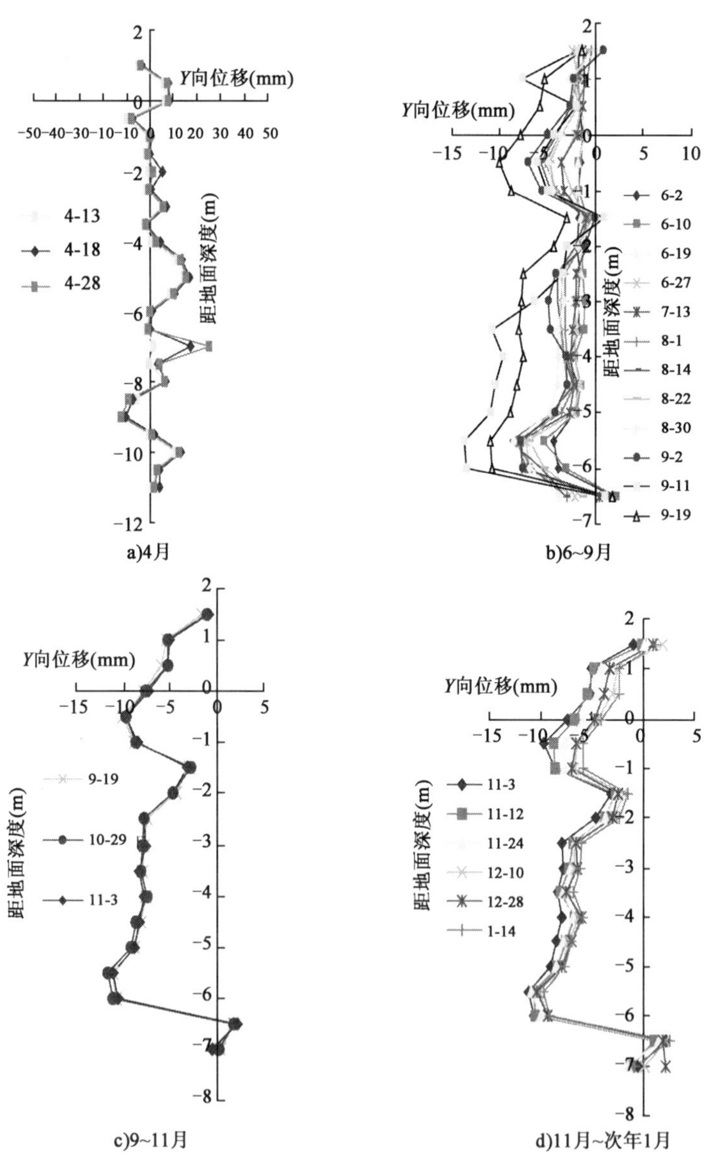

图 8-4 Y 方向不同深度侧向位移的状态过程曲线(彩图见 341 页)

(3)第三阶段(2004 年 9 月 15 日～2005 年 3 月 9 日),该阶段坡体侧向位移不明显,整体已处于相对稳定状态,但从 2004 年 11 月 3 日开始至 2005 年 1 月 14 日,观测到一个整体逐渐向开挖边坡坡后回缩的过程,0.5m 处从－9.67mm 回缩到－5.87mm,5.5m 处从－11.2mm 回缩到－9.7mm。这是开挖方向特有的侧向变形特征。从该阶段所处的气候特点来看,属于低温干旱季节;从不同深度回缩量的大小来比较,表层大于深部。因此,该现象应该属于坡体浅层干燥失水引起土体收缩过程。

8.1.5 *X* 方向与 *Y* 方向坡体侧向变形特征的对比分析

对比侧向相对位移的分析可以看出:

(1)两个方向的侧向相对位移随时间变化过程都存在渐进-突变-稳定三个阶段,且各阶段的起止时间基本同步,均与气候变化密切相关。随着 6 月份当地进入雨季,由于降雨入渗引起边坡土体吸水膨胀,边坡开始逐渐向坡体外部侧移,在雨季末的 9 月初,两个方向均出现了一个突变过程。无独有偶,在 K133、K138 等边坡也都同时发生了滑坡,同时在距观测边坡不远处也发生了局部滑坍。事实上,从 8 月 31 日至 9 月 1 日,观测现场连降两场暴雨,这说明突变是在边坡渐进损伤、累积破坏的基础上由一个强降雨过程诱发的结果,很好地体现了"量的积累引起质的突变"的哲学思想。此后旱季两方向的变形又都趋于稳定,*Y* 方向还有一定回缩。

(2)宁明膨胀土自然边坡是由第三系湖相沉积泥岩及其残积土组成的二元结构体系。胀缩活动带具有双层活动特征:自然边坡上层土体(主要是灰白膨胀土层)受气候干湿循环作用的影响,浅表层温度场和湿度场均存在一个剧烈变化范围,浅表层土体的胀缩特性也明显存在一个特征变化段,因此,边坡开挖后会发生强烈的胀缩开裂及浅层滑坡破坏,这就构成了路堑边坡的上层胀缩活动带,其底界范围在 2.3～3.6m 深度。位于边坡下层的强风化泥岩,在开挖卸荷、释水疏干及近地表强烈的干湿循环作用下,强烈改变了自然边坡条件下相对稳定的温度场、湿度场和地下水赋存状态,尤其是局部滞水的干湿作用激活了风化带界面的胀缩特性,从而形成了新生的路堑边坡下层胀缩活动带,其范围底界距坡顶为 6.65～7.1m。

本次原位观测研究在渐进过程末期观测到了两个侧向位移突变峰值点,其深度分别在 3m 和 6m 附近,说明两个潜在滑动面分别位于灰白膨胀土层和强弱风化界面。这与两次滑坡地质调查统计结果的结论——大部分滑坡(69%)都发生在灰白膨胀土中及大部分(78%)有规模的路堑边坡滑坍破坏都发生在土岩界面和强风化页岩中是一致的。因此,坡体侧向位移观测结果直接证实了土岩界面和强风化岩分带界面等下层活动带具有最大的胀缩活动性,是路堑边坡胀缩活动带稳定性的决定性因素。

(3)从突变发生的时间来看,*Y* 方向滞后于 *X* 方向;从突变位移增量大小来看,*Y* 方向明显小于 *X* 方向。*X* 轴负方向代表风化带构造的层理倾向,*Y* 轴负向则代表开挖坡向。根据地质调查统计分析，路堑边坡泥岩层理的施密特网极点密集优势中心点产状为128°∠9.1°，由于滑坡泥岩的层理状胀缩结构面、软弱夹层产状与岩层产状一致，且结构面光滑呈半油脂光泽，大多附着有灰色、淡绿色黏土薄膜及锈黄色斑痕，加之开挖前结构面常常有地下水的赋存和运行，导致结构面成为极易膨胀泥化的部位。南友高速公路膨胀土路段路基中线的走向为218°～255°，右侧边坡岩层的倾向与开挖边坡的倾向基本一致，使得路堑边坡具有沿层理和软弱夹层滑动的潜在可能性；加之开挖卸荷，坡面上膨胀土（岩）直接暴露在大气中，受地表气候风化作用影响，坡面上裂隙进一步发育，这些裂隙为大气降雨的入渗提供了通道。因此，沿线膨胀土地区路堑边坡的滑塌主要是右侧边坡的顺层顺坡滑动，且主滑面主要是受层理状胀缩结构面和软弱层控制的单一滑动面，滑动面统计优势产状为130°∠7.5°。

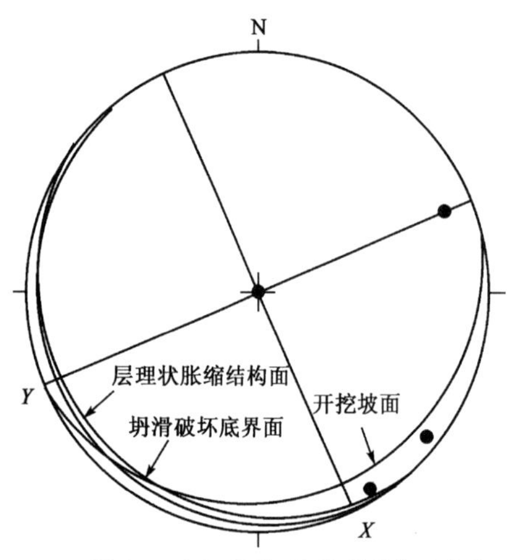

图8-5 AK0滑坍面与胀缩结构面关系

本次观测得到了开挖坡向（Y方向）坡体侧向位移突变发生的时间（9月11日）滞后于风化带构造的层理倾向方向（X方向）突变发生的时间（9月2日），开挖坡向（Y方向）坡体侧向的突变位移增量值（－13.6mm）远小于风化带构造的层理倾向方向（X方向）的突变位移增量（－30.6mm）的重要结论。为直观分析这一结论的意义，将AK0边坡开挖坡面、层理状胀缩结构面、该边坡下部发生的局部滑坍破坏底界面及X轴、Y轴五者的空间产状关系绘于图8-5所示的赤平投影图中。不难看出，该边坡的层理状胀缩结构面产状130°∠8°与滑坍破坏底界面产状150°∠6°接近，说明层理状胀缩结构面对滑坡的控制性。层理状胀缩结构面、滑坍破坏底界面与X轴负向（157°）成小角度相交，但与开挖坡面倾向（Y轴负向67°）成大角度斜交，侧向位移增量突变不但首先是在与其成小角度相交的X轴负向发生（并不在具开挖临空面的但与其成大角度相交的Y轴负向发生），而且X轴负向位移增量突变值也远大于Y轴负向，这反映了层理状胀缩结构面对土体的胀缩变形及滑坡活动的重要控制作用。

8.2 公路膨胀土路堑边坡二元结构破坏地质模型

8.2.1 土体温度、含水率及胀缩变形特性

为得到开挖边坡的温度场变化特征，在AK0路堑边坡顶部施工了2个钻孔，在3m、5m处分别埋设了4个温度传感器，并在新开挖的坡面顶部3处挖坑，按深度0.15m、0.5m、1.0m依

次埋设了9个温度传感器，观测工作从2004年4月至2005年3月，共观测70余次，观测结果如图8-6所示。从图中可以看到，路堑边坡土体的温度随时间变化的规律是：夏季温度梯度很小，冬季由表及里温差较大，5m深度处全年温度变化已趋于平缓。统计分析得到各个深度温度的年变幅及平均温度，地温变幅随深度增加迅速衰减的趋势，以变幅70%为剧烈变化，则地温剧烈变化层的厚度约为1.8m。由于5m深度地温仍存在一定的变幅(图8-7)，因此地温变化深度大于5m。

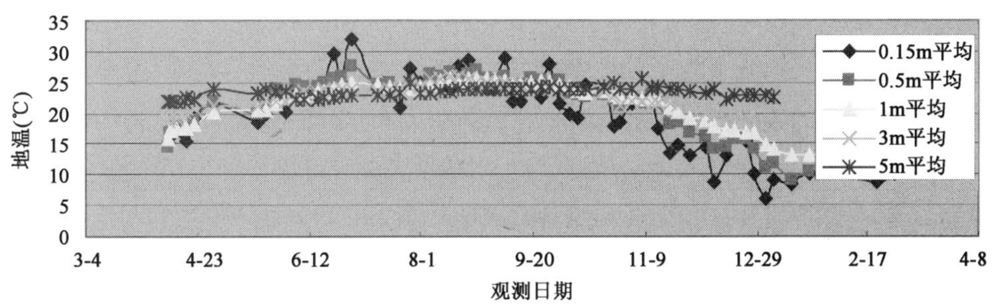

图8-6 不同深度土体温度随时间变化(彩图见342页)

2004年4月对南友高速公路K135和K138天然边坡，2005年3月对K133路堑边坡进行钻探取样，所测得的含水率变化情况如图8-8所示。其中可见两个主要特征点，含水率的变幅在6m以后趋于平缓，在2m出现第一个均衡段。

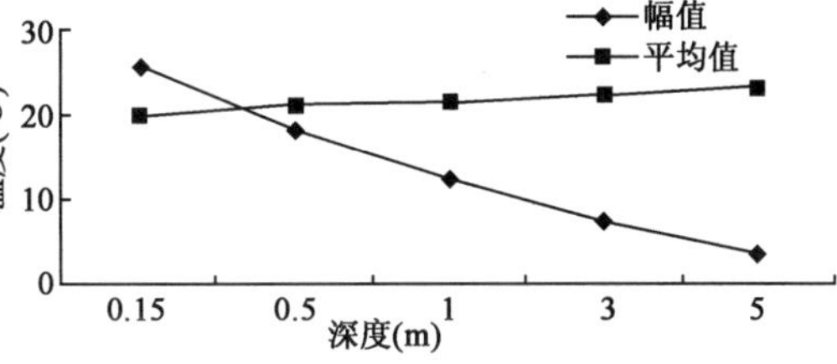

图8-7 不同深度土体温度幅值随深度变化

为得到膨胀土边坡的胀缩变形特性，分别于2004年4月和2005年3月在K135和K138自然边坡和K133开挖边坡进行钻探取样，测试原状土的收缩系数和50kPa下的膨胀率，发现收缩系数和50kPa下的膨胀率随深度的变化曲线都具有以下共同特性：曲线大致呈“双峰”型，第一个峰值基本出现在2m附近，第二个峰值在4.5m左右，深度6m以后曲线趋于平缓。

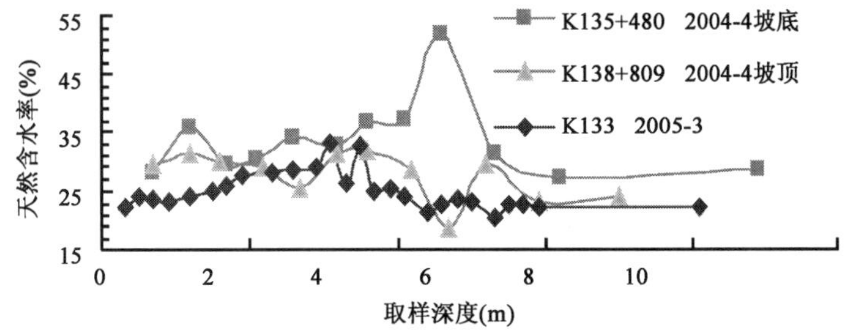

图8-8 边坡土体天然含水率随深度变化(彩图见342页)

从表8-2中可以看出，各种标志随深度的变化均明显存在两个特征范围，第一个为1.7～2.3m，第二个为5.2～6.2m，两者分别对应于宁明膨胀土大气剧烈影响深度和影响深度范围。

从本质来看，表中所列的几种标志随深度和时间的变化确实与气候密切相关。自然边坡土体的天然含水率表征了土体的湿度场特征，两曲线的首个重叠段表明在边坡表层一定深度存在一个湿度均衡层，其实质是在该深度处水分蒸发和入渗的速率都显著下降，使得该处出现一个暂态饱和区，可作为划分边坡上部胀缩活动带的依据。收缩系数(图 8-9)和 50kPa 下膨胀率(图8-10)反映了土体胀缩变形特性，其大小与土中亲水矿物含量、微观结构和天然湿度、密度状态相关。第一个峰值是因上部土体经长期强烈风化作用，胀缩变形钝化，使得暂态饱和区土体的胀缩性相对要大一些。因此，第一个特征深度可认为是边坡的上部胀缩活动带范围的底界。第二个特征深度已接近气候所能影响的极限，其下，土体的天然含水率、地温、收缩系数及 50kPa 膨胀率等都一一趋于平稳，故将其作为边坡的下部活动带底界。

不同参数曲线特征分析 表 8-2

判别标志	测试位置	第一特征点范围(m)	第二特征点范围(m)	曲线特征描述
天然含水率	K135、K138	2.1	5.3	双峰曲线，第一特征点取在两曲线的首个重叠段，第二特征点取在曲线尾部平稳段起点
地温	AK0 开挖边坡	1.8	>5.0	指数衰减型曲线，未得到平稳段，第一特征点取剧烈变化层底界
收缩系数	K133、K135、K138	1.7～2.3	5.3～6.2	双峰曲线，第一特征点取在第一峰值点，第二特征点取在曲线尾部平稳段起点
50kPa 下膨胀率	K135、K138	1.7～2.1	5.2>5.9	双峰曲线，第一特征点取在第一峰值点，第二特征点取在曲线尾部平稳段起点

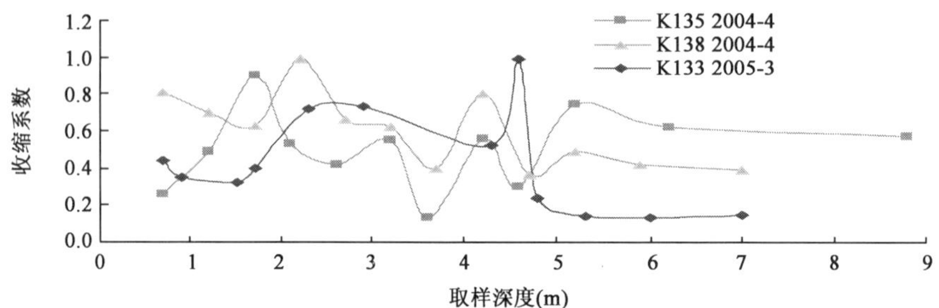

图 8-9 不同深度土体收缩系数测试结果

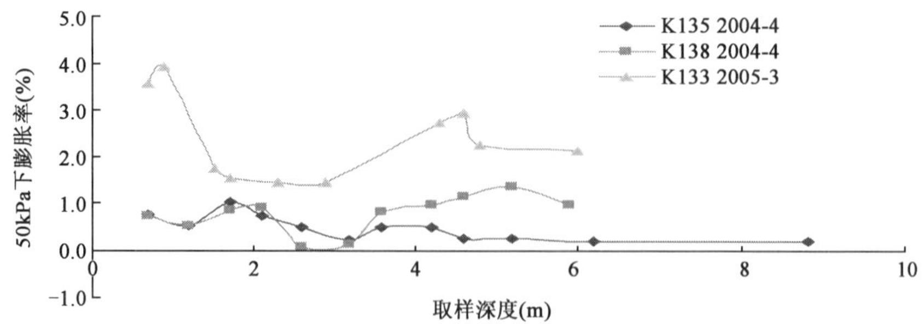

图 8-10 不同深度土体 50kPa 下膨胀率测试结果

8.2.2 路堑边坡胀缩活动带滑坡体的形态要素特征分析

通过对南友高速公路全线路堑边坡胀缩活动带滑坡破坏进行的两次地质调查和近一年的跟踪观察，分析得到了典型滑坡体的形态要素(表8-3和图8-11)。

滑坡体形态要素统计分析 表8-3

桩 号	破坏类型	平面规模(长×宽)(m)	初滑剪出口埋深(m)	单个滑块厚度(m)	素描编号
K132+030~K132+348	滑坡	48×18	4.2	3.1	1
K132+032~K132+348	滑坡	28×20	6	3.6	2
K133+010~K133+152	滑坡	52×18	3.1	3.1	3
K133+092~K133+980	滑坡	80×20	6	5.5	4
K134+000~K134+100	滑坡	100×25	4.5	5	5
K133+090~K133+940	滑坡	40×30	5	4.4	6
K135+013~K135+360	大型滑坡	230×80*	9	6.7	7
K136+040~K136+200	滑坡	160×30	4	3.7	8
K136+200~K136+290	滑坡	90×40	6	4.3	9
K137+320~K137+360	坍塌	40×25	18.0*	3.1*	10
K136+290~K136+360	坍塌	60×10	4	3.1	11
K137+850~K137+960	大型滑坡	110×70*	5	7.7	12
K138+480~K138+660	大型滑坡	180×90*	10	7.6	13
K140+360~K140+525	坍塌	175×40	4	3.5	14
K141+020~K141+120	坍塌	100×20	10	4.4	15
AK0+110~AK0+180	坍塌	80×20	8	2.6	16
E0+000~E0+160	坍塌	160×18	6	3.1	17
平均值(不含带*者大型滑坡)	滑坡与坍塌	80×24	5m以上4.0	5m以上3.6	
			5m以下7.1	5m以下5.0	

从表8-3中可见，滑坡破坏的规模沿路线前进方向(表中长度)远大于坡面方向；单个滑坡体的厚度不大，发生在上部(5.0m以上)土层的破坏平均值为3.6m，下部(5.0m以下)的为5.0m；初次滑动的剪出口部位主要受土岩界面和泥岩风化带界面和局部滞水控制，发生在上部(5.0m以上)土层的破坏剪出口平均埋深为4.0m，下部(5.0m以下)为7.1m。从滑坡体

形态素描图(图 8-11)中可见,胀缩活动带滑坡具有浅层、牵引、双层滑动和逐次发展的特点。从表 8-4 中可以看出,膨胀土路堑边坡的小型破坏主要为滑坍,受上层胀缩活动带控制,也就是说,气候剧烈影响深度范围的土体的剧烈胀缩活动是导致边坡滑坍等小型破坏的根本原因。

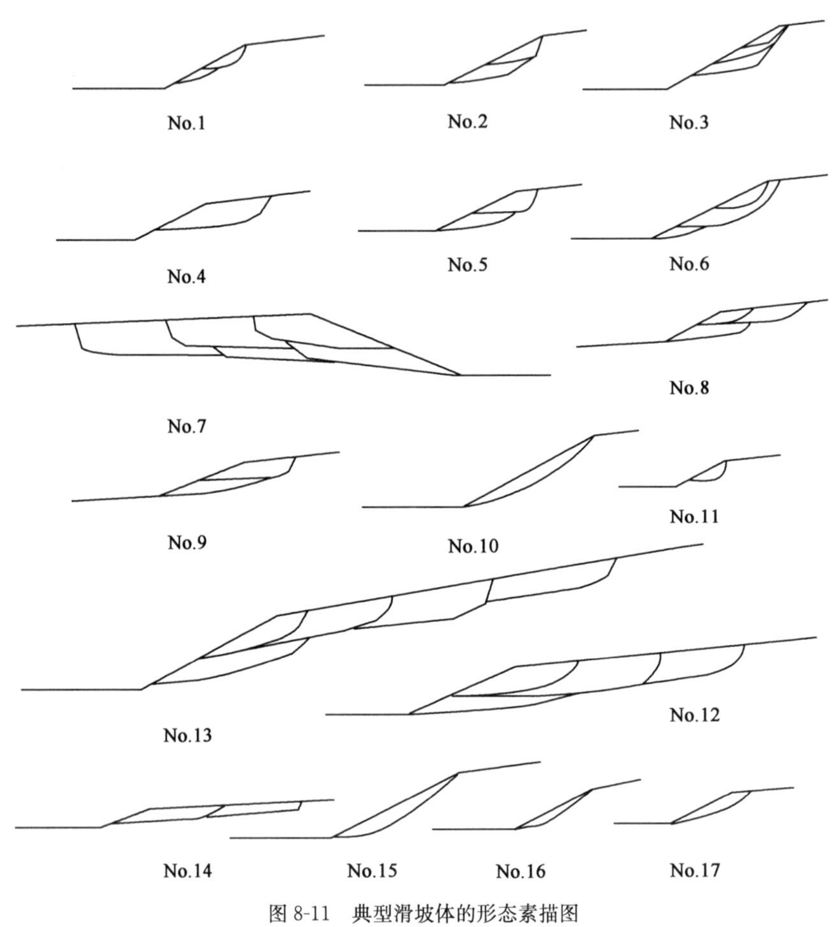

图 8-11　典型滑坡体的形态素描图

小型滑坍破坏面的深度范围　　表 8-4

项　目	统 计 数	平 均 值(m)	备　注
平面规模(长×宽)(m)	13	21.2×3.7	破坏部位主要在灰白膨胀土层,顺层顺坡发展,受胀缩节理和土层界面控制
破坏面埋深(m)	13	4.5	

对比分析残积型膨胀土路堑边坡活动带的双层活动带统计模式、路堑边坡胀缩活动带滑坡体的形态要素特征分析结果及滑坡体底界面产状与顺层胀缩裂隙面产状统计结果,进一步发现,裂隙活动与滑坡破坏之间存在紧密的联系。提取胀缩形态产状要素和滑坡体形态产状要素进行相似性分析,结果见表 8-5。

从表 8-5 中可见,竖向构造裂隙的延伸长度值与单个滑坡体的厚度值相似比为 1.0;同时,活动带底界深度值与滑坡剪出口埋深值相似比为1.1。两相似比都非常接近于1,顺层胀缩裂隙优势倾向、倾角与滑坡底界面的优势倾向、倾角两相似比都非常接近于1。因此,可以认为胀缩裂隙活动和滑坡破坏受相同的构造因素控制,都受到气候干湿循环作用的重要影响。因此,宁明膨胀土路堑边坡的滑坡属于胀缩活动带的滑坡,滑坡模式可根据双层活动带模式来分析。

裂隙活动与滑坡破坏活动相似性分析 表8-5

项目	大小	相似比	项目	大小	相似比
单个滑块厚度(m)	3.6	1	顺层胀缩裂隙优势倾向(°)	132	1
竖向构造裂隙平均迹长(m)	3.58		滑坡底界优势倾向(°)	130	
滑坡底界深度(m)	7.1	1.1	顺层胀缩裂隙优势倾角(°)	8.5	1.1
活动带底界深度(m)	6.36		滑坡底界优势倾角(°)	7.5	

8.2.3 边坡胀缩活动带渐进式滑坡特征分析

为了便于研究气候季节性干湿循环对边坡侧向变形的影响,将现场观测到的降雨量、AK0+110测孔3m深度处的孔隙水压力、AK0+110测孔5.5m深度处Y方向的侧向位移(放大10倍)随时间的变化关系制成图8-12。从图8-12中可以看出,从6月到8月的雨季,降雨频繁,侧向位移向坡脚方向逐渐增大,7月份后孔隙水压力稳定地维持在一个较高的水平,在经历了雨季末一次较强的连续降雨过程后,边坡发生了突变性的侧向位移。尽管此前也有过两次更强的降雨过程,边坡并没有产生突变性的变形,这清楚地显示了膨胀土路堑边坡突变式变形是渐进变形累积发展的结果,降雨是主要的诱因。9月以后直到第2年的3月,这一期间降雨量甚少,坡体孔隙水压力逐渐下降,侧向位移显示出向坡后回缩的趋势,反映出蒸发作用和疏干失水对边坡变形产生了作用。分析一个完整的干湿循环过程可以发现,膨胀土开挖边坡的变形可归纳为“逐渐增大-突变-回缩或暂时稳定”三个阶段。据此推断,随着季节性干湿循环的延续,边坡变形将重复上述三个阶段渐进发展直至破坏。

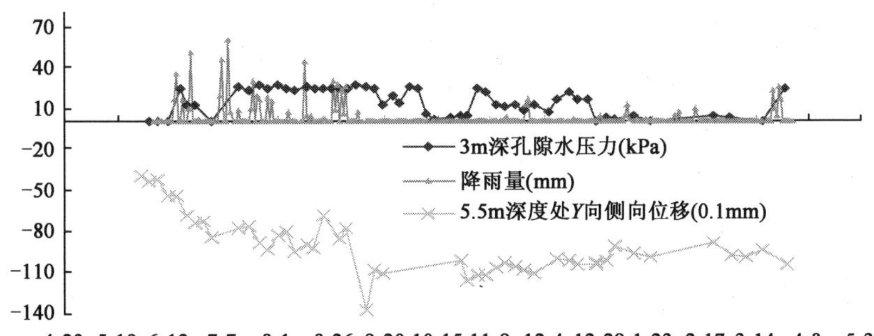

图8-12 各相关量随时间变化(彩图见342页)

8.2.4 胀缩活动带的膨胀土路堑边坡半定量二元结构破坏模式

图 8-13 双层滑动现象(彩图见 342 页)

通过大量现场调查发现，由膨胀岩和膨胀土共同组成的膨胀土边坡较为常见。本次跟踪观测 6.0m。事实上，在宁明膨胀土路堑边坡滑坡中确实观察到了这种双层滑动现象(图 8-13)。总结前述分析，可将路堑边坡胀缩活动带滑坡破坏模式概化如图 8-13 所示的半定量双层滑坡模式[4]。对照图 8-14，可将宁明膨胀土半定量双层滑坡破坏模式的要点总结如下：

(1)分析宁明膨胀土边坡天然含水率、地温、收缩系数、50kPa 膨胀率等参数，发现这些参数随深度变化的关系曲线存在两个特征范围，第一个为 1.7～2.3m，第二个为 5.2～6.2m，两者分别对应于宁明膨胀土大气剧烈影响深度和影响深度范围。

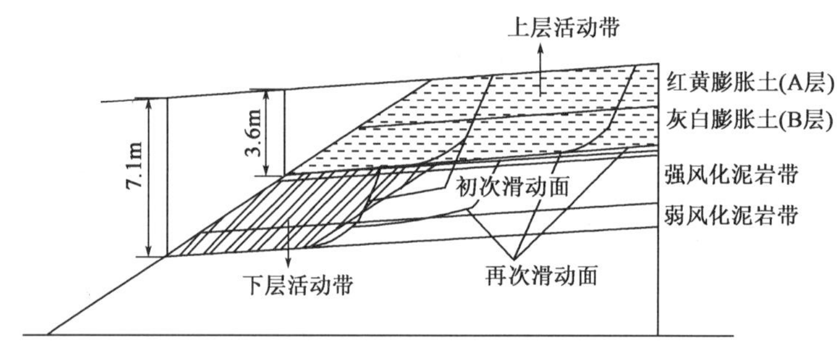

图 8-14 路堑边坡胀缩活动带双层滑坡破坏模式

(2)开挖卸荷、释水疏干及近地表强烈的干湿循环等作用激活了路堑边坡活动带胀缩特性(含水率下降，50kPa 下的膨胀率大幅提高)，因此，开挖边坡胀缩活动带的胀缩活动性比自然边坡更强。

(3)竖向构造裂隙的延伸长度统计平均值与上部土层单个滑坡体的厚度统计平均值一致(两者比值为 1.0)，说明上部土层胀缩活动带对浅层滑坡破坏作用的控制性；胀缩活动带底界与滑坡剪出口埋深一致(两者比值为 1.1)，层理状胀缩裂隙的产状与滑坡底界面产状一致(两者倾向、倾角统计优势方位比值为 1.0 和 1.1)，说明滑坡活动与层理状胀缩结构面、大气干湿循环作用密切相关。

(4)宁明残积型膨胀土路堑边坡双层活动带模式可推广到胀缩活动带的滑坡破坏模式。上部残积土层胀缩活动带受气候剧烈影响深度(2.48m)和土层界面(2.3m)控制，钻孔测斜跟踪观测为 3.0m，根据胀缩裂隙竖向延伸长度统计结果，其深度范围底界为 3.6m；下部开挖激活的新生风化泥岩胀缩活动带受局部滞水赋存深度(6.36m)及土岩界面(4.52m)、强弱风化泥岩带界面(5.81m)等控制,钻孔测斜跟踪观测为6.0m,根据发生在下部风化泥岩中的滑坡剪出口埋深统计资料,其深度范围底界为7.1m。

(5)湖相泥岩残积型膨胀土开挖边坡的滑坡破坏活动可根据双层活动带模式分析:初次滑动可发生在上部残积土层活动带或下部风化泥岩活动带,再次滑动主要是沿上部残积土层活动带发展,大规模的滑坡一般是由双层活动带模式控制的双层滑坡。因此,该类滑坡具有浅层、牵引、双层滑动和逐次发展的特点。

本模式的最大特点在于:①首次指出了由于开挖对边坡下部的强弱风化泥岩界面、土岩界面等层状胀缩结构面胀缩特性的活化,在上层滞水的干湿活动作用下边坡强风化带中产生了新的胀缩活动带;②由气候剧烈干湿循环作用形成的上部土层胀缩活动带和由开挖激活的下部新生的风化岩层胀缩活动带组成的双层活动带,控制了湖相泥岩及其残积土组成的膨胀土开挖边坡的滑坍活动,这是该类滑坍具有浅层性、牵引式逐次发展的地质构造的原因。

由于对这种滑坡破坏模式认识不足,长期以来,广西公路建设中在具有类似地质条件的南宁、百色、田东、田阳、上思等地区,依然采用在坡脚设置挡土墙或抗滑桩的方法对这类边坡进行加固,以致处治效果不佳。在项目研究中,基于对双层活动带滑坡破坏地质模式的分析,将支撑渗沟、柔性支护等处治方案付诸工程实践,取得了良好的效果,值得类似情况下参考和借鉴。这一滑坡破坏模式从地质理论上也定性解释了浅层低强度滑坡发生的地质原因。

8.3 膨胀土路堑边坡变形破坏机理

膨胀土路堑边坡破坏是复杂地质条件、外界环境变化以及膨胀土胀缩性、超固结性和裂隙性共同作用的结果。裂隙水、地表水的入渗是诱发路基水损害的直接外因,而气候干湿循环作用则是主导因素。为此,针对土的非饱和特性,考虑渗透系数随瞬态湿度场的变化,对降雨入渗条件下膨胀土边坡增湿变形过程进行了数值模拟[5-8]。数值模拟结果表明,边坡表层是严重湿化区,且水分易聚集于土岩界面,致使边坡体沿土岩界面滑动。因此,必须全面采用有效防排水措施。此外采用生死单元法和工程实用型本构模型模拟边坡干缩开裂变形过程,揭示了前述3种膨胀土路堑边坡变形破坏模式的破坏机理,为提出工程处治方法提供了理论依据。

8.3.1 利用温度场模拟渗流场的理论基础

干湿循环显著影响区内土体湿度的非均匀变化,导致边坡浅表层土体失水干燥收缩、吸水膨胀软化以及强度参数和变形参数随之发生变化,是膨胀土堑坡变形失稳的直接肇因。而区内土体含水率的变化可通过基于Darcy定律的瞬态渗流分析进行模拟。考虑到温度场热传导问题的控制方程与渗流问题的控制方程在形式上的相似性，因此，利用 FLAC 中的热分析模块进行渗流分析。

1. 渗流场和温度场在数学描述上的相似性

稳态时，两者的微分方程如下：

$$\begin{cases}\dfrac{\partial}{\partial x}\left(k_{wx}\dfrac{\partial h_w}{\partial x}\right)+\dfrac{\partial}{\partial y}\left(k_{wy}\dfrac{\partial h_w}{\partial y}\right)=0 & \text{稳态渗流场}\\ \dfrac{\partial}{\partial x}\left(\lambda_x\dfrac{\partial T}{\partial x}\right)+\dfrac{\partial}{\partial y}\left(\lambda_y\dfrac{\partial T}{\partial y}\right)=0 & \text{稳态温度场}\end{cases} \tag{8-1}$$

非稳态时，两者的微分方程为：

$$\begin{cases}\dfrac{\partial}{\partial x}\left(k_{wx}\dfrac{\partial h_w}{\partial x}\right)+\dfrac{\partial}{\partial y}\left(k_{wy}\dfrac{\partial h_w}{\partial y}\right)=c\dfrac{\partial h_w}{\partial t} & \text{非稳态渗流场}\\ \dfrac{\partial}{\partial x}\left(\lambda_x\dfrac{\partial T}{\partial x}\right)+\dfrac{\partial}{\partial y}\left(\lambda_y\dfrac{\partial T}{\partial y}\right)=\rho c'\dfrac{\partial T}{\partial t} & \text{非稳态温度场}\end{cases} \tag{8-2}$$

式中，c'为比热系数，定义为单位质量物体每增加（或降低）1℃需吸收（或释放）的热量（J/kg）；ρ 为密度（kg/m^3）；$\rho c'$为单位体积物体每增加（或降低）1℃需吸收（或释放）的热量，它与比水容量 c 具有相似的物理意义［J/（m^3 · ℃）］；h_w 为总水势或总水头（m），$h=z+\dfrac{u_p}{\gamma_w}$，$z$ 代表该点的位置水头，u_p 代表该点的压力势；k_{wx}、k_{wy} 为渗透系数（m/s）；λ_x、λ_y 为导热系数［W/（m · ℃）］。

2. 渗流与热传导相关变量及参数的相似性（表 8-6）

渗流与热传导相关变量及参数的相似性 表 8-6

渗流场			温度场		
项目	符号	单位	项目	符号	单位
水头	h_w	m	温度	T	℃
Darcy 定律	$v=-k_w\dfrac{\partial h_w}{\partial L}$	—	热流定律	$q=-\lambda\dfrac{\partial T}{\partial L}$	—
水力坡度	$J=\dfrac{h_{w1}-h_{w2}}{L}$	—	温度梯度	$E=\dfrac{T_1-T_2}{L}$	—
水量	V	m^3	热量	W	J
水流量	Q_w	m^3/s	热流量	Q	J/s（或 W）
水流速	v	m/s	热流密度	q	W/m^2
渗透系数	k_w	m/s	导热系数	λ	W/（m · ℃）
比水容量	c	1/m	密度 · 比热	$\rho c'$	J/（m^3 · ℃）

3. 温度应力场和湿度应力场的相似性

两种应力场的相似性来自于本构方程的相似性及其共同的线膨胀形式，温度变化引起的应变 ε 可表示为：

$$\varepsilon_{ij} = \beta\delta_{ij}\Delta T \tag{8-3}$$

式中，β 为温度线膨胀系数；ΔT 为温度变化量；δ_{ij} 为 Kronecker 记号。

而湿度变化引起的应变 ε^{w} 可表示为：

$$\varepsilon_{ij}^{w} = \alpha\delta_{ij}\Delta w \tag{8-4}$$

式中，α 为湿度线膨胀系数；Δw 为湿度变化量。

联立以上两式可得：

$$\beta = \frac{\alpha\Delta w}{\Delta T} \tag{8-5}$$

通过 β、T 即可将湿度场参数转化为对应的温度场参数。

这样，借助于温度场来模拟湿度场，得到不同含水率分布条件下膨胀土体积和物性的变化。

8.3.2 膨胀土的本构模型及相关参数

现有的膨胀土本构模型有多种形式，但大多数因其表达形式过于复杂而不适于进行工程应用。为此，在膨胀土路堑边坡变形数值模拟中采用工程实用型非饱和膨胀土本构模型(见第4.3节)。其中对非饱和土体本构特性的考虑则是通过土体各特性参数(弹性模量 E 、泊松比 μ 、黏聚力 c 、内摩擦角 φ 和膨胀系数 β)随饱和度的变化加以实现。很明显，由土水特性曲线的关系可知，这种处理亦间接考虑了非饱和土吸力的影响。

用湿度应力场分析膨胀土路堑边坡的变形和破坏时，需获得土水特征曲线、渗透系数、变形参数和强度参数。其中土水特征曲线由压力板试验得到。渗透系数随含水率的变化方程由饱和渗透系数和土水特征曲线，采用间接方法得到。宁明非饱和膨胀土渗透系数随含水率的变化方程为：

灰白膨胀土：

$$k_{us} = 2 \times 10^{-30} e^{0.988w} \tag{8-6}$$

灰黑膨胀土：

$$k_{us} = 2 \times 10^{-22} e^{0.7212w} \tag{8-7}$$

式中，k_{us} 为非饱和渗透系数(m/s)；w 为重量含水率(%)。

非饱和土的比水容量为压力水头与体积含水率关系曲线的斜率，宁明膨胀土的比水容量见表8-7。

宁明膨胀土的比水容量　　表 8-7

土　类	比水容量(l/m)	土　类	比水容量(l/m)
灰白原状膨胀土	0.002 5	灰黑原状膨胀土	0.001 5

宁明膨胀土变形参数弹性模量 E 和泊松比 μ 的表达式见第 4.3 节。

膨胀系数 β 计算公式见式(8-5)，根据第 4.3 节给出的宁明膨胀土有荷膨胀试验结果，宁明膨胀土膨胀系数可由式(8-8)和式(8-9)表达。

灰黑膨胀土：

$$\beta=(-0.0623P-5.432)\Delta w-0.0062P+1.7937 \tag{8-8}$$

灰白膨胀土：

$$\beta=(-0.0437P-4.807)\Delta w-0.0043P+1.8027 \tag{8-9}$$

式中，P 为体积应力(kPa)；Δw 为含水率的变化增量(%)。

宁明膨胀土强度参数黏聚力 c、内摩擦角 φ 与含水率的关系如式(8-10)～式(8-13)所示。

灰白膨胀土：

$$\varphi=154.76e^{-9.1306w} \tag{8-10}$$

$$c=900e^{-8.5109w} \tag{8-11}$$

灰黑膨胀土：

$$\varphi=424.22e^{-10.505w} \tag{8-12}$$

$$c=610e^{-7.0535w} \tag{8-13}$$

由于裂隙的存在，膨胀土的抗剪强度有土块强度与土体强度之分。室内小尺寸试件的常规剪切试验结果与具有裂隙和结构构造的膨胀土体抗剪强度之间存在较大差异，只能反映土块强度。已有研究提出，土体强度往往只有土块强度的几分之一甚至十几分之一。为此，对室内三轴试验和现场直剪试验结果进行了分析比较，确定抗剪强度参数的折减系数，内摩擦角取值为 1/7，黏聚力取值为 1/14。这样膨胀土的抗剪强度分别为：

灰白膨胀土：

$$\varphi=\frac{1}{7}\times154.76e^{-9.1306w} \tag{8-14}$$

$$c=\frac{1}{14}\times900e^{-8.5109w} \tag{8-15}$$

灰黑膨胀土：

$$\varphi=\frac{1}{7}\times424.22e^{-10.505w} \tag{8-16}$$

$$c=\frac{1}{14}\times610e^{-7.0535w} \tag{8-17}$$

8.3.3 膨胀土路堑边坡的渗流场分析

路堑高 10m，边坡坡率为 1∶1.5，右端坡顶长度为 30m，左端路基宽 15m。计算模型由两种材料组成：灰白膨胀土，位于坡顶至以下 4m，其下为灰黑膨胀土岩。考虑路基施工以及大气影响，坡表及坡顶初始含水率定为 18%，路基顶面含水率为 23%，路基顶以下 3m 设一地下水平面，该处以下土体处于饱和含水率 32%并在渗透计算时设为不透水面，同时模型两端亦为不透水界面。

应用式(8-2)给出的非饱和渗流场的控制方程及上述边界条件，可对非饱和膨胀土边坡渗流场进行数值模拟。

通过应用 ANSYS 软件的热分析功能进行降雨条件下南友高速公路膨胀土路堑边坡的瞬态渗流分析，主要结果如图 8-15～图 8-21 所示。取得的主要结论如下：

降雨条件下膨胀土路堑边坡的压力水头和体积含水率在整个边坡浅表层范围内发生变化，表层是严重湿化区域，如不采取全面的防排水及防渗措施，边坡将发生溜坍、滑坍直至浅层滑坡。

1. 降雨持时 12h

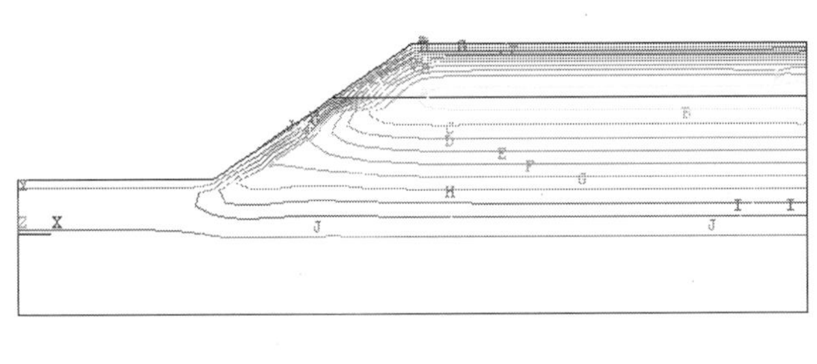

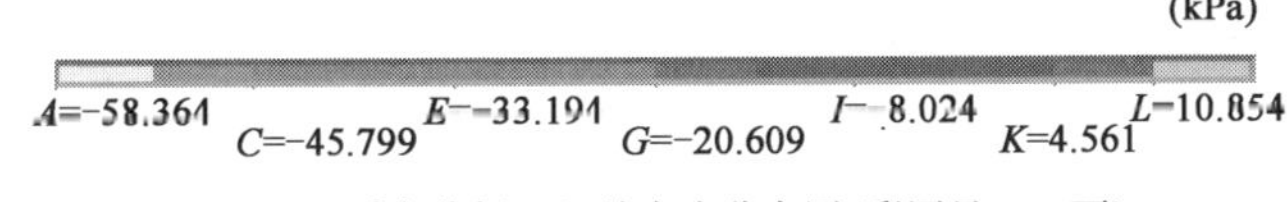

图 8-15 瞬态分析 12h 总水头分布图(彩图见 343 页)

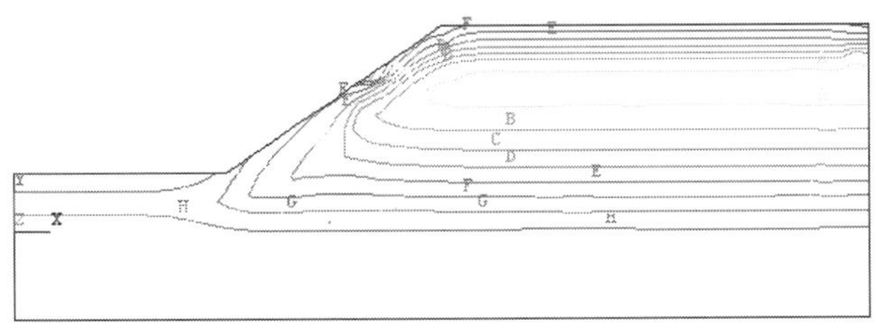

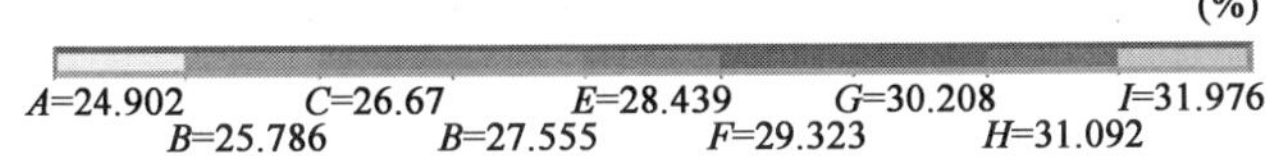

图 8-16 瞬态分析 12h 重量含水率分布图(彩图见 343 页)

2. 降雨持时 24h

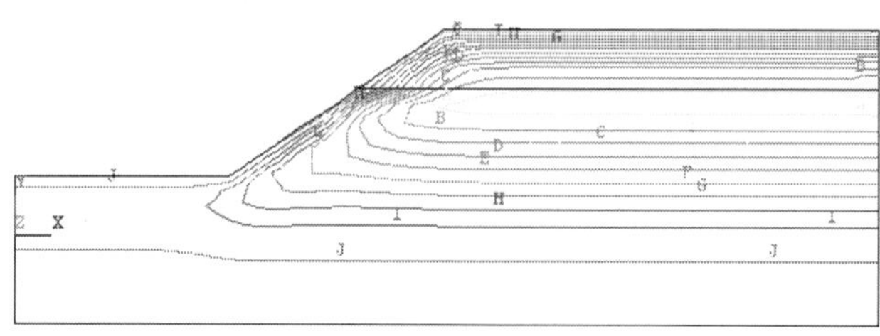

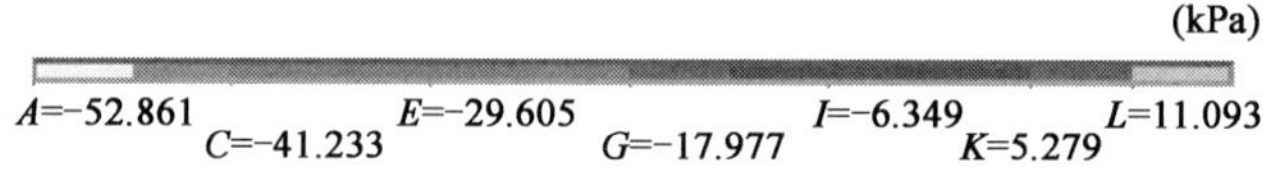

图 8-17　瞬态分析 24h 总水头分布图(彩图见 343 页)

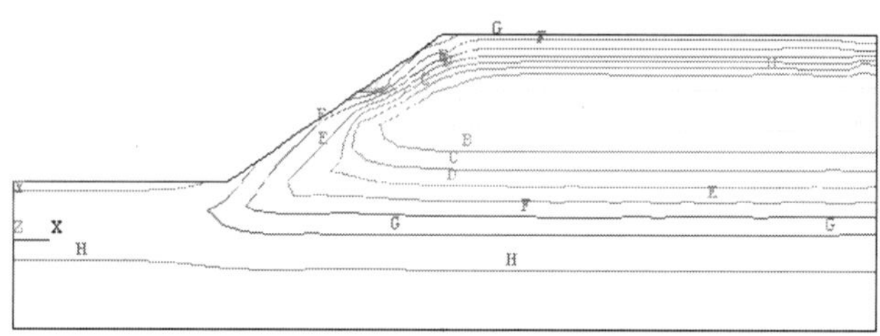

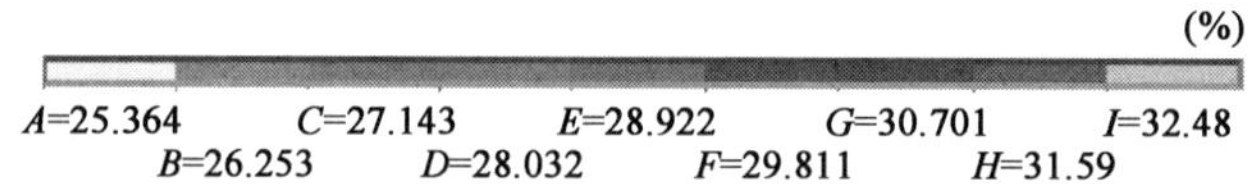

图 8-18　瞬态分析 24h 重量含水率分布图(彩图见 343 页)

3. 降雨持时 48h

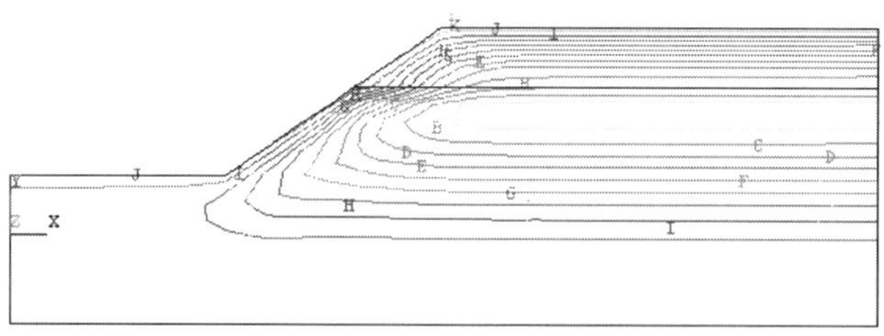

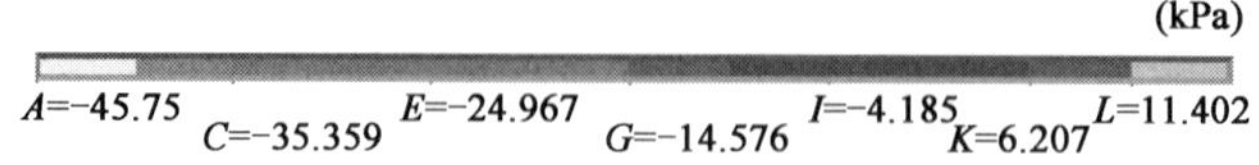

图 8-19　瞬态分析 48h 总水头分布图(彩图见 343 页)

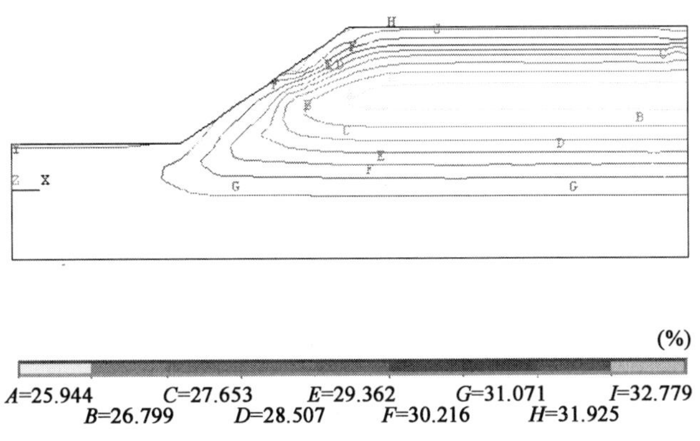

图 8-20 瞬态分析 48h 重量含水率分布图(彩图见 343 页)

不同位置重量含水率随深度变化见图 8-21。

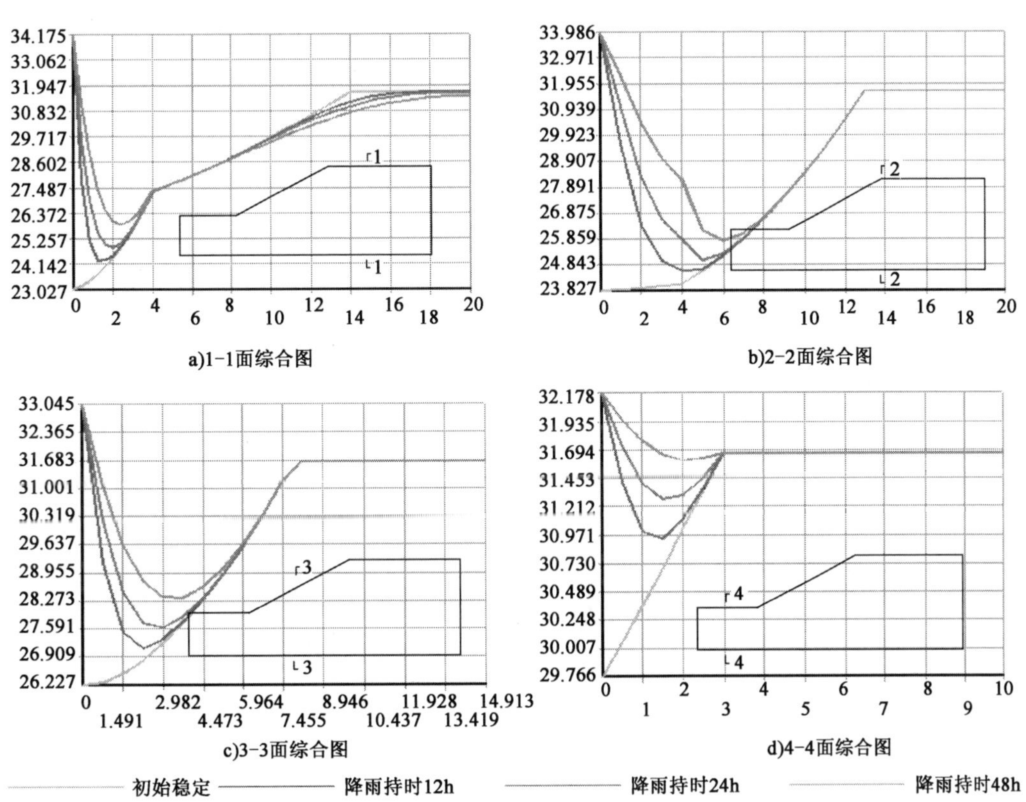

图 8-21 不同位置重量含水率随深度变化图(彩图见 343、344 页)

8.3.4 膨胀土路堑边坡浅表层的干缩开裂机理

采用热-力耦合模拟边坡土体因失水收缩而产生的应力场,从而考虑了湿度场与应力场的耦合效应。由实测和路基边部含水率长期监测的结果确定湿度变化范围(土体稳定含水率为

25%,旱季在25%~15%变化),采用生死单元法模拟边坡裂缝的开展过程。

1. 计算模型及离散

图8-22所示计算模型总高20m,计算边坡高10m,坡率为1:1.5;坡脚以左20m,坡顶以右30m;两端滑支,底部固支。采用弹性模型8节点等参单元,坡面及坡顶2m单元加密。

2. 模拟结果及比较

(1)未开裂时第一主应力分布

由图8-23可看出拉应力区位于坡面及坡顶,坡顶两侧应力大于坡面中下部。

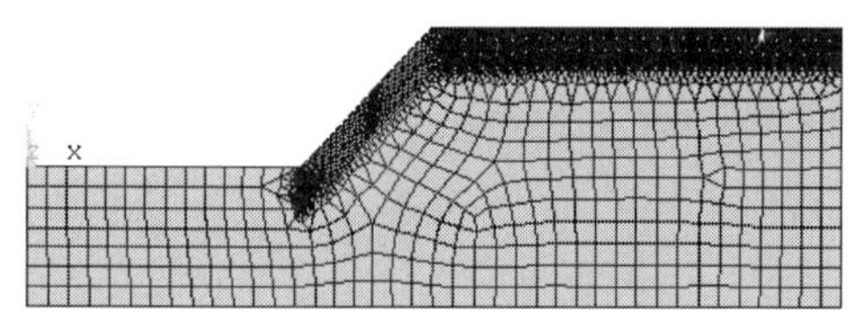

图8-22 计算模型(彩图见344页)

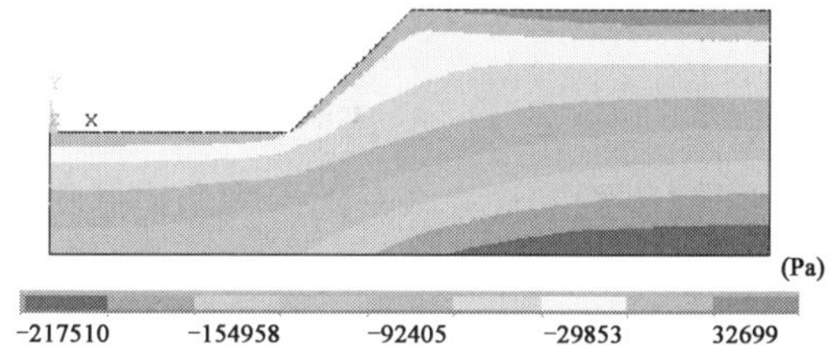

图8-23 边坡第一主应力分布(彩图见344页)

(2)开裂时主应力分析

图8-24为边坡表层土降至不同含水率时的第一主应力分布图。

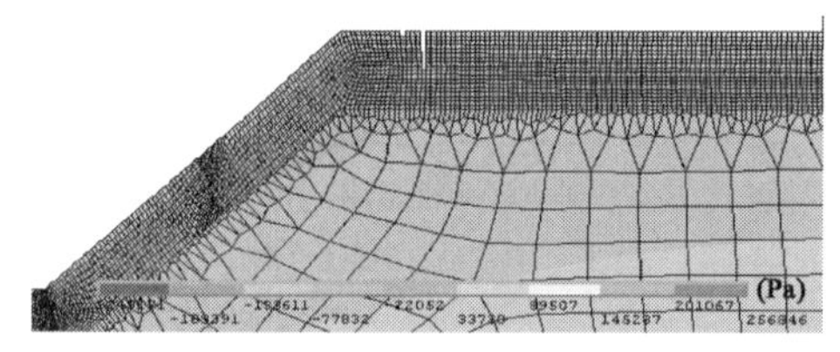

a)表土含水率为20%时的第一主应力图

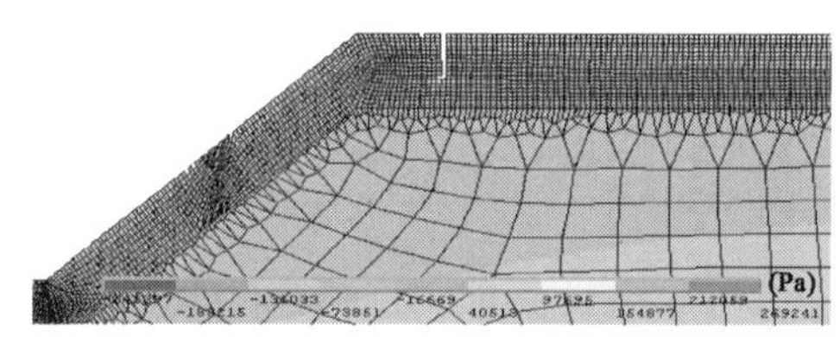

b)表土含水率为19.5%时的第一主应力图

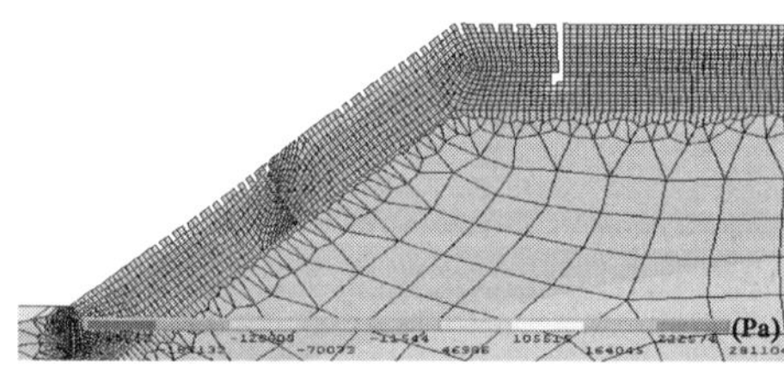

c)表土含水率为19%时的第一主应力图

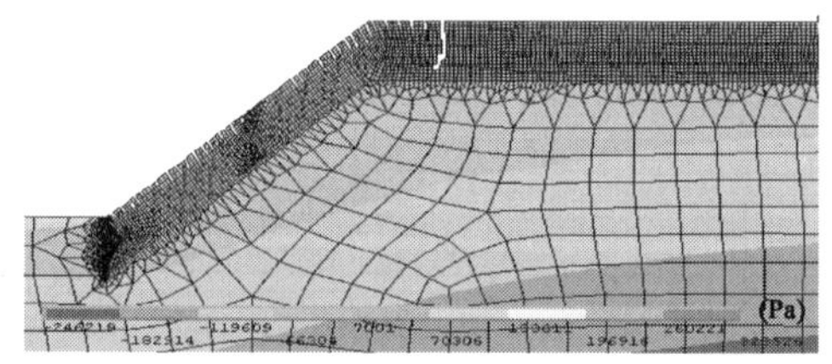

d)表土含水率为18%时的第一主应力图

图8-24 边坡表层土降至不同含水率时的第一主应力分布图(彩图见344页)

3. 开裂分析

(1)含水率降至20%时,坡体产生拉裂(排除模型约束的影响),在距坡肩3m左右的坡顶出现第一道裂缝,且开裂深度不超过2m。

(2)其余裂缝依次在坡面出现,先为坡中,后是上部,最后为下部,裂缝深度一般小于1m。

(3)含水率降至18%以下,坡表单元应力均超过10kPa,说明边坡坡表处将会出现密集拉裂裂缝。

8.3.5 膨胀土路堑边坡增湿变形的破坏机理

采用温度场模拟降雨条件下干湿循环显著影响区内土体含水率的非均匀变化，输入随含水率及体积应力变化而变化的强度和变形参数 c、φ、E、μ 等，对计算模型进行分析计算，获得受风化作用层以及层间软弱结构面控制的路堑边坡变形破坏规律。

1.计算模型

建模的基本方法同开裂分析，但针对两种地质情况，一是理想化无软弱结构面的土质路堑边坡数值模型(模拟南邓高速公路开挖边坡)；二是理想化含层间软弱结构面的土岩路堑边坡数值模型(模拟南友高速公路开挖边坡)，分别见图 8-25 和图 8-26。分析采用第 4 章所给出的工程实用型非饱和膨胀土本构模型。

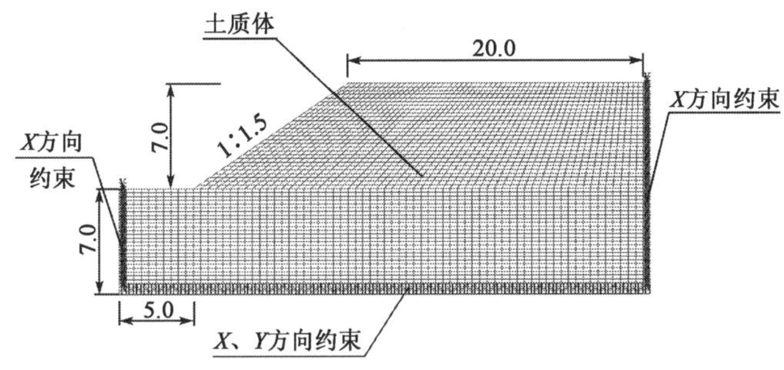

图 8-25 无软弱结构面土质路堑边坡计算模型(尺寸单位:m)

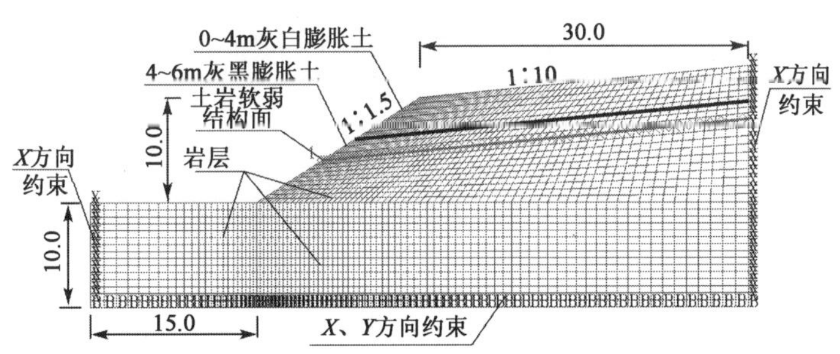

图 8-26 含软弱结构面土岩路堑边坡计算模型(尺寸单位:m)

2.干湿循环显著影响区内土体的含水率变化

以含水率变化量为控制参数，设定坡面含水率变化的最大值为 Δw_{max}，且在干湿循环显著影响区范围内按指数规律随着深度变小，在干湿循环显著影响区的底部，含水率的变化值为 $\Delta w_{min}=5\%\times\Delta w_{max}$。考虑 20%和 25%两种初始含水率，可得膨胀土路堑边坡增湿变形的规律与特征。

设湿度场的分布曲线如图 8-27 所示，平面垂直影响深度 $H=2\text{m}$，坡面土体含水率的影响深度随坡率而变。令坡面倾角为 α，当 $\alpha=90°$ 时，在坡顶水平上干湿循环显著影响深度为 $H=2\text{m}$。坡面铅垂，水流难以聚集，可作理想化假定，即认为坡面法向影响深度为零；当 $0°<\alpha<90°$ 时，其法向影响深度设为 $H\cos\alpha$，水平方向的影响深度为 $x=H/\tan\alpha$。

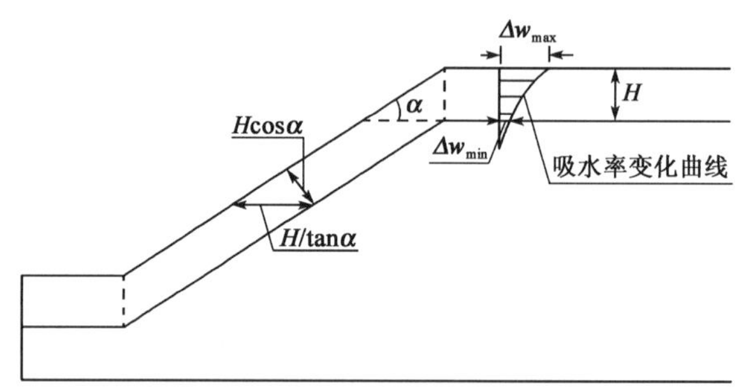

图 8-27　膨胀土边坡干湿循环显著影响范围示意图

3. 变形参数分布

不同部位边坡土体的含水率不同，其泊松比 μ、弹性模量 E 亦随之变化，采用时间步控制渗流过程，可得到变形参数场的瞬态分布。

(1)无软弱结构面

图 8-28 和图 8-29 是无软弱结构面土质路堑边坡初始含水率为 20%、坡面最大吸水率为 10%时膨胀土变形参数受湿度场影响后在边坡内部的分布特征。从图中可以看出，泊松比随深度增加而变小，这是因为坡面的吸水率大，随着深度的增加，吸水率迅速减小。根据试验研究规律，膨胀土泊松比随着含水率的减小而减小，坡内一定深度内的含水率没有受到影响，因而泊松比在一定深度附近不再变化，保持初始状态不变，因此出现图 8-28 的先下降再趋于平

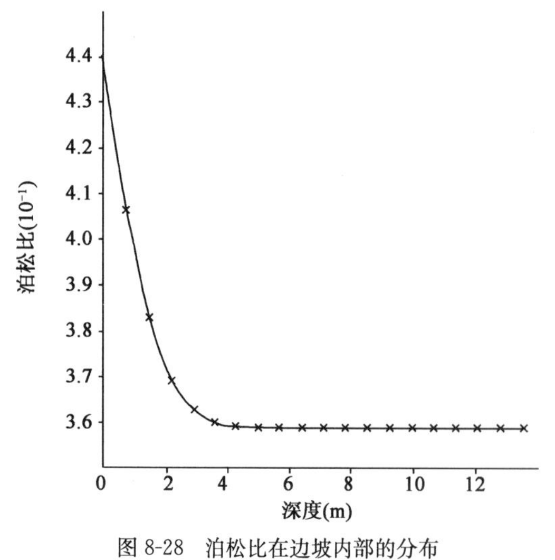

图 8-28　泊松比在边坡内部的分布

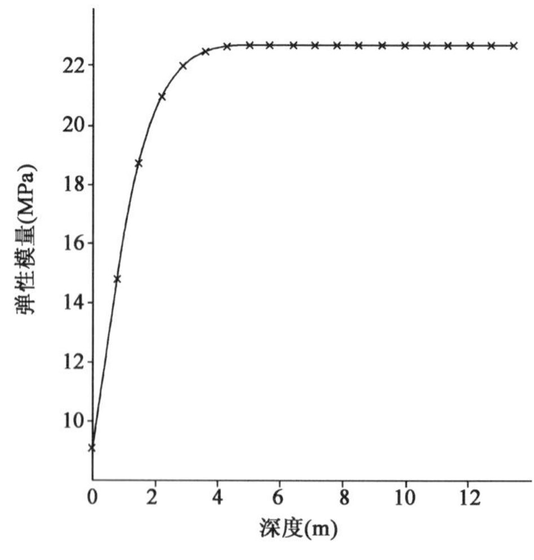

图 8-29　弹性模量在边坡内部的分布

缓的情况。同样，图 8-29 中弹性模量随着深度的增加而迅速增大，这是因为膨胀土土体的弹性模量会随含水率的减小而增大，坡面的吸水率最大，因而坡面土体的弹性模量最小，由于坡体内部一定深度处的土体的含水率变化小，所以土体的弹性模量渐渐趋向于定值。

(2)含软弱结构面

图 8-30、图 8-31 是含软弱结构面土岩路堑边坡初始含水率为 20%、坡面最大吸水率为 10%时膨胀土变形参数在湿度场影响下边坡内部的分布情况。从图中可以看出，由于边坡由灰白膨胀土(0～4m)、灰黑膨胀土(4～6m)、软弱结构面和膨胀岩组成，各层有着各自随含水率和应力状态的发展规律，在施加了湿度场后，变形参数在边坡内部的分布就显得比单一土质边坡复杂得多。但从大的趋势来看，泊松比随深度增加而变小，各种组成的膨胀土都有着共同的随含水率减小其泊松比也相应减小的规律。由于坡面的吸水率大，随着深度的增加，吸水率迅速减小，坡内一定深度内的含水率没有受到影响，因而泊松比在一定深度附近不再变化，保持初始状态不变。弹性模量的分布规律遵循相似的变化规律，只是膨胀土土体的弹性模量会随含水率的减小而增大。

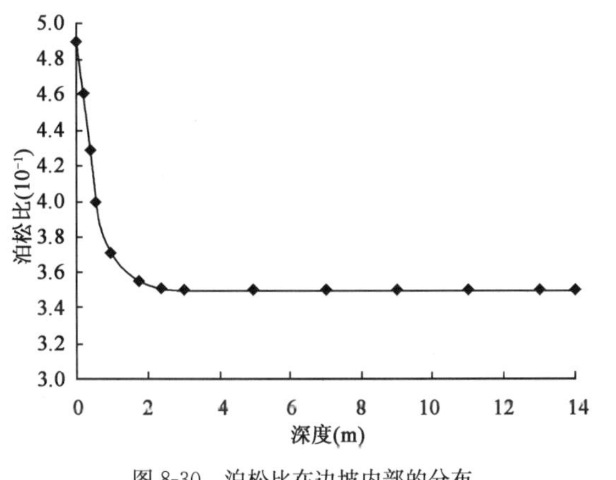

图 8-30 泊松比在边坡内部的分布

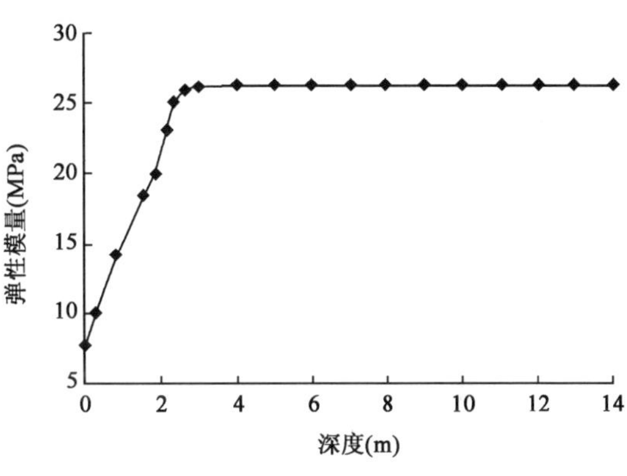

图 8-31 弹性模量在边坡内部的分布

4. 膨胀系数分布

不同部位边坡土体的含水率主动状态不同，其膨胀系数亦随之变化。采用时间步控制渗流过程，可得到膨胀系数场的瞬态分布。

(1)无软弱结构面

无软弱结构面情况下，膨胀系数在边坡内部的分布情况如图 8-32 所示。从图中可以看出，膨胀系数随着深度的增加而减小，表层土体的膨胀系数表现出一种复杂的曲线变化。这是由含水率和应力状态共同影响所致。

(2)含软弱结构面

有软弱结构面情况下，膨胀系数在边坡内部的分布情况如图 8-33 所示。从图中可以看出，靠近表层的湿度场剧烈变化的区域，由于应力状态的影响，干湿循环显著影响区域内的膨胀系数的分布显得比较复杂。随着深度的增加，由于离干湿循环显著影响区较远，湿度场影响力减弱，膨胀系数主要受应力状态控制，此时的膨胀系数在坡体内部随着深度的增加而减小。

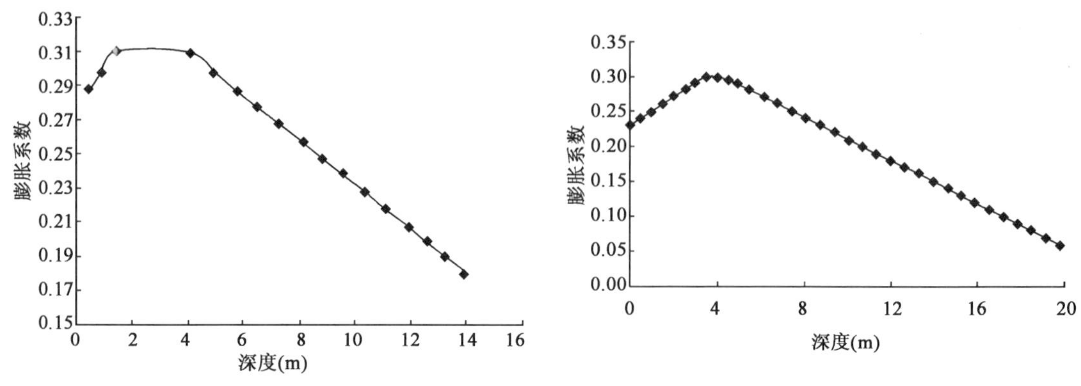

图 8-32　膨胀系数在无软弱结构面边坡内部的分布

图 8-33　膨胀系数在有软弱结构面边坡内部的分布

5. 强度参数分布

不同部位边坡土体的含水率不同，其黏聚力 c、内摩擦角 φ 也就不同。采用时间步控制渗流过程，可得到强度场的瞬态分布。

(1)无软弱结构面

对于路堑边坡初始含水率为 20%、坡面最大吸水率为 10% 的状况，从图 8-34 可以看出，膨胀土土体由于受含水率的影响，其黏聚力由坡体内部的 56kPa 减小至坡面的 6kPa 左右。而从图 8-35 可以看出，膨胀土土体的内摩擦角由坡体内部的 21°减小至坡面的 3°左右。有关文献指出，天然干燥状态下，膨胀土试样的抗剪强度黏聚力 c 可以高达 200kPa 以上，内摩擦角 φ 可大到 40°～60°。但是，一旦试样充分浸水达到胀限含水率时，抗剪强度则将大为降低，c 可以低到 1kPa，甚至 $c=0$，φ 小到 1°～3°。

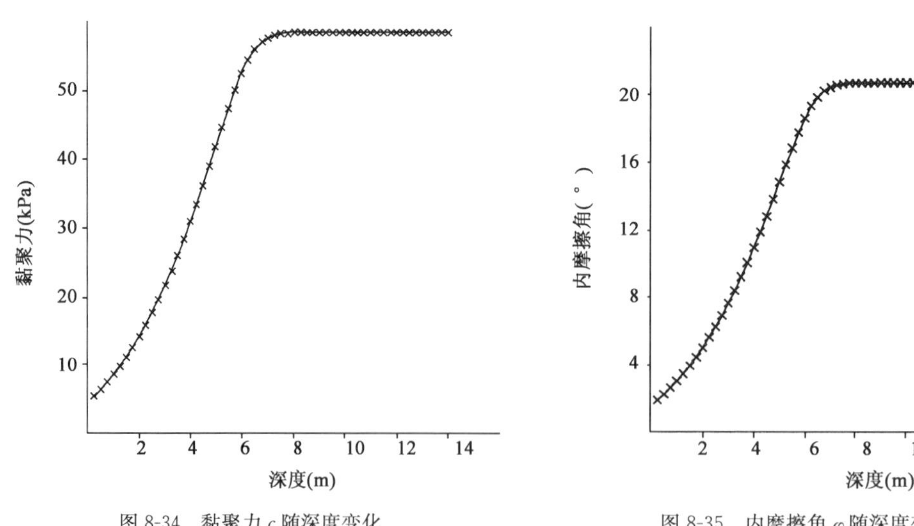

图 8-34　黏聚力 c 随深度变化

图 8-35　内摩擦角 φ 随深度变化

(2)含软弱结构面

对于路堑边坡初始含水率为20%、坡面最大吸水率为10%的状况，由于组成边坡的各层膨胀土岩抗剪强度参数随含水率的软化规律不同，故其抗剪强度参数在堑坡内的分布显得比较复杂。从图8-36和图8-37可以看出，由于灰白膨胀土和灰黑膨胀土在表层分布，加之湿度场的影响，这部分区域的黏聚力和内摩擦角的变化同时受诸多因素的影响而变化很大，黏聚力的变化范围为70～10kPa，内摩擦角的变化范围为30°～5°。

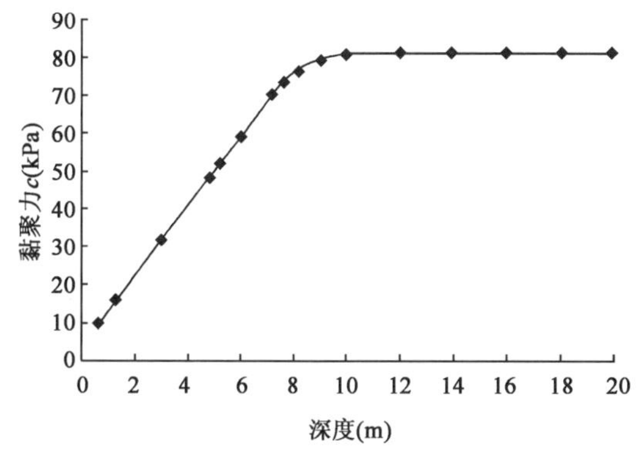

图8-36 黏聚力c在边坡内部的分布

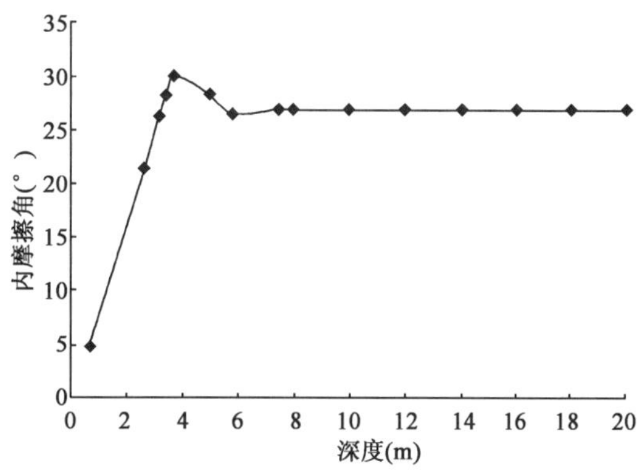

图8-37 内摩擦角φ在边坡内部的分布

6. 边坡的位移与变形

(1)无软弱结构面

图8-38为初始含水率为20%、坡面最大吸水率为10%的土质路堑边坡通过强度折减法计算后得到的破坏时的位移场等值线。从图中可以看出，膨胀土边坡的侧向隆出位移主要位于坡面上。由于湿度场的变化，膨胀土遇水产生膨胀，加之开挖后的边坡在坡面上水平方向没有约束，所以水平位移主要集中在坡面，而且主要表现为浅层形式。当破坏区土体发生的变形值超过相应于峰值强度的变形时，土体就有可能产生渐进破坏。这也是大多数膨胀土容易发生浅表层碎落、溜坍等破坏现象的原因。图8-39为边坡顶点的水平位移随计算时间步的变化。从图中可以看出，经历了4个地面开挖阶段后，位移突然急剧增大，呈现直线下降的趋势。这是施加了湿度场的缘故，由此也可以判断此时的路堑边坡正处于不稳定状态。

图8-40是无软弱结构面的膨胀土土质路堑边坡在Ⅰ—Ⅰ断面、Ⅱ—Ⅱ断面和Ⅲ—Ⅲ断面的水平位移分布变化曲线(初始含水率为20%，坡面最大吸水率为10%，负位移代表隆胀)。Ⅰ—Ⅰ断面即靠近坡脚附近的一条水平切面上，Ⅱ—Ⅱ断面即路堑边坡的坡面，Ⅲ—Ⅲ断面即边坡坡顶后的地面线。图中数据显示了3个剖面在经历3个不同阶段时的水平位移变化，即初始重力平衡阶段、开挖完毕阶段和吸湿膨胀阶段。图中数据表明，3个断面在开挖卸荷和吸湿膨胀阶段都产生了侧向隆起位移，并且在吸湿膨胀阶段由于受膨胀土湿胀影响较开挖卸荷影响要明显得多，其隆胀值在干湿循环显著影响区范围内迅速增大，在距离坡脚2/3坡长的坡

面上达到最大值。

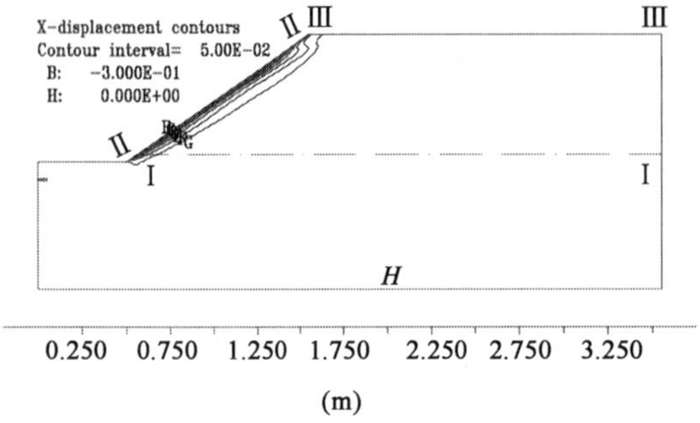

图 8-38 路堑边坡破坏状态的位移场

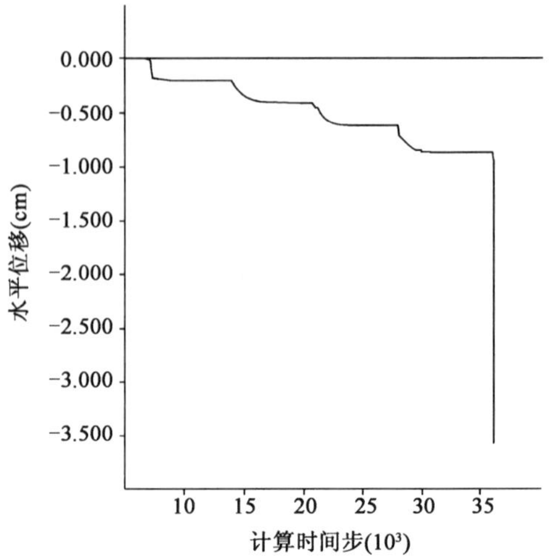

图 8-39 边坡顶点水平位移随计算时间步的变化

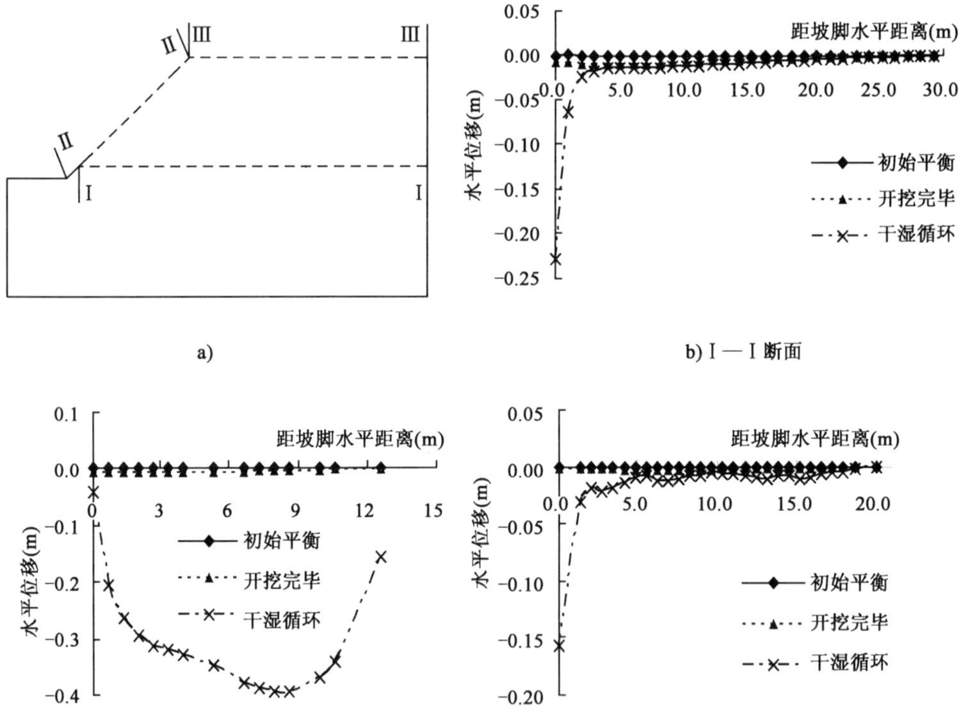

a)

b) Ⅰ—Ⅰ 断面

c) Ⅱ—Ⅱ 断面

d) Ⅲ—Ⅲ 断面

图 8-40 膨胀土土质路堑边坡各断面在不同阶段水平位移变化

图 8-41 是初始含水率为 20%、坡面最大吸水率为 10%的土质路堑边坡通过强度折减法计算后得到的破坏时的速度线。图 8-42 是此时的塑性区分布。通过两者结合起来分析可以

发现，此时的最大速度值出现在堑坡坡脚处，而此时坡脚又同时处于剪切屈服状态，边坡坡顶处于受拉屈服状态，当边坡处于这种顶部拉坏、底部剪出的状态时，边坡失稳。

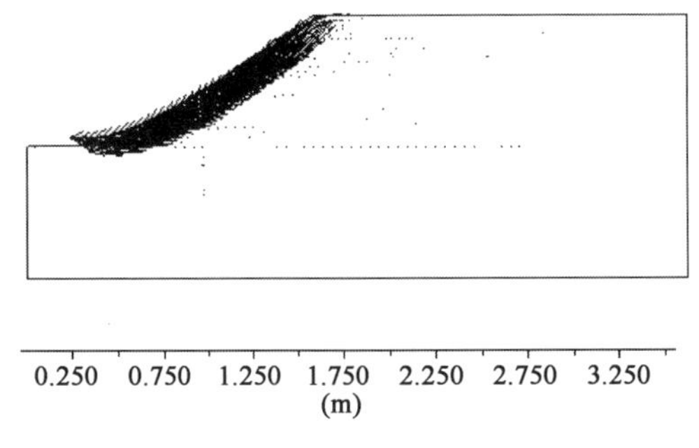

图 8-41　路堑边坡破坏状态的速度场

图 8-42　路堑边坡破坏状态的塑性区(彩图见 345 页)

(2)含软弱结构面

图 8-43 为初始含水率为 20%、坡面最大吸水率为 10%的膨胀土土岩混合路堑边坡通过强度折减法计算得到的破坏时的位移场等值线。图 8-44 是软弱界面上的切向位移分布。从图 8-43 可以看出，对于有软弱结构面的膨胀土路堑边坡，其侧向位移主要集中于两个区域：一是坡面；二是软弱结构面的上覆土层。由于湿度场的变化，加之坡面上水平方向没有约束，所以水平位移主要集中在坡面，而且主要表现为浅层形式。同时由于软弱结构面的存在，膨胀位移会沿着软弱结构面发展。破坏区土体发生的变形值超过相应于峰值强度的变形时，土体就有可能产生渐进破坏。从图中来看，结构面最大的切向位移达到了 56.5cm，边坡的最大水平位移量达到了 63cm，这已经超过土体的变形极限，可以判断此时边坡在土岩界面已经产生相对滑移。

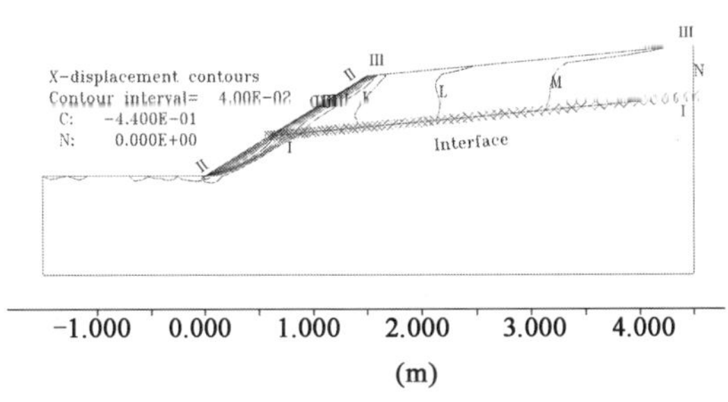

图 8-43　路堑边坡破坏状态的位移场

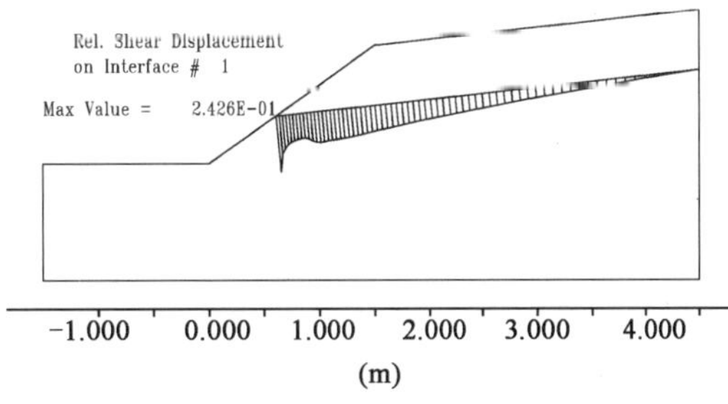

图 8-44　软弱界面上的切向位移分布

图 8-45 和图 8-46 是坡面上土岩界面土层中的点和岩层中的点水平位移随计算时间步的变化。其中，图 8-45 中软弱结构面模型采用的是 FLAC 界面单元，而图 8-46 中软弱结构面模型采用 20cm 厚的软弱土层模拟。从两图可以看出，不同的模拟方式对水平位移计算结果有一定的影响。但不管何种界面模型，湿度场变化后，坡面位移急剧增大，呈现直线下降的趋势，故可以判断此时的路堑边坡已处于不稳定状态。

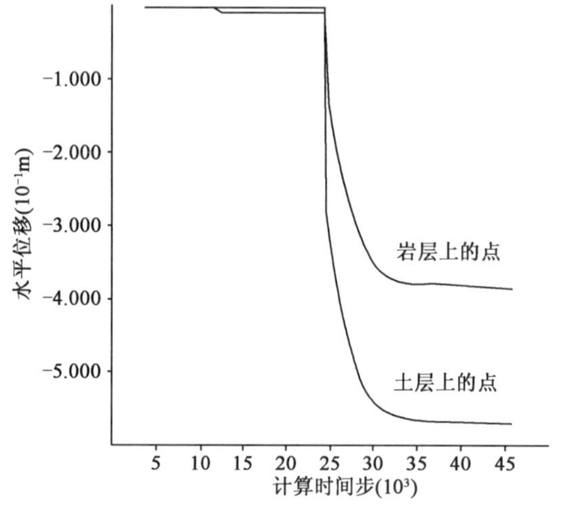

图 8-45　坡面上土岩界面的水平位移(FLAC 界面单元)

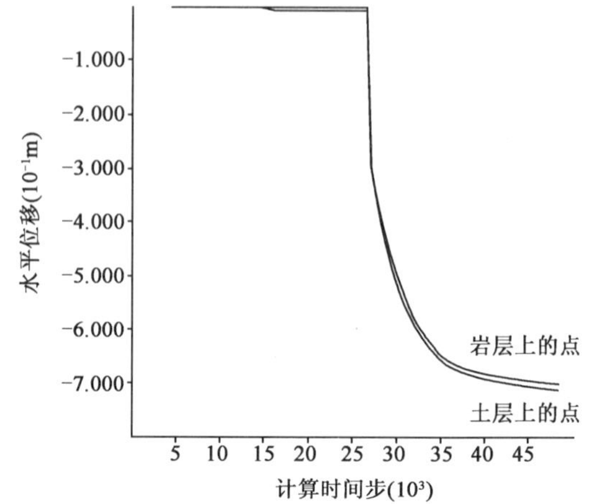

图 8-46　坡面上土岩界面的水平位移(软弱土层)

图 8-47 是初始含水率为 20%、坡面最大吸水率为 10%的膨胀土土岩路堑边坡通过强度折减法计算得到的破坏时的速度线。图 8-48 是对应的塑性区分布。通过两者结合起来分析可以发现,此时的最大速度值出现在堑坡坡脚处,同时软弱结构面上方坡面附近的膨胀土土层区域有很大的速率,而此时坡脚又同时处于剪切屈服状态。通过图 8-48 还可以发现,软弱结构面上覆膨胀土土层在坡面处于受拉状态。显然,这种破坏是膨胀土土层沿着膨胀土土岩分界面的滑出破坏。另一方面,由于下方的膨胀岩处于干湿循环显著影响区内湿度场的影响下,因此,表层膨胀岩将产生终剪切屈服,导致滑动发生。

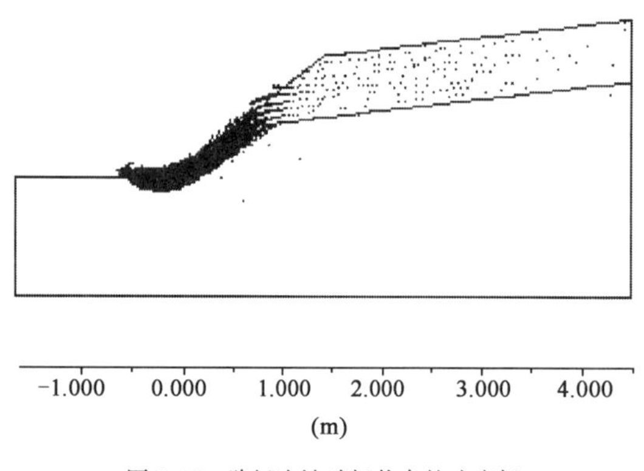

图 8-47　路堑边坡破坏状态的速度场

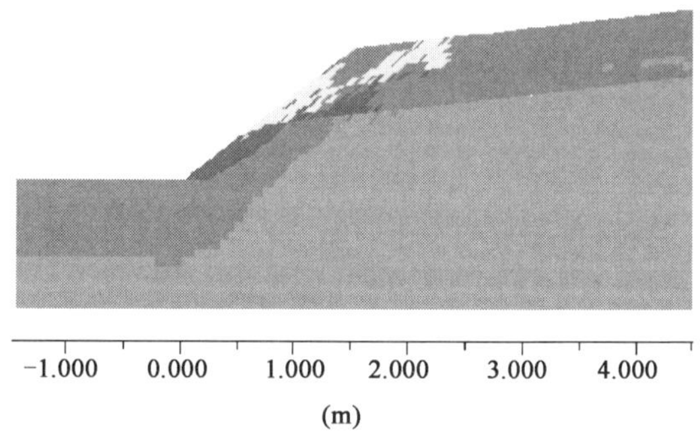

图 8-48　路堑边坡破坏状态的塑性区(彩图见 345 页)

图 8-49 是含软弱结构面的膨胀土岩路堑边坡在Ⅱ—Ⅱ断面和Ⅲ—Ⅲ断面的水平位移分布变化曲线,负位移代表隆胀。Ⅱ—Ⅱ断面即路堑边坡的坡面,Ⅲ—Ⅲ断面即边坡坡顶后的地面线。图中数据显示了该剖面在经历 3 个不同阶段时的水平位移变化,即初始重力平衡阶段、开挖完毕阶段和吸湿膨胀阶段。图中数据表明,边坡体在开挖卸荷和吸湿膨胀阶段都产生了侧向隆起位移,并且,由于膨胀土湿胀原因,吸湿膨胀的影响较开挖卸荷影响要明显得多。

Ⅱ—Ⅱ断面数据表明水平位移在坡面上软弱结构面处产生了突变，这说明此时的土岩两层已经有一定的错开位移。Ⅲ—Ⅲ断面的数据表明，隆胀值在干湿循环显著影响区影响范围内迅速增大，并且水平位移在整个地面上都存在一定大小的水平位移。结合Ⅱ—Ⅱ断面和Ⅲ—Ⅲ断面分析可以发现，软弱结构面上的土层在吸湿膨胀阶段即开始出现整体滑出的现象。

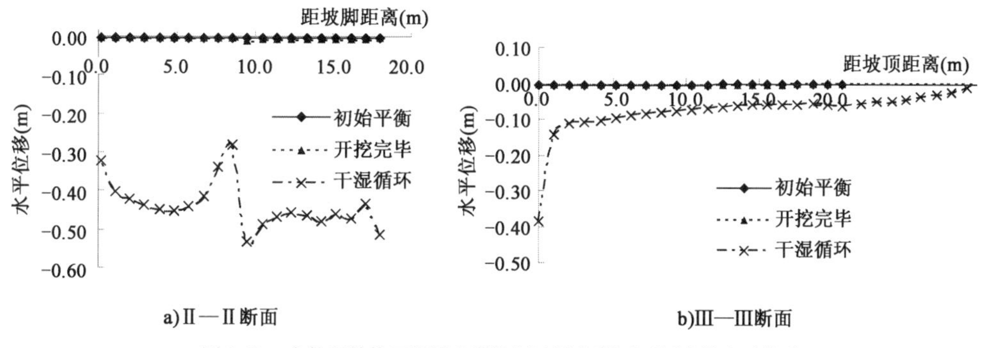

图 8-49 含软弱结构面膨胀土岩路堑边坡各断面不同阶段水平位移

7. 边坡的破坏面

(1)无软弱结构面

图 8-50 和图 8-51 分别为初始含水率为 20%、坡面最大吸水率为 10%和 5%两种状态下的土质路堑边坡由强度折减法得到的破坏面。从这两个图来看，湿度场的强弱并没有对边坡最后的破坏面造成很大的影响，这是因为强度折减法的本质是将各种情况下边坡土体强度进行折减后，得到的最后不稳定的状态，因此，初始状态对强度折减法的最后破坏面状态影响不大，因为此时各种状态通过折减后总是会达到临界破坏状态。

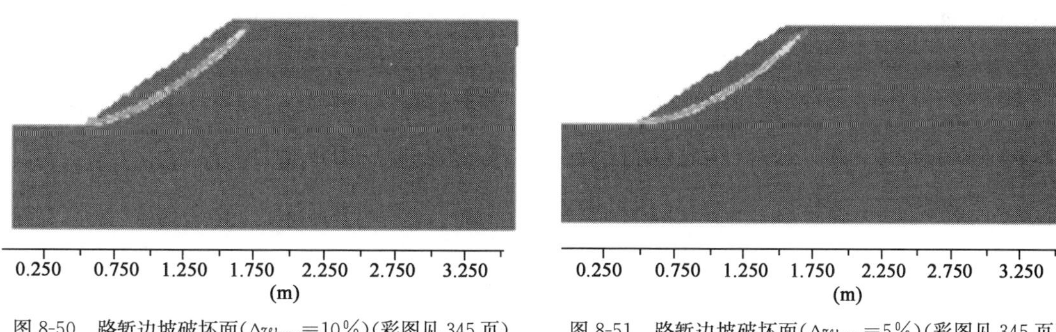

图 8-50 路堑边坡破坏面($\Delta w_{max}=10\%$)(彩图见 345 页)　　图 8-51 路堑边坡破坏面($\Delta w_{max}=5\%$)(彩图见 345 页)

(2)含软弱结构面

图 8-52 和图 8-53 分别为初始含水率为 20%、坡面最大吸水率为 10%两种状态下的土岩路堑边坡由强度折减法得到的破坏面。其中图 8-52 的软弱结构面用 FLAC 的界面单元模拟实现，而图 8-53 的软弱结构面用 40cm 厚的软弱土层来模拟实现。从这两个图同样可以发现，由于采用了强度折减法，采取什么样的方式对软弱结构面进行模拟并没有对边坡最后的破坏面造成很大的影响。

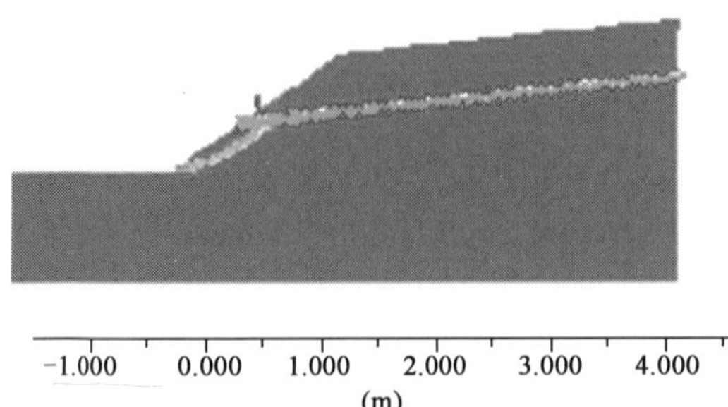

图 8-52　路堑边坡破坏面(界面单元)(彩图见 345 页)

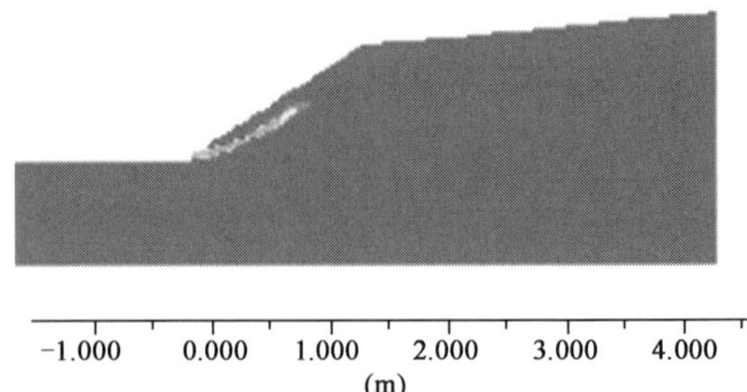

图 8-53　路堑边坡破坏面(软弱土层)(彩图见 345 页)

由图 8-53 亦可看出,可能发生的滑动面为土岩界面和界面以下岩体的浅表层。由工程中观测到的破坏往往是土岩界面以上靠坡顶的土体首先滑出,或土岩界面以上靠近坡顶的土体和土岩界面以下岩体的浅表层土体同时滑出,这是因为在进行数值模拟时并未考虑坡顶裂缝的存在。事实上,边坡开挖以后,在气候的干湿循环作用下,坡顶将出现裂隙,连续降雨以后,裂隙和土岩界面将出现局部过量吸湿,而界面以下浅表层的岩体也将快速风化为土体,强度大幅度降低,从而导致土岩界面以上靠近坡顶的土体和界面以下浅表层岩(土)体同时滑出。

8. 边坡安全系数

(1)无软弱结构面

采用 FLAC 软件和前述考虑随含水率变化的各类土性参数进行土质路堑边坡稳定性的数值模拟,各种状态下按照强度折减法计算得到的安全系数列于表 8-8。

边坡的安全系数　　表 8-8

初始含水率(%)	坡面最大吸水率(%)	安全系数	初始含水率(%)	坡面最大吸水率(%)	安全系数
20	0	2.14	25	0	1.29
	5	1.19		5	0.71
	8	0.96		8	0.57
	10	0.84		10	0.50
	12	0.73		12	0.43
	15	0.59		15	0.35

根据表 8-8,初始含水率分别为 20%和 25%,吸水率为零时的安全系数对应为 2.14 和 1.29。不同初始含水率时,无软弱结构面膨胀土土质路堑边坡的安全系数随坡面最大吸水率变化的回归分析结果如图 8-54 所示。

图 8-54 表示两种初始含水率 20%和 25%的膨胀土土质路堑边坡在第一次吸湿膨胀增湿阶段时承受不同的吸水率对边坡稳定性安全系数的影响曲线。吸水率等于零时对应刚开挖完

成的状态，初始含水率 20%对应的安全系数为 2.14，初始含水率 25%对应的安全系数为 1.29。从图中可以明显看出两点：一是初始含水率对开挖的路堑边坡稳定性有着非常重要的影响；二是路堑边坡的稳定安全系数随吸水率的增大而减小。

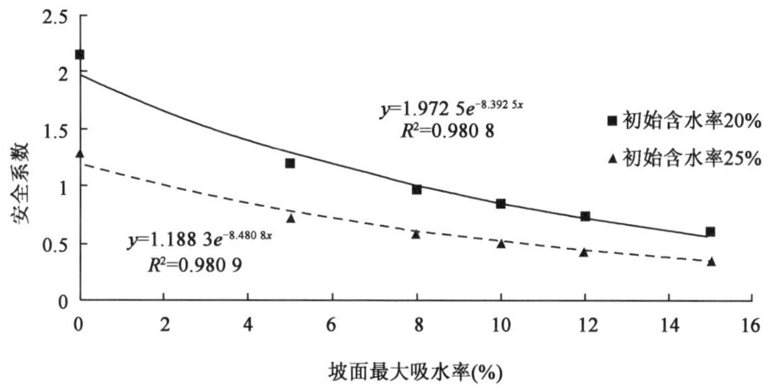

图 8-54　无软弱结构面膨胀土土质路堑边坡初始含水率、含水率增量与安全系数之间的关系曲线

当初始含水率为 20%时，如坡面的最大吸水率大于 8.3%，即坡面含水率达到 28.3%以上时，边坡将出现失稳破坏；当初始含水率为 25%时，如坡面的最大吸水率大于 2.2%，即坡面含水率达到 27.2%以上时，边坡将出现失稳破坏。

通过用负指数函数对其进行回归分析，得到不同初始含水率下不同的坡面最大吸水率 Δw 和安全系数 F 的公式如下：

$$w_0 = 20\%, F = 1.972\,5e^{-8.392\,5\Delta w} \tag{8-18}$$

$$w_0 = 25\%, F = 1.188\,3e^{-8.480\,8\Delta w} \tag{8-19}$$

通过研究发现，无软弱结构面膨胀土土质路堑边坡的滑坍主要受含水率控制，当含水率接近饱和含水率时，边坡的安全系数将小于 1，即边坡将出现失稳破坏，这也是膨胀土地区在连续降雨时经常出现大范围边坡失稳破坏的主要原因。

另外，考虑到不同地域、不同气候条件下干湿循环显著影响深度可能有所变化，对不同干湿循环显著影响区深度的无软弱结构面膨胀土土质路堑边坡稳定性进行了计算分析，其结果见表 8-9。

干湿循环显著影响深度对安全系数的影响($w_0=20\%$，$\Delta w_{max}=10\%$)　　表 8-9

干湿循环显著影响深度(垂直)(m)	2	3	4
安全系数	1.14	0.84	0.69

从表 8-9 来看，干湿循环显著影响深度对膨胀土边坡影响很大，无软弱结构面的膨胀土土质路堑边坡的稳定性安全系数随着干湿循环显著影响深度的加大而迅速变小，即干湿循环显著影响区范围越大，膨胀土边坡越不稳定。

(2)含软弱结构面

根据不同坡面含水率变化情况(表 8-10),按照强度折减法计算得到的含软弱结构面膨胀土岩路堑边坡安全系数见表 8-11 和表 8-12。其中包含了两种初始含水率条件下(初始含水率等于 20%代表干燥时的高强度膨胀土,初始含水率等于 25%代表干燥时的低强度膨胀土)的各种坡面最大吸水率(从 2%变化到 15%)状态下根据强度折减法计算得到的含软弱结构面膨胀土岩路堑边坡的安全系数,其中软弱结构面的模拟通过 FLAC 的界面单元实现。

不同初始含水率的各种吸水率情况 表 8-10

初始含水率(%)	吸水率 Δw_{max}(%)				
20	2	4	7	10	15
25	2	4	7	10	15

边坡的安全系数 表 8-11

初始含水率(%)	坡面最大吸水率(%)	安全系数	初始含水率(%)	坡面最大吸水率(%)	安全系数
20	0	1.48	25	0	1.15
	2	1.17		2	0.94
	4	1.17		4	0.93
	7	1.15		7	0.92
	10	1.00		10	0.89
	15	0.72		15	0.70

不同结构面模拟方式下的安全系数 表 8-12

结构面模拟方式	初始含水率(%)	安 全 系 数
接触面单元Ⅰ	20	1.48
接触面单元Ⅰ	25	1.15
20cm 软弱土层Ⅱ	20	1.45
40cm 软弱土层Ⅲ	20	1.43

根据表 8-11 和表 8-12,得到不同初始含水率下含软弱结构面膨胀土岩路堑边坡的安全系数随坡面最大吸水率的变化曲线,如图 8-55 所示。

图 8-55 表示初始含水率为 20%和 25%的膨胀土岩路堑边坡在第一次吸湿膨胀阶段,吸水率变化对边坡稳定性安全系数的影响曲线。吸水率等于零时即对应刚开挖完成的状态,此时的安全系数在表 8-12 中已给出。图 8-55 表明,①初始含水率对开挖的路堑边坡稳定性有着非常重要的影响,吸水率越小,初始含水率的影响越大。这是因为当吸水率很小时,控制边

坡湿度场的主导因素是初始含水率，所以初始含水率的影响主要表现在坡体吸水率较小的情况。②路堑边坡的稳定性安全系数随吸水率的增大而减小。③在吸水率较小时，曲线有一个平台，意味着当湿度场增湿较小时，吸水率的变化对边坡的稳定性影响不显著。这是因为当湿度场增湿较小时，软弱结构面是控制边坡稳定性的主导因素。

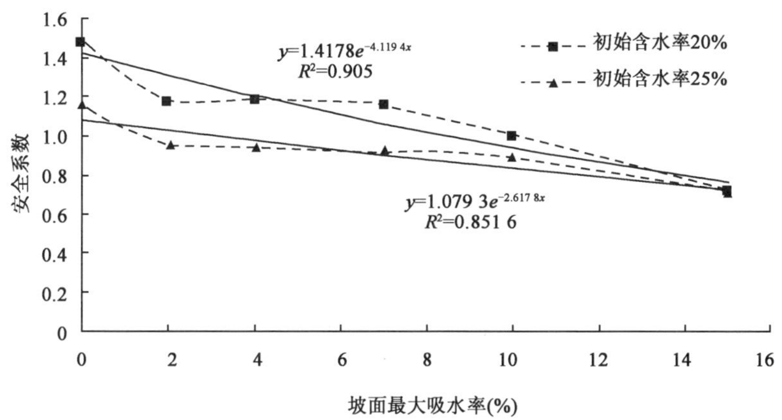

图8-55 含软弱结构面膨胀土岩路堑边坡初始含水率、含水率增量与安全系数之间的关系曲线

当初始含水率为20%时，如吸水率大于10.2%，即含水率达到30.2%以上时，边坡将出现失稳破坏；当初始含水率为25%时，如吸水率大于1.5%，即含水率达到26.5%以上时，边坡将出现失稳破坏。通过用负指数函数对其进行回归分析得到不同初始含水率下不同的坡面最大吸水率Δw和安全系数F的公式如下：

$$w_0 = 20\%, F = 1.4178e^{-4.1194\Delta w} \tag{8-20}$$

$$w_0 = 25\%, F = 1.0793e^{-2.6178\Delta w} \tag{8-21}$$

考虑曲线“平台”区域，可采用分段函数对其进行表述。

$w_0=20\%$：

$$\begin{cases} F = 1.156 & (\Delta w_{max} < 7\%) \\ F = -5.4204\Delta w_{max} + 1.5355 & (\Delta w_{max} \geqslant 7\%) \end{cases} \tag{8-22}$$

$w_0=25\%$：

$$\begin{cases} F = 0.912 & (\Delta w_{max} < 8\%) \\ F = -2.8\Delta w_{max} + 1.136 & (\Delta w_{max} \geqslant 8\%) \end{cases} \tag{8-23}$$

通过研究发现，当吸水率较小时，含软弱结构面膨胀土岩路堑边坡的稳定性主要受结构面控制，这就是路堑边坡旱季和降雨强度较小时发生失稳破坏的原因；当吸水率较大时，含软弱结构面膨胀土岩路堑边坡的稳定性不但受结构面的影响，而且还受含水率的影响，这也是膨胀土地区在连续降雨时经常出现大范围边坡失稳破坏的原因。

图 8-56 是初始含水率分别为 20%和 25%两种初始状态下膨胀土土质路堑边坡和膨胀土岩路堑边坡两种模型稳定性安全系数的对比。鉴于参数取值的差异，通过两者的比较进行定性分析，在不同的阶段，含软弱结构面的土岩路堑的安全系数和无软弱结构面的土质路堑的安全系数所处的相对状态是不一样的。土质路堑由于不受软弱结构面的影响，其安全系数随着吸湿膨胀影响程度的增大而下降，而土岩路堑则存在一个相对平缓的阶段。

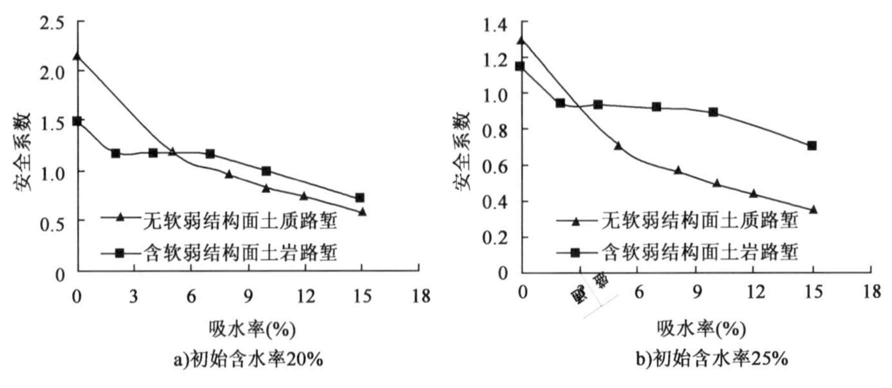

图 8-56 不同初始含水率下两种模型安全系数对比图

造成这种现象的原因是因为对于膨胀土路堑边坡来说，其稳定性同时受含水率分布状态和软弱结构面的双重影响。当含水率较小时，软弱结构面对膨胀土边坡的稳定性占据主导地位；当含水率较大时，膨胀土遇水膨胀软化效果增大，这时含水率的影响对膨胀土边坡的稳定性占据主导地位，两者对膨胀土边坡的稳定性影响达到均衡时，即产生平台效应。

另外，针对不同干湿循环显著影响深度条件，对含软弱结构面膨胀土岩路堑边坡稳定性进行了计算分析，其结果见表 8-13。

干湿循环显著影响深度对安全系数的影响($w_0=20\%$，$\Delta w_{max}=10\%$) 表 8-13

干湿循环显著影响深度(垂直)(m)	2	3	4
安全系数	1.46	1.00	0.89

从表 8-13 来看，干湿循环显著影响深度对膨胀土边坡有一定的影响，含软弱结构面的膨胀土岩路堑边坡的稳定性安全系数随着干湿循环显著影响深度的加大而变小，即干湿循环显著影响区范围越大，膨胀土边坡越不稳定。

9. 膨胀土路堑边坡滑坍的原因分析

(1)膨胀土干湿循环显著影响区内土体因干缩湿胀作用，在边坡的浅表层土体内部产生了大量的裂隙，破坏了土体的原始结构，降低了土的强度，浅表土层与基本保持原始结构强度的土层之间形成风化软弱结构面。当雨水入渗时，软弱结构面上部土体的 c、φ、E 值降低，α、μ 值增大，而软弱结构面下部土体的含水率不发生变化，其 c、φ、E、α、μ 也不发生变化，这样就在软弱结构面附近形成剪应力集中，当剪应力大于土体的抗剪强度时，边坡发生滑坍。这种类型的滑坍主要受含水率的影响，其滑动面位于干湿循环显著影响区内部。

(2)各种成因的裂隙结构面将膨胀土路堑边坡一定深度处的土体切割成不连续的块体，开挖前边坡依靠表层的全风化土层以及膨胀土的封盖和支撑作用处于稳定状态。边坡开挖后，这些块体结构暴露在大气中，受大气的风化作用以及边坡的开挖卸荷作用，块体更加破碎，土体强度更进一步衰减。当有雨水入渗时，裂隙结构面间的土体首先吸水膨胀软化导致强度降低，当优势裂隙结构面的倾向与边坡的方向一致时，块体就会发生平移、转动等运动。当变形达到一定程度时，边坡出现破坏。

(3)层间软弱结构面是坡体内部地下水运移的主要通道，受地下水的长期干湿循环的影响，层间结构面附近的土体强度随着含水率的变化而变化。当雨水入渗时，层间结构面附近的土体迅速吸水膨胀，c、φ、E 值降低，α、μ 值增大，层间软弱结构面下部土体的含水率不发生变化，c、φ、E、α、μ 也不发生变化。因此，在层间软弱结构面附近形成剪应力集中，当剪应力大于软弱夹层或层理结构面的抗剪强度时，在层理结构面部位形成滑动面。这种类型的滑坍受含水率和层间软弱结构面埋藏条件共同影响，其滑动面主要为层理结构面。

(4)干湿循环显著影响区内含水率的变化是膨胀土路堑边坡浅表层干燥收缩、吸水软化膨胀、强度参数衰减和变形参数变化的主要因素。在边坡的工程处治中应该注意防止坡体含水率过大变化。

(5)除了膨胀土强度具有“变动特性”之外，膨胀土路堑边坡的稳定性还受地质构造的影响，无软弱结构面的膨胀土土质路堑边坡和含软弱结构面的膨胀土岩路堑边坡在稳定安全系数和破坏形态上有着比较大的差别。数值模拟计算表明，膨胀土路堑边坡稳定性是由软弱结构面和含水率变化共同作用的，在不同的环境条件下，两者对边坡稳定性有着不同程度的影响。在工程处治时，既要防止坡面浅表层土体含水率的过大变化，还要注意地下水以及裂隙水的疏排。

(6)膨胀变形和土体强度的降低是导致膨胀土路堑边坡与刚性结构物破坏的主要原因。因此，在工程处治时，既应考虑防止土体强度的衰减，又应考虑膨胀变形的消减，工程方案应当允许土体的膨胀变形。

8.4 膨胀土路堑边坡柔性支护技术及其设计理论和方法

目前工程中对膨胀土边坡滑坍处治采用的措施很多，大体可分为柔性支护和刚性支护两大类型。刚性支护以圬工结构为主，并辅以其他必要综合处理措施，是目前最常用的处治方法，主要包括土钉墙(含钢纤维混凝土喷锚墙)、重力式挡土墙(含重力式锚杆挡土墙)和抗滑桩三大加固类型，以及全封闭型的短锚杆喷射混凝土(或钢纤维混凝土)和浆砌片石等主要防护措施。其工作原理是以圬工体自重来抵抗(平衡)失去整体平衡的边坡体及其在开挖过程中产生的超固结性应力释放。刚性支护不允许被支护体产生变形，而在水的干湿循环作用下边坡膨胀土体必然干缩湿胀，当膨胀变形较大而得不到释放时，会产生很大的膨胀压力致使刚性支护破坏。正是由于这一原因，膨胀土地区经常可以看到刚性支护断裂、推移或鼓胀等现象(图 8-57)。

图 8-57 膨胀土路堑边坡刚性支护破坏

柔性支护是以土工合成材料加筋边坡土体为主，辅以其他必要综合处理措施的处理方案。其特点是不但能承受土压力而且允许土体产生一定变形，可吸收边坡土体因超固结引起的应力释放和含水率变化产生的膨胀能。廖世文(1984)的研究表明，若允许膨胀土的线膨胀量达 0.3%，其膨胀力可比无膨胀时最大的膨胀力降低 25%，因此柔性支护非常适合膨胀土路堑边坡[9]。

8.4.1 柔性支护的结构组成及特点

柔性支护结构综合防护体系[10]，即柔性支护(图 8-58)主要由以下三部分组成：

(1)柔性支护结构体

将路堑边坡超挖(超挖深度由干湿循环显著影响区和边坡坡率决定)，然后用膨胀土分层回填压实，并分层铺设土工格栅将膨胀土反包，形成具有良好整体性的柔性支护结构。

(2)防排水系统

防排水系统包括坡顶截水沟及截水渗沟、墙背渗水层、墙底排水垫层、墙趾外和墙踵处的排水渗沟。

(3)坡面防护系统

坡面防护系统包括坡顶土工布防水封闭层及坡面植被防护层。在该结构体系中，支挡结构体也起到防护和排水的作用，防排水体系兼有支挡和防护的作用，同时防排水体系为一连续的系统，与支挡防护结构形成一个密切联系、共同作用的整体。

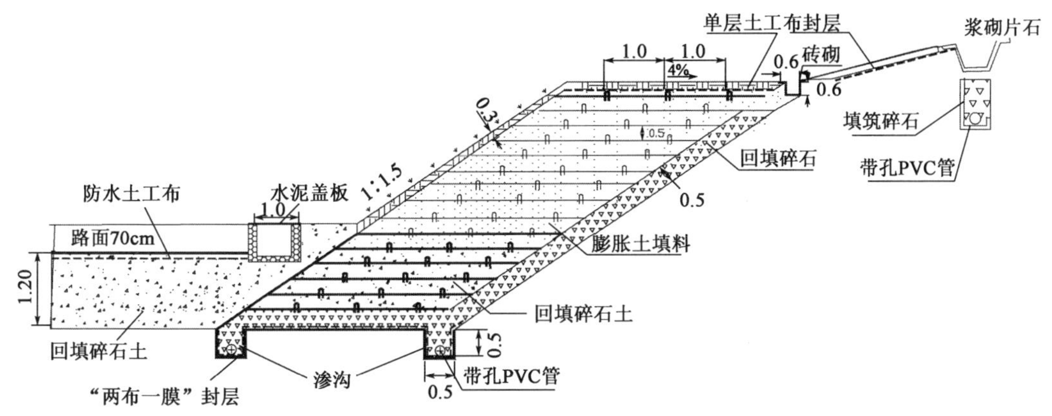

图8-58 膨胀土路堑边坡柔性支护示意图(尺寸单位:m)

防排水系统由地表水和地下水两个子系统构成。

(1)由截水沟、"两布一膜"隔水土工布封顶层、植草防护层、平台及坡脚边沟等共同构成地表水防排水子系统。其中，截水沟用来截排坡后径流；"两布一膜"隔水土工布封顶层、植草防护层用来进行坡面隔水防渗；平台及坡脚边沟用来拦截坡面及路面径流。

(2)坡顶渗沟、墙背渗水层、底部隔水排水垫层、坡脚前边沟下渗沟、坡脚后渗沟构成地下水截排水子系统。其中，坡顶渗沟、墙背渗水层、坡脚后渗沟用来截排坡后地下水；底部隔水排水垫层、墙背渗水层、坡脚后渗沟用来截排渗入加筋土墙体中的地下水[11]。

将土工格栅分层摊铺锚固，回填非膨胀土或膨胀土，压实形成足够厚度的柔性加筋体，再辅以坡顶的封闭、加筋体背部及基底的排水处理，可以综合发挥各自的功效，达到稳定边坡的目的。

(1)土工格栅与填土间摩擦力和咬合力，尤其土工格栅层间的连接、反包可提供足够的抗剪强度，使加筋体形成整体结构以抵抗边坡的变形破坏。

(2)柔性支护允许边坡产生一定的变形，以释放开挖和吸水膨胀过程中所产生的膨胀势能，实现"以柔治胀"。

(3)坡率为1:1.5、厚度大于3.5m、高度大于2/3坡高的柔性加筋体能覆盖路堑开挖的主要坡面，有足够的自重以抵抗土压力作用。

(4)足够的加筋体厚度(大于干湿循环显著影响深度)可隔绝或防止气候变化对坡内膨胀土的显著影响，阻止裂隙的发展和浅表层滑坍。

(5)柔性支护结构具有完备的综合防排水体系。

柔性支护结构整体性强，边坡的超挖破坏了原坡体的结构面，柔性结构允许变形可吸收墙后坡体膨胀土变形的能量，有利于坡面的排水和坡体排水，有利于阻隔地表水下渗及干湿循环作用，用膨胀土作加筋体填料极具经济和环保效益，施工便捷，技术简单，造价低廉，主要采用机械化施工，既适用于发生滑坍的膨胀土路堑边坡处治，也适用于新开挖边坡的防护。

8.4.2 膨胀土路堑边坡柔性支护结构设计

柔性支护是一套完整的膨胀土路堑边坡防护加固新技术，其设计方法的建立对该技术的推广应用至关重要。

1. 柔性支护结构设计原则

基于综合防护的思想，柔性支护结构设计应遵循以下三个原则：

(1)一体化原则。由于机械侵蚀破坏、干缩湿胀破坏、水压力致滑破坏和风化破坏等水损害作用方式之间具有相互联系、相互影响的关系，因此，只有设计一个集支挡、防护和防排水结构为一体的体系才能有效地防治膨胀土路堑边坡的水损害作用。

(2)阻隔原则。边坡水损害严重的范围主要在大气剧烈影响层范围内，因此，设计综合防护体系的一个主要目的是在边坡浅表层形成一个阻隔大气剧烈影响的人工掩体，以保证综合防护体系下部边坡膨胀土体湿度场不随气候干湿循环作用发生大的变化，从而达到有效处治边坡水损害破坏的目的。为此，要求综合防护体系中支护结构体的竖向厚度不小于膨胀土干湿循环显著影响深度(或大气急剧影响层深度)。

(3)保湿防渗原则。干湿循环活动是诱发膨胀土水损害破坏的主要因素，因此，采取保湿防渗措施，尽量避免支护体系自身和路堑土体出现过大的湿度变化亦为综合防护体系设计必须遵循的基本原则。

2. 加筋间距设计计算方法

结合室内有荷膨胀试验结果以及干湿循环显著影响区理论，建立柔性支护铺网加筋设计方法。

由加筋土体膨胀与土工格栅变形的相容关系可得：

$$T/E_{\mathrm{T}} = \alpha(P, w_0)$$

即

$$\frac{Ph}{E_{\mathrm{T}}} = \alpha(P, w_0) \tag{8-24}$$

式中，α 为 $x = h/2$ 处土体的有荷膨胀率；P 为膨胀压力；w_0 为试件初始含水率；E_{T} 为土工格栅弹性模量；T 为土工格栅受到的张拉力；h 为土工格栅间距。

α 由室内试验获得，以填料施工含水率和干密度制备试样进行有荷膨胀试验，得到如下回归公式：

$$\alpha = Aw_0 \ln P - B\ln P - Cw_0 + D \tag{8-25}$$

式中，A、B、C、D 为通过有荷膨胀试验获取的回归系数；P 为上覆荷载；w_0 为制件初始含水率。

对宁明灰黑膨胀土制备试样进行有荷膨胀试验，得到有荷膨胀率公式中的相关系数：$A=0.343$，$B=0.1044$，$C=2.2588$，$D=0.6629$。

将式(8-25)代入式(8-24)得：

$$(Aw_0\ln P - B\ln P - Cw_0 + D)E_{\mathrm{T}} = Ph \tag{8-26}$$

加筋体正常工作时，土工格栅所受的张拉力应小于或等于其抗拉强度 T_{s}，即：

$$T = Ph \leqslant T_{\mathrm{s}} \tag{8-27}$$

将式(8-27)代入式(8-26)，经变换得：

$$\left(Aw_0\ln\frac{T_{\mathrm{s}}}{h} - B\ln\frac{T_{\mathrm{s}}}{h} - Cw_0 + D\right)\times E_{\mathrm{T}} \leqslant T_{\mathrm{s}} \tag{8-28}$$

除 h 外，式(8-28)中其他量皆为已知，求解后可得到 h，为安全起见，将 h 除以安全系数 k，即获得加筋间距。

考虑最不利情况，取南友高速公路灰黑膨胀土填筑含水率为15%，施工干密度为$1.68\times10^3\mathrm{kg/m^3}$，而土工格栅 TGDG35 的 $E_{\mathrm{T}}=300\mathrm{kN/m}$，$T_{\mathrm{s}}$ 为 35kN/m，代入式(8-28)得 $h\leqslant0.70\mathrm{m}$，取安全系数为1.4，得最终设计结果 $h=0.5\mathrm{m}$，此值即为南友高速公路实体工程采用的加筋间距。

3. 加筋长度设计计算方法

膨胀土体的胀缩活动主要发生在干湿循环显著影响深度范围内，正确的柔性支护设计应使这部分边坡体受到筋材的约束，因此，沿路基横断面水平方向的加筋长度可由下式计算。

$$L = k\times H/\tan\alpha \tag{8-29}$$

式中，L 为加筋长度(m)；H 为干湿循环显著影响深度(m)；α 为边坡倾角。

可见，柔性支护边坡所需的土工格栅加筋长度主要由工程所在地膨胀土的干湿循环显著影响深度而定。

宁明地区膨胀土的干湿循环显著影响深度 H 为 2m，柔性支护边坡的坡率均为 1∶1.5，并取安全系数为1.15，由式(8-29)计算得水平加筋的长度 L 为3.45m，实际采用的加筋长度为3.5m。

8.4.3 膨胀土路堑边坡柔性支护结构的稳定性验算

1. 整体稳定性分析

经分析，柔性支护边坡有四种可能的破坏形式：第一，滑面为通过坡脚的圆弧滑动；第二，滑面为坡顶存在的一垂直向下的裂缝；第三，坡顶有一垂直裂缝且滑面位于土岩交界面；第四，原边坡滑坍清方回填后再修筑柔性支护结构的回填体与原坡面间的折线为滑面。为方便计算，分析时均不考虑柔性支护结构内部的加筋作用[12]。

(1)第一、二种情况整体稳定性分析方法及算例

首先假定支护结构自身稳定，这时，对整个边坡体进行稳定性分析，即整体性稳定性验算，也就是对支护结构和开挖边坡构成的整体进行稳定性计算。

考虑到边坡体土样是膨胀土，为典型的高细粒含量黏性土，故采用瑞典条分法分析其整体稳定性。瑞典条分法是将滑动土体竖直分成若干个土条，把土条看成是刚体，分别求出作用于各个土条上的力对圆心的滑动力矩和抗滑力矩，然后按式(8-30)求得土坡稳定的安全系数。

$$F_s = \frac{\text{抗滑力矩}}{\text{滑动力矩}} = \frac{M_r}{M_s} \tag{8-30}$$

式中，M_r 为抗滑力矩；M_s 为滑动力矩；F_s 为滑动圆弧的安全系数。

瑞典条分法假定滑动面是一个圆弧面，并假定条块间的作用力对土坡的整体稳定性影响不大，故而忽略不计。或者说，假定条块两侧的作用力大小相等、方向相反且作用于同一直线上。

膨胀土柔性支护结构路堑边坡的计算模式如图 8-59 和图 8-60 所示。按图中假设的滑动面，将滑动土体垂直分成 n 个土条，把每个土条看成是刚体。

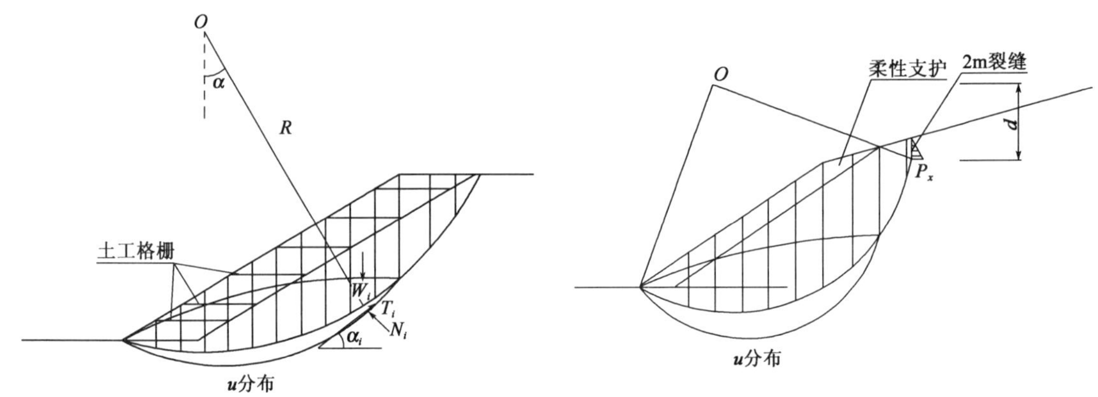

图 8-59　第一种情况瑞典条分法计算模式图

图 8-60　第二种情况瑞典条分法计算模式图

第 i 个土条块的重力为：

$$W_i = \gamma_i b_i h_i \tag{8-31}$$

式中，W_i 为第 i 个土条的重力；γ_i 为第 i 个土条的重度；b_i 为第 i 个土条的宽度；h_i 为第 i 个土条的高度。

取图 8-59 中的第 i 个土条进行分析。由于不考虑条块间的作用力，根据径向力的静力平衡条件，有：

$$N_i = W_i \cos\alpha_i - u_i l_i \tag{8-32}$$

式中，N_i 为第 i 个土条底面的法向力；α_i 为第 i 个土条重力方向与法向方向的夹角；W_i 为第 i 个土条的重力；l_i 为第 i 个土条的弧长；u_i 为第 i 个土条处的孔隙水压力(在土层中有孔隙水存在时才计算)。

根据滑动弧面上的极限平衡条件，有：

$$T_i = \tau_{fi} l_i = c'_i l_i + N_i \tan\varphi'_i \tag{8-33}$$

式中，τ_{fi} 为第 i 个土条滑动面上的抗剪强度；l_i 为第 i 个土条滑动面上的弧长；c'_i 为土的有效黏聚力；φ'_i 为土的有效内摩擦角。

在条块的三个作用力中，即重力、滑动面上的法向力和切向力中，法向力 N_i 通过圆心不产生力矩。重力 W_i 产生滑动力矩，其计算公式为：

$$M_s = \sum W_i \sin\alpha_i R + dP_x \tag{8-34}$$

式中，R 为圆弧半径(m)；P_x 为静水压力(kPa)，当顶部有裂缝时考虑；d 为 P_x 至圆心的距离(m)。

切向力产生抗滑力矩，其计算公式为：

$$M_r = \sum T_i R = R\sum(c'_i l_i + N_i \tan\varphi'_i) \tag{8-35}$$

将式(8-32)、式(8-34)和式(8-35)代入式(8-30)中，可以得到整体稳定性安全系数 F_s。

$$F_s = \frac{\text{抗滑力矩}}{\text{滑动力矩}} = \frac{M_r}{M_s} = \frac{\sum(c'_i l_i + W_i \cos\alpha_i \tan\varphi'_i - u_i l_i \tan\varphi'_i)}{\sum W_i \sin\alpha + \dfrac{d}{R} P_x} \tag{8-36}$$

由于膨胀土是一种典型的非饱和土，其强度参数随含水率的变化而变化，所以，在计算中应当考虑边坡不同深度处含水率和强度参数的变化。

柔性支护结构体中土体的强度参数按重塑土恢复到天然含水率时的强度取值。由于考虑到干湿循环显著影响区内土体存在大量的裂隙，而室内试验土样采用的为重塑土，因此，应当对室内试验提供的强度参数进行适当折减，且应当考虑雨水入渗对强度参数的影响。对于边坡内部的土体强度，应根据不同含水率下原状土(或重塑土)的强度参数取值。土与土工格栅相互作用的界面强度参数，按天然含水率下的试验结果取值。

如果考虑坡顶有裂缝，那么裂缝中土体的强度为零。

①第一种情况整体稳定性分析算例

柔性支护结构可以有效防止开挖坡面出现干缩裂缝，避免膨胀土路堑边坡出现浅表层牵引式滑坡。验算其整体稳定性时，将柔性支护结构与边坡作为整体予以考虑。

算例:以 K136+100 断面为例进行整体稳定性分析。该边坡高 12m,坡率为 1:1.5。根据开挖揭露的地质剖面可知,表层 2m 为灰白膨胀土层,中层 2m 为棕黄或灰白、斑纹状强风化膨胀土层,下部为深灰膨胀泥岩,未揭穿。采用柔性支护结构进行防护加固,其坡面的计算图式如图 8-61 所示。

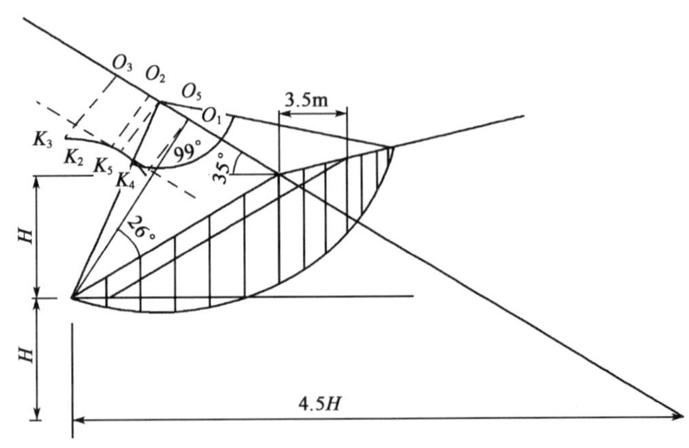

图 8-61　第一种情况计算图式

a. 坡体中含水率分布假设

考虑降雨以及土体天然含水率分布的影响,在距离柔性支护结构顶部和边部 2m 范围含水率按 50cm 为一个区间向下取不同的值,即 31%、29%、27%、25%;距坡顶 2m 范围的灰白膨胀土的含水率按 50cm 为一个区间向下取不同的值,即 31.4%、30.1%、28.9%、27.6%;距坡顶 2～4m 范围内的棕黄或灰白、斑纹状强风化膨胀土层的含水率也按 50cm 为一个区间向下取不同的值,即 26.6%、25.9%、25.2%、24.4%;灰黑膨胀土的含水率取天然含水率 24%。

b. 计算参数的选取

对干湿循环显著影响区内土体强度的选取,考虑降雨以及裂隙的影响,折减系数按第 8.2 节所述方法选取。强风化膨胀土层强度参数考虑位置变化的影响,因此,在距离坡顶 2m 范围内,灰白膨胀土的 φ 和 c 值按 50cm 为一个区间向下分别取 1.26°、4.45kPa,1.41°、4.95kPa,1.58°、5.51kPa,1.77°、6.12kPa;强风化膨胀土层的 φ 和 c 值按 50cm 为一个区间向下分别取 15.84°、68.35kPa,19.58°、78.72kPa,24.21°、90.66kPa,29.93°、104.4kPa;在距离柔性支护结构顶 2～4m 范围内,φ 和 c 值按 50cm 为一个区间向下分别取 25.88°、93.27kPa,28°、98.33kPa,30.29°、103.68kPa,32.77°、109.31kPa;下部灰黑膨胀土的 φ 和 c 取 34.09°、112.24kPa;柔性支护结构的 φ、c 值取 34.09°、112.24kPa。

c. 计算结果

按图 8-61 计算,计算结果见表 8-14,得最小安全系数为 2.74,说明该种情况下,路堑边坡是稳定的。

第一种情况按条分法边坡稳定性计算表(R=20.7m,圆弧中心角为99°) 表8-14

土条号	土体重度 γ (kN/m³)	土条宽度 b (m)	土条高度 h (m)	滑动弧长 l (m)	边坡倾角 α (°)	黏聚力 c (kPa)	内摩擦角 φ (°)	$\cos\alpha$	$\sin\alpha$	$\tan\varphi$	抗滑力矩 M_r (kN·m)	滑动力矩 M_s (kN·m)
1	19.0	0.17	0.25	0.58	84.0	4.45	1.26	0.11	0.99	0.02	2.58	0.80
2	19.0	0.17	0.75	0.58	80.0	4.95	1.41	0.17	0.98	0.02	2.88	2.39
3	19.0	0.16	1.25	0.57	77.0	5.51	1.58	0.23	0.97	0.03	3.16	3.70
4	19.0	0.16	1.75	0.57	74.0	6.12	1.77	0.28	0.96	0.03	3.53	5.11
5	20.0	0.24	2.25	0.61	72.0	93.27	25.88	0.31	0.95	0.48	58.52	10.27
6	20.0	0.24	2.75	0.61	70.0	98.33	28.00	0.34	0.94	0.53	62.38	12.40
7	20.0	0.23	3.25	0.62	69.0	103.68	30.29	0.36	0.93	0.58	67.41	13.95
8	20.0	0.23	3.75	0.62	68.0	109.31	32.77	0.38	0.93	0.64	71.94	15.99
9	20.0	1.26	4.96	2.56	60.0	112.24	34.09	0.50	0.87	0.68	329.64	108.21
10	20.0	1.26	6.60	2.56	54.0	112.24	34.09	0.59	0.81	0.68	353.50	134.51
11	20.0	2.10	8.22	2.50	46.0	112.24	34.09	0.69	0.72	0.68	442.87	248.25
12	20.0	2.10	9.34	2.50	39.0	112.24	34.09	0.78	0.63	0.68	486.85	246.76
13	20.0	2.10	10.24	2.50	33.0	112.24	34.09	0.84	0.54	0.68	524.61	234.13
14	20.0	3.00	10.44	3.26	25.0	112.24	34.09	0.91	0.42	0.68	749.92	264.60
15	20.0	3.00	9.54	3.16	16.0	112.24	34.09	0.96	0.28	0.68	726.84	157.70
16	20.0	3.00	8.18	3.02	8.0	112.24	34.09	0.99	0.14	0.68	667.69	68.27
17	20.0	3.00	6.30	3.02	0.0	112.24	34.09	1.00	0.00	0.68	594.63	0.00
合计											4 454.34	1 627.06
												k=2.74

②第二种情况整体稳定性分析算例

算例:膨胀土干湿循环显著影响区内土体的干缩湿胀使得浅表层土体裂隙发育,坡顶的第一道裂缝位于距离坡肩3m的坡顶,裂缝的最大深度不超过2m。因此,在坡顶3m位置产生一道2m深的裂缝。其他计算参数类似第一种情形。

a.计算参数的选取

在坡顶距离坡肩3m处设一道2m深的垂直裂缝(图8-62),裂缝内强度参数取为零,其他计算参数类似第一种情形。

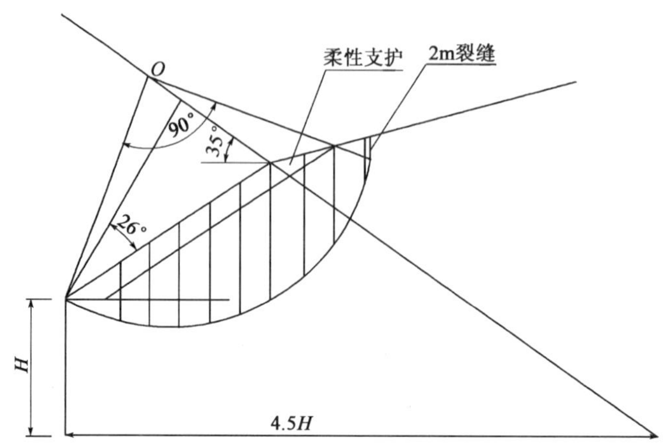

图 8-62　第二种情况的计算模式

b. 计算结果

采用第一种情况的计算公式，得安全系数 $k=2.95$，说明该情况边坡是稳定的。

(2)第三种情况整体稳定性分析方法及算例

在坡顶有一道 2m 深的裂缝，滑动面通过棕黄或灰白、斑纹状强风化膨胀土层中的层理结构面以及柔性支护结构，下部滑动面为一平面。裂缝内土体的强度取零，滑动面上土体强度采用残余强度，$c=14.2\text{kPa}$，$\varphi=8.5°$，柔性支护结构内部的土体强度参考第一种情况。考虑裂缝内无水和充满水两种情况。同样采用条分法，假设滑动面如图 8-63 所示。

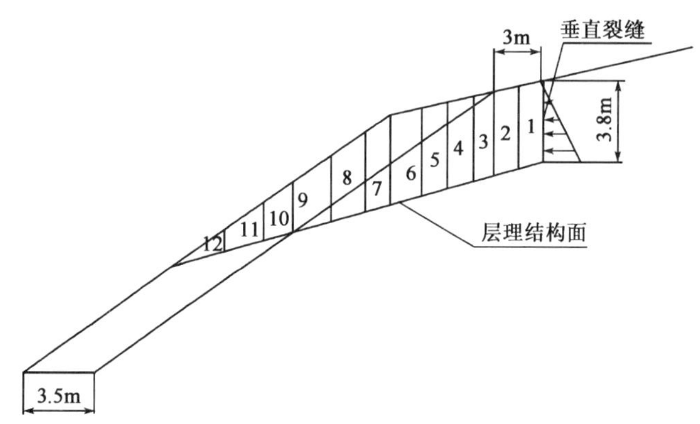

图 8-63　第三种情况的计算模式(垂直裂缝深度 3.8m)

其安全系数计算公式如下：

$$F_s=\frac{\text{抗滑力}}{\text{下滑力}}=\frac{\sum W_i\cos\alpha_i\tan\varphi_i+l_ic_i}{\sum W_i\sin\alpha_i+\dfrac{1}{2}\gamma_w h_w^2} \tag{8-37}$$

式中，α_i 为第 i 个土条重力方向与法向方向的夹角；W_i 为第 i 个土条重力；c_i 为土的黏聚力；φ_i 为土的内摩擦角；γ_w 为水的重度；h_w 为裂缝中充水高度。

算例：坡体内部界面上的计算参数采用残余强度参数，柔性支护结构的抗剪强度按第一、二种的情况取值，其计算边坡的高度及土层分布情况等如第一种情况。垂直裂缝的深度为 3.8m，到坡肩的距离为 3m。其计算结果见表 8-15。

第三种情况按条分法边坡稳定性计算表 表 8-15

土条号	土体重度 γ (kN/m³)	土条宽度 b (m)	土条高度 h (m)	土条滑动弧长 l (m)	边坡倾角 α (°)	黏聚力 c (kPa)	内摩擦角 φ (°)	$\cos\alpha$	$\sin\alpha$	$\tan\varphi$	抗滑力 (kN)	下滑力 (kN)
1	19.0	1.74	3.66	2.80	75	0	0	0.26	0.97	0.00	0.0	116.9
2	19.0	1.24	3.84	1.24	8	14.2	8.5	0.99	0.14	0.15	31.0	12.6
3	19.0	1.74	3.62	1.76	8	14.2	8.5	0.99	0.14	0.15	42.7	16.6
4	19.0	1.74	3.36	1.76	8	14.2	8.5	0.99	0.14	0.15	41.4	15.5
5	20.0	2.32	3.04	2.34	8	14.2	8.5	0.99	0.14	0.15	54.1	19.6
6	20.0	1.88	2.40	1.90	8	14.2	8.5	0.99	0.14	0.15	40.3	12.6
7	20.0	1.88	1.44	1.90	8	94.47	27.63	0.99	0.14	0.52	207.5	7.5
8	20.0	1.86	0.62	1.88	8	73.51	18.15	0.99	0.14	0.33	145.7	3.2
合计											562.8	204.5
												k=2.75

可以看出，按第三种情况计算，如加以支挡且不考虑裂隙中充水，则 k=2.75，而支挡前 k=1.02；如考虑裂隙中充满水，则 k=1.92，如不采用支挡结构，则 k=0.75。

如果垂直裂缝的深度为 5m，距离坡肩为 3m，其计算图式如图 8-64 所示。计算结果表明，如加以支挡且不考虑裂隙中充水，则 k=1.43，而支挡前 k=0.91；如考虑裂隙中充满水，则k=1.04，如不采用支挡结构，则 k=0.68。

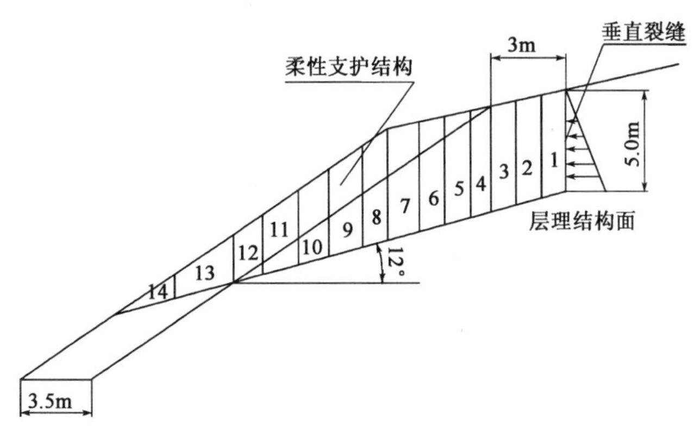

图 8-64 第三种情况的计算模式(垂直裂缝深度 5m)

可以看出，随着垂直裂缝深度的增加，边坡的安全系数降低，要想使其稳定，必须加大柔性支护结构的厚度；另一方面，为防止坡顶开裂，必须在边坡顶部采取保湿防渗的有效措施，否则，即使采取柔性支护措施，也难以确保膨胀土边坡的稳定性。

(3)第四种情况整体稳定性分析

膨胀土路堑边坡发生折线形滑坍，对其进行柔性支护工程处治时，需要首先对滑坍区域进行清方，然后在柔性支护修筑过程中对清方区域碾压回填。这样在回填土与原状土之间存在一个界面，有必要对其稳定性进行分析。

采用条分法，按下面的公式进行计算。

$$F_s = \frac{抗滑力}{下滑力} = \frac{\sum W_i \cos\alpha_i \tan\varphi_i + l_i c_i}{\sum W_i \sin\alpha_i} \tag{8-38}$$

式中，α_i 为第 i 个土条重力方向与法向方向的夹角；W_i 为第 i 个土条重力；c_i 为土的黏聚力；φ_i 为土的内摩擦角。计算参数按最不利条件选取土的饱和强度。

算例：假设第一种情况的边坡发生折线形滑坡，采用柔性支护技术处治后情形如图 8-65 所示。

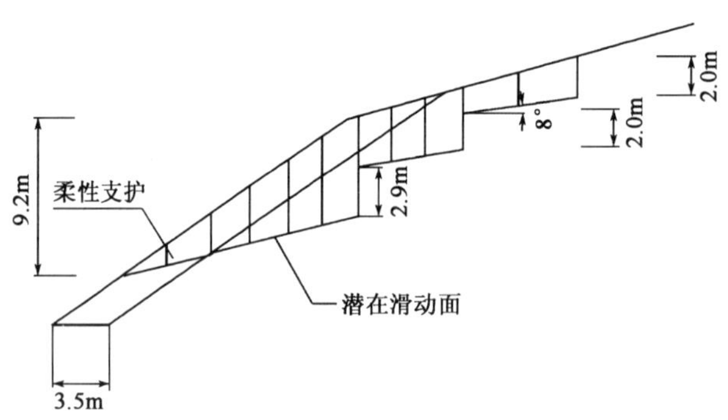

图 8-65 第四种情况的计算模式

按式(8-38)计算，计算结果见表 8-16。

k=5.78，说明边坡是稳定的。

根据以上的稳定性验算，所有的稳定性安全系数均大于 1.25，说明柔性支护结构及边坡体的整体是稳定的。

(4)局部稳定性验算

柔性支护是一种加筋结构物，当有雨水入渗时，筋体紧箍的表层土体在土工格栅的约束作用下，会发生膨胀挤密作用，可防止雨水的进一步入渗。结构后设置一定宽度、自上而下贯通的由透水性材料形成的排水层，有利于裂隙水排出坡体。在裂隙水的作用下，排水垫层后部的土体会吸水膨胀软化导致强度的降低，当吸水膨胀产生的膨胀力大于墙体自重在墙背法线上的分量时，墙体向外产生变形，从而消散部分膨胀势，土体的膨胀力会减小；当墙后土体的支撑力(包括膨胀力)等于墙体自重在墙背法线上的分量时，墙体处于平衡状态。柔性支护结构可近似地看作仰斜式重力挡土墙。根据有关资料，仰斜式重力式挡土墙墙背的倾角不缓于1∶0.3，因此，可不对柔性支护结构基底的抗滑稳定性进行验算。

第四种情况按条分法边坡稳定性计算表 表8-16

土条号	土体重度 γ (kN/m³)	土条宽度 b (m)	土条高度 h (m)	土条滑动弧长 l (m)	边坡倾角 α (°)	黏聚力 c (kPa)	内摩擦角 φ (°)	$\cos\alpha$	$\sin\alpha$	$\tan\varphi$	稳定力矩 M_r (kN·m)	滑动力矩 M_s (kN·m)
1	19.0	3.54	2.24	3.42	8.00	38.57	22.12	0.99	0.14	0.41	192.52	20.96
2	20.0	3.38	1.80	3.42	8.00	38.57	22.12	0.99	0.14	0.41	180.86	16.93
3	20.0	2.08	3.36	2.10	8.00	38.57	22.12	0.99	0.14	0.41	137.23	19.44
4	20.0	2.08	3.36	2.10	8.00	38.57	22.12	0.99	0.14	0.41	137.23	19.44
5	20.0	2.08	3.36	2.10	8.00	38.57	22.12	0.99	0.14	0.41	137.23	19.44
6	20.0	2.20	5.86	2.24	13.00	38.57	22.12	0.97	0.22	0.41	188.46	57.97
7	20.0	2.08	4.70	2.14	13.00	38.57	22.12	0.97	0.22	0.41	159.93	43.96
8	20.0	2.34	3.80	2.40	13.00	38.57	22.12	0.97	0.22	0.41	162.96	39.99
9	20.0	2.34	2.86	2.38	13.00	38.57	22.12	0.97	0.22	0.41	144.78	30.09
10	20.0	2.56	1.72	2.82	13.00	38.57	22.12	0.97	0.22	0.41	143.63	19.80
11	20.0	2.68	0.70	2.92	13.00	38.57	22.12	0.97	0.22	0.41	127.48	8.44
合计											1 712.30	296.46
												k=5.78

柔性支护结构背部土体边坡的坡率为1∶1.5。根据计算，边坡土体对柔性支护产生的主动土压力十分小，不会出现因土压力而产生的倾覆现象。

2. *柔性支护结构的局部稳定性验算方法*

膨胀土干湿循环显著影响区内含水率的变化是引起土体体积变化、产生胀缩活动从而导致边坡出现局部滑坍的主要原因。根据南友高速公路膨胀土路堑边坡滑坍现场的观察，发现边坡表层滑坍破坏的滑体后壁基本竖直，可以认为是竖直裂缝扩展的结果。如果对柔性支挡结构不铺设土工格栅，那么滑体的滑出面呈弧状。考虑到表层滑坍的滑体一般不大，下面分析中将滑出面近似为平面，如图8-66所示。

图8-66中的 BC 即为可能的一个滑面，也有文献认为滑面是 BEF，即沿强度分区面 EF 滑动。但认为滑体更易在抗剪强度较低的大气影响深度内滑出，而不是恰好沿强度分界面滑

动。加筋后的可能滑出形式有两种:一种是沿着土工格栅与土的界面滑出;另一种是在填筑土内部滑出。

(1)第一种滑面形式

由于筋材与土界面的强度参数比土本身的强度参数要小,因此,加筋后的可能滑面为图8-67中的BC。

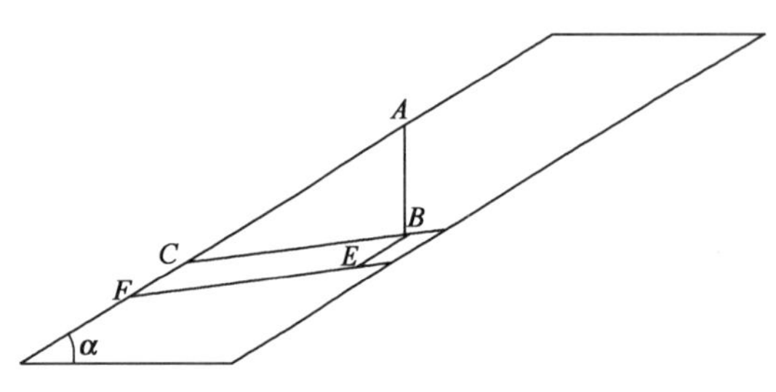

图8-66　不加土工格栅时的滑出面

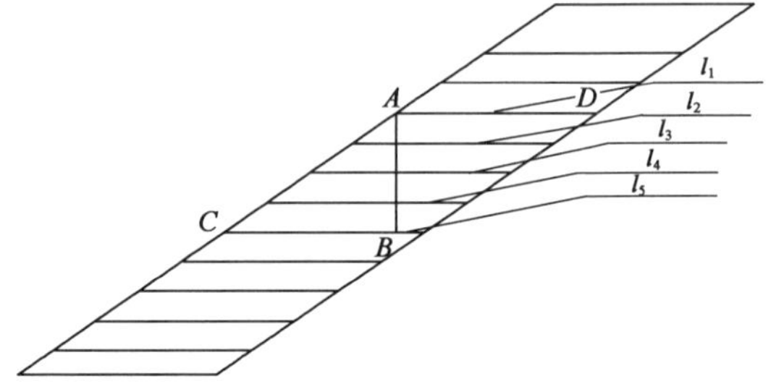

图8-67　加筋柔性支护结构的可能滑出面

在旱季,边坡表面A点的含水率最低,边坡内部B点的含水率基本不发生变化。雨水渗入裂隙后,由于土体吸水膨胀,滑块$\triangle ABC$有沿BC面有向外滑动的趋势,这种滑动趋势受到筋材的约束。

膨胀土干湿循环显著影响区对含水率的变化最为敏感,因此,可做如下假设,即在旱季,边坡表面A点的含水率最低,边坡内部B点为天然含水率,从A点到B点含水率由小到大线性增加;进入雨季,雨水沿裂隙进入边坡,裂隙AB中土体达到或接近饱和。

由于土体吸水膨胀,滑块$\triangle ABC$沿BC面有向外滑动的趋势,这种滑动趋势受到了BC面上土体与筋材界面的摩擦力,以及穿过AB面上筋材的拉力作用。

表层膨胀土吸水后会发生膨胀变形,由于受到土工格栅的约束作用,会产生膨胀压力。当膨胀压力较大时,土工格栅会产生拉伸变形,变形的结果可以消散部分膨胀势。如果土工格栅的拉伸变形等于其自身的最大允许伸长量,经衰减的膨胀压力仍大于土工格栅的抗拉强度,那么土工格栅将会被拉断。所以,在计算下滑力时,应当首先计算土工格栅产生拉伸变形后土体膨胀压力的大小[13]。

根据土工格栅间距的计算公式,可以得到:

$$\frac{Ph}{E_{\mathrm{T}}}=\alpha(w_0,P) \tag{8-39}$$

式中,h为土工格栅间距;P为膨胀压力;w_0为初始含水率;E_{T}为土工格栅的弹性模量;$\alpha(w_0,P)$为有荷膨胀量。

雨水进入裂缝后,土体吸水膨胀会产生膨胀变形,由于受到土工格栅的约束作用,其膨胀变形是在有荷条件下发生的,可以通过室内有荷膨胀试验获得,如下式:

$$\alpha(w_0,P)=0.3431w_0\ln P-0.1044\ln P-2.2588w_0+0.6629 \tag{8-40}$$

将式(8-40)代入式(8-39),得:

$$\frac{Ph}{E_\mathrm{T}}=0.3431w_0\ln P-0.1044\ln P-2.2588w_0+0.6629 \tag{8-41}$$

在式(8-41)中,初始含水率 w_0、土工格栅的间距 h、土工格栅的弹性模量 E_T 均已知,所以可根据式(8-41)求出产生变形以后土体的膨胀压力 P。

雨水进入裂缝 AB 后,裂缝 AB 中的土体均达到饱和,所以滑块△ABC 下滑力的计算模式如图 8-68 所示。

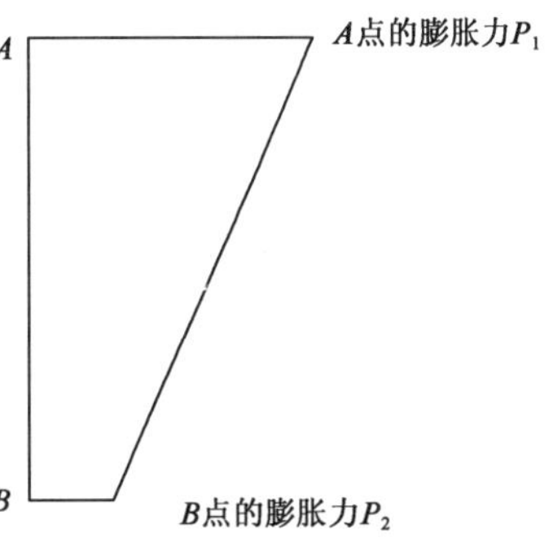

图 8-68　滑块△ABC 下滑力

作用于 AB 面上的下滑力可按下式计算:

$$Q=\frac{1}{2}(P_1+P_2)\times l_{AB}\times 1 \tag{8-42}$$

式中,l_{AB} 为滑体后壁 AB 的长度;P_1 为与 A 点初始含水率有关的膨胀压力;P_2 为与 B 点初始含水率有关的膨胀压力。

滑体的抗滑力由 BC 面上的摩擦力以及穿过 AB 面筋材的锚固力组成。

BC 面上的摩擦力为:

$$R=W_{\triangle ABC}\tan\varphi+l_{BC}c \tag{8-43}$$

式中,R 为 BC 面上的摩擦力;$W_{\triangle ABC}$ 为△ABC 的重力;φ 为土与筋材界面的内摩擦角,由拉拔试验确定;c 为土与筋材界面的黏聚力,由拉拔试验确定;l_{BC} 为筋材的长度。

第 i 根筋材的锚固力为:

$$S_i=W_i\tan\varphi+l_ic \tag{8-44}$$

式中,S_i 为穿过 AB 面的第 i 条筋材的锚固力;l_i 为穿过 AB 面的第 i 条筋材的锚固段长度;W_i 为锚固段 l_i 垂直上方土体的重力。

所以抗滑力为:

$$F=R+\sum S_i=W_{\triangle ABC}\tan\varphi+l_{BC}c+\sum(W_i\tan\varphi+l_ic) \tag{8-45}$$

安全系数:

$$F_\mathrm{s}=\frac{\text{抗滑力}}{\text{下滑力}}=\frac{F}{Q}=\frac{W_{\triangle ABC}\tan\varphi+l_{BC}c+\sum(W_i\tan\varphi+l_ic)}{\frac{1}{2}(P_1+P_2)\times 1\times l_{AB}} \tag{8-46}$$

算例:南友高速公路路堑边坡柔性支护方案加筋的长度为 3.5m,边坡的坡率为 1∶1.5。根据现场含水率测量,在旱季边坡表面的含水率为 15%,边坡的天然含水率为 25%,实体工程中的加筋间距 h 为 0.5m,土工格栅型号为 TGDG35,E_T 为 300kN/m,土工格栅的抗拉强度 T_s 为 35kN。

膨胀土边坡的破坏主要发生在干湿循环显著影响区内。宁明地区膨胀土干湿循环显著影响区的深度为 2m,则滑体后缘的裂缝深度 l_{AB} 为 2m。根据柔性支护结构的坡率为 1∶1.5,可以得到滑动面 l_{BC} 的长度为 3m。

代入 A、B 两点初始含水率 w_0 、土工格栅的间距 h 、土工格栅的弹性模量 E_T,则可以根据式(8-39)解出膨胀压力 P_1、P_2 的值,分别为 62.9kPa、23.4kPa。此时,α 为 10%,等于土工格栅允许伸长率(TGDG35 土工格栅容许伸长率为 10%),土工格栅所受的张拉力为 34kN,小于土工格栅的抗拉强度 35kN。

$$Q=\frac{1}{2}\times(P_1+P_2)\times l_{AB}\times 1=\frac{1}{2}\times(62.9+23.4)\times 2\times 1=86.3\text{kN}$$

根据室内拉拔试验结果,含水率为 25%时土体与土工格栅界面的强度参数 c 为 7.4kPa,φ 为 4.5°,土体的重度取 20kN/m^3,所以抗滑力为:

$$\begin{aligned}F&=R+\sum S_i=W_{\triangle ABC}\tan\varphi+l_{BC}c+\sum W_i\tan\varphi+l_ic\\&=\left(\frac{1}{2}\times 2\times 3\times 20\times\tan 4.5^\circ+3\times 7.4\right)+\\&\quad\left(\frac{1}{2}\times 3.5\times 2.33\times 20\times\tan 4.5^\circ+3.5\times 7.4\right)+\\&\quad\left\{\left[\frac{1}{2}\times(0.5+2.33)\times 20\times 2.75\times\tan 4.5^\circ+2.75\times 7.4\right]+\right.\\&\quad\left[\frac{1}{2}\times(1.0+2.33)\times 20\times 2\times\tan 4.5^\circ+2\times 7.4\right]+\\&\quad\left[\frac{1}{2}\times(1.5+2.33)\times 20\times 1.25\times\tan 4.5^\circ+1.25\times 7.4\right]+\\&\quad\left.\frac{1}{2}\times(2+2.33)\times 20\times 0.5\times\tan 4.5^\circ+0.5\times 7.4]\right\}\\&=131.6\text{kN}\end{aligned}$$

安全系数:

$$F_s=\frac{\text{抗滑力}}{\text{下滑力}}=\frac{F}{Q}=\frac{131.6}{86.3}=1.52\geqslant 1.25$$

可以看出,采用 0.5m 的加筋间距以及 3.5m 的加筋长度,边坡的整体和局部都是稳定的。

(2)第二种滑面形式

考虑到第一种形式最下一层土工格栅可能会被拔出,局部破坏形式可能如图 8-69 所示。

第二种形式不同于第一种形式的地方表现在滑体沿 BC 斜面滑出,因此,还必须考虑滑体因重力引起的下滑力,以及由土体在 BC 面上引起的摩擦力。

采用条分法计算滑面 BC 上的下滑力,则安全系数 F_s 的计算公式变为:

$$F_s = \frac{抗滑力}{下滑力} = \frac{F}{Q} = \frac{W_{\triangle ABC}\cos\alpha\tan\varphi_j + l_{BC}c_j + \sum(W_i\tan\varphi + l_i c)}{\frac{1}{2}(P_1 + P_2)\times 1\times l_{AB} + W_{\triangle ABC}\times\sin\alpha} \tag{8-47}$$

式中,$W_{\triangle ABC}\cos\alpha\tan\varphi_j + l_{BC}c_j$ 为滑体体在滑面 BC 上的抗滑力;$W_{\triangle ABC}\times\sin\alpha$ 为滑体在滑面 BC 的下滑力分量;α 为滑面 BC 与水平面的夹角;c_j 为土的黏聚力;φ_j 为土的内摩擦角;W_i 为锚固段 l_i 垂直上方土体的重力。

算例:加筋的情况如第一种情况。考虑到大气降雨的入渗,假设柔性支护结构的表面 C 点的含水率为胀限饱和含水率 32%,结构内部 B 点的含水率为天然含水率 24%。将 BC 划分为 5 等份,则由外到内的含水率分别为 31%、30%、28%、27%、25%,与其对应的 φ、c 值分别为 16.34°、68.50kPa,18.15°、73.51kPa,22.40°、84.65kPa,24.88°、90.83kPa,30.69°、104.59kPa。其他计算参数同第一种情况。

分条情况如图 8-70 所示,通过计算得 $F_s = 4.86$ 。

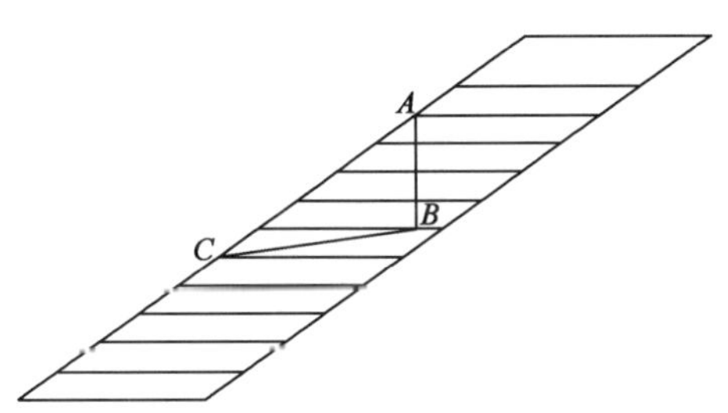

图 8-69 柔性支护结构的可能滑出面

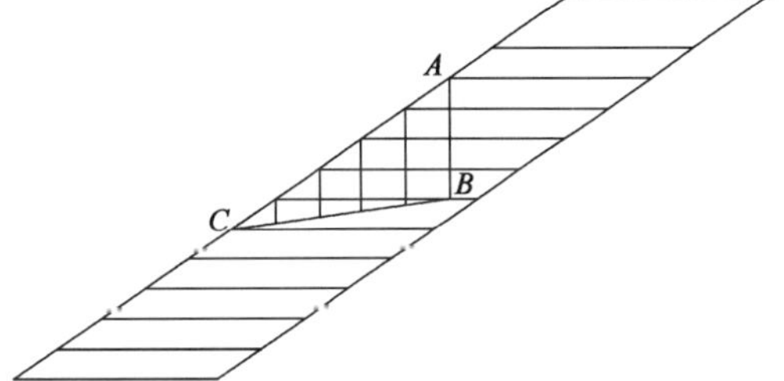

图 8-70 第二种情况的分条形式

8.4.4 柔性支护结构长期稳定性分析

为了研究柔性支护膨胀土路堑边坡在大气干湿循环作用下的长期性能,采用膨胀土路基平衡湿度理论和有限元计算方法,进行了广西气候条件下柔性支护膨胀土路堑边坡湿度和边坡稳定性计算。

计算模型如图 8-71 所示,开挖边坡高 8m,坡率为 1:1.5。柔性支护体宽 5.5m,土工格栅加筋长 5.0m,加筋间距为 0.5m,共铺设 16 层加筋带;加筋体背部和底部分别设 0.5m 宽(厚)的排水垫层,排水垫层采用碎石土填筑;柔性支护体底部用"两布一膜"隔水;碎石土、加筋膨胀土和原状膨胀土(膨胀土地基)的水力-力学性质见表 5-6。膨胀土路堑边坡体和柔性支护体的初始体积含水率均设为31.2%(对应重量含水率为20%)。土工格栅为单向土工格栅,极限抗拉强度为35kN。土工格栅加筋膨胀土的似内摩擦角 φ_{inter} 为6.8°,似黏聚力 c_{inter} 为4.1kPa。路堑边坡顶面、坡面和坡脚边界为气候作用边界,坡脚和柔性支护体底部碎石垫层下边界为排水边界。整个几何模型采用四边形和三角形混合单元进行网格划分,膨胀土路堑边坡约为1m划分一个单元,柔性支护体约为0.5m划分一个单元。采用图5-7所示的气候条件作为大气边界条件,循环计算10年。每小时一个时步,共计87 600个时步;每720个时步(每1个月)记录一次计算结果。

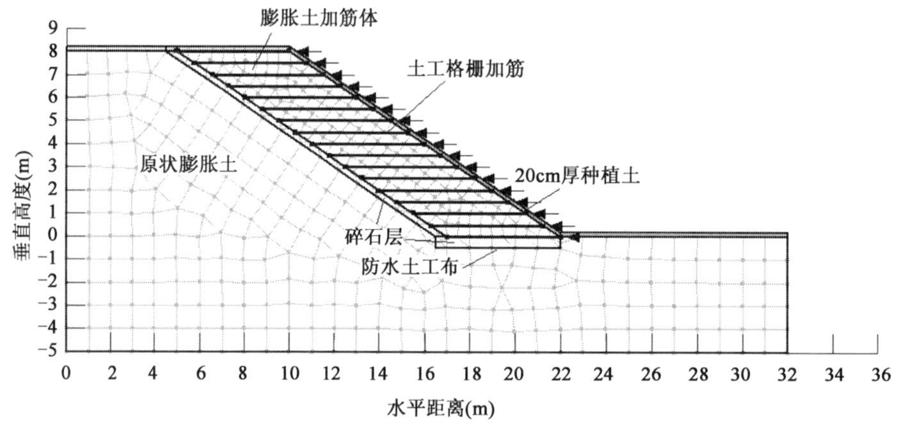

图8-71 膨胀土路堑边坡柔性支护结构计算模型

在计算几何模型中分别设置了9个监测点,以监测膨胀土路堑边坡、柔性支护体背部排水垫层附近以及柔性支护体表面附近不同位置处土体含水率随时间的变化。监测的位置如图8-72所示。其中,监测点L1、L2和L3位于超挖的路堑边坡体内,水平方向距超挖面约1.5m;监测点M1、M2和M3位于柔性支护体内,水平方向距背部的排水垫层约0.5m;监测点S1、S2和S3距水平柔性支护体坡面约0.5m。

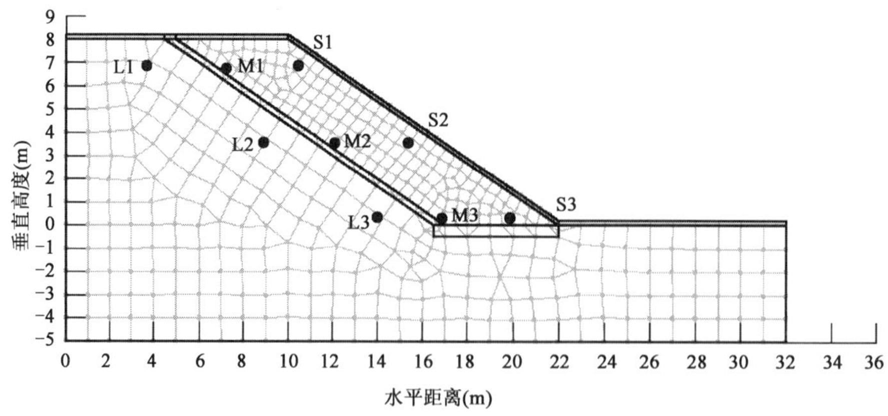

图8-72 柔性支护膨胀土路堑边坡计算模型中的监测点位

图 8-73 为计算得到的柔性支护膨胀土路堑边坡不同位置处体积含水率随时间的变化曲线。图 8-73a)中 L1 监测点含水率随时间的变化曲线表明，膨胀土路堑边坡顶部浅表层（深度 1m)受到大气干湿循环作用的影响，含水率呈周期性变化。图 8-73a)中 L2 和 L3 分别位于路堑边坡的中部和底部，从其含水率随时间的变化曲线可以看出，在柔性支护结构的保护下，这两处含水率并无明显的周期性变化，即不受大气干湿循环的影响，只是在内外水力梯度和温度梯度作用下，水分发生迁移，含水率均随时间增大，在第 2 年左右达到湿度平衡状态，且中部的含水率略低于底部的含水率，即此时不同深度处土体处于静水平衡状态，底部土体湿度平衡时接近于饱和状态。

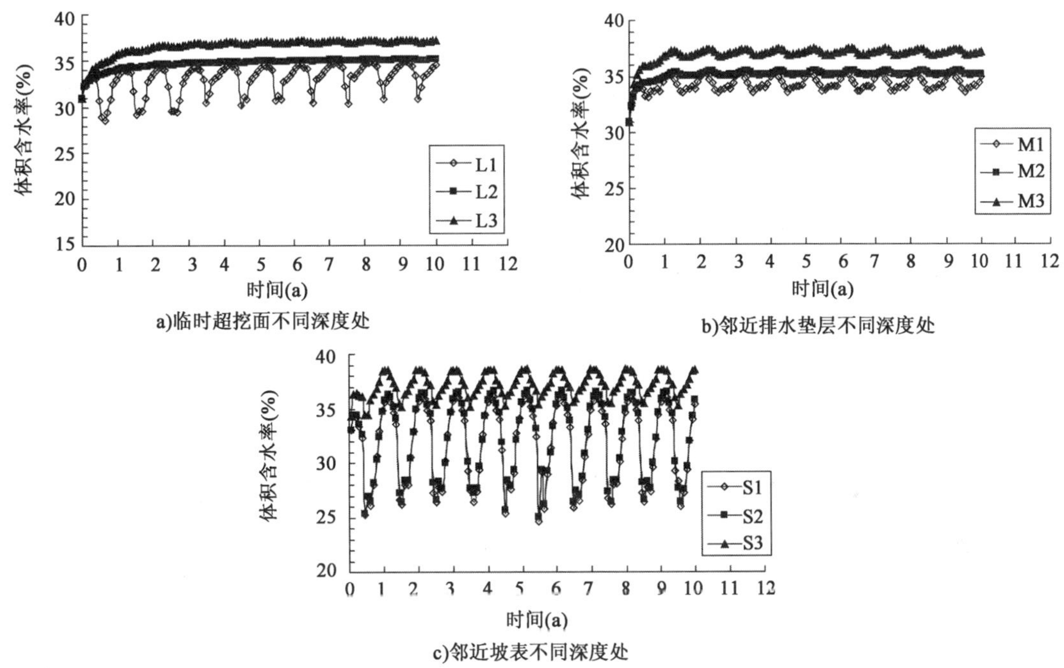

图 8-73 柔性支护膨胀土路堑边坡不同位置处体积含水率随时间的变化曲线

图 8-73b)中 M1 监测点含水率随时间的变化曲线表明，位于柔性支护体浅表层的土体含水率在大气干湿循环作用下也会发生周期性变化，但是由于柔性支护体内压实膨胀土的密度要大于原状土密度，持水性强，因此相对于相同深度处且处于膨胀土路堑边坡体内的 L1 点的含水率波动范围要小。M2 和 M3 距离柔性支护体内部的碎石排水垫层较近，在大气干湿循环作用下，排水垫层周期性疏排水会影响附近土体湿度的变化，但从 M2 和 M3 含水率随时间的变化曲线可以看出，两处土体湿度在 1 年多到达平衡状态，含水率有周期性变化，但波动范围均在 1%以内。湿度平衡时，位于柔性支护体底部的土体接近饱和状态，中部土体仍处于非饱和状态。

从图 8-73c)可以看出，柔性支护体坡面受大气干湿循环影响十分显著，膨胀土土体剧烈的干湿循环会导致强度的衰减，因此柔性支护体采用土工格栅加筋并在边部反包十分必要。

根据图 8-73 可知，柔性支护膨胀土路堑边坡修筑完成后 2 年左右处于湿度平衡状态。处于湿度平衡状态后，在降雨期内柔性支护膨胀土路堑边坡湿度场如图 8-74 所示。从图中可以看出，加筋体中心部位体积含水率为 32%左右，底部为 36%，接近饱和状态。邻近碎石排水垫层水平方向 0.5m 范围内的土体含水率较低，处于非饱和状态，说明排水垫层能够起到疏排坡体内渗水的作用，使周围土体维持非饱和状态，从而保证土体具有较高的抗剪强度。

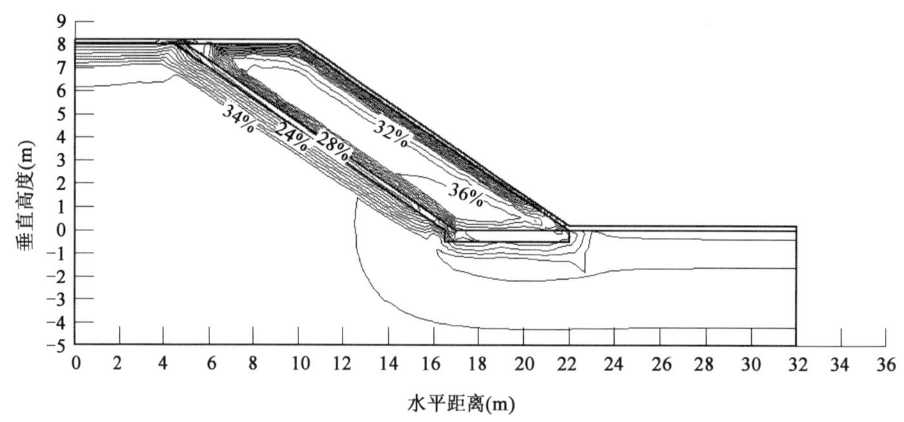

图 8-74　柔性支护膨胀土路堑边坡处于湿度平衡状态时体积含水率的分布

图 8-75 为柔性支护膨胀土路堑边坡安全系数随时间的变化曲线。从图中可以看出，在柔性支护结构建成初期，边坡整体安全系数为 2.7。随着大气干湿循环作用，柔性支护体和膨胀土路堑边坡的含水率逐步上升，膨胀土土体的似黏聚力下降，因此边坡安全系数急剧降低，1 年后降至 1.32；当膨胀土路堑边坡湿度达到平衡状态时，边坡安全系数随着大气干湿循环作用发生周期性变化，且每年的最小安全系数有随时间逐步下降的趋势，到第 4 年的时候逐步稳定；第 10 年柔性支护膨胀土路堑边坡安全系数为 1.252，满足路基设计规范对边坡稳定性的要求，说明柔性支护结构能够保持膨胀土路堑边坡的长期稳定性。

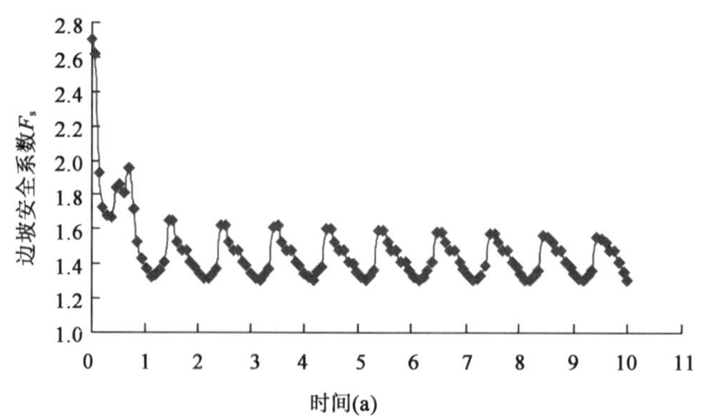

图 8-75　柔性支护膨胀土路堑边坡安全系数随时间的变化

图 8-76 为柔性支护膨胀土路堑边坡建成 10 年后，最不利条件下的边坡稳定性分析结果。从图中可以看出，土工格栅加筋起到了很好的稳定边坡的作用，各层的土工格栅都提供了不同程度的拉力，以阻止柔性支护体整体滑动。

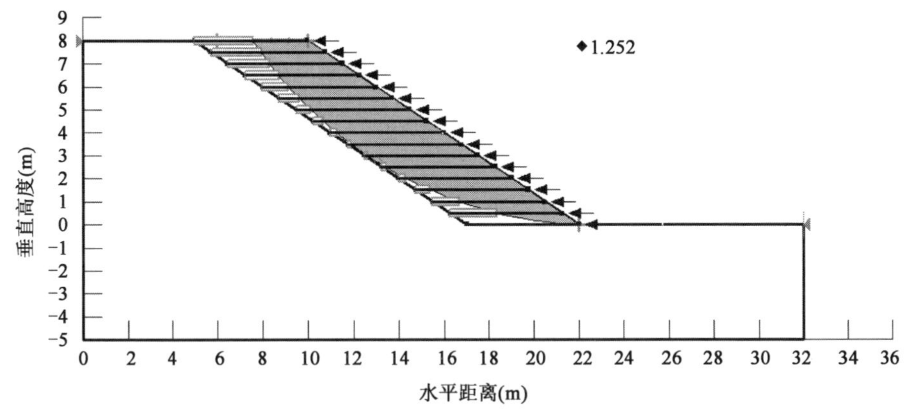

图 8-76 大气作用 10 年后柔性加筋体稳定性计算结果

注：图中 1.252 为边坡安全系数。

8.4.5 膨胀土路堑边坡加筋设计参数敏感性分析

1. 加筋长度对柔性支护结构稳定性的影响

采用极限平衡法对不同加筋长度条件下柔性支护体的稳定性进行分析，计算结果见表8-17。从表中可以看出，加筋长度的变化对柔性支护体的稳定性会产生一定的影响。当加筋长度从 6m 降低至 5m 时，支护体安全系数下降不多，说明过大的加筋范围反而会造成浪费；当加筋长度减少至 4.0m 时，柔性支护加筋体的安全系数已经不能满足安全系数大于或等于 1.2 的要求。

不同加筋长度条件下稳定性计算结果 表 8-17

加筋长度 L (m)	6.0	5.0	4.0	3.0
安全系数	1.340	1.252	1.151	0.832

2. 加筋间距对柔性支护结构稳定性的影响

表 8-18 是不同加筋间距条件下柔性支护加筋体安全系数的计算结果。计算结果表明，随着加筋间距的增大，加筋体的安全系数降低。当间距为 0.75m 时，安全系数已经不能满足设计要求；当间距为 1.0m 时，加筋体发生破坏。而过小的加筋间距，会使加筋体安全系数有较大富余，造成设计偏于保守，而且还会增加工期和工程造价。

不同加筋间距条件下柔性支护结构稳定性计算结果 表 8-18

加筋间距 h (m)	1.0	0.75	0.5	0.25
安全系数	0.910	1.125	1.252	1.451

3.加筋体压实度对柔性支护结构稳定性的影响

根据广西百色膨胀土湿法击实试验结果，设计了4种柔性支护加筋体压实状态。其中，不同压实度对应的加筋参数由膨胀土拉拔试验测试结果拟合得到。不同压实度条件下加筋体的安全系数计算结果见表8-19。计算结果表明，加筋体的安全系数是随着压实度的减小而减小的，当压实度降低到80%时，计算得到的安全系数小于规定的安全系数。由此可知，柔性支护加筋体的压实宜控制在85%以上。而过高压实度下压实会增大膨胀土的超固结性，虽然在前期能使加筋体的安全系数有所增加，但是在大气干湿循环长期作用下，这种超固结性会随着土体的反复胀缩而消失，膨胀塑性变形会减小土体的压实度，最终降到正常固结状态。根据第2章等吸力加载屈服试验和等应力反复胀缩试验结果可知，90%压实度状态下百色膨胀土的前期固结压力为50kPa，在反复胀缩条件下试样不会发生显著塑性变形而降低压实度。因此，90%压实度为柔性支护加筋体的最佳压实状态。

不同压实度条件下柔性支护结构稳定性计算结果 表8-19

压实度 C(%)	95	90	85	80
干密度(g/cm^3)	1.71	1.62	1.53	1.44
含水率(%)	20.0	20.7	21.6	22.1
重度(kN/m^3)	20.5	19.6	18.6	17.6
似内摩擦角(°)	6.6	6.8	6.7	6.7
似黏聚力(kPa)	5.4	4.1	3.2	2.1
安全系数	1.295	1.252	1.220	1.172

注：膨胀土湿法击实最大干密度为1.80g/cm^3。

4.土工格栅强度与加筋界面强度参数对柔性支护结构稳定性的影响

选取了常用的不同规格的土工格栅所对应的极限抗拉强度值进行计算分析，计算结果见表8-20。计算结果表明，极限抗拉强度为35kN的单向土工格栅已经可以满足柔性支护边坡工况条件下加筋膨胀土的要求。

土工格栅极限抗拉强度对柔性支护加筋体稳定性的影响 表8-20

极限抗拉强度(kN)	35	50	80	100
安全系数	1.252	1.252	1.252	1.252

表8-21和表8-22分别为根据不同似内摩擦角 φ_{inter} 和似黏聚力 c_{inter} 计算得到的柔性支护加筋体安全系数。结果表明，安全系数均随着这两种参数的增大而增大。

不同似内摩擦角条件下柔性支护加筋体稳定性计算结果 表8-21

似内摩擦角 φ_{inter}(°)	3	6.8	11	15
安全系数	1.140	1.252	1.378	1.502

不同似黏聚力条件下柔性支护加筋体稳定性计算结果　　表8-22

似黏聚力 c_{inter}(kPa)	2	4.1	6	8
安全系数	1.145	1.252	1.348	1.456

5. 膨胀土柔性支护结构关键设计参数的确定

从上述分析可以看出，柔性支护加筋体稳定性受到加筋间距 h 、加筋长度 L 、加筋体压实度 C 、似内摩擦角 φ_{inter} 和似黏聚力 c_{inter} 的影响。因此可以把评价柔性支护边坡长期安全性的安全系数 F_s 看成是包含以上诸多影响因素的函数，即：

$$F_s = f(h, L, C, \varphi_{inter}, c_{inter}) \tag{8-48}$$

虽然上式只是一个数学模型，并没有明确的表达式，但可以通过分析各个因素的变化对 F_s 的影响，即通过敏感性分析，找出导致膨胀土边坡柔性支护体滑坍的主导因素。具体方法是：改变基准条件下柔性支护膨胀土边坡 F_s 影响因素中的一个因素，并保持其他因素不变，计算出该因素取不同值时对应的 F_s；按上述方法，轮流改变其他因素，计算出各个因素变化时对应的 F_s，从而得到 F_s 随各个影响因素的关系曲线；最后，根据各个影响因素敏感度的大小找出主导因素。其中敏感度为各个因素的相对变化率与 F_s 的相对变化率之间的比值。即第 i 个影响参数的敏感度 S_i 可表示如下：

$$S_i = \frac{\left|\frac{\Delta K_i}{K_i}\right|}{\left|\frac{\Delta X_i}{X_i}\right|} \tag{8-49}$$

式中，$\left|\frac{\Delta X_i}{X_i}\right|$ 为影响因素 X_i 的相对变化率；$\left|\frac{\Delta K_i}{K_i}\right|$ 为边坡安全系数的相对变化率。

由于各个参数之间量纲不一致，计算得到的敏感度往往不具备直接可比性。为此，采用灰关联分析法进行影响因素的敏感性分析。

以影响膨胀土柔性支护结构安全系数的各因素（加筋长度、加筋间距、压实度等）为比较列 $X, X = [X_1, X_1 \cdots X_m]^T$；相应的不均匀变形系数作为参考列 $Y, Y = [Y_1, Y_2 \cdots Y_m]^T$。其中，列 X、Y 的每个因素都有若干个取值，即 $X_i = [x_i(1), x_i(2) \cdots x_i(n)], Y_i = [y_i(1), y_i(2) \cdots y_i(n)]$。因此列 X、Y 可写成矩阵形式：

$$X = \begin{bmatrix} X_1 \\ X_1 \\ \vdots \\ X_1 \end{bmatrix} = \begin{bmatrix} x_1(1) & x_1(2) & \cdots & x_1(n) \\ x_1(1) & x_1(2) & \cdots & x_1(n) \\ \vdots & \vdots & \vdots & \vdots \\ x_m(1) & x_m(2) & \cdots & x_m(n) \end{bmatrix}$$

$$Y=\begin{bmatrix}Y_1\\Y_1\\\vdots\\Y_1\end{bmatrix}=\begin{bmatrix}y_1(1) & y_1(2) & \cdots & y_1(n)\\y_1(1) & y_1(2) & \cdots & y_1(n)\\\vdots & \vdots & \vdots & \vdots\\y_m(1) & y_m(2) & \cdots & y_m(n)\end{bmatrix}$$

由于上述各个影响因素的量纲不同，且数量级相差很大，不具备可比性，因此必须对 X_i 和 Y_i 进行数值处理。通常可采用初值化、均值化、区间相对值化和归一化等方法进行处理。若采用区间相对值化进行处理，则其计算方法如下：

$$X_i' = [x_i'(1), x_i'(2)\cdots x_i'(n)] \tag{8-50}$$

其中，

$$x_i'(j)=\frac{x_i(j)-\min\limits_j x_i(j)}{\max\limits_j x_i(j)-\min\limits_j x_i(j)} \tag{8-51}$$

同时，对参考列 Y_i 也需要进行区间相对值化处理。这样就完成了对原序列 X_i 和 Y_i 的无量纲化处理。

差异信息的求取采用下式：

$$\Delta_{ij} = |x_i'(j) - y_i'(j)| \tag{8-52}$$

从而得到差异序列矩阵 Δ。在差异序列矩阵 Δ 中提取最大值和最小值：

$$\Delta_{\max} = \max(\Delta_{ij}) \tag{8-53}$$

$$\Delta_{\min} = \min(\Delta_{ij}) \tag{8-54}$$

关联系数可由下式求出：

$$\gamma_{ij} = \frac{\Delta_{\min} + \xi\Delta_{\max}}{\Delta_{ij} + \xi\Delta_{\max}} \tag{8-55}$$

式中，ξ 为分辨系数，其作用是提高关联系数之间差异的显著性，$\xi \in [0,1]$，一般情况下取 ξ=0.5。

由于关联系数的个数比较多，信息比较分散，不便于比较，因此常通过计算平均值得到关联度，从而进行影响因素关联系的比较。关联度可通过下式求解：

$$A_i = \frac{1}{n}\sum_{j=1}^{n}\gamma_{ij} \tag{8-56}$$

根据大气作用下柔性支护加筋体边坡稳定性影响因素分析，选取各影响参数的变化值作为比较矩阵。

$$X=\begin{bmatrix} h \\ L \\ C \\ \varphi_{\text{inter}} \\ c_{\text{inter}} \end{bmatrix}=\begin{bmatrix} 6.0 & 5.0 & 4.0 & 3.0 \\ 1.0 & 0.75 & 0.5 & 0.25 \\ 95 & 90 & 85 & 80 \\ 3 & 6.8 & 11 & 15 \\ 2 & 4.1 & 6 & 8 \end{bmatrix}$$

$$Y=\begin{bmatrix} F_{s1} \\ F_{s2} \\ F_{s3} \\ F_{s4} \\ F_{s5} \end{bmatrix}=\begin{bmatrix} 1.340 & 1.252 & 1.151 & 0.832 \\ 0.910 & 1.125 & 1.252 & 1.451 \\ 1.295 & 1.252 & 1.220 & 1.172 \\ 1.140 & 1.252 & 1.378 & 1.502 \\ 1.145 & 1.252 & 1.348 & 1.456 \end{bmatrix}$$

通过矩阵的无量纲化得到：

$$X'=\begin{bmatrix} h' \\ L' \\ C' \\ \varphi'_{\text{inter}} \\ c'_{\text{inter}} \end{bmatrix}=\begin{bmatrix} 1 & 0.667 & 0.333 & 0 \\ 1 & 0.667 & 0.333 & 0 \\ 1 & 0.667 & 0.333 & 0 \\ 0 & 0.317 & 0.667 & 1 \\ 0 & 0.350 & 0.667 & 1 \end{bmatrix}$$

$$Y'=\begin{bmatrix} F'_{s1} \\ F'_{s2} \\ F'_{s3} \\ F'_{s4} \\ F'_{s5} \end{bmatrix}=\begin{bmatrix} 1 & 0.827 & 0.628 & 0 \\ 0 & 0.397 & 0.632 & 1 \\ 1 & 0.650 & 0.390 & 0 \\ 0 & 0.309 & 0.657 & 1 \\ 0 & 0.344 & 0.653 & 1 \end{bmatrix}$$

从而得到差异矩阵：

$$\Delta=\begin{bmatrix}0 & 0.160 & 0.295 & 0\\ 1 & 0.269 & 0.299 & 1\\ 0 & 0.016 & 0.057 & 0\\ 0 & 0.007 & 0.009 & 0\\ 0 & 0.006 & 0.014 & 0\end{bmatrix}$$

其中：$\Delta_{max}=\max(\Delta_{ij})=1$，$\Delta_{min}=\min(\Delta_{ij})=0$。取分辨系数$\xi=0.5$，通过计算得到灰关联系数矩阵：

$$\gamma=\begin{bmatrix}1 & 0.757 & 0.629 & 1\\ 0.333 & 0.650 & 0.626 & 0.333\\ 1 & 0.969 & 0.898 & 1\\ 1 & 0.986 & 0.982 & 1\\ 1 & 0.988 & 0.973 & 1\end{bmatrix}$$

则关联度序列为：

$$A=[0.847\quad 0.486\quad 0.967\quad 0.992\quad 0.990]^{T}$$

从关联度序列可以看出，在影响膨胀土加筋体稳定性的诸多因素中，膨胀土与土工格栅之间相互作用的似内摩擦角影响最大，其次分别是似黏聚力、压实度、加筋间距和加筋长度。因此在膨胀土路堑边坡柔性支护设计中，应重视土与土工格栅界面参数的合理选取，同时在施工中保证加筋体的压实质量，压实度以90%为宜。

8.5 柔性支护结构的施工方法

8.5.1 施工总体原则

做好路基的排水至关重要，应采取防、排、截、疏相结合，并与路基坡面防护、地基处理以及其他处治措施相互协调，形成完善的排水系统。

8.5.2 施工机具、材料和人员配备

选择合适的配套机械，每一施工段主要应配备的施工机械有：挖掘机1台、大吨位光面压路机1台、挖掘机2台、自卸车1台、平地机1台、推土机1台。现场指挥监督人员1名，按每$50m^2$土工格栅配备1名熟练的铺设人员。

(1)时间：宜选择在少雨季节，此时土体较干，便于摊铺和碾压。

(2)工序安排：工作面开挖完成后，立即进行施工，要求衔接紧凑，一气呵成。

(3)填料：柔性支护体填料主要由清方土料组成，基底排水层及支护体后排水层须采用碎石，基底垫层须采用碎石土。

(4)加筋材料：采用土工格栅❶，土工格栅抗拉强度大于或等于35kN/m，伸长率小于10%；采用连接棒连接土工格栅，连接棒应达到相应强度；采用ϕ10mm螺纹钢筋现场自制U形钉(长10cm，宽10cm)。

(5)排水管材：基底渗沟纵向排水管采用ϕ20cm透水软管。

(6)隔水材料：基底采用“两布一膜”❷，坡顶采用单层土工布。

柔性支护结构施工所需的主要材料如图8-77所示。

a)加筋采用的土工格栅

b)连接棒

c)透水软管和防水土工布

图8-77 柔性支护结构施工所需的主要材料

8.5.3 施工工序

(1)超挖边坡：将原边坡土清挖至柔性支护结构体设计范围，即原坡面向路基外超挖4m，超挖面坡率大致保持在1∶1.5。若清挖过程中再次发生超出设计范围的塌方，应全部清除。基底要做成向内倾斜的斜面，坡度大于3%。超挖土方置于附近路床的指定位置，以备回填使用。被地下水浸泡过的挖方，视情况选择摊晒或废弃。

---

❶宜选用塑料单向拉伸土工格栅。

❷“两布一膜”的规格宜为(织物质量/膜厚/织布质量)$/m^2$=(200g/1mm/200g)$/m^2$左右。

(2)开挖基底:取路面高程以下 1.5m 为柔性支护结构的基底高程。开挖至基底高程,开挖宽度为 4.0m。若基础部位出现松软土体,需采用碎石土换填并压实。

(3)开挖渗沟:用挖掘机在基坑靠近路中线一侧按 2%的坡度开挖渗沟,渗沟宽度为 70cm,渗沟深度按设计确定。

(4)摊铺土工布:在基底和渗沟底部摊铺"两布一膜"隔水土工布,土工布与路床顶部搭接 1m,防止水渗入路床。

(5)摊铺碾压碎石层、埋设排水管:渗沟内填碎石并埋入 ϕ200mm 透水软管,摊铺碎石至 30cm 左右,按 90%的压实度压实。

(6)摊铺第一层土工格栅:①每层土工格栅摊铺前,按照设计图纸进行测量放线,并用石灰粉标出边坡线和土工格栅包边线,以保证设计坡率和边坡的顺直;②将成捆的土工格栅按 4.0m(加筋宽度)+1.5m(反包长度)进行裁剪备用;③土工格栅在预留 1.5m 反包长度后沿横断面方向自包边线处往路基边坡方向展开,并将其张紧,用 U 形钉固定。为了保证土工格栅沿路中线方向的整体性,两幅土工格栅间需搭接,搭接宽度为 5cm,并用 U 形钉在搭接部位固定,在尾部固定后,中间部位 U 形钉的间距为 1.5m。

(7)摊铺碎石土:在第一层土工格栅铺设完成后,松铺 30cm 厚、350cm 宽碎石土,在靠近超挖边界线一侧,松铺 30cm 厚、50cm 宽的碎石,均按 90%压实度压实,再摊铺第二层碎石土和碎石并压实。

(8)反包土工格栅:将预留的反包格栅沿修好的边坡反包并初张,插入连接棒,连接第二幅土工格栅,将第二层土工格栅摊铺在边坡外侧。

(9)重复工序(6)~(8),直至填筑到路面高程。

(10)将碎石土换成清方土料或就近的弃方,重复工序(6)~(8),填筑至地下水渗出部位。

(11)将柔性支护体后排水层的碎石换成碎石土,重复工序(10),直至填筑至柔性支护体顶部。

(12)坡顶处理:土工格栅柔性支护结构顶部至截水沟边缘范围内坡面铺土工膜隔水,铺设宽度(坡顶至截水沟距离)不小于 5m,并在其上铺 30cm 厚种植土,植草绿化。铺土工膜前,修整坡面,填塞裂隙。

(13)坡面处理:在反包边坡表面培植 30cm 耕植土,以防止紫外线照射对土工格栅寿命的影响。然后采用机械喷洒草籽的方式进行植草,或者采用人工铺草皮。在坡面泄水孔下方沿坡面修筑一槽宽 20cm、槽深 25cm、槽底厚 5cm 的贫混凝土水槽,水槽与边沟连通。

基底渗沟施工如图 8-78 所示,土工格栅分层摊铺和固定如图 8-79 所示。

8.5.4 质量检测与施工技术要点

(1)边坡清方完成后,应立即进行验收测量,检验坡率及清方宽度是否满足设计要求。

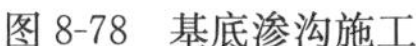
图 8-78 基底渗沟施工

图 8-79 土工格栅分层摊铺和固定

(2)每一填土层松铺厚度为(30±5)cm。采用随机抽样方式,每1 000m^2 开挖检测4点,如检测结果达不到要求,需再进行平地作业,直至达到要求。

(3)土工格栅:铺设完成后的土工格栅应表面平整、无松软隆起;铺设位置正确;长短合适,连接可靠,锚固牢固;要求反包位置坡面平整,无局部松散。

(4)填料压实程度根据现场实施情况分析确定。一般要求地下水出水口以下的柔性支护体的压实度大于或等于90%,上部压实度大于或等于85%。

(5)排水设施施工应按设计图要求执行,并应符合相关公路工程施工技术规范的规定。

(6)施工宜在旱季,边坡清方完成后应立即填筑柔性支挡结构,工序间要衔接紧凑,整个施工应一气呵成。

(7)土工格栅柔性支护体的基础部分应将松土全部清干净,然后用土工格栅包碎石土进行回填。当松土的清理范围较大,超过原设计图纸土工格栅的锚固长度时,超出部分同样分层采用碎石土进行回填压实。

(8)严格按要求切实修好柔性支护体背部排水层、基底渗沟、坡顶封层、截水沟及截水渗沟。若清方过程中发现有层间集中水流,应打平孔,将水引至排水层内排除。

(9)连接棒的安装:必须将上下两层土工格栅张紧,采用连接棒夹紧至用手不能将其抽动,以保证加筋土体的整体性和有效性。

(10)坡面反包完成后的土工格栅应及时用耕植土层覆盖,确保土工格栅暴露时间不超过24h。

参考文献

[1] 刘龙武.公路膨胀土路堑边坡的破坏特征及勘察技术研究[D].长沙:长沙理工大学博士学位论文,2010

[2] 缪伟，郑健龙，杨和平. 基于现场监测的膨胀土边坡滑动破坏特性研究[J]. 中外公路，2007,27(6):1-3

[3] 刘龙武，郑健龙，周桂成，等. 膨胀土台阶式滑坡破坏模型及处治措施[C]//第二届全国非饱和土学术研讨会论文集,2005:656-662

[4] 刘龙武，郑健龙，缪伟. 广西宁明膨胀土胀缩活动带特征及滑坡破坏模式研究[J]. 岩土工程学报,2008,30(1):28-33

[5] 秦禄生，郑健龙. 膨胀土路基边坡雨季失稳破坏机理的应力应变分析. 中国公路学报，2001,01

[6] 谭波,郑健龙.考虑次生裂隙结构面发育条件下的膨胀土边坡稳定分析[J]. 桂林理工大学学报,2010,30(4):561-565

[7] 刘义高，郑健龙. 增湿条件下膨胀土路堑边坡稳定性数值分析[J]. 岩土工程学报，2007,12

[8] 谭波,郑健龙,余文成. 降雨条件下膨胀土路堑边坡渗流分析[J]. 中外公路,2009,29(2):28-32

[9] Jian-Long Zheng, Rui Zhang, He-Ping Yang. Highway Subgrade Construction in Expansive Soil Areas[J]. ASCE: Journal of materials in civil engineering, 2009, 21(4): 154-162

[10] 郑健龙. 一种柔性加筋支挡结构及其施工方法:中国,ZL200510031717.3[P]

[11] 郑健龙. 一种路基深渗沟的变截面结构及其施工方法:中国，ZL201210004238.2[P]

[12] 谭波，杨和平. 有限元强度折减法在膨胀土路堑滑坡分析中的应用[J]. 公路,2006(4)

[13] 韦秉旭，郑健龙.缓坡率膨胀土加筋路堤局部稳定性分析[J]. 桂林工学院学报,2009,29(1):93-96

第9章 CHAPTER 9 膨胀土路基路面变形协调技术

膨胀土路基路面变形协调设计，需要解决三个方面的问题：一是膨胀土路基吸湿引起的不均匀膨胀变形导致的路面结构内部产生过大附加应力问题；二是利用膨胀土作为路堤填料时，膨胀土路堤实测回弹模量偏低（最低的约为26MPa）的问题；三是路堑段地下水的影响可能造成路基顶面过大膨胀变形的问题。为此，需要解决较软弱路基与路面之间协调受力变形问题。此外，路基工后不均匀沉降可能导致路面的破坏，亦需在路基路面变形协调设计中加以考虑。为弄清膨胀土路堑段路床病害发生机理，以广西南友高速公路路堑段为计算模型，对膨胀土路堑在不均匀增湿条件下进行了数值模拟，分析路床不均匀变形对路面结构产生的不利作用。在此基础上，提出膨胀土路堑段路床的工程处治措施[1]。

9.1 膨胀土路基不均匀增湿膨胀变形及其对路面结构的作用

通过对降雨前和降雨后不同时刻路基与路面结构内部位移和应力状况的分析，获取了湿度变化引起的路堑增湿变形和路基顶面不均匀变形[2-3]，以及路面结构对路基顶面不均匀变形的力学响应。

9.1.1 膨胀土路堑位移分析

1.计算模型的建立和计算工况的选定

由于膨胀土路堑增湿变形的节点湿度荷载来自路基渗流分析的结果，因此对路基进行增湿变形分析与结构应力分析，二者的几何模型与网格划分后生成的节点、单元都必须一致，取南友高速公路 K133＋900 处的断面来分析，该计算模型如图 9-1 所示。

根据南友高速公路路面结构设计方案，K133＋900 处为线路主道，按高速公路设计标准设计，路面结构层参数见表 9-1，其中材料参数均来自实体工程设计数据。

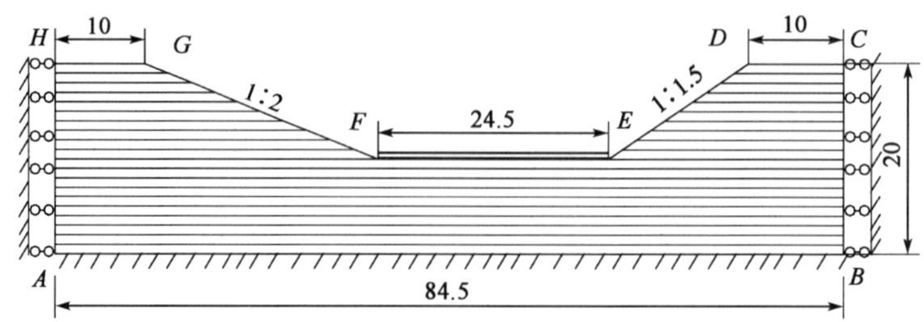

图 9-1　南友高速公路 K133＋900 处断面计算模型(尺寸单位：m)

路面结构层参数　　表 9-1

结　构　层	材　　料	弹性模量(MPa)	泊　松　比	厚度(cm)
表面层	AC-13 抗滑表层	1 400	0.25	4
中面层	AC-20 中粒式沥青混凝土	1 200	0.25	5
下面层	AC-25 粗粒式沥青混凝土	1 000	0.25	6
基层	水泥稳定碎石	1 500	0.25	40
底基层	水泥稳定碎石	800	0.25	18

(1)边界条件

①路堑左右两边(即 AH、BC 边)，仅 X 水平方向的位移受到约束；

②天然地基视为刚性体，路基底面(即 AB 边)在水平和竖直两个方向的位移均受到约束；

③路基受自重、路面结构重力以及湿度荷载的作用，路面结构参数根据南友高速公路路面结构设计方案确定。

(2)计算基本假定

①对路基材料作如下基本假定：

a. 路基增湿变形问题为平面应变问题；

b. 路基为各向同性、均匀材料，材料参数用变形模量和泊松比表示，且各层变形模量只与湿度水平有关，泊松比为常数；

c. 各层之间为完全连续接触。

②对路面材料作如下基本假定：

a. 路面各结构层为连续均质、各向同性线弹性材料，用弹性模量和泊松比表征其力学特征；

b. 路面各结构层完全连续接触；

c. 按平面应变问题进行分析。

(3)计算工况

计算不同时刻3种载荷工况下的不均匀变形：

①路面自重+路基自重+湿度荷载，三者作用下的不均匀变形；

②路面自重+路基自重，两者作用下路堑的沉降变形；

③湿度荷载作用下的不均匀变形。

2.路基计算结果及分析

对降雨前和降雨后不同时刻路基与路面结构内部位移和应力状况进行了分析，获取了湿度变化引起的路堑增湿变形和路基顶面不均匀变形，以及路面结构对路基顶面不均匀变形的力学响应。

根据计算，绘出不同降雨持时膨胀土路堑节点水平和竖直方向位移，如图9-2和图9-3所示。从图中可以看出：

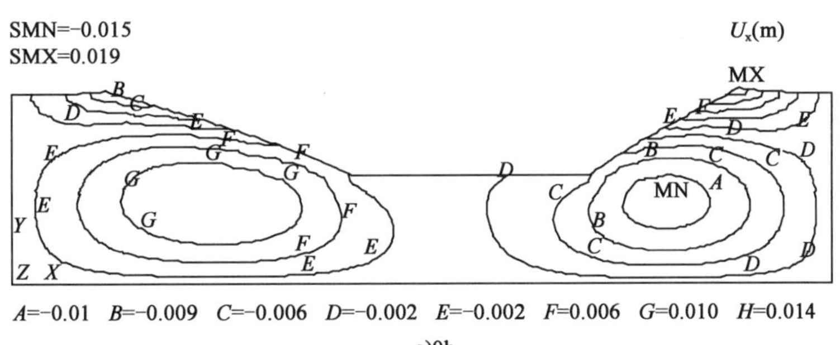

a)0h

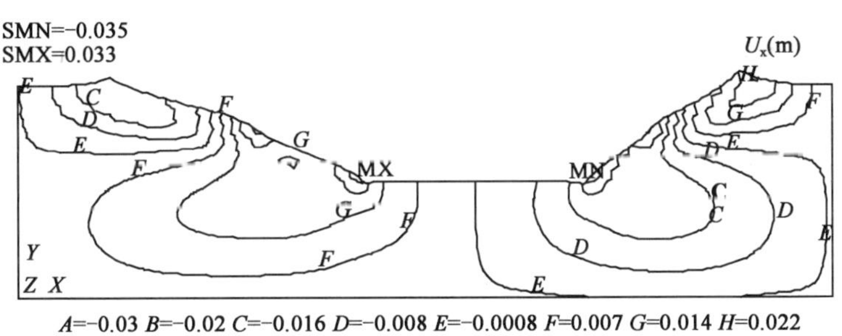

b)12h

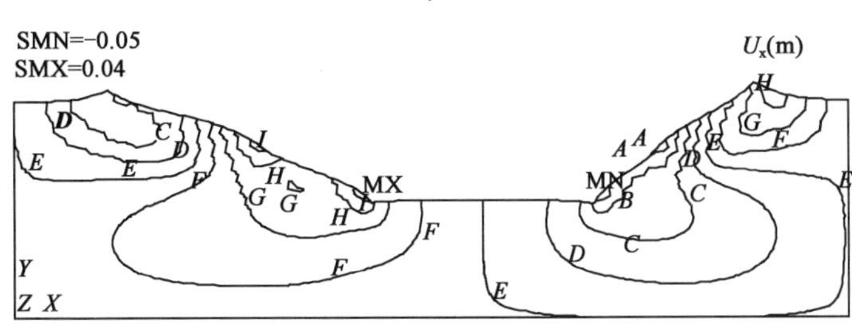

c)24h

图 9-2

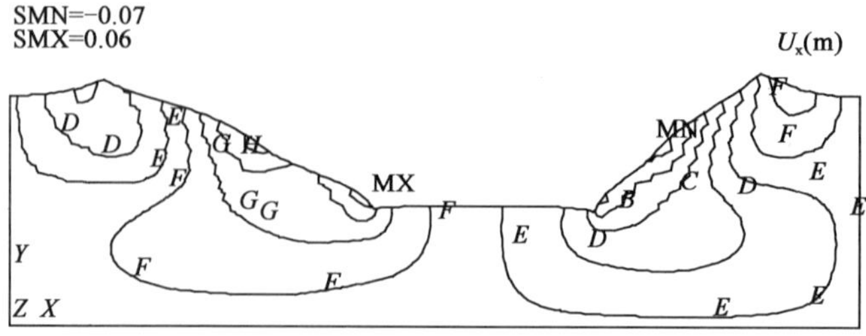

A=-0.06 *B*=-0.04 *C*=-0.03 *D*=-0.02 *E*=-0.004 *F*=0.01 *G*=0.02 *H*=0.04 *I*=0.05

d)48h

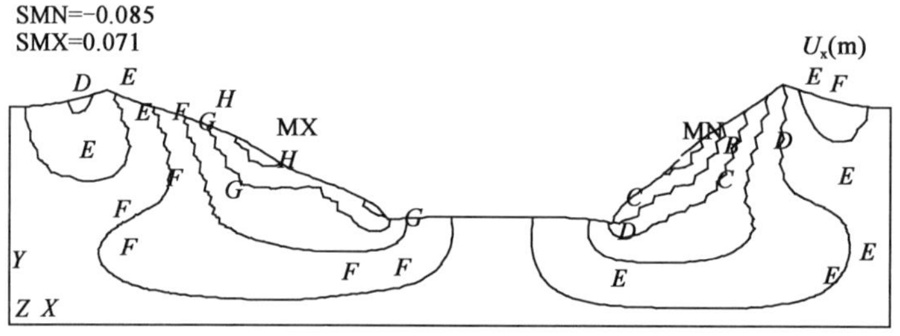

A=-0.08 *B*=-0.06 *C*=-0.04 *D*=-0.02 *E*=-0.007 *F*=0.01 *G*=0.03 *H*=0.05 *I*=0.06

e)72h

图 9-2　不同降雨持时膨胀土路堑节点水平位移

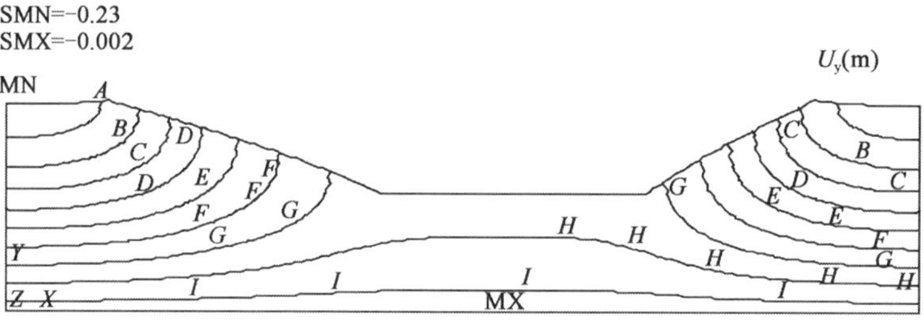

A=-0.21 *B*=-0.19 *C*=-0.16 *D*=-0.14 *E*=-0.11 *F*=-0.09 *G*=-0.06 *H*=-0.04

a)0h

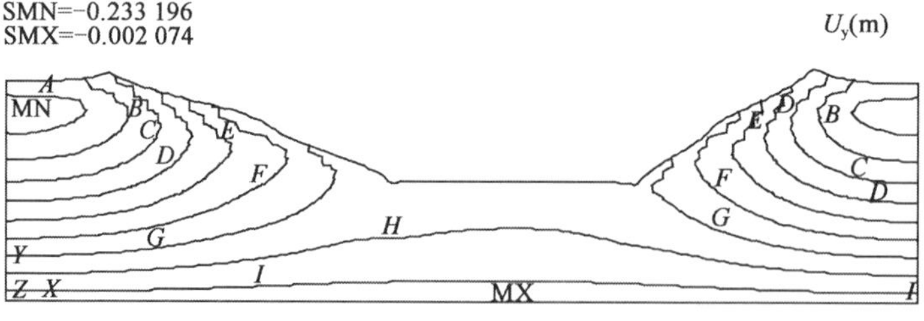

A=-0.22 *B*=-0.19 *C*=-0.17 *D*=-0.14 *E*=-0.12 *F*=-0.09 *G*=-0.07 *H*=-0.04 *I*=-0.02

b)12h

图　9-3

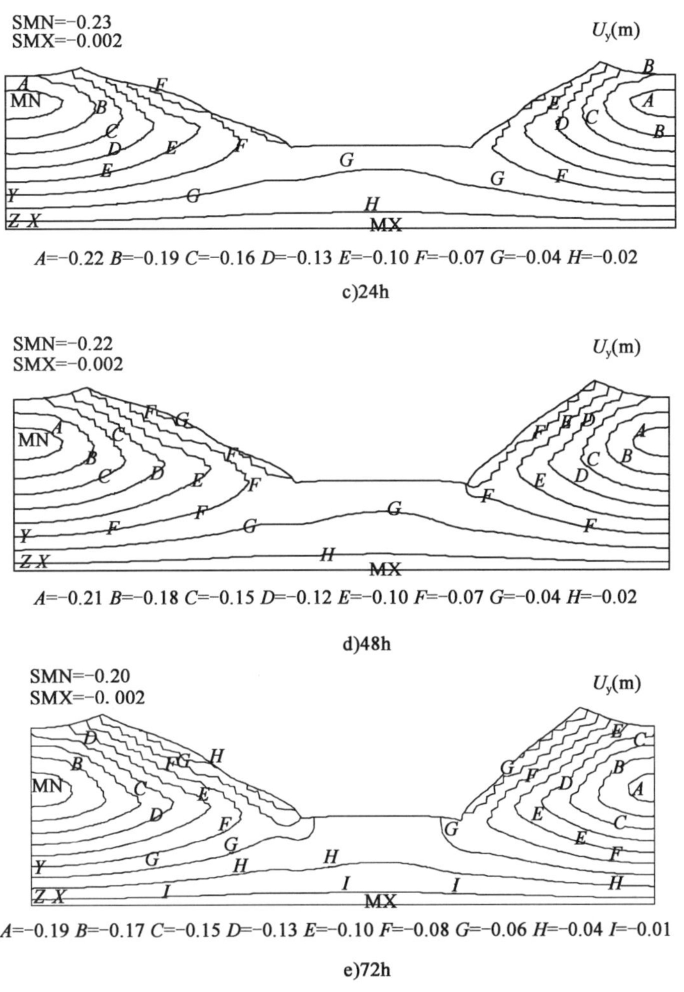

图 9-3 不同降雨持时膨胀土路堑节点竖直位移

(1)路堑在自重作用下,会发生沉降,坡顶附近会发生向边坡背部的位移,而在边坡的中部和坡脚处,由于土压力的作用会发生向边坡外部的位移,即边坡的中部和坡脚在水平方向会发生向路基中心的位移,随着时间的作用,这种现象会越来越明显。

(2)由于土的渗透性较小,降雨只使边坡表面和坡顶以内较小范围的含水率发生改变,因此膨胀变形只发生在边坡表面很小的范围内。随降雨时间的延长,湿度改变的范围逐渐增大。

(3)在降雨条件下,膨胀土含水率增大,由于膨胀土遇水膨胀的特性,土体体积要发生膨胀,边坡都发生往路基中线方向的位移,在边坡坡脚处发生了向路基中线最大的水平位移。降雨时间越长,这种膨胀变形就越明显。

(4)由于水是顺边坡往坡脚流动,在边坡中部以下含水率的变化也是最大的,所以在坡脚处发生最大的膨胀变形。降雨时间越长，这种膨胀变形就越明显。

(5)在竖直方向，由于自重和累积变形的作用，从坡顶到坡底，坡顶处沉降最大，坡底最小。当发生降雨时，坡顶与坡面附近的区域含水率发生改变，使得土体发生向上的膨胀变形，这样也就抵消了部分沉降变形。

9.1.2 膨胀土路堤顶面的位移分析

根据计算分析，绘出不同荷载下的路基顶面不均匀变形和降雨不同时刻湿度荷载下的路基顶面不均匀变形图，如图9-4所示。从图中可以看出：

(1)发生降雨后，路基土的含水率发生改变，在路基两端(即坡脚)处变化最大，靠近线路中线处变化最小。含水率的增加会发生膨胀变形，中线处的膨胀使得路基顶面发生向上的位移，抵消部分沉降位移；而坡脚处的膨胀土的膨胀变形对路基两端产生了往路基中线方向挤压，形成往下的弯矩，这样使得路基两端向下的位移增加，使得反弯的变形更大。

(2)路基顶面靠近中线某处向上的膨胀变形最大，在路基两端则由于坡脚处膨胀土膨胀变形挤压使路基发生向下的最大变形。

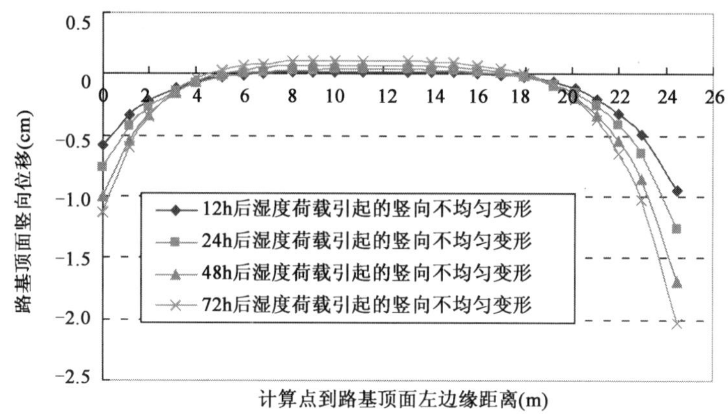

图9-4 不同降雨持时湿度荷载下的路基顶面不均匀变形(彩图见345页)

9.1.3 路面的受力状态分析

对路基不均匀变形下路面结构附加应力进行计算分析，得到不同时刻路面基层顶面和面层顶面等层面的附加应力(图9-5、图9-6)。从图中可以看出：

(1)对于基层顶面，大部分受到压应力的作用，在路面左右两端局部由于坡脚处膨胀土的膨胀挤压作用，会出现较小的拉应力，随降雨时间的增长，两端的拉应力和中部的压应力在逐渐增大，72h后右边坡处出现拉应力的最大值为0.26MPa。该值小于材料劈裂强度值0.6MPa，基层顶面处于安全状态，但随着降雨时间的延长，在该处可能出现受拉破坏。

(2)对于面层顶面，也是大部分受到压应力的作用，在路面左右两端局部出现拉应力，降雨

12h后在路面的右端出现了较大的附加拉应力，最大达到了0.4MPa，低于路面材料劈裂强度1.2MPa，处于安全状态。但随降雨时间的延长，附加拉应力在持续增大，到降雨72h后，面层顶面的拉应力最大达到了0.8MPa，已经接近面层材料的劈裂强度，当降雨时间延长时路面结构可能会出现开裂现象，所以应采取措施来消除这种不利的附加应力。

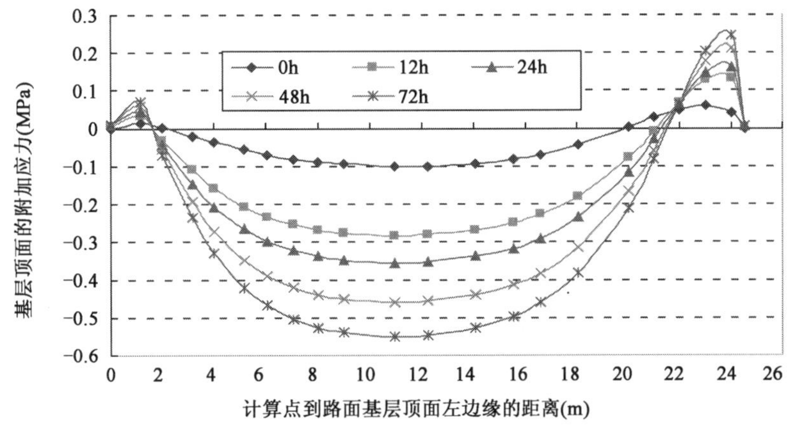

图9-5 不同降雨持时基层顶面附加应力分布图

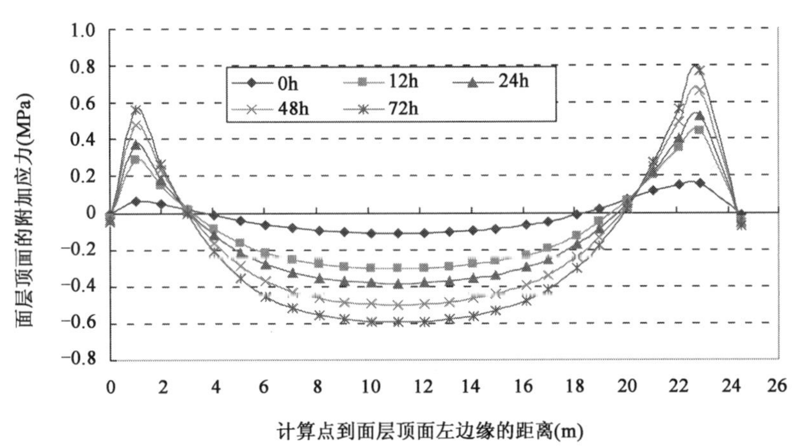

图9-6 不同降雨持时面层顶面附加应力分布图

9.2 路面结构对膨胀土路基不均匀增湿变形的适应性

针对南友高速公路膨胀土路堤和路堑不均匀增湿变形情况，通过调整路面结构组合和结构层厚度，研究在已存在路基不均匀增湿变形条件下路面结构层模量和厚度的变化对结构层内部应力应变状态的影响，通过对比，探讨从路面材料和结构方面可能防治膨胀土路基不均匀变形条件下路面破坏的措施。

大量的研究对比表明，在膨胀土路基已经存在不均匀变形情况下，路面材料和结构的变化对防止其破坏的作用甚小。

采用南友高速公路路面结构。路床顶面换填土为碎石土，回弹模量取 60MPa，渗透系数取 10^{-4}m/s，换填深度取 1m。路面各结构层的应力、应变见表 9-2～表 9-6。

面层应力应变(一) 表 9-2

工况(12h 的渗流结果)		应力(Pa)				应变			
		最大值	位置	最小值	位置	最大值	位置	最小值	位置
不换填	不考虑荷载	577 524	0.4	−759 545	12.3	3.00×10^{-4}	0.4	-3.95×10^{-4}	12.3
	加入荷载	493 254	0.3	−742 839	12.3	2.60×10^{-4}	0.3	-3.83×10^{-4}	12.6
换填	不考虑荷载	505 243	0.3	−789 872	12.4	2.63×10^{-4}	0.3	-4.11×10^{-4}	12.4
	加入荷载	445 387	0.3	−774 723	12.6	2.40×10^{-4}	0	-4.00×10^{-4}	12.6

注：表格中出现的位置均指距路基右侧边缘处的距离(m)。表 9-3～表 9-6 同。

面层应力应变(二) 表 9-3

工况(48h 的渗流结果)		应力(Pa)				应变			
		最大值	位置	最小值	位置	最大值	位置	最小值	位置
不换填	不考虑荷载	855 647	0.4	−1 149 435	12.8	4.46×10^{-4}	0.4	-5.99×10^{-4}	12.8
	加入荷载	768 713	0.4	−1 133 264	13.3	4.04×10^{-4}	0.4	-5.87×10^{-4}	13.3
换填	不考虑荷载	756 008	0.3	−1 175 268	12.7	3.94×10^{-4}	0.3	-6.12×10^{-4}	12.7
	加入荷载	696 152	0.3	−1 160 469	13.0	3.66×10^{-4}	0.3	-6.01×10^{-4}	13.0

上基层应力应变 表 9-4

工况(12h 的渗流结果)		应力(Pa)				应变			
		最大值	位置	最小值	位置	最大值	位置	最小值	位置
不换填	不考虑荷载	23 739.37	0.20	−539 612.4	12.1	2.21×10^{-5}	0.2	-3.88×10^{-4}	12.1
	加入荷载	5 846.604	0.10	−529 974	12.0	1.30×10^{-5}	0.1	-3.77×10^{-4}	12.0
换填	不考虑荷载	20 990.83	0.10	−562 943.6	12.4	2.05×10^{-5}	0.1	-4.05×10^{-4}	12.4
	加入荷载	9 603.95	0	−553 456.8	12.5	1.45×10^{-5}	0	-3.94×10^{-4}	12.5

下基层应力应变(一)　　表 9-5

工况(12h 的渗流结果)		应力(Pa)				应变			
		最大值	位置	最小值	位置	最大值	位置	最小值	位置
不换填	不考虑荷载	−692 231	0	−202 134.4	13.5	-1.05×10^{-3}	0.5	-3.60×10^{-4}	13.5
	加入荷载	−695 727	0	−203 773.7	15.5	-9.81×10^{-4}	0.5	-3.47×10^{-4}	15.5
换填	不考虑荷载	−728 709	0	−223 402.1	13.0	-1.01×10^{-3}	0.5	-3.81×10^{-4}	13.0
	加入荷载	−737 806	0	−224 456.4	14.0	-9.60×10^{-4}	0.5	-3.68×10^{-4}	14.0

下基层应力应变(二)　　表 9-6

工况(48h 的渗流结果)		应力(Pa)				应变			
		最大值	位置	最小值	位置	最大值	位置	最小值	位置
不换填	不考虑荷载	−1 022 606	0	−308 498	13.0	-1.62×10^{-3}	0.5	-5.56×10^{-4}	13.0
	加入荷载	−1 026 102	0	−311 256	14.0	-1.55×10^{-3}	0.5	-5.46×10^{-4}	14.0
换填	不考虑荷载	−1 092 971	0	−335 221	12.5	-1.54×10^{-3}	0.5	-5.79×10^{-4}	12.5
	加入荷载	−1 102 067	0	−336 519	13.0	-1.49×10^{-3}	0.5	-5.66×10^{-4}	13.0

上述结果表明,对于膨胀土路堑,由于路基不均匀变形作用会在路肩位置的路面面层和上基层中产生较大的弯拉应力,可能导致路面的张拉破坏;而换填渗透性较好的填料有利于减小路面内弯拉应力。

同时,计算结果表明,在边沟的外边缘底部会产生最大拉应力(表 9-7),可能导致边沟的破坏。

边 沟 应 力　　表 9-7

工况		12h 的渗流结果(MPa)		48h 的渗流结果(MPa)	
		最大拉应力	最大压应力	最大拉应力	最大压应力
不换填	不考虑荷载	2.61	−6.66	4.21	−10.74
	加入荷载	2.53	−6.5	4.14	−10.60
换填	不考虑荷载	1.66	5.74	2.61	−9.02
	加入荷载	1.61	5.63	2.56	−8.91

9.3　膨胀土路堤上的加铺土层厚度

由于膨胀土路堤回弹模量有可能低于正常的路基回弹模量值,为此必须在其上加铺一定厚度的非膨胀性土,并确定不同加铺土类的加铺厚度。下面探讨在保证最低限度要求的情形下适宜的加铺土层厚度。

所谓最低限度，是指通过加铺适当厚度的非膨胀性土层，保证加铺层顶面当量回弹模量达到目前国内路基回弹模量的最低要求。根据《公路沥青路面设计规范》(JTG D50—2006)，一般路基回弹模量值应大于 40MPa。

对于南友高速公路路面结构，分别针对不同回弹模量的加铺土层，通过调整其厚度，计算路表弯沉、基层底面弯拉应力、面层底面弯拉应力和膨胀土路基顶面（加铺土层底）垂直压应变，并与具有回弹模量值 40MPa（南友高速公路沥青路面路基回弹模量设计值）的整体路基路面的相同参量对比，确定路表弯沉、路基顶面垂直应变、基层弯拉应力和面层弯拉应力分别等效的加铺层厚度。

由于考虑的是交通荷载下的路面结构响应分析，膨胀土路基模量应采用回弹模量，可通过现场检测得到。

在南友高速公路的检测结果中，考虑到不利季节的影响，膨胀土路基最低回弹模量值约为 26MPa。以此为路基回弹模量，并按照规范规定的标准轴载下路面结构计算方法进行系列的计算。计算结果表明，在所选用的计算条件下，不管铺设多厚的正常土，由于路基以上较强结构的路面影响，膨胀土路基顶面垂直应变均有极大的改善，不会存在产生过大垂直变形的问题；一般情况下，路面面层（3 层）内部承受压应力的作用，难以出现弯拉疲劳破坏。因此，下面主要列出路表弯沉等效和基层底面弯拉应力等效条件下不同加铺土类的适宜（最小）厚度（表 9-8、表 9-9）。

路表弯沉等效的加铺土层最小厚度 表 9-8

加铺土层类型	非膨胀性黏土	砂 性 土	砾 石 土
加铺土层最小厚度(cm)	180	125	90

基层底面弯拉应力等效的加铺土层最小厚度 表 9-9

加铺土层类型	非膨胀性黏土	砂性土	砾石土
加铺土层最小厚度(cm)	90	50	30

因此，根据上述结果，推荐不同加铺土类的适宜最小厚度见表 9-10。

推荐的加铺土层最小厚度 表 9-10

加铺土层类型	非膨胀性黏土	砂 性 土	砾 石 土
加铺土层最小厚度(cm)	180	125	90

其他类型的加铺土，可以根据表 9-10 数值进行插值计算确定。

以上仅为初步设计时的推荐值，在进行路基施工时，应在膨胀土填筑到设计高程和路基填筑到设计高程时进行适时检测，以便在后续施工程序中适时调整设计方案，以确保路基的承载能力和路面结构强度。

9.4 膨胀土路基的路床处治措施

通过对持续降雨条件下的南友高速公路膨胀土路基不均匀增湿变形的数值模拟分析，结合试验路现场跟踪检测和观测资料，可知膨胀土路基吸湿引起的不均匀膨胀变形会导致路面结构内部产生一定的附加应力与变形。但由于膨胀土路基不均匀变形主要取决于膨胀土膨胀性和内部湿度变化状况，因此可通过采取有效措施控制路基湿度变化达到控制膨胀土路基不均匀变形的目的。

9.4.1 路堤段的处理

为了防止路基的增湿变形，路堤段应采取有效措施防止路表水下渗。为此，可在路基顶面铺设一层防水土工布，或采取其他具有有效防排水功能的措施。为保证路基的承载能力，路基顶面 1.8～2m 的范围内应采用具有良好压实性能的填料填筑，如图 9-7 所示。

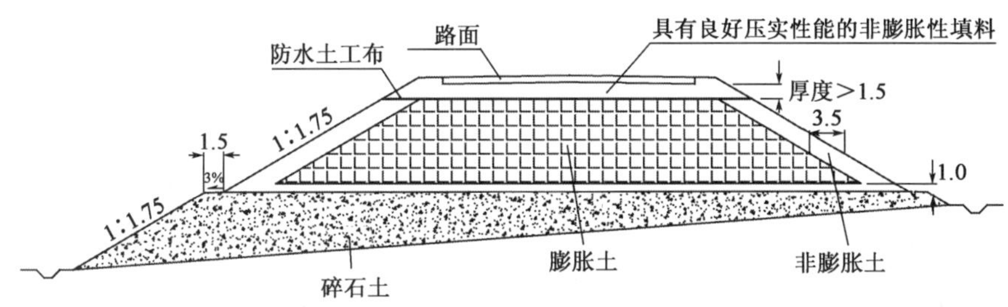

图 9-7 路堤段路床处治示意图(尺寸单位:m)

9.4.2 路堑段的处理

路堑段除了要采取措施防止路表水下渗外，还应防止坡体的地下水下渗引起膨胀土路基含水率增加，导致过大的增湿变化。因此，路堑段一方面要在路基顶面设置防排水层以隔断路表水，同时应在排水沟下部设置深 1.5m 的渗沟以隔断坡体渗水(图 9-8)。而且，路床部分应

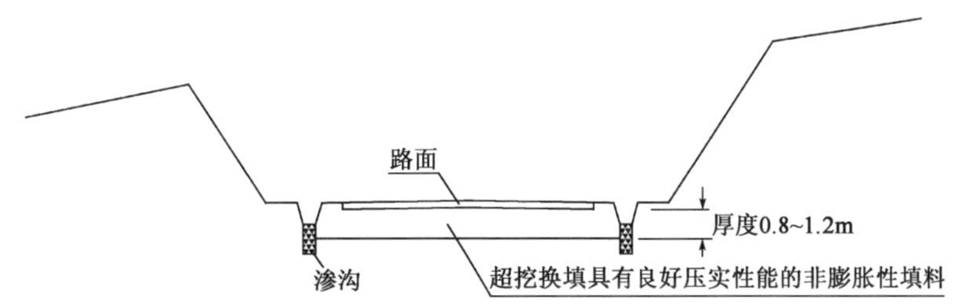

图 9-8 路堑段路床处治示意图

换填具有良好压实性能的非膨胀性填料以消除路基增湿变形对路面结构的影响。工程实践表明,只要采取上述措施,即可有效控制路基的湿度变化,使路面免遭破坏。

9.5 膨胀土路基不均匀变形评价指标和标准

路基的不均匀变形将引起路面的变形开裂。将路面假设为弹性地基上的梁,路基的不均匀变形将引起路面的弯曲,不同层位将产生不同的弯拉应力,当弯拉应力达到某一层位弯拉应力的容许值时,此时的不均匀变形值称为路基工后不均匀变形容许值。以下以典型沥青混凝土路面结构为分析对象,研究提出膨胀土路基工后不均匀变形控制指标和标准。

9.5.1 路面变形分析的力学模型及求解

对膨胀土路基上的路面变形分析模型作如下基本假设:路面为弹性梁;路堤采用温克勒地基模型;路面和路基接触边界是光滑的,无摩擦力;路基顶面沿横向变形曲线方程为 $u(x) = ax^2 + bx + c$。根据 $u(0) = 0$,$u(L) = L$ 的边界条件得 $a = u_0/L^2$,$c = b = 0$,从而

$$u(x) = u_0 \left(\frac{x}{L}\right)^2 \tag{9-1}$$

式中,$u(x)$ 为路基顶面某点的变形值;u_0 为路基顶面最大变形值;L 为弹性地基梁的特征长度,即产生最大差异变形点之间的距离。

弹性地基梁的平衡方程为:

$$EI\frac{\mathrm{d}^4 w}{\mathrm{d}^4 x} + kw = q + ku(x) \tag{9-2}$$

式中,w 为路面结构层等效弹性梁的挠度。

其特解为:

$$w = \frac{q}{k} + u(x) \tag{9-3}$$

故其通解为:

$$w = e^{\beta x}(C_1\cos\beta x + C_2\sin\beta x) + e^{-\beta x}(C_3\cos\beta x + C_4\sin\beta x) + u(x) + q/k \tag{9-4}$$

式中,$\beta = \sqrt[4]{\frac{k}{EI}}$。

根据 $x = 0$ 处 $w' = (w'')' = 0$ 和 $x = L$ 处 $(w')'' = w'' = 0$ 条件,求得:

$$\begin{cases} C_1 = C_3 = \dfrac{u_0 Q}{\beta^2 L^2 (e^{-2\beta L} - e^{2\beta L} - 2\sin 2\beta L)} \\ C_2 = -C_4 = \dfrac{u_0 P}{\beta^2 L^2 (-e^{-2\beta L} + e^{2\beta L} + 2\sin 2\beta L)} \\ Q = e^{\beta L}(\cos\beta L - \sin\beta L) - e^{-\beta L}(\sin\beta L + \cos\beta L) \\ P = e^{-\beta L}(\cos\beta L - \sin\beta L) - e^{\beta L}(\sin\beta L + \cos\beta L) \end{cases} \tag{9-5}$$

9.5.2 弹性地基梁的等效

为了利用前述推导结果计算各结构层中某一层达到最大弯拉应力时对应的最大变形量，首先必须求得层状体系结构等效为单层弹性地基梁的等效弯曲刚度等参量。下面根据沥青路面结构层间结合形式进行推导。

根据一般高速公路路面结构层设计情况，假定沥青路面结构有 5 层，等效为单层弹性地基梁。首先确定其中性面位置 h_0。

由 $\sum\limits_{i=1}^{5}\int \sigma_{xi}\,\mathrm{d}z = 0$，可得：

$$h_0 = \frac{\sum\limits_{i=1}^{5} E_i h_i^2 + 2E_2 h_1 h_2 + 2E_3 h_3 (h_1 + h_2) + 2E_4 h_4 \sum\limits_{i=1}^{3} h_i + 2E_5 h_5 \sum\limits_{i=1}^{4} h_i}{2\sum\limits_{i=1}^{5} E_i h_i} \tag{9-6}$$

然后根据弯矩与应力关系推得等效弯曲刚度：

$$D_z = \frac{1}{3(1-\mu^2)} \left\{ \begin{aligned} & E_1[(h_1 - h_0)^3 + h_0^3] + E_2[(h_1 + h_2 - h_0)^3 - (h_1 - h_0)^3] + \\ & E_3[(\sum_{i=1}^{3} h_i - h_0)^3 + (h_1 + h_2 - h_0)^3] + E_4[(\sum_{i=1}^{4} h_i - h_0)^3 - (\sum_{i=1}^{3} h_i - h_0)^3] + \\ & E_3[(\sum_{i=1}^{5} h_i - h_0)^3 - (\sum_{i=1}^{4} h_i - h_0)^3] \end{aligned} \right\} \tag{9-7}$$

而总的弯矩：

$$M_z = -D_z W'' \tag{9-8}$$

对于横向路基不均匀变形情形：

$$W'' = 2\beta^2 e^{\beta x}(c_2 \cos\beta x - c_1 \sin\beta x) + 2\beta^2 e^{-\beta x}(-c_4 \cos\beta x + c_3 \sin\beta x) + \frac{2u_0}{L^2} \tag{9-9}$$

而第 i 层弯矩为：

$$M_i = \frac{D_i}{D_z} M_z \tag{9-10}$$

而第 i 层弯拉应力为：

$$\sigma_i = \frac{E_i z_i}{D_z(1-\mu^2)} M_z \tag{9-11}$$

9.5.3 容许工后不均匀变形指标的计算及其敏感性分析

当某一结构层的弯拉应力最先达到其容许应力时，此时所对应的最大不均匀变形值为容许工后不均匀变形指标 u_0。

由挠度方程的二阶导数表达式可知不均匀变形容许值 u_0 是地基反应系数 k、泊松比 μ、特征长度 L、各结构层的厚度 h 及抗压回弹模量 E 的函数。随着这些参数的改变，不均匀变形容许值 u_0 也发生变化。下面以某一典型高速公路沥青混凝土路面结构计算结果加以说明。其路面结构见表 9-11。

典型沥青混凝土路面结构组成　　表 9-11

路面结构层	E(MPa)	σ(MPa)	h(cm)
AK-13 抗滑表层	1 200～1 600	1.0	4
AC-20 Ⅰ中粒式沥青混凝土	1 000～1 400	0.8	6
AC-25 Ⅰ粗粒式沥青混凝土	800～1 200	0.8	8
5.5%水泥稳定碎石	1 300～1 700	0.65	20
4%水泥稳定碎石	1 300～1 700	0.5	20

注：泊松比 μ 取 0.30；L 计算最小值为 4.25m；地基反应系数 k 取 20kg/cm³。

下面用容许不均匀变形系数 $[i]=\frac{u_0}{L}$ 的变化分析各因素的影响。

表 9-12 为特征长度、各面层的模量和厚度、基层及底基层模量和厚度、地基反应系数不同取值范围对应的不均匀变形系数变化范围。在这些影响因素中，特征长度 L 对不均匀变形系数 i 的影响最大，其变化曲线如图 9-9 所示。其次影响较大的是沥青表面层模量与厚度或半刚性底基层的模量与厚度。因此，为避免路面结构因不均匀变形而导致破坏，需要重视路基和地基处理，提高基层施工前的路基稳定性，延长不均匀变形长

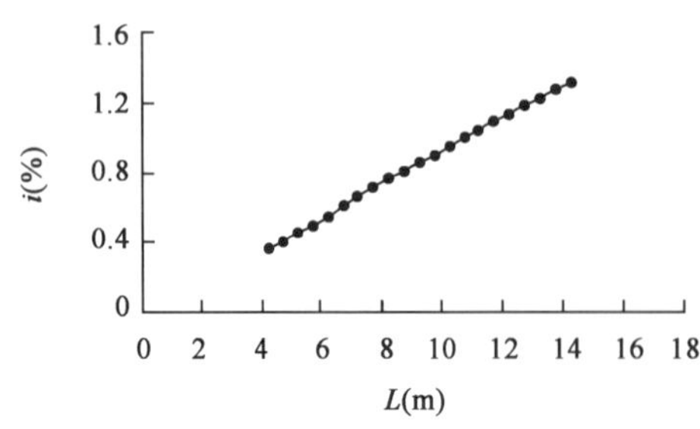

图 9-9　特征长度 L 对不均匀变形系数 i 的影响

度，或控制工后变形。路基强度大小影响着荷载应力的大小，而路基变形的均匀性决定着附加应力的大小，从而也就决定着路面结构的使用性能和使用寿命。

各种因素影响下不均匀变形系数的变化范围　　表 9-12

影响因素	L	k	表面层		中面层		下面层		基层		底基层	
	(m)	(MPa)	E (MPa)	h (m)	E (MPa)	h (m)	E (MPa)	h (m)	E (MPa)	h (m)	E (MPa)	h (m)
取值范围	4.25～14.25	50～500	1 200～1 600	0.025～0.045	1 000～1 400	0.04～0.06	800～1 200	0.05～0.075	1 300～1 700	0.15～0.20	1 300～1 700	0.15～0.20
i (%)	0.366～1.32	0.396～1.34	0.401～1.34	0.398～1.33	0.393～1.34	0.401～1.39	0.394～1.34	0.405～1.42	0.399～1.34	0.405～1.47	0.401～1.42	0.405～1.47

9.5.4 容许横向变坡率简化公式

根据前述的敏感性分析，对路基容许不均匀变形系数 $[i]$ 计算公式进行简化：

$$[i]=\frac{(1-\mu)[\sigma_1]}{2E_1h_0}L\left(1+\frac{A}{L}\right) \tag{9-12}$$

式中，μ 为泊松比，$\mu=0.30$；E_1 为沥青表面层的模量(MPa)；$[\sigma_1]$为沥青表面层的材料强度(MPa)；h_0 为沥青表面层顶面到中性面的距离(m)，见式(9-6)；A 为修正系数，$A=-0.213$。

用简化公式计算出的结果很接近理论公式得出的精确值，误差一般在 1%以内(图 9-10)，故可以代替理论公式进行容许横向变坡率指标值的计算。

根据式(9-12)和表 9-12 所列的各个试验路的膨胀土路堤产生最大差异变形的长度值，可以确定膨胀土路基容许横向变坡率$[i]=1\%$。

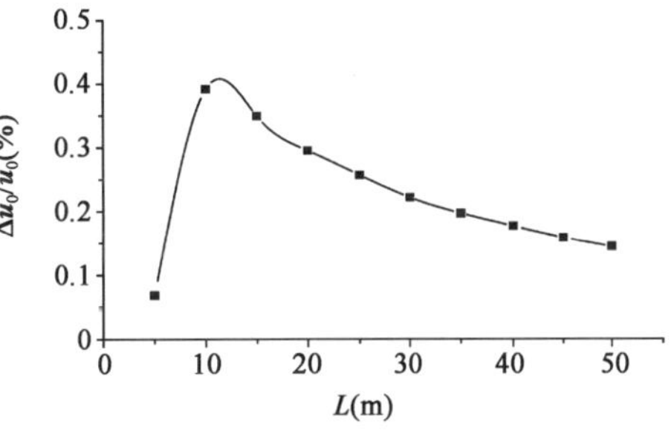

图 9-10　u_0 相对误差随特征长度变化曲线

参 考 文 献

[1] 长沙理工大学. 膨胀土路基路面变形协调设计研究[R]. 长沙：长沙理工大学，2007

[2] 李康全，周志刚. 非饱和土渗流场的数值模拟分析[J]. 中外公路，2006(4)

[3] 李康全，周志刚. 基于湿度应力场理论的膨胀土增湿变形分析[J]. 长沙理工大学学报，2005(4)

[4] 中华人民共和国行业标准. JTG D50—2006　公路沥青路面设计规范[S]. 北京：人民交通出版社，2006

第10章 公路膨胀土处治典型案例

CHAPTER 10

膨胀土路堤物理处治技术和边坡柔性支护技术自1998年以来先后在云南、广西、北京、河南、海南、湖南等省(自治区、直辖市)的不同气候和工程地质条件下多条高速公路建设中得到成功应用,解决了工程中的技术难题,产生了显著的社会、经济和环保效益。本章主要介绍这两项技术在上述省(自治区、直辖市)的推广应用情况及效果。

10.1 云南膨胀土路堤处治工程实例

云南楚(雄)大(理)高速公路是国道主干线沪昆高速公路在云南省境内的一段,于1996年2月开工,1998年10月正式建成通车,线路全长178.8km。该条高速公路途经膨胀土分布区,膨胀土路基填料的处治成为建设中一大难题。

为解决不能直接用膨胀土填筑路堤这一技术难题,我们以楚大高速公路K239+332～K239+685段膨胀土为研究对象,开展了膨胀土填料性能及填筑路堤的现场试验研究。现场勘察表明,该路段膨胀土为灰白、黄绿色斑状或纹状异色粉质黏土,裂隙和节理发育,裂隙面上有蜡状光泽,为典型膨胀土。土性试验结果表明,该段膨胀土颗粒组成特点是细粒占绝对优势,黏粒平均含量为63.4%,其中胶粒占52.5%。矿物成分以伊利石为主,有效蒙脱石含量为11%左右,比表面积平均值为154m^2/100g,阳离子交换量平均值为17.2m mol/100g,且以Ca^{2+}为主。天然含水率26%,饱和度97%,液限65%,塑限29%,自由膨胀率68%,为中等膨胀土。

标准 CBR 试验表明，土样的 CBR 值＜3%。若严格按规范规定，该土不能作为高速公路填料。考虑到常规 CBR 试验条件与封闭包盖路基实际状况有出入，只要做好封闭防护，该土可用于路堤填料，但除非掺灰改性否则该土不宜用于路床填料。为此，我们在我国公路界首次提出了用土工格栅加固膨胀土路堤边坡、直接用膨胀土填筑路堤的处治方案。路堤设计方案示意图如图 10-1 所示。该方案成功应用于该段膨胀土路堤处治。处治路段于 1998 年 1 月建成，至今运营良好。

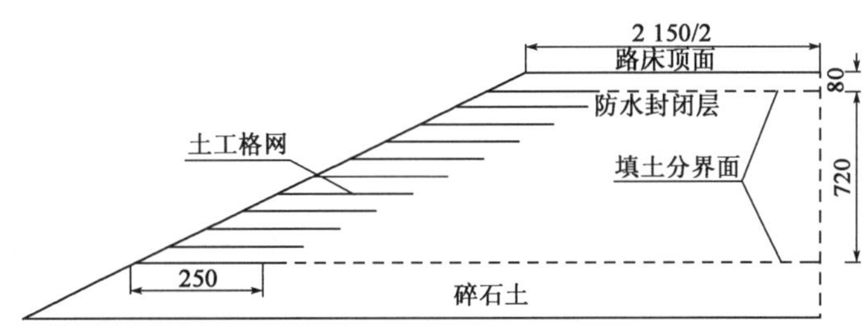

图 10-1　云南楚大高速公路膨胀土路堤设计方案示意图（尺寸单位：cm）

10.2　广西残积型膨胀土路基处治工程实例

10.2.1　南友高速公路膨胀土路基处治工程实例

南友高速公路起自南宁市，止于中越边境凭祥市友谊关，接越南 1 号公路，是国家规划“五纵七横”国道主干线衡阳至昆明公路和广西公路网主骨架的重要组成部分，是中国第一条连接东盟国家的高速公路，被誉为“南疆国门第一路”。南友高速公路主线全长 179.2km，双向四车道路面，全封闭管理。项目分三段采用三个不同的技术标准，设计速度分别为 120km/h、100km/h 和 80km/h。项目于 2002 年 12 月 27 日开工建设，2005 年 12 月 28 日正式通车。

南友高速公路途经宁明盆地边缘，在 K133～K147 一带穿越第三系始新统那读组（Ny）黏土岩、泥质粉砂岩及少部分砂岩，其中黏土岩部分风化具有膨胀性，为膨胀泥岩。第三系始新统那读组（Ny）黏土岩的风化残坡积物则普遍具有膨胀性，为中、强膨胀土。路基施工期间，仅经历一个雨季膨胀土路段内 31 个路堑边坡均出现不同程度的滑坍，有的边坡经多次整治放缓至 1∶3仍不稳定，造成膨胀土（岩）弃方量猛增至 500 万 m^3。

1. 膨胀土路堤的处治

通过湿法重型击实试验、改进 CBR 试验，论证了膨胀土直接用作路堤填料的可行性。突破国内外路堤处治主要采用化学改良的技术思路，系统提出了保湿防渗、封闭包盖的物理处治新方法，提出并成功实施了膨胀土路堤物理处治新技术。

(1)南友高速公路 K133＋640～K133＋810 段非膨胀性黏土包边实体工程

该段为两挖方路堑中间的一段填方，地形起伏较大，最大填方高度位于涵洞处，膨胀土上路堤顶填方长度为 170m，填芯膨胀土的最大高度为 6m，共填 24 层，于 2003 年 11 月开工，2004 年 4 月底膨胀土下路堤填筑完工。

路堤横断面设计示意图如图 10-2 所示。路基宽 24.5m，最大设计填高为 12m(涵洞两侧)，在涵洞顶面先填 4m 高的碎石土(级配良好砾石)，以隔断地下水通过毛细作用上升，然后填筑第一层填芯宁明页岩风化土，膨胀土填芯高度最大为 6m；路床顶面以下 1.5m 范围内也用碎石土填筑，可为路床提供足够的强度和刚度。细粒土包边宽 3.5m，边坡坡率采用1∶1.75，并一坡到底；此外，边坡培填耕植土后植草绿化，以保护路基和美化道路景观。

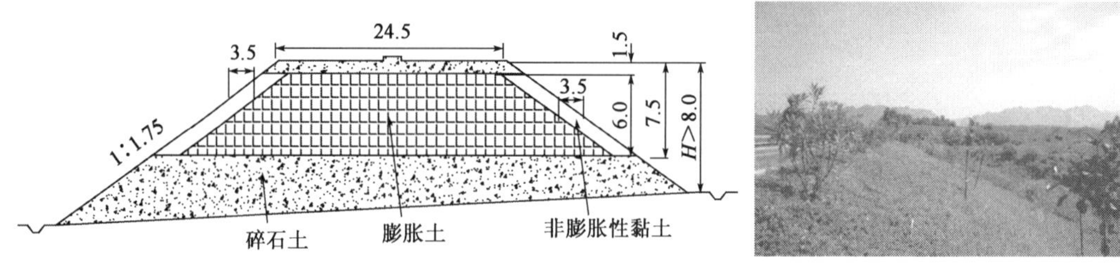

图 10-2　非膨胀性黏土包边路堤横断面图及实体工程照片(尺寸单位：m)

(2)南友高速公路 AK2＋300～AK2＋500 段土工格栅包边处治方案

采用土工格栅包边，路堤填料仍采用宁明页岩风化土。填方高度 4～6m，地面横坡较陡(1∶5)。具体设计方案(图 10-3)为：土工格栅包边宽 3.0m，上下两层间距为0.46m(两层填土压实后厚度)，土工格栅横向搭接宽 0.1m，利用 ϕ6mm 钢筋制成的 U 形钉将土工格栅锚固在填土层中，每填两层土经压实后在边坡处用下层土工格栅将坡面反包，反包格栅与上一层土工格栅利用连接棒(聚乙烯材质)牢固连接，再锚固在路基土中，以提高所有土工格栅的整体工作性和框箍作用。路床顶面以下 1.5m 范围内用碎石土填筑，以保证路基有足够的强度并阻止地表水的入渗。路堤边坡形式为一坡到底，边坡坡率采用 1∶1.75。由于原地面横坡较陡，需进行基底处理(挖台阶)，每级台阶高、宽分别为 0.5m、2.5m。为有效保护土工格栅和边部膨胀土并防止雨水冲刷边坡，在反包格栅外培填耕植土后植草绿化。

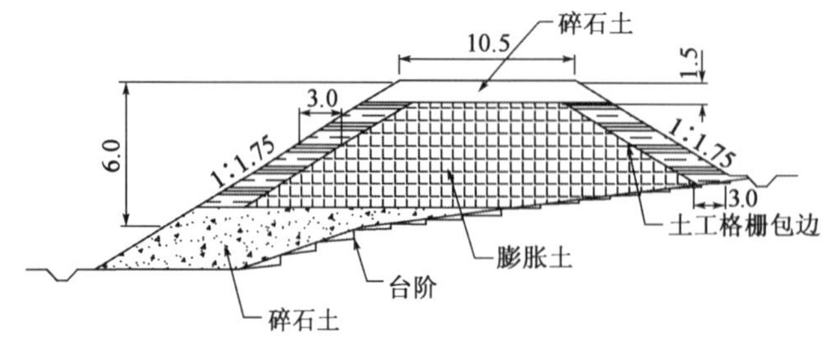

图 10-3　土工格栅包边路堤横断面图及实体工程照片(尺寸单位：m)

(3)南友高速公路K135＋420～K135＋510段碎石土夹层＋土工格栅包边方案

处治方案为碎石土夹层＋土工格栅包边处理。设计方案(图10-4):土工格栅包边宽3.0m,土工格栅上下层间距0.46m(两层填土压实后厚度),土工格栅利用U形钉锚固在路堤土中,在边坡处向上反包后,利用连接棒与上一层土工格栅牢固连接,再锚固在路基土中。路床顶面以下1.5m范围内用碎石土填筑。路堤左侧填方高度较大,采用台阶式边坡,台阶以下路基全部用碎石土填筑,台阶以上路基采用膨胀土与碎石土互层填筑。在反包格栅外培填耕植土,植草绿化。

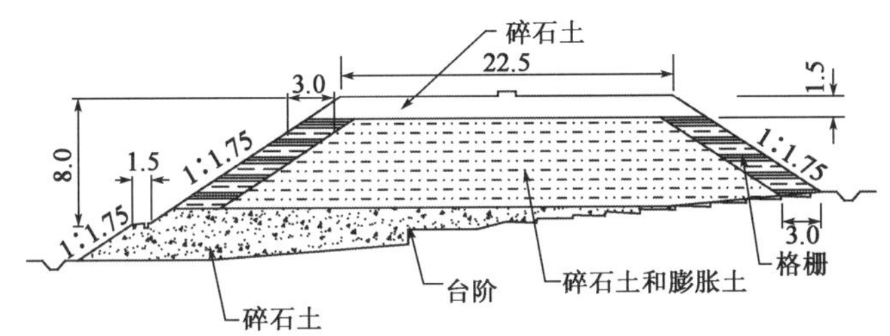

图10-4 碎石土夹层＋土工格栅包边路堤横断面图及实体工程照片(尺寸单位:m)

2.膨胀土路堑边坡的处治

膨胀土路堑边坡滑坍治理是世界性的技术难题。通过破坏机理分析、数值模拟和实体工程修筑及监测,突破膨胀土路堑边坡处治主要采用刚性支护的传统观念,提出并应用了以柔治胀、刚柔相济的膨胀土路堑边坡处治新技术。

(1)支撑渗沟实体工程

南友高速公路K139＋100～K139＋400右边坡作为试验段实施了支撑渗沟＋坡脚挡土墙方案。K139＋100～K139＋400段边坡距离宁明收费站5km左右,边坡顶部有当地农民居住,距离开挖坡肩位置200m处有一鱼塘。边坡开挖施工是从2004年1月开始进行的,边坡最大高度为16m,分两级开挖。2004年2月,边坡开挖施工完成。该段边坡开挖后,根据对暴露的地质断面实地勘察,发现该边坡的岩层结构面的走向与路基中线走向交角很小,岩层结构面的倾向几乎与边坡的倾向一致,在岩层结构面内部夹杂铁锰结核以及次生灰白色稀软黏土,并且开挖边坡结构面附近有地下水出露,这种情况对边坡的稳定性极为不利。

该边坡结构面的倾角较小,仅为5°～8°,边坡最可能出现由于结构面土体在水的长期作用下发生软化造成的滑坍,处治方案必须能及时地将地下水排出,因此提出采用支撑渗沟＋坡脚挡土墙方案对边坡进行处治。该段实体工程的具体设计方案(图10-5)为:支撑渗沟从坡顶向坡脚布置,支撑渗沟的深度为2m,宽度为2m,支撑渗沟主干之间的宽度为8m,并在距坡脚底部4m及边坡的破碎风化带设置支干,宽度为1m。在坡脚处设置重力式挡土墙,在墙背的底部设置排水渗沟,底部用C15混凝土现浇封底,四周用透水的无纺土工布或单层土工布包裹,沟底部放置直径为15cm的PVC管。墙背部设置50cm的反滤层，用于疏干排水和削减墙背的膨胀力。在坡面超挖20cm，在支撑渗沟施工的同时进行坡面的骨架施工。坡面采用常见的折线形骨架。骨架砌筑完毕后即回填耕植土并植草绿化。

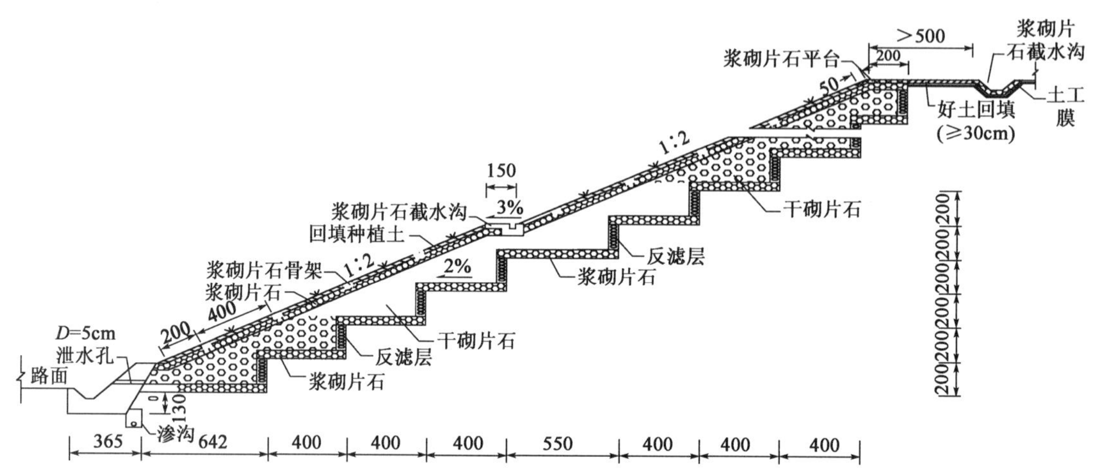

图10-5　支撑渗沟设计方案示意图(尺寸单位:cm)

该路段在雨季来临的初期完成了施工。该段路堑边坡经受住了2004年7～9月的雨季考验，而该路段其他边坡在该雨季无一例外地发生了滑坍。

(2)柔性支护工程实例

南友高速公路K137＋875～K138＋110、K136＋040～K136＋450、K133＋804～K134＋100、AK2＋520～AK2＋800右边坡作为试验段实施了柔性支护处治方案。

2003年12月底4个试验边坡全部完成了开挖工程，除K133＋804～K134＋100边坡开挖过程中出现局部的滑坍外，其他边坡均在开挖过程没有出现破坏。由于施工和建设单位对膨胀土的土性认识不足，除对K133＋804～K134＋100的塌方做了清方外，对所有边坡均未及时做封闭处理，开挖边坡暴露在大气当中。根据2004年1月的调查，所有4个试验边坡的坡面均出现干缩开裂，除层理结构面明显地张开外，土体中的次生裂隙结构面已经相当发育，并且大多数次生结构面和层理结构面相互贯通，在开挖边坡的坡顶出现了多条平行于坡肩的卸荷裂隙，有的张开宽度达30cm，延伸的深度达1.5m左右。2004年1月该地区出现了一次比较强的降雨，4个试验边坡均出现了局部滑坍。由于滑坍的范围较小，并未引起施工单位的重视，只是进行了清方处理。

2004年4～9月该地区进入了雨季，膨胀土的破坏开始显露出来，包括4个试验边坡在内的所有膨胀土路堑边坡均出现了不同程度的破坏，尤其以路线前进方向右侧的顺层边坡更为严重，膨胀土路堑边坡的局部破坏已经发展为连片破坏，4个试验边坡中的K137＋875～K138＋110边坡、K133＋804～K134＋100边坡的滑坍尤其严重，塌方堆积在开挖路基中部，已经严重地影响到路基的正常施工以及来往施工车辆的通行。AK2＋520～AK2＋800 段边坡的调查表明，在距离坡肩 200m 的位置已经出现了弧形裂缝，雨水的入渗使得滑体向路基中部挤出，在滑舌部位的土体呈现流塑状，不断涌出的地下水已经软化了路床部位的换填土，严重的时候车辆无法通行，只好绕道。K137＋875～K138＋110 边坡是 4 个试验边坡中破坏最为严重的一个边坡。该边坡随距离坡肩的距离越远高度越高，层理结构面的不利性以及大的汇水面积，导致该边坡的滑坍范围相当广泛，并且滑坍还不断地向后牵引。针对这些路段膨胀土路堑边坡破坏的特点，对这 4 个边坡实施了柔性支护方案，其方案设计图如图 10-6 所示。

上述 4 个实体工程边坡于 2004 年 11 月完工。由于施工期间采用其他方法处治的膨胀土边坡又陆续滑坍，业主提出均用柔性处治技术加以处理，因此，南友高速公路上共有 14 处膨胀土堑坡（表 10-1）总长达 4.28km 采用了柔性支护技术。经历两个循环旱雨季考验，尤其是 2006 年夏季的几次大台风和暴雨的袭击，又有不少沿线膨胀土堑坡滑坍，柔性处治边坡均运行良好，坡面植被生长郁郁葱葱（图 10-7），与周围自然景观完全融为一体。加筋基底渗沟通畅，常年有地下水流出，雨季渗沟盲管可快速排水，有效地降低了裂隙水的静水压力，同时快速疏水减缓了因地下水滞留而导致的边坡体破坏。

南友高速公路采用柔性支护新技术处治的路堑边坡 表 10-1

处 治 边 坡	边坡高(m)	处 治 边 坡	边坡高(m)	处 治 边 坡	边坡高(m)
K133＋804～K134＋100 左	12	K135＋040～K135＋340 左	20	AK0 匝道(长 200m)左	12
K135＋040～K135＋340 右	24	AK0 匝道(长 350m)右	30	AK2＋100～AK2＋250 右	8
AK2＋500～AK2＋800 右	8	K136＋040～K136＋410 左	12.5	K136＋960～K137＋370 右	10
K136＋040～K136＋450 右	12	K137＋875～K138＋120 右	15	K138＋420～K138＋840 右	20
K140＋240～K140＋534 右	10	K141＋080～K141＋320 右	8	—	—

为了验证处治效果，在 K136＋380 右侧加筋体边坡填筑时设置了一批固定监测点进行边坡水平位移监测，后因边坡植被生长太茂密加之部分测点遭人为破坏，监测无法继续。由测试结果可看出，经历 1 个雨季后，路堑边坡变形很小。2006 年 9 月的回访图也已清楚地表明处治效果（图 10-7）。总之，柔性支护技术是膨胀土堑坡滑坡真正有效的处治措施。

与其他路堑边坡处治技术相比，柔性支护技术的两大优势是施工快捷，经济效益明显。例如，南友高速公路上处治一个长度为 300m、高度为 10m 的膨胀土路堑边坡，采用 7m 高的柔性加筋体方案，用常规的土方机械施工，只需 20 多天就可完工，所需费用不超过 60 万元；按以往相关的处治经验推算，采用重力式挡墙加砌石护坡方案，至少要花费 120 万～150 万元；采用边坡预应力锚索加固，至少花费 180 万元以上。因此，处理同一边坡，柔性支护只需重力式挡墙费用的 1/2，预应力锚索费用的 1/3，且按后两种方案施工均不可能在一个月内完成。

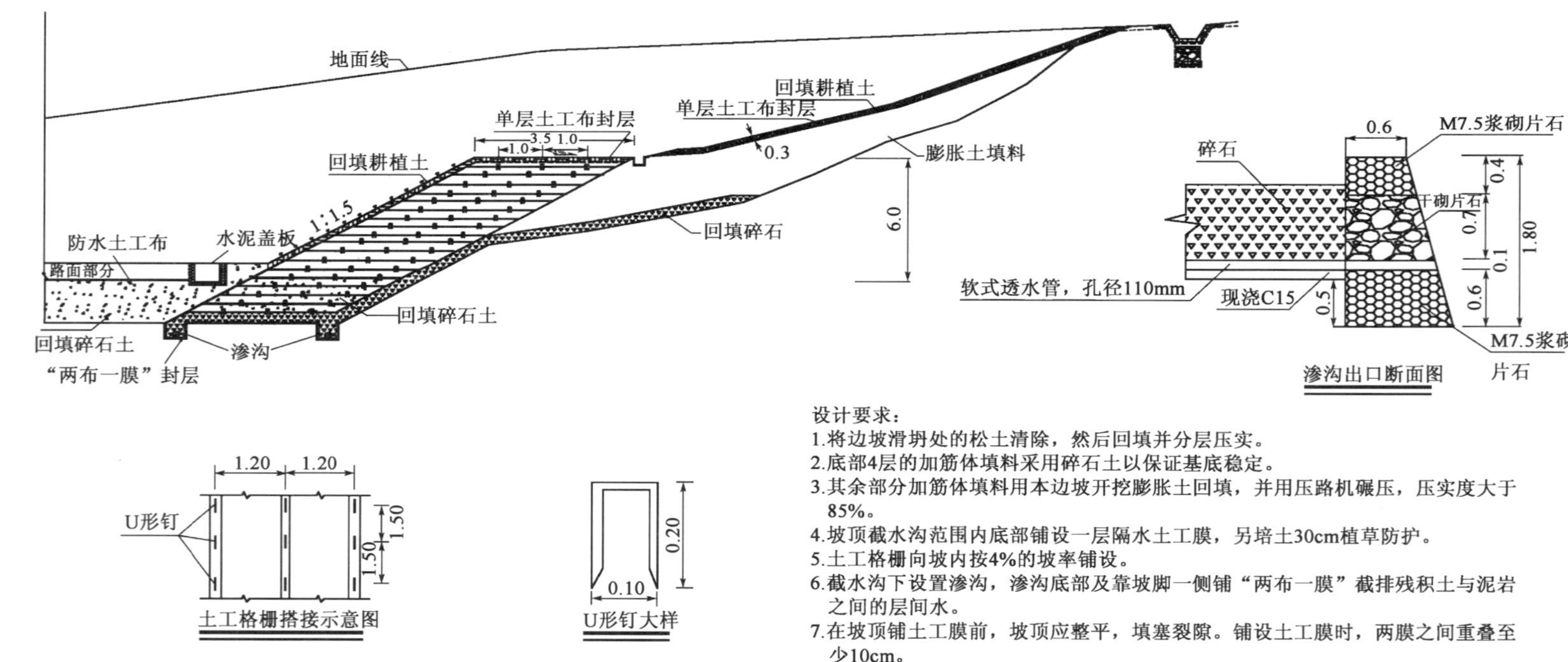

设计要求：

1.将边坡滑坍处的松土清除，然后回填并分层压实。

2.底部4层的加筋体填料采用碎石土以保证基底稳定。

3.其余部分加筋体填料用本边坡开挖膨胀土回填，并用压路机碾压，压实度大于85%。

4.坡顶截水沟范围内底部铺设一层隔水土工膜，另培土30cm植草防护。

5.土工格栅向坡内按4%的坡率铺设。

6.截水沟下设置渗沟，渗沟底部及靠坡脚一侧铺“两布一膜”截排残积土与泥岩之间的层间水。

7.在坡顶铺土工膜前，坡顶应整平，填塞裂隙。铺设土工膜时，两膜之间重叠至少10cm。

8.柔性支护结构墙面的坡率采用1∶1.5。

9.墙体的宽度应大于加筋的长度，这样才能保证筋材充分发挥作用，一般应大于4.0m。

10.排水设施：在墙趾和墙踵的基础部位开挖两条盲沟，其宽度和深度可根据雨季涌水量大小来确定。墙后的排水垫层应采用透水性材料。做到上下贯通，排水通畅，其具体的施工和设置参看柔性支护的施工指南。

11.加筋间距：每两层填土压实后高度。

12.柔性边坡施工完成后要及时回填耕植土，以防止土工格栅破坏。

图10-6 膨胀土路堑滑坍边坡柔性支护方案示意图（尺寸单位：m）

a)K138+420~K138+820

b)K136+040~K136+450

c)K133+804~K134+100

图 10-7 柔性支护技术应用效果

10.2.2 百隆高速公路膨胀土路基处治工程实例

百(色)隆(林)高速公路是国家高速公路网规划第 17 横汕头至昆明高速公路位于广西境内的路段,也是广西“四纵六横”高速公路网规划布局中第 3 横贺(州)隆(林)高速公路的重要组成部分。百色盆地是我国著名的膨胀土分布区之一。百隆高速公路的 11、12 及 13 标段穿越百色盆地及盆地边缘,沿线膨胀土分布路段长达 20 多公里。所在地形比较缓和开阔,为河流阶地地貌,第四系冲积层较为发育,厚度一般为 3～30m,具有二元结构,上部为黏土,下部为砂、砾石。匝道路基以路堑为主,原设计挖方边坡共 16 处,高度为 6～12m。考虑到边坡的稳定,原设计多数的边坡坡率为 1∶2,边坡的防护加固均采用坡脚挡墙加网格骨架。原设计土方工程量:开挖弃土 50 多万立方米;匝道路堤填方用土约 10 万 m^3,需从 9km 以外取土场借土填筑。

我们在百隆高速公路典型膨胀土地段,选取了 3 种代表性的土样进行土质分析。1 号土样为位于百色盆地中部 BK0＋280 处的灰白膨胀土,土质细腻、有滑感,含铁锰结核,斜交裂隙和光滑面发育,呈碎粒状或鳞片状;2 号土样为位于百色盆地边缘 K173＋300 处的灰黑膨胀土,硬塑状态,土质细腻,光滑面发育;3 号土样为位于百色盆地边缘 K154＋700 处的灰黑膨胀土,由泥岩风化而成,硬塑状态,土质细腻,光滑面发育。3 种土样的土性指标测试结果见表 10-2。3 种土样均为中弱膨胀土,按照原设计方案均要废弃。

我们总结广西南百高速公路建设的经验教训(该路通车不到 1 年,多处膨胀土边坡发生变形和破坏）以及对百色膨胀土工程性质的认识，认为原设计方案根本不能保证匝道堑坡的长期稳定，60万m^3的借弃土方将大大增加工程造价，造成周边生态环境的严重破坏，原计划工期也难以实现。若实施原方案会给百隆高速公路建成后的正常运行留下严重后患。因此，利用膨胀土路堤物理处治技术和膨胀土路堑边坡柔性支护技术，从总体布局入手，变更了原设计方案：①应用膨胀土填筑路堤的物理处治技术，尽量将匝道开挖膨胀土用作路堤填料，减少借弃方数量。运用南友高速公路成功修建多段膨胀土路堤的经验，在论证四塘互通立交匝道膨胀土作填料可行性的基础上，将开挖土直接用于匝道填方及百隆高速公路主线起点K176＋135～K176＋410段下路堤，以解决膨胀土路基施工弃土带来的水土流失问题。②尽量减少挖方边坡的数量。ABCD四匝道均交汇于百隆高速公路主线起点，原设计BC匝道与起点间夹一狭长的中间岛，存在两处高而长的匝道堑坡，其坡面处治工程数量大且实施后的行车视野差。为改善原设计景观，从根本上消除膨胀土堑坡隐患，将该中间岛挖平建成绿化区，开挖土方用于主线下路堤填筑，美化了匝道线形布局。③南友高速公路的实践证明，柔性支护技术能有效解决膨胀土堑坡稳定问题，由于加筋体采用边坡开挖的膨胀土作为填料，工程经济、环保，施工方便。因此，变更原刚性支护设计，将所有需处治的匝道堑坡均变更为坡率1∶1.5的柔性支护方案。通过三个方面的设计变更和优化，整个匝道修建工程少挖膨胀土近万立方米，约10万m^3膨胀土得到了合理利用，特别是挖平中间岛减少了需处治边坡的数量，并用柔性支护取代原堑坡设计方案，从根本上保证了工程的安全和可靠性，缩短了工程建设周期，初步测算节省直接工程费用500万元。

百隆高速公路膨胀土基本土性指标　　表10-2

土样编号	天然含水率(%)	液限(%)	塑限(%)	塑性指数	自由膨胀率(%)	膨胀潜势
BK0＋280	20.4	51.0	25.0	26.0	74	中
K173＋300	22.9	41.6	17.9	23.7	68	中
K154＋700	20.1	31.8	13.7	18.1	60.5	弱

10.2.3　膨胀土直接填筑下路堤实体工程

由南友高速公路膨胀土路堤的成功经验和使用效果可知，非膨胀土包边膨胀土填芯是利用膨胀土填筑路堤的最佳方案。尽可能地采用有效措施保湿防渗是非膨胀土包边膨胀土填芯必须遵循的根本原则。应尽可能使路堤中经压实的填芯膨胀土保持其填筑的工作状态，减少外界环境条件变化对其湿度的影响。因此，基底填料和包边材料均选用满足路基规范强度要求的非膨胀土填料。路堑所开挖的膨胀土则填筑于下路堤并填于路堤的中部，上路堤严格按路基设计规范要求来选非膨胀土填料进行填筑。

依据百色地区膨胀土的干湿循环显著影响深度，包边土宽度取3.5m，路堤填芯方式为“n

夹1”，即连续填筑 n 层膨胀土，夹填1层非膨胀土，然后再填筑膨胀土。n 的取值由施工中实际填筑层质量及压实效果而定（$n \geq 1$），且膨胀土有效填芯层高度不超过6m。

1.第一阶段实体工程填筑及质量检验

2008年12月至2009年3月为第一阶段。因膨胀土路堤中间正在修建一大型双孔通道，此阶段膨胀土路堤的填筑分两段进行。2008年12月至2009年1月填筑ZK176＋300～ZK176＋410段，2009年3月填筑ZK176＋135～ZK176＋258段。

(1)ZK176＋300～ZK176＋410段

ZK176＋300～ZK176＋410段膨胀土的填筑从基底以上2m开始，2m以下借用非膨胀土填筑。将中间岛开挖的膨胀土（图10-8）和非膨胀性红黏土同时摊铺，红黏土摊铺于路基两边（各3.5m宽），膨胀土摊铺于路基中部（图10-9）。土料摊铺后的松铺厚度不超过30cm，压实厚度应控制在25cm左右。而后用推土机履带轮对大块膨胀土来回碾压（图10-10）并用平地机整平（图10-11）。整平后用自重18t的振动压路机静压2遍，弱振1～2遍。再用激振力为40～50t的凸块式振动压路机或振动羊足碾振动压实，振动碾压遍数为6～8遍。压实过程中需防止形成波浪或软弹现象，直至膨胀土和红黏土达到要求的压实度（图10-12）。压路机的碾压行驶速度开始宜用慢速，速度为2.5km/h。碾压时直线段由两边向中间，小半径曲线段由内侧向外侧，纵向进退式行进；横向接头，对振动压路机一般重叠0.4～0.5m。前后相邻地段重叠1～1.5m。边缘部位，压路机要与线路方向成45°角碾压，以保证全区段碾压密实。而后对压实土层进行压实度检验（图10-13），同时根据具体施工情况对填筑层进行弯沉检测。因在非旱季施工，除采用湿法重型击实标准确定标准干密度外，压实度按规范中特殊填料标准执行（压实度可降低3%～5%，即压实度需大于88%），由于现场含水率较高，第1层灌砂法测得压实度为89.9%，第2层为89.3%。

图10-8 中间岛膨胀土挖除

图10-9 红黏土包边

图 10-10 推土机推平及履带轮碾碎

图 10-11 平地机整平

图 10-12 光轮压路机静压压实

图 10-13 压实度现场检测

出于对膨胀土路堤使用质量的考虑，在第 2 层膨胀土上填 1 层非膨胀土，其上继续填第 3 层膨胀土。为提高压实效果，每天上午将土摊铺开晾晒，下午再进行压实。由实测压实度（表 10-3）可知，压实效果良好。其后每填 3 层膨胀土再夹填 1 层非膨胀土。该段路堤采取"3 夹 1"的夹层法共填筑下路堤高 4.5m，其中膨胀土填筑 14 层。

填完两层膨胀土后进行贝克曼梁弯沉检测（图 10-14）。弯沉车为东风 140，后轴重 10.05t。贝克曼梁总长 5.4m，其前臂与后臂长度比为2∶1。分 8 车道布置测点，其中膨胀土 6 个车道，红黏土 2 个车道，测点间距为 10m，测点共 81 个。

ZK176＋300～ZK176＋410 段膨胀土路堤压实度检测结果　　表 10-3

填筑层	含水率(%)	层厚(cm)	压实度(%)
9	24.1	23.0	89.9
10	23.6	22.8	89.3
12	23.3	22.5	91.0
13	23.1	22.6	90.4
14	22.9	22.7	89.3
16	23.0	22.1	89.9
17	22.7	22.7	90.4
18	22.9	23.1	89.3
20	23.1	24.1	89.3
21	22.5	22.3	90.4
22	22.7	22.1	91.6
24	23.2	22.9	90.4
25	22.4	23.2	89.3
26	22.9	21.9	91.0
平均值	23.0	22.7	90.1

由弯沉检测结果反算回弹模量，其值只有 24.60MPa，小于高速公路路面设计对土基回弹模量的要求($E_0 \geqslant 30$MPa)，但考虑到上路堤和路床还将填筑 1.5m 高强度、回弹模量值较大的非膨胀土，填芯膨胀土的强度和承载能力能满足公路路基设计规范要求。

图 10-14　第一阶段贝克曼梁弯沉检测

(2)ZK176＋135～ZK176＋258 段

ZK176＋135～ZK176＋258 段膨胀土的填筑从第 13 层开始，施工工艺同前一段，夹层方式为“3 夹 1”，仍用红黏土包边 3.5m，共填筑膨胀土 14 层。每层压实度检验结果表明，压实度均在 88% 以上，大多超过 90%，平均压实度为 90.3%。

(3)路堤横断面示意图

根据实际填筑情况绘制第二阶段实际填筑路堤的横断面示意图，如图 10-15 所示。

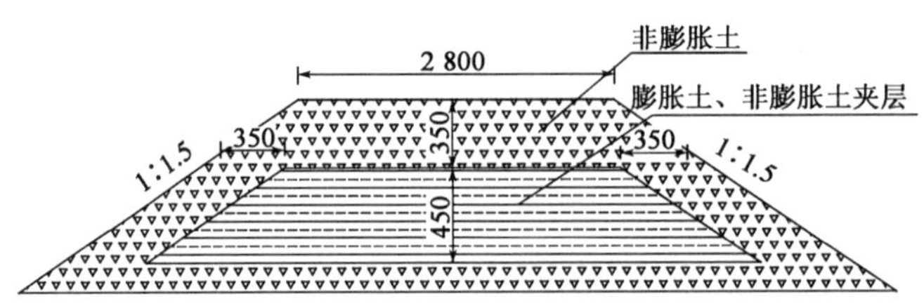

图 10-15　第一阶段填筑的路堤横断面示意图(尺寸单位:cm)

2. 第二阶段实体工程填筑及质量检验

2009 年 9 月 4 日至 14 日完成第二阶段工程施工,填筑部位为已修建完工双孔通道上部(ZK176+230～ZK176+368)。因是旱季施工,填料条件和现场压实效果均比第一阶段好,所以夹层填筑采用了"7 夹 1"方案,共填 14 层膨胀土直至 93 区顶。

(1)压实度检测

每层碾压完立刻检测压实度。压实度检测结果表明,各层填料的湿度、压实厚度都满足物理处治的技术指标要求,大多数填筑层的压实度达到 93%,平均为 93.2%,甚至达到规范对正常填料的压实要求。从压实检测数据、填筑层外观质量及重车在其上行走时的响应等方面综合分析,其使用品质良好,同时也表明膨胀土路堤的填筑施工宜在旱季进行。

(2)弯沉检测

为进一步掌握膨胀土填筑层的工程质量并及时进行效果分析,第二阶段完成最后一层膨胀土填筑施工后立即在其顶面进行了弯沉检测。为完整反映整个膨胀土填筑范围的真实强度,尽可能多采集数据,仍然分 8 车道布置测点,膨胀土 6 个车道,红黏土 2 个车道,测点间距为 10m,共测 102 个点。按《公路路基路面现场测试规程》(JTG E60—2008)弯沉检测方法整理测试数据并反算回弹模量值,结果见表 10-4。

第二阶段实测弯沉结果及其换算回弹模量　　表 10-4

时　间	测 点 数	弯沉平均值(0.01mm)	弯沉标准差(0.01mm)	弯沉代表值(0.01mm)	回弹模量(MPa)
2009 年 9 月 14 日	102	374.14	73.72	521.58	21.59

3. 路堤横断面示意图

根据实际填筑情况绘制第二阶段实际填筑路堤的横断面示意图,如图 10-16 所示。

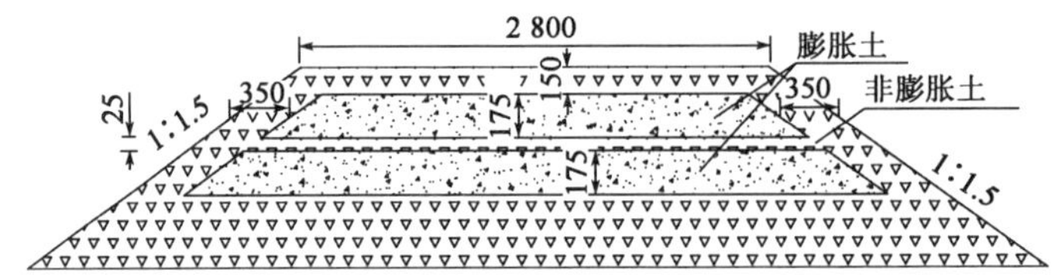

图 10-16　第二阶段填筑的路堤横断面示意图(尺寸单位:cm)

4. 填筑效果评价

图 10-17 为 ZK176＋135～ZK176＋410 段刚填完 93 区的膨胀土路堤及通车后照片。

图 10-17　刚填完 93 区的膨胀土路堤及通车后照片

(1)压实效果评价

膨胀土是一种特殊土。《公路路基施工技术规范》(JTG F10—2006)规定“在保证路基强度要求的前提下压实度可适当降低”，对于高速公路下路堤而言，满足 CBR＞3％，压实度只需大于 88％即可。由前述可见，两阶段填筑的所有膨胀土层压实度均在 88％以上，大多超过 90％，3 段路堤中最低平均压实度为 90.1％，为 2008 年 12 月测得；最高平均压实度为 93.2％，在 2009 年 9 月测得，已达到了 93 区合格填料的压实要求。从压实度检测数据、填筑层的外观质量以及重车在其上行走时的响应等方面综合分析，路堤的填筑质量与使用效果良好。

(2)强度评价

弯沉值反映的是路基结构体的整体强度和刚度。分析表 10-4 发现，尽管第一阶段路基施工的气候、填料条件、压实度均不如第二阶段，但其弯沉值却比第二阶段小。究其原因是两者测试时路基结构条件不同所致，第一阶段是在仅填了 3 层膨胀土的路基面施测，测试结果在很大程度上还反映了下面非膨胀土填筑层的强度，而第二阶段是在连续 14 层膨胀土填筑层上进行，按荷载扩散理论，附加应力都作用在膨胀土填筑层内，所反映的完全是膨胀土体的真实强度。由于路基设计规范只对路床顶面有弯沉验收要求，路面设计规范则只规定了土基回弹模量需 30MPa 以上，而按物理处治技术，膨胀土只填下路堤，其上还将填筑 1.5m 级配良好的粗粒土上路堤，加上总厚度超过 80cm 的半刚性基层和高级路面结构层，下路堤的回弹模量为 20MPa 以上，完全能满足路基路面结构的整体强度和刚度要求。

(3)最佳施工季节

土体的含水率随季节变化存在差异，而路堤填筑层的压实度直接受含水率影响，因而路堤的填筑质量必然与施工季节相关。从 3 段路堤的压实度检测结果可以看出，压实度和含水率呈负相关，即含水率越高压实度越低。2009 年 9 月属于旱季，开挖土体的含水率较低，其填筑效果明显好于2008年12月与2009年3月。2008年12月压实时，上午将土摊铺后，经过中午晾晒，下午再进行压实时含水率降低得很少，压实效果受到影响，且一天只能填筑一层膨胀土；2009年9月旱季压实时，开挖土体经摊铺后略微晾晒即可压实，一天能填筑两层膨胀土，且压实效果较好。这些都表明旱季时施工效果明显好于其他季节，因此膨胀土路堤的填筑施工宜在旱季进行。

在百隆高速公路取了3种膨胀土试样做了三指标体系试验，它们都满足膨胀土直接填筑下路堤的要求。但因条件所限，实际施工中只能采用性质较差的四塘互通立交匝道膨胀土填筑下路堤，且填筑分两阶段(旱季与雨季)。旱季膨胀土的含水率较雨季小，因此其强度及现场压实效果较好。此时，现场需根据实际情况调整施工方案，如雨季土体含水率较大，则需考虑摊铺晾晒或增加晾晒时间，直至含水率降到合适点位时，才能按要求碾压。旱季土体含水率相对较小，此时可摊铺后直接碾压。膨胀土连续填筑时，需根据现场压实情况及时调整填筑方案，譬如膨胀土与非膨胀土夹层填筑。

10.2.4 路堑边坡设计方案

1.四塘互通立交匝道路堑边坡设计方案

根据原设计图，仅四塘互通立交处就有16个膨胀土路堑边坡。对每个边坡的起始桩号、坡长和高度进行了详细统计，并给出了柔性支护处治高度，具体统计情况见表10-5。

柔性支护处治四塘互通立交膨胀土路堑边坡统计表 表10-5

桩 号	边坡长度(m)	边坡高度(m)	柔性支护高度(m)
AK0+000～AK0+180 右侧	180	7.9	6.0
AK0+300～AK0+500 左侧	200	9.6	8.0
AK0+300～AK0+700 右侧	400	5.9	4.0
BK0+100～BK0+230 右侧	130	5.8	4.0
BK0+300～BK0+430 左侧	130	6.5	4.0
BK1+000～BK1+250 左侧	250	12.5	10.0
CK0+000～CK0+400 右侧	400	7.8	6.0
CK0+300～CK0+450 左侧	150	10.8	8.0
CK0+670～CK0+760 左侧	90	5.6	4.0
CK0+680～CK0+760 右侧	80	5.9	4.0
CK0+850～CK1+000 左侧	150	10.8	8.0
DK0+000～DK0+200 右侧	200	12.8	10.0

续上表

桩　　号	边坡长度(m)	边坡高度(m)	柔性支护高度(m)
DK0＋580～DK0＋740 右侧	160	8.7	6.0
DK0＋820～DK0＋920 右侧	100	5.8	4.0
MK177＋800～MK178＋000 右侧	200	10.3	8.0
MK177＋830～MK178＋100 左侧	270	10.8	8.0

膨胀土路堑边坡的设计方案要根据边坡高度、土岩分层和水文地质条件经技术、经济分析比较而定。由表 10-5 可知，处治边坡最大高度为 12.8m，因此边坡柔性支护体只设一级台阶，高度约为需处治边坡高度的 2/3，边坡坡率均为 1∶1.5；为减小降雨对坡面的冲刷，在每级柔性支护体的顶部设置一道平台排(截)水沟；放缓支护体上开挖边坡坡率(距截水沟 5.0m)；基底设 2 个 0.5m×0.5m 的渗沟，采用带孔 PVC 排水管作为纵向排水通道，并铺设土工织物和碎石做好反滤层，出口做成一字墙式，渗沟顶上填 0.5m 碎石层，其上再填 0.5m 非膨胀土，其余以上各层加筋土体填筑膨胀土。柔性支护体顶都铺设"两布一膜"封水，防止雨水下渗进入坡体而影响边坡稳定；整个坡面回填 0.3m 厚耕植土，并草灌结合护面。

依据表 10-5 中提供的各路堑段长度及开挖边坡高度，基于以往在不同地区的高速公路上实施膨胀(岩)土路堑边坡工程处治，尤其是采用柔性支护技术的成功经验，提出各边坡柔性支护处治方案设计图。其中 AK0＋000～AK0＋180 右侧边坡及 DK0＋580～DK0＋740 右侧边坡的柔性支护方案分别如图 10-18 所示。

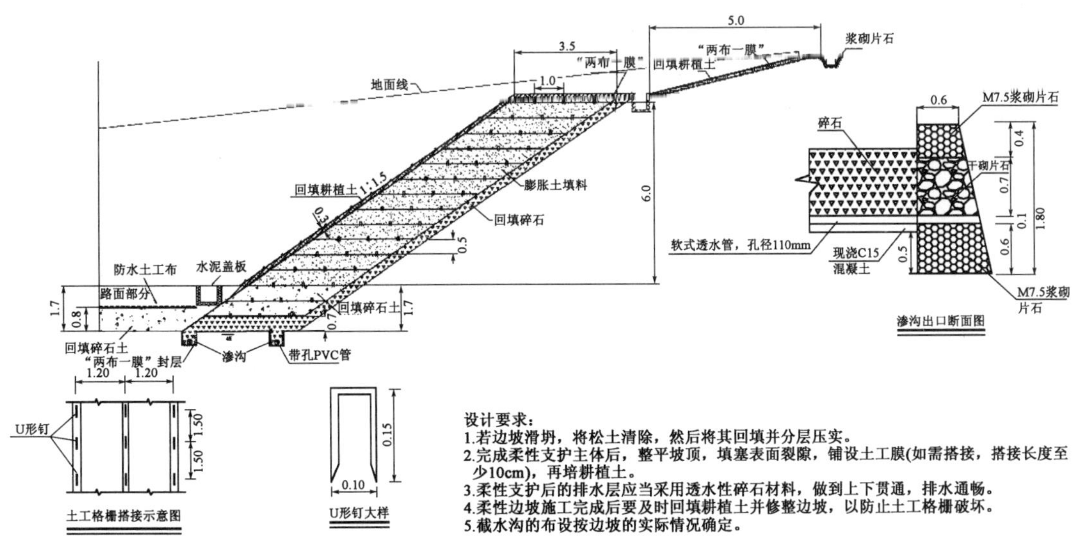

图 10-18　广西百隆高速公路膨胀土路堑边坡柔性支护方案示意图(尺寸单位：m)

2. K154+560～K154+790 路堑边坡设计方案

百隆高速公路 K154+560～K154+790 右侧路堑边坡原设计方案的坡率为 1∶0.75(图 10-19)。按此坡率开挖边坡至接近坡脚时,因下了几天小雨,边坡于 2009 年 3 月 3 日发生滑坍破坏(图 10-20)。现场考察发现,导致路堑边坡破坏的主要原因是按石质边坡进行设计,坡率过陡;从开挖出露的土质颜色、有滑腻感等特性判定应为膨胀土堑坡,开挖卸荷产生应力松弛,又恰巧碰上连绵小雨,雨水通过裂缝渗入坡体降低了土体抗剪强度,从而导致边坡滑坍。根据实际情况提出需按膨胀土边坡采用柔性支护方案进行处治才能确保该边坡的稳定,并现场取了土样进行室内基本土性试验。

图 10-19　K154+560～K154+790 路堑边坡开挖

图 10-20　K154+560～K154+790 右侧边坡破坏

该边坡土体的塑性指数均高于 18,自由膨胀率均大于 60%,由黏土膨胀势双指标判别体系的宏观指标判定该土体为中弱膨胀土。分别针对无滑坍与滑坍两种情况对百隆高速公路 K154+560～K154+790 右侧路堑边坡进行了设计,如图 10-21 和图 10-22 所示。

由于处治方案设计图审核时间较长,边坡从第一次滑坍到正式开始处治相隔了大约一年的时间,其间又发生多次滑坍破坏(图 10-23)。最大塌方土体水平厚度达 20m,远远超出了柔性支护设计的加筋体宽度。坡顶以下 3～4m 是红色黏土,滑塌面陡直;坡体中间层属于灰黑泥岩风化破碎土,硬塑状态,土质较细腻且光滑面发育;边坡起点坡底有地下水渗出,终点坡体底层是 1～2m 厚的煤层。

10.2.5　百隆高速公路膨胀土路堑边坡柔性支护处治效果

DK0+580～DK0+740 右侧边坡与 AK0+000～AK0+180 右侧边坡柔性支护施工完成后,经过 3 个雨季,坡体表面植被郁郁葱葱,十分茂盛,与周围的环境十分协调。这是其他刚性支挡无法比拟的;同时,柔性支护还能确保处治后膨胀土边坡的长久稳定。K154+560～K154+790 右侧边坡完成施工后,同样经历了 3 个雨季,坡体十分稳定(图 10-24)。

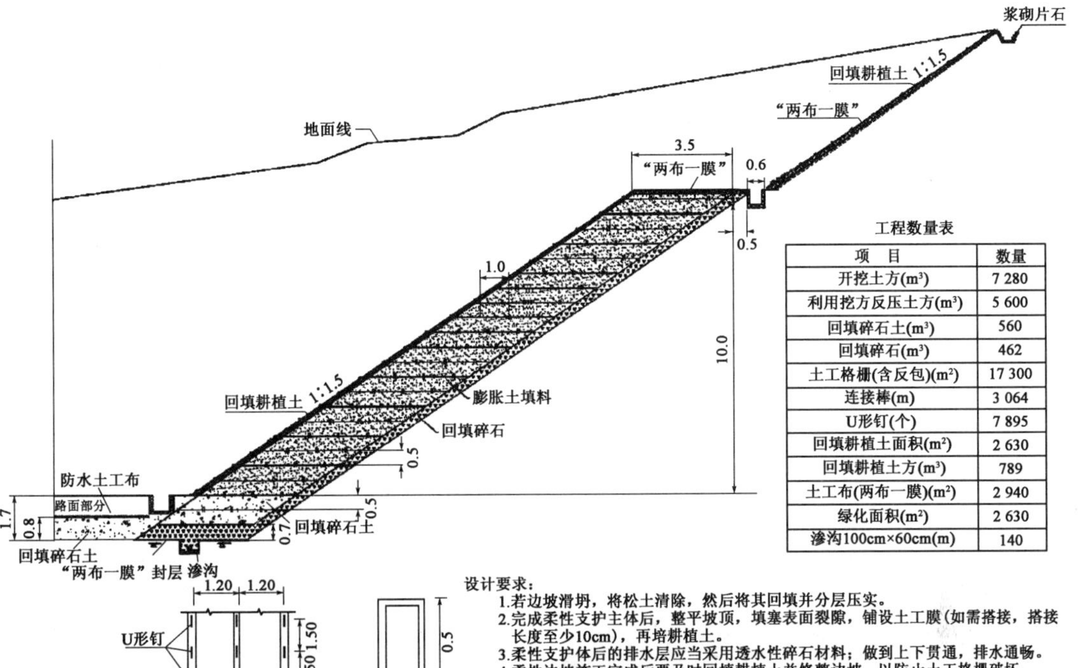

工程数量表

项　目	数量
开挖土方(m^3)	7 280
利用挖方反压土方(m^3)	5 600
回填碎石土(m^3)	560
回填碎石(m^3)	462
土工格栅(含反包)(m^2)	17 300
连接棒(m)	3 064
U形钉(个)	7 895
回填耕植土面积(m^2)	2 630
回填耕植土方(m^3)	789
土工布(两布一膜)(m^2)	2 940
绿化面积(m^2)	2 630
渗沟100cm×60cm(m)	140

设计要求：

1.若边坡滑坍，将松土清除，然后将其回填并分层压实。
2.完成柔性支护主体后，整平坡顶，填塞表面裂隙，铺设土工膜(如需搭接，搭接长度至少10cm)，再培耕植土。
3.柔性支护体后的排水层应当采用透水性碎石材料；做到上下贯通，排水通畅。
4.柔性边坡施工完成后要及时回填耕植土并修整边坡，以防止土工格栅破坏。
5.截水沟的布设按边坡的实际地形情况确定。
6.渗沟按100cm×60cm规格施工，渗沟出水口按实际情况布置，主要工程数量按现场实际工程量计。

图 10-21　K154＋560～K154＋790 右侧边坡柔性支护方案横断面示意图(一)(尺寸单位：m)

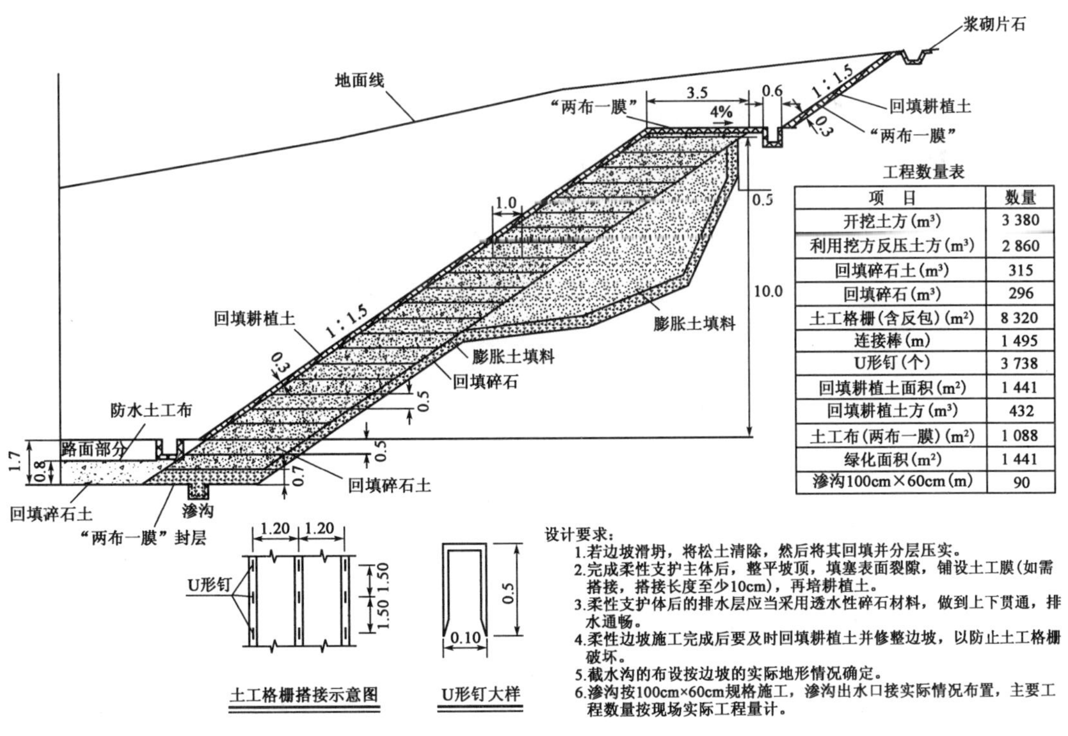

工程数量表

项　目	数量
开挖土方(m^3)	3 380
利用挖方反压土方(m^3)	2 860
回填碎石土(m^3)	315
回填碎石(m^3)	296
土工格栅(含反包)(m^2)	8 320
连接棒(m)	1 495
U形钉(个)	3 738
回填耕植土面积(m^2)	1 441
回填耕植土方(m^3)	432
土工布(两布一膜)(m^2)	1 088
绿化面积(m^2)	1 441
渗沟100cm×60cm(m)	90

设计要求：

1.若边坡滑坍，将松土清除，然后将其回填并分层压实。
2.完成柔性支护主体后，整平坡顶，填塞表面裂隙，铺设土工膜(如需搭接，搭接长度至少10cm)，再培耕植土。
3.柔性支护体后的排水层应当采用透水性碎石材料，做到上下贯通，排水通畅。
4.柔性边坡施工完成后要及时回填耕植土并修整边坡，以防止土工格栅破坏。
5.截水沟的布设按边坡的实际地形情况确定。
6.渗沟按100cm×60cm规格施工，渗沟出水口按实际情况布置，主要工程数量按现场实际工程量计。

图 10-22　K154＋560～K154＋790 右侧边坡柔性支护方案横断面示意图(二)(尺寸单位：m)

图 10-23　K154＋560～K154＋790 右侧边坡滑坍破坏

a)DK0+580～DK0+740右侧边坡

b)AK0+000～AK0+180右侧边坡

c)K154+560～K154+790右侧边坡

图 10-24　百隆高速公路柔性支护应用路段

10.3　河南松散堆积体膨胀土路堑边坡处治工程实例

我国矿产资源丰富，矿产开挖过程中大量土石废弃堆积形成众多松散堆积体。这些堆积体组成复杂、结构松散、空隙大且长期处于一种动态变化的不稳定状态，在自然因素和人为活动的干扰下极易诱发地质灾害。2009 年开工建设的河南叶(县)舞(钢)高速公路挖方段 K25＋256～K25＋720 穿过平顶山某铁矿开采区一处夹杂有大量膨胀土的大型松散堆积体，开挖后仅经历一次强降雨，边坡即出现不同程度的滑坍，同时由于地下水位高，堆积体中的地下水向超挖填石路基不断渗流，影响路基稳定。膨胀土松散堆积体开挖边坡稳定加固与地下水整治是该段路基修筑需要解决的技术难题。

针对松散堆积体边坡的失稳机理和防治措施，国内外曾开展过相关研究，并取得了许多有意义的成果。国内外研究表明，弄清松散堆积体成因、边坡失稳机理和特点是采取合理防治措施的基础，刚性支护和地表防排水相结合是传统的处治措施。但刚性支护不宜用于膨胀土边坡的处治，且上述工程措施没有考虑地下水对路基的影响。

通过分析叶舞高速公路 K25＋256～K25＋720 段松散堆积体工程地质条件以及开挖边坡滑坍特征及其原因，对比刚性支护技术和柔性支护技术的特点，提出并实施了以清挖边坡塌方再回填、土工格栅分层加筋、坡内外综合防排水为技术特征的柔性支护综合处治技术，成功地治理了该段松散堆积体开挖边坡，并取得了良好的经济和环境效益。

10.3.1 松散堆积体水文地质特征与结构特征

叶舞高速公路 K25＋256～K25＋720 段松散堆积体，沿路线方向长约 300m，宽约 200m，高 8～20m，位于一座相对高程为 150m 左右山体的东侧山脚上。该山体总体坡度特征为上陡下缓，山坡上部的地形坡度为 25°～40°，山坡中下部的地形坡度为 10°～25°。堆积体形成前该山脚有一自然形成的冲沟，以东 1km 以外为村庄和农田。堆积体由邻近铁矿矿山开挖废弃的土石堆积而成。因地处膨胀土分布区，废弃土石以膨胀土为主。堆积体结构如图 10-25 所示。

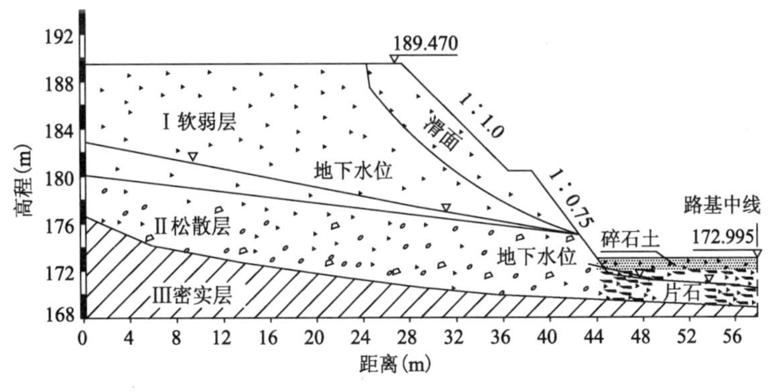

图 10-25 叶舞高速公路 K25＋256～K25＋720 段松散堆积体边坡工程地质剖面图

松散堆积体各土层特征如下：

Ⅰ软弱层，灰黄色，主要由松散岩块、渣土等粗粒土组成，膨胀土泥质含量较小，松散，含水率低，强度低，压缩性大，接近软土性质。

Ⅱ松散层，灰黄色，主要由松散岩块、渣土组成，松散，较Ⅰ层膨胀土泥质含量明显增大，饱水，抗剪强度极低，接近流态。

Ⅲ表土层，黄绿色，属于原地面表层，由砂质膨胀土组成，湿，可塑，抗剪强度低，具有中等压缩性。

Ⅳ原状土层，黄褐色，属于原状土，由砂质膨胀土组成，稍湿，硬塑，抗剪强度高，压缩性低。

各土层的基本物理和力学性质指标见表 10-6。各层渗透系数是通过现场渗水试验所测定，抗剪强度参数为原状土的试验结果。

松散堆积体各层基本物理和力学性质指标　表 10-6

土层	湿密度 (g/cm^3)	含水率 (%)	液限 (%)	塑性指数	自由膨胀率 (%)	黏聚力 (kPa)	内摩擦角 (°)	渗透系数 (m/s)
软弱层Ⅰ	1.66	24.3	53	28	69	8.5	11.2	1.24×10^{-4}
松散层Ⅱ	1.74	28.7	45	21	50	14.0	16.8	1.15×10^{-4}
表土层Ⅲ	1.81	34.5	60	34	60	10.0	8.0	1.32×10^{-5}
原状土层Ⅳ	1.90	25.0	39	18	49	21.1	28.7	1.83×10^{-6}

为避免降雨后在坡面上汇集形成的径流冲刷堆积体，导致大规模滑坡，威胁山脚的村庄和农田，在松散堆积体与山体交界处以及山体东侧山坡中上部，挖设了数个水池，用于拦截和收集堆积体上方的降雨径流(图 10-26)。在降雨入渗和水池积水的补给下，堆积体内部形成上层滞水，且位于开挖边坡坡脚以上 1～4m 处。为了提高路基强度，在该路段边坡开挖后，施工方对路基进行了超挖，换填片石，换填深度为 4m。片石换填后，由于地下水位较高，在路基的片石层内形成渗流，横穿路基，从另一侧填挖交界处渗出，出水量约为 $2\times10^{-3}m^3/s$。

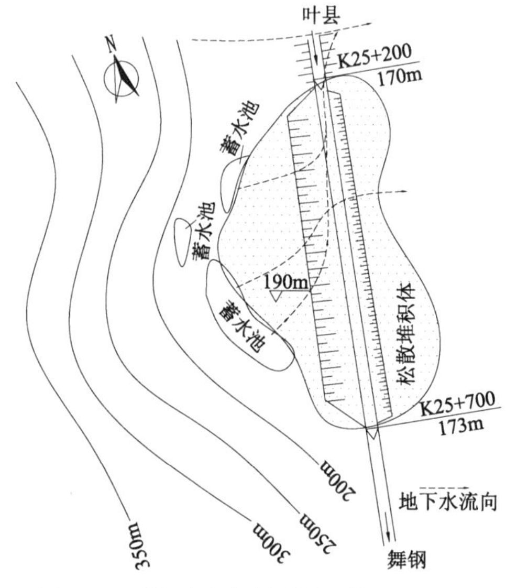

图 10-26　叶舞高速公路松散堆积体边坡俯视图

10.3.2　松散堆积体开挖边坡滑坍特征及原因

该路段开挖边坡原设计坡率为 1∶0.75，开挖至 181m 高程时，后边坡的坡顶出现一系列弧形拉张裂缝，经历一次降雨后多处出现浅层性滑坍，滑坍体厚约 4.5m，滑出口位于上层滞水处。通过现场调查，分析得出该松散堆积体开挖边坡滑塌的根本原因是不良工程地质和水文地质条件的存在，路基边坡的不合理工程开挖则是诱发因素。

(1)因堆积体松散，渗透系数大，边坡开挖后，坡面干燥时能基本保持坡体稳定，一旦降雨，雨水易通过松散土体下渗，使边坡土体含水率由坡表向坡内增大，土体随含水率的增大抗剪强度急剧降低，同时引起地下水位的抬升，使边坡的稳定性降低，进而产生边坡变形破坏。

(2)堆积体含大量膨胀土，膨胀土干燥收缩开裂、增湿膨胀变形。开挖后，表层土体处于干燥状态，土体收缩形成的裂缝为降雨后雨水入渗提供了通道。雨水入渗后，随着土体含水率增大，土体的渗透系数降低，雨水入渗随之减缓，浅表层是边坡严重湿化软化区，因此产生浅层破坏。

(3)堆积体的上层滞水处通常为软土，易形成软弱面。因地下水位高，该堆积体的滞水层位于开挖坡脚的上方，边坡易沿着滞水层的软弱面发生滑坍。

(4)合理的坡率对于边坡的稳定性非常重要。原设计 1∶0.75 的坡率，对于松散堆积体开挖边坡而言过大，开挖过程中边坡易产生滑坍。

10.3.3 路堑边坡柔性支护设计与实施

针对叶舞高速公路膨胀土松散堆积体开挖边坡浅层破坏和路基高地下水位的特点，考虑该地区大气风化作用深度、土性及施工可行性，提出柔性支护方案(图10-27)。

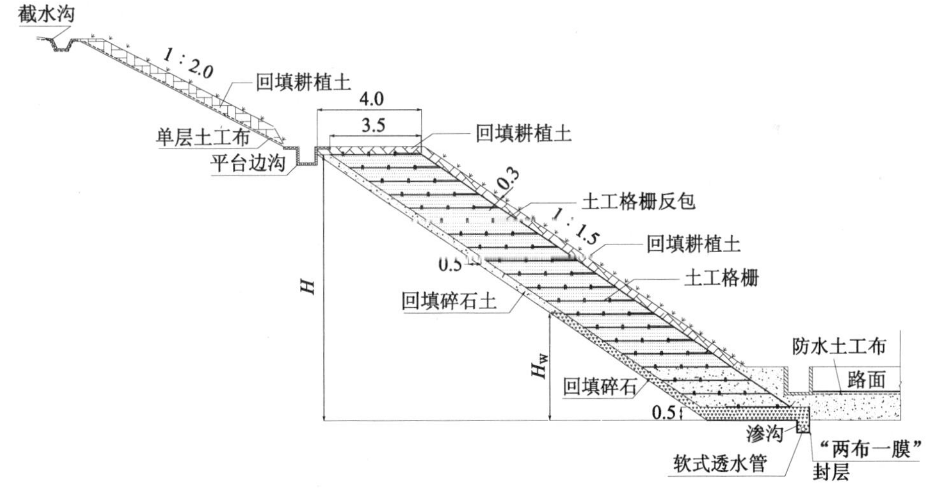

图10-27 松散堆积体边坡柔性支护方案示意图(尺寸单位:m)

该工程实施过程如下:

(1)超挖边坡。将原边坡土清挖至柔性支护结构体设计范围，即原坡面向路基外超挖4m，超挖面坡率大致保持在1∶1.5。若清挖过程中再次发生超出设计范围的塌方，应全部清除。基底要做成向内倾斜的斜面，坡率大于3%。超挖土方置于附近路床的指定位置，以备回填使用。被地下水浸泡过的挖方，视情况选择摊晒或废弃。

(2)开挖基底(图 10-28)。取路面高程以下 1.5m 为柔性支护结构的基底高程。开挖至基底高程,开挖宽度为 4.0m。若基础部位出现松软土体,需采用碎石土换填并压实。

图 10-28 柔性支护结构的基底开挖

(3)开挖渗沟。用挖掘机在基坑靠近路中线一侧按 2%的坡率开挖渗沟,渗沟宽度为 70cm,渗沟深度按设计确定。

(4)摊铺土工布(图 10-29)。在基底和渗沟底部摊铺"两布一膜"隔水土工布,土工布与路床顶部搭接 1m,防止水渗入路床。

图 10-29 沟底摊铺土工布、回填碎石、埋设透水管

(5)摊铺碾压碎石层、埋设透水管(图 10-29)。渗沟内回填碎石并埋入 ϕ200mm 的软式透水管,摊铺碎石至 30cm 左右,按 90%的压实度压实。

(6)摊铺第 1 层土工格栅。①每层土工格栅摊铺前,按照设计图纸进行测量放线,并用石灰粉标出边坡线和土工格栅包边线,以保证设计坡率和边坡的顺直。②将成捆的土工格栅按 4.0m(加筋宽度)+1.5m(反包长度)进行裁剪备用。③土工格栅在预留 1.5m 反包长度后沿横断面方向自包边线处向路基边坡方向展开,并将其张紧,用 U 形钉固定。为了保证土工格栅沿路中线方向的整体性,两幅土工格栅间需搭接,搭接宽度为 5cm;并用 U 形钉在搭接部位固定,在尾部固定后,中间部位 U 形钉的间距为 1.5m。

(7)摊铺碎石土。在第1层土工格栅铺设完成后，松铺30cm厚、350cm宽碎石土，在靠近超挖边界线一侧，松铺30cm厚、50cm宽的碎石，均按90%压实度压实，再摊铺第2层碎石土和碎石并压实。

(8)反包土工格栅。将预留的反包土工格栅沿修好的边坡反包并初张，插入连接棒，连接第2幅土工格栅，将第2层土工格栅摊铺在边坡外侧。

(9)重复步骤(5)～(7)，直至填筑到路面高程。

(10)将碎石土换成清方土料或就近的弃方，重复步骤(5)～(7)，填筑至地下水渗出部位。

(11)将柔性支护体后排水层的碎石换成碎石土，重复步骤(9)，直至填筑至柔性支护体顶部。

(12)坡顶处理。土工格栅柔性支护结构顶部至截水沟边缘范围内坡面铺土工膜隔水，铺设宽度(坡顶至截水沟距离)不小于5m，并在其上铺30cm厚种植土，植草绿化。铺土工膜前，修整坡面，填塞裂隙。

(13)坡面处理。在反包边坡表面培植30cm耕植土，以防止紫外线照射加快土工格栅的老化。然后采用机械喷洒草籽的方式进行植草，或者采用人工铺草皮。在坡面泄水孔下方沿坡面修筑一贫混凝土水槽，槽宽20cm，槽深25cm，槽底厚5cm。水槽与边沟连通。

10.3.4 叶舞高速公路松散堆积体处治效果

该段松散堆积体开挖边坡的柔性支护综合处治于2010年5月完工。完工后已经历了数场大雨的考验，在叶舞高速公路沿线多处堑坡滑坍的情况下，该处治边坡保持良好(图10-30)。基底渗沟有效地降低了松散堆积体的地下水位，阻断了地下水流向路基，且一直保持通畅，不断有地下水流出。降雨期间渗沟中软式透水管的排水量明显增大，快速疏水有效解决了因地下水滞留边坡体中导致坡体破坏的问题。

与其他路堑边坡处治技术相比，该柔性支护新技术的另一大优势是施工快捷，经济效益明显。叶舞高速公路K25＋256～K25＋720段松散堆积体开挖边坡采用平均高度为6m的柔性支护体进行处治，用常规的土方机械施工，所需工期不到30d，所需费用是重力式挡墙＋坡面浆砌片石方案的1/2，是抗滑桩＋坡面浆砌片石的1/3。而且，按后两种方法施工均不可能在一个月内完成，也不一定能保证边坡稳定，无法起到降低和阻隔地下水的作用。

图10-30 叶舞高速公路松散堆积体处治后的效果

10.4 北京沉积型膨胀泥岩深长路堑边坡处治工程实例

北京西六环 K9+600～K10+800 深路堑段揭露的地层为北京西山坨里—大灰厂断陷盆地西南部中白垩世晚期沉积层，是夏庄组沉积型岩(土)，由粉砂岩、砂岩、泥岩(页岩或泥灰岩)互层组成，主要是平行层理和单斜层理，岩层中含有丰富的植物化石碎片和炭质碎屑，沉积环境为浅湖～半深湖或深湖相，沉积年限 6 000 万年以上。分析该公路的两阶段纵、横断面初步设计图，拟采用"分而治之"的思路做方案设计，即将路堑边坡分段进行处理，分别根据各段的具体情况进行设计，但总体设计仍遵循柔性支护核心的技术思路——"保湿防渗"、"以柔治胀"。东侧 K9+600～K9+880 及 K10+650～K10+800 两段边坡分别位于路段两端，高度在 5m 以下，两段边坡只出现碎落及剥落破坏；东侧 K9+880～K10+650 段边坡高度在 5m 以上，最大高度达 15m，只在 K10+520～K10+545 这一段出现了滑坍，其他位置也只发生了碎落及剥落破坏；西侧 K9+600～K9+880 段边坡的高度为 2～5m，破坏类型与东侧边坡起终段相似；西侧 K10+680～K10+800 段边坡高度在 5～10m 之间。由此可见，膨胀土路堑段的滑坡都出现在西侧边坡，特别是不良地质组合如致密凝灰岩、劈理化泥岩都集中在 K9+880～K10+680 段，并且在开挖初期还出现了大量上层滞水的外涌。该段高度基本在 10m 以上。

10.4.1 路堑边坡柔性支护设计方案

膨胀土路堑边坡的设计方案根据边坡高度、土岩分层和水文地质条件经技术、经济分析比较而定。依据各路堑段长度及开挖边坡高度，基于以往在不同地区的高速公路上实施膨胀土路堑边坡工程处治，尤其是采用柔性支护技术的成功经验，按高度将北京西六环 K9+600～K10+800 段的路堑边坡分段进行处理：东侧 K9+600～K9+880 及 K10+650～K10+800 两段边坡($2m \leqslant H < 5m$)、东侧 K9+880～K10+650 段边坡($5m \leqslant H$)、西侧 K9+600～K9+880 段边坡($2m \leqslant H < 5m$)、西侧 K10+680～K10+800 段边坡($5m \leqslant H < 10m$)、西侧 K9+880～K10+680 段边坡($H \geqslant 10m$)。

1. 东侧 K9+600～K9+880 及 K10+650～K10+800 两段边坡

这两段边坡处治方案如图 10-31 所示。

(1)柔性支护结构体的水平总宽为 3.0m，土工格栅加筋体为 2.3m，防冲刷的坡面防护厚 0.2m，边坡坡率采用 1∶1.5。

(2)柔性支护体的设计高为整个坡高，即全部坡面由加筋体封闭。

(3)基础没有设置纵向排水渗沟，坡内碎石排水层的水流通过路床底部的换填碎石排水层流向路基中央分隔带处设置的纵向渗沟排除。

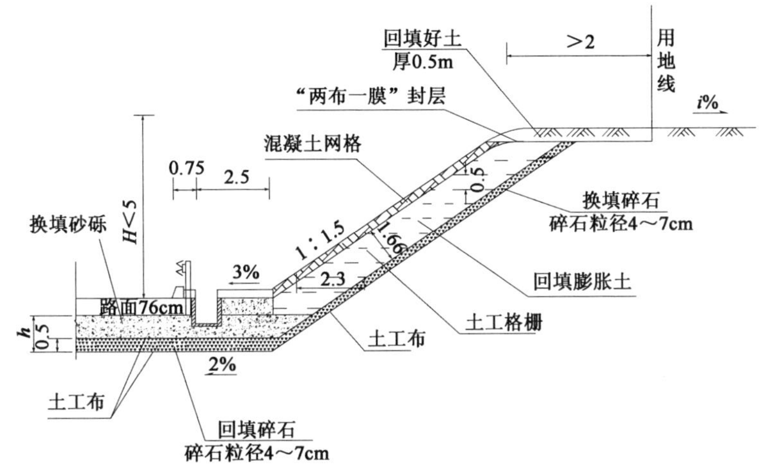

图 10-31　东侧 K9＋600～K9＋880 及 K10＋650～K10＋800 两段边坡处治方案(尺寸单位:m)

2. 东侧 K9＋880～K10＋650 段边坡

该段边坡处治方案如图 10-32 所示。

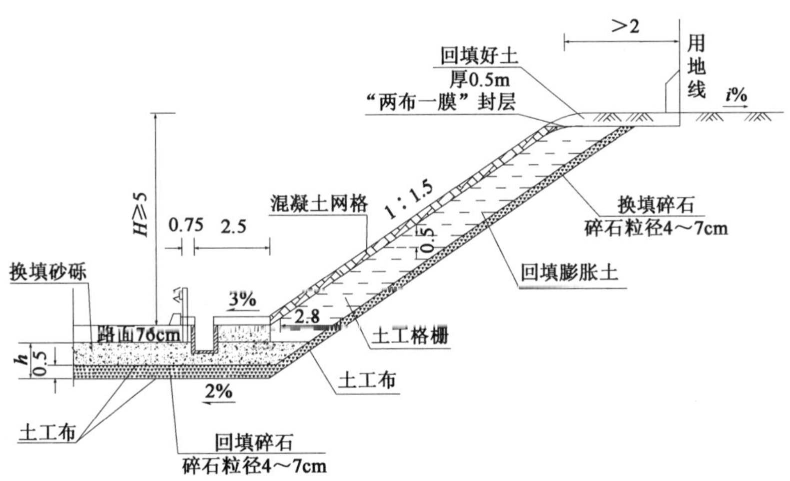

图 10-32　东侧 K9＋880～K10＋650 段边坡处治方案(尺寸单位:m)

(1)该段有滑坍发生,需将滑坍土体清除,在施工过程中用膨胀土回填并压实,补齐滑坡缺口。

(2)柔性支护结构体的水平总宽为 3.5m,土工格栅加筋体为 2.8m,防冲刷的坡面防护厚 0.2m,坡率采用 1∶1.5。

(3)实际实施的柔性支护体高度变化较大,5～15m 不等,保证了全部坡面均由加筋体封闭。

(4)坡内碎石排水层及基础纵向排水的设置与前后路段相同。

可以看出，与广西地区加筋体采用3.5m宽方案不同，北京西六环东侧边坡采用2.3m、2.8m两种土工格栅加筋体水平宽度。这是依据该处边坡的主要破坏形式以及东侧边坡为一反坡，坡后雨水都不会汇集流向坡体这一侧的具体状况做出的。该宽度已超过当地干湿循环影响深度范围。加之北京西六环为一条市政道路，最小的压路机宽度为1.1m，完全能实现对加筋体的施工碾压。

东侧边坡在柔性支护体下不单独设置渗沟是根据实际情况确定的，一方面东侧边坡坡顶没有汇水面积，二是整个碎石排水层的厚度较大，并且在路床底部换填层设置了一个3%的从东到西的纵坡，完全满足排水要求。这样设计的另一个目的是为了减少工程量，加快工程速度，保证了北京西六环在国庆60周年前全线贯通。

3.西侧 K9+600～K9+880 段边坡

该段边坡处治方案如图10-33所示。

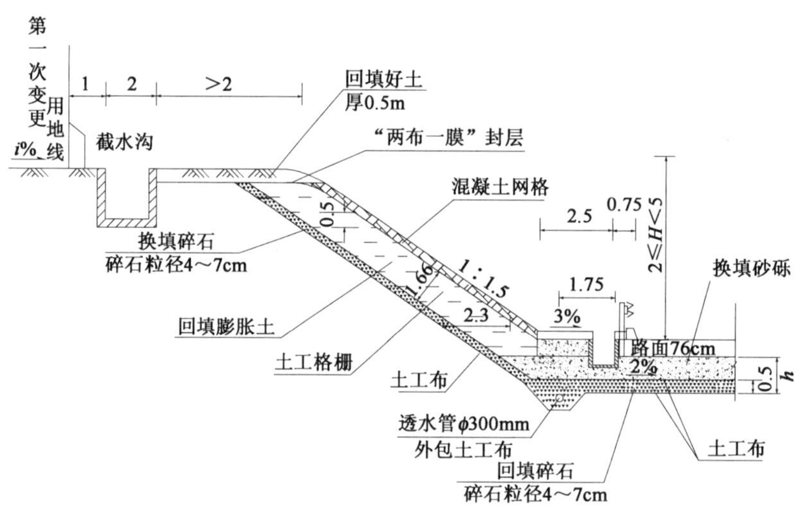

图10-33 西侧 K9+600～K9+880 段边坡处治方案(尺寸单位:m)

(1)柔性支护结构体水平宽度、土工格栅加筋体宽度以及防冲刷的坡面防护、坡率与东侧K9+600～K9+880及K10+650～K10+800两段边坡相同；柔性支护体的设计高度覆盖整个坡面。

(2)在基础底面中部设一条纵向渗沟，以快速降低、分流坡体及路床地下水。

(3)墙后碎石排水层厚度采用常规的0.5m。

4.西侧 K10+680～K10+800 段边坡

K10+730附近边坡因坡顶施工便道受重车及施工机械的反复加载出现滑坍，其他部位总体稳定。该段边坡处治方案如图10-34所示。

(1)K10+720～K10+750段有滑坍发生，需将滑坍膨胀土体清除并在施工过程中用其回填压实，补齐滑坡缺口。

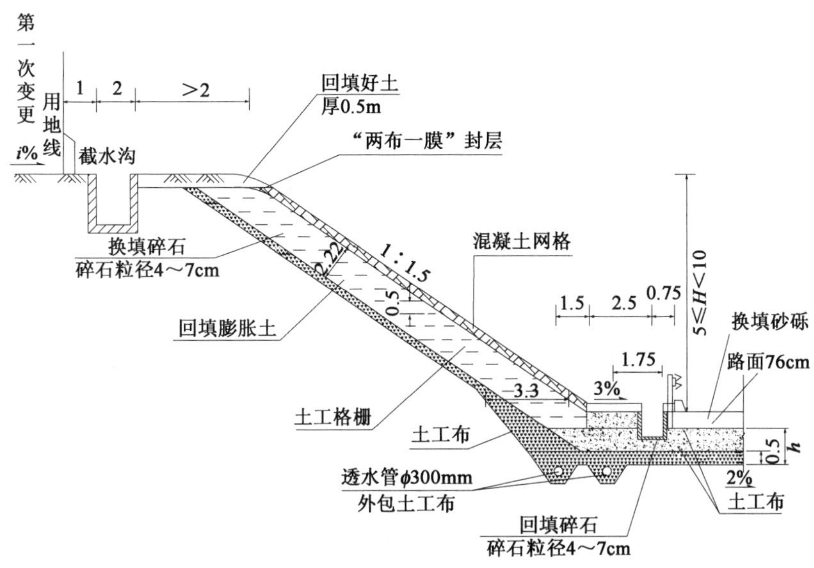

图10-34 西侧K10+680~K10+800段边坡处治方案(尺寸单位:m)

(2)柔性支护结构体的水平宽均为4.0m,土工格栅加筋体为3.3m,坡率采用1:1.5。

(3)坡面处治高度覆盖了整个边坡。

(4)在基础底面中部设一条纵向渗沟,以快速降低、分流坡体及路床地下水。

(5)墙后碎石排水层厚度采用常规的0.5m。

5.西侧K9+880~K10+680段边坡

该段是北京西六环路堑边坡处治的重点路段。两个最大的边坡滑坍也集中在该段,分别是K10+310~K10+350段及K10+500~K10+650段,后者滑坍量达到7 200m³,为北京西六环路堑边坡最早出现的滑坍。该段边坡处治方案如图10-35所示。

(1)K10+310~K10+350及K10+500~K10+650段存在滑坍,需将滑坍土体清除,并在柔性支护体施工中将其与加筋体同步分层回填,以补齐滑坡缺口。

(2)因边坡高度超过10m,按设计要求将其分两级处理,在10m处设置一平台,平台宽度为2m。

(3)加筋体的设计厚度是变化的,平台以上部分柔性支护结构体的水平宽度为4.0m,土工格栅加筋体为3.3m,防冲刷的坡面防护厚0.2m。平台以下部分柔性支护结构体的水平宽度为6.0m,土工格栅加筋体为5.0m,防冲刷的坡面防护厚0.2m。坡率均采用1:1.5。

(4)坡面处治高度覆盖了整个边坡。

(5)因此处边坡滑坍与水量较大有关,在基础底面设两条纵向渗沟,以快速降低、分流坡体及路床地下水。

(6)考虑雨季坡体水量大,回填体后部的碎石排水层厚度采用0.8m。

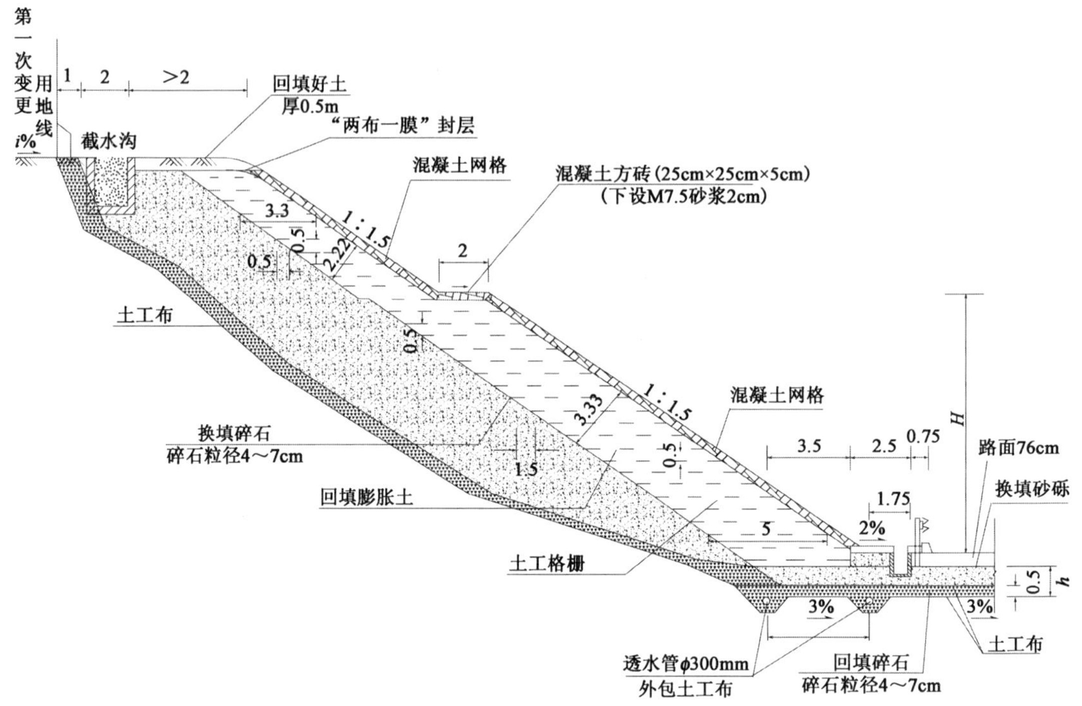

图 10-35　西侧 K9＋880～K10＋680 段边坡处治方案(尺寸单位:m)

6. 膨胀土柔性支护设计方案的特点

北京西六环膨胀土柔性支护设计方案具有如下特点:

(1)单段路堑边坡处治规模

以往采用柔性支护技术处治的路堑边坡都为单个独立边坡,最大处治长为 420m,都没有分区分段进行方案设计;北京西六环路堑边坡为一连续 1.2km 的长路堑边坡,两侧边坡各段高度、破坏情况存在差异,采用了 5 种设计方案。

以往柔性支护处治的对象均为已经垮塌的膨胀土路堑边坡,均需进行清方处理;北京西六环路堑边坡只有一个需要清方处理,即使有小滑坡在超挖过程中也将其挖除而未进行单独的清方处理。

(2)柔性支护覆盖坡面的高度

广西百色等地实施的柔性支护覆盖高度一般为坡高的 2/3,另外 1/3 坡面铺设土工布、回填耕植土进行处理;而北京西六环实施的柔性支护均覆盖整个坡面。这是由于广西湿热的气候条件有利于植被生长,上部 1/3 边坡通常缓于 1∶1.5,采用“两布一膜”封闭以后,植被很容易生长,能有效地保护边坡;北京气候干燥,坡面生长植被困难,如不将整个膨胀边坡封闭,未进行工程处理坡面必然会发生破坏。

(3)柔性加筋体的水平宽度

北京西六环路堑边坡干湿循环显著影响深度为 1.5～2m,考虑不同区段的地质条件、破坏特点、滑坍规模、边坡高度及形状,分别采用了2.3m、2.8m、3.3m、5.0m的土工格栅加筋体水平宽度;广西地区路堑边坡根据干湿循环显著影响深度均采用3.5m的柔性支护体水平宽度。具体来讲,主要因为两地路堑边坡破坏的类型不同:北京西六环路堑边坡的基本破坏形式是碎落及剥落,广西路堑边坡滑坍现象较普遍且多为牵引式。此外,在北京西六环施工中,碾压机械的选择余地很大,加筋体为2.2m宽也能找到合适的施工机械进行碾压。

西侧K9+880~K10+680段,在开挖初期出现了大量上层滞水的外涌,该段高度在10m以上,为安全起见采取了分级处理,即平台以下10m高的堑坡采用了5.0m的土工格栅加筋体,上部采用3.3m。其目的是为了利用加筋体足够的厚度对坡体实施反压,以防止该处高边坡再次滑坍。

(4)坡内碎石排水层厚度

由于西侧边坡顶部汇水面积很大,且水平沉积层夹有透水砂岩层,在2008年边坡开挖不久坡面有大量的层间水外渗,寒冷冬季在坡面形成了冰柱,所以该路堑西侧高度大于10m的边坡坡内排水层设计时采用了0.8m的水平厚度,使排水层的过水断面宽度为0.5m,以保证足够排水能力。

(5)基础底面的排水渗沟

根据具体情况,采用了三种基础排水形式。东侧边坡柔性支护体下基础没有单独设置纵向排水渗沟,碎石排水层的水经路床底部坡度为3%的换填碎石层流向中央分隔带渗沟。

西侧边坡针对汇水面积大小以及坡高,分别采用了单沟和双沟两种形式。双渗沟布设在坡面最高、发生滑坍规模最大、存在透水砂岩层的K9+880~K10+680段边坡,与0.8m的碎石排水层断面相配套。

(6)坡面冲刷防护

北京地区植被生长困难,受气候影响适合植被生长的时间很短,不可能如广西地区在很短时候内就有茂盛的野生植物覆盖坡面。为此,北京西六环路堑边坡坡面种植了生长力强的五叶地锦,防止雨水冲刷和减小干湿循环影响。

针对柔性支护主要施工时间在6~9月,正处于北京雨季的实际情况,采用混凝土网格护坡(图10-36)防止雨水冲刷,并且有利于五叶地锦生长。

图10-36 混凝土网格护坡

(7)柔性支护体的两个特殊设置

在坡面柔性支护体顶部坡角安放预制的混凝土护坡角块(图10-37),减小支护体顶面水流对坡面的冲刷。

混凝土网格护坡高度达到10m,为了保持稳定,在支护体坡脚处设置混凝土碎落台,作为护坡的基础，并且兼有加固坡角，防止西侧边坡支护体后坡角墙后泥岩发生剪切破坏的作用。碎落台如图 10-38 所示。

图 10-37　顶部坡角的混凝土护坡角块

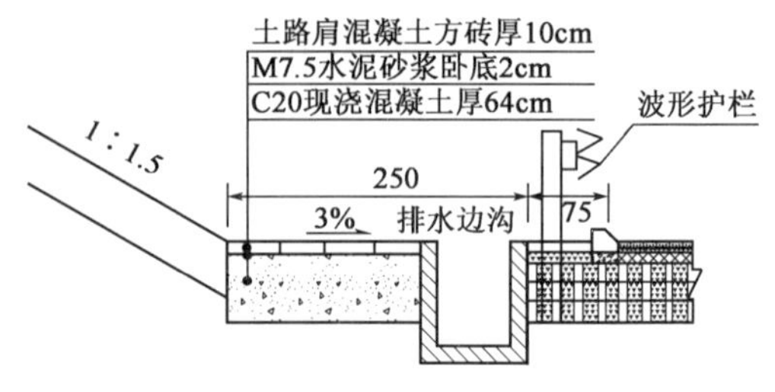

图 10-38　碎落台(尺寸单位:cm)

10.4.2　膨胀土柔性支护的施工

(1)边坡超挖。按照 1∶1.5 的坡率对坡面进行超挖，超挖的宽度为 4m(支护体宽度 3.3m 加墙后排水层厚度 0.5m 加坡面防护 0.2m)，超挖基底应挖成向边坡内倾斜 4%的斜面，挖出的膨胀土放于附近路床的指定位置，以备柔性支护回填使用，如图 10-39 所示。

(2)土工格栅柔性支护体基础开挖及碾压。支护体基础开挖至原路床换填部位，基础部位的松土要全部清除，直到坚硬土层，然后采用压路机对基础进行静压，压实度要求大于或等于 90%。在基础开挖过程中若引起上部土体松动滑塌到基坑中，需将基坑中的松土清理干净，如图 10-40 所示。

图 10-39　边坡超挖

图 10-40　基础开挖及碾压

(3)路床和土工格栅柔性挡墙下渗沟开挖及防水层布设。根据设计图纸，开挖纵向渗沟，渗沟顶部位于路床换填碎石土底部，在渗沟底部和侧面铺设“两布一膜”做好防渗工作，如图 10-41和图 10-42 所示。

(4)路床和土工格栅柔性挡墙下渗沟排水管布置以及沟内碎石的填筑。在渗沟底部纵向布置带孔 PVC 透水管作为排水通道，并用机械或人工将碎石填于沟内(图 10-43)。出口参照截水沟下渗沟出口形式设一字墙出水口。截水沟和其下渗沟采用人工开挖基坑，按设计图纸位置铺“两布一膜”，安放带孔 PVC 透水管，在 PVC 透水管外部包裹一层土工布，回填碎石，渗沟顶回填砂砾土。渗沟的沟底保持平整，沟内水流顺畅，不积水，沟底纵坡不小于 0.5%，以利于及时排出地下水。

图 10-41 开挖渗沟

图 10-42 铺设“两布一膜”

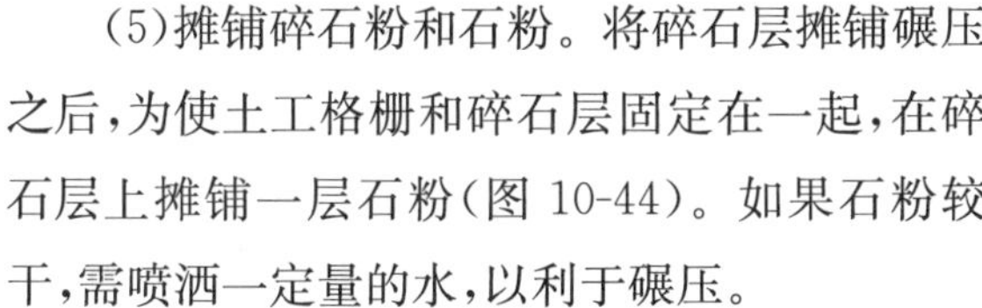

(5)摊铺碎石粉和石粉。将碎石层摊铺碾压之后，为使土工格栅和碎石层固定在一起，在碎石层上摊铺一层石粉(图 10-44)。如果石粉较干，需喷洒一定量的水，以利于碾压。

(6)坡面渗水层的填筑。将碎石填筑于柔性支护体墙背与超挖所成的边坡坡面之间以形成墙背渗水层(图 10-45)，填筑的厚度为 50cm。为防止碎石滑落，先填筑一定的高度渗水层，而后随着支护体的逐层填高而逐层填高渗水层。

图 10-43 基底渗沟

图 10-44 碾压碎石层

图 10-45 渗水层的填筑

(7)U形钉、土工格栅张具、连接棒、土工格栅的制备。从厂家购置连接棒(图10-46)。将ϕ6mm钢筋裁断成30cm长，弯成U形钉。用ϕ10mm钢筋自制土工格栅张拉工具，以备固定和张紧土工格栅之用。土工格栅裁剪的长度为挡墙宽度3.5m加上反包长度1.5m(图10-47)。将成捆的土工格栅进行裁剪备用，裁好的土工格栅放置于路床附近的位置。

图10-46 连接棒

图10-47 土工格栅的裁剪

(8)放线。每层土工格栅摊铺前，按照设计图纸进行测量放线，并用石灰粉标出边坡线和土工格栅包边线，以保证设计坡率和边坡的顺直。

(9)膨胀土填料的准备。按照就近取料的原则，将边坡开挖出来的膨胀土在指定位置堆放，并用推土机履带将其压碎，严格控制填料的粒径不大于20cm。

(10)第1层土工格栅的摊铺。土工格栅加筋区与边坡超挖所形成的边坡线的剩余部位按设计图纸的要求回填相应的填料。土工格栅在预留1.5m反包长度后沿横断面方向自包边线处往路基边坡方向展开，用钢钎进行张拉，用销钉将其端部固定(图10-48)。为了保证土工格栅沿路中线方向的整体性，两幅土工格栅间需搭接，搭接宽度为5cm；并用销钉在搭接部位固定(图10-49)，在尾部固定后，中间部位销钉的间距为1.2m。

图10-48 销钉固定端部

图10-49 土工格栅搭接

(11)土工布的铺设。为防止细粒土入渗堵塞带孔的PVC透水管,在摊铺好的土工格栅上铺设一层土工布。

(12)第1层碎石土的摊铺、碾压。用装载机或挖掘机将备好的碎石土放置于土工膜上及背后需回填的区域。采用推土机将填料推平,虚铺厚度为30cm,达到平整性要求后用小型压路机进行碾压,碾压遍数应根据实际情况及时调整,压实度大于80%;再摊铺30cm的碎石土碾压,两层土碾压后的厚度控制在50cm左右。严禁施工机械直接在土工格栅上行走,以免压坏土工格栅。

(13)放线、修坡。按设计的1∶1.5坡率进行测量放线;采用人工将填筑并碾压后的两层土修成1∶1.5的坡率。

(14)第2层土工格栅摊铺及反包。在压实后的碎石土上按照步骤(10)摊铺第2层土工格栅,用连接棒将上下两层土工格栅连接,沿垂直路中线方向用钢钎拉紧土工格栅使其产生1%～2%的伸长率,然后钉住钢钎。连接棒必须被上下两层土工格栅牢牢夹紧,并立即用U形钉将土工格栅固定在土层上。为防止土工格栅因倒土产生变形或褶皱,需在搭接处沿垂直路中线方向的中部加钉U形钉。

(15)第2层碎石土的摊铺、碾压。按照步骤(12)摊铺第2层碎石土并进行碾压。

(16)第1层膨胀土的摊铺。在两层碎石土之上摊铺土工格栅,张拉,然后进行第1层膨胀土的摊铺与碾压,严格控制填料的粒径不大于20cm。

(17)依照设计图,重复步骤(12)～(15),填筑膨胀土直到柔性支护挡墙的顶部。

(18)边坡封顶。在回填土上方以及膨胀土边坡顶部铺设“两布一膜”,铺设宽度(坡顶到截水沟距离)不小于5m,顶部处理按设计图纸执行。土工格栅柔性挡墙顶部至截水沟边缘范围内坡面铺土工膜隔水,铺土工膜前,修整坡面,填塞裂隙。

(19)坡顶及坡面摊铺耕植土。在坡顶的“两布一膜”之上摊铺50cm厚的耕植土,在反包坡面的表面培植30cm厚的耕植土,由下而上拍实,防止紫外线照射加快土工格栅的老化。

10.4.3 膨胀土路堑处治效果

北京西六环膨胀土路堑段的施工于2009年8月完成,到目前为止所有经柔性支护技术处治的路堑边坡都非常稳定。图10-50～图10-52为北京西六环膨胀土路堑边坡柔性支护处治前后的对比图。

2010年3月进行了工程回访,尽管在现场没有看到如广西那样郁郁葱葱的坡面,但整个处治路堑仍不失美观大气,成为北京西六环一道独特风景。

从处治结果看,柔性支护技术对北京沉积(岩)土边坡取得了满意的效果,解决了膨胀土边坡“屡治屡垮”的工程技术难题,并且取得良好的经济和环保效益。这是其他处治措施不能比拟的，证明了柔性支护技术处治膨胀土的普遍适用性。

图 10-50　膨胀土路堑边坡处治前、后对比(一)

图 10-51　膨胀土路堑边坡处治前、后对比(二)

图 10-52　膨胀土路堑边坡处治前、后对比(三)

10.5 海南热带气候条件下膨胀土路基处治工程实例

海南膨胀土主要分布在琼北平原台地地区、北部火山岩地区和西部地区。1998年建成通车的西线高速公路K38～K60膨胀土路段有20余个路堑边坡发生坍塌，采用拱形骨架、挡土墙和削坡等处治措施进行治理后，仍有部分路堑边坡不能保持稳定。2009年开工建设的中线海(口)屯(昌)高速公路K34～K38段穿越膨胀土分布区，路堑边坡开挖后仅经历几场大雨，11个边坡发生不同程度的破坏。如何针对海南国际旅游岛建设的需要和海南多雨的气候特点，提出既生态环保又安全可靠的膨胀土路堑边坡处治技术成为海南公路工程建设的一大技术难题。

结合交通运输部和海南省交通运输厅膨胀土路基修筑技术推广应用项目，以海屯高速公路膨胀土路堑边坡为研究对象，开展了现场调查、室内试验、理论分析和数值模拟，在总结已有工程处治经验和教训的基础上，针对多雨气候条件下膨胀土路堑边坡不同的破坏特征和类型，首次在海南提出并应用了柔性支护综合处治技术，成功解决了多雨气候条件下海屯高速公路膨胀土路堑边坡破坏的问题。

10.5.1 膨胀土路段工程地质特征

对海屯高速公路路堑边坡破坏较多的K34～K38段(位于海南澄迈)进行了现场勘察，选取失稳破坏的边坡或其邻近位置，通过钻孔和探坑采集原状样，进行土性指标的测试。部分代表性试验结果见表10-7。

现场勘察和室内试验结果表明，该路段主要有两类膨胀土。K34～K35所取土样为湖积硬黏土型膨胀土，该类膨胀土主要分布在海南新生代湖相盆地，该处地貌为为舒缓波状。由于琼北新生代火山活动频繁，新生代湖相盆地常被破坏，湖积硬黏土型膨胀土仅在局部存在。从开挖边坡剖面可以看出，由于海南干湿两季分明，近地表的土层经受长期的干湿循环和反复胀缩而形成了许多裂隙，裂隙面有光滑面和擦痕，有的裂隙中充填着灰白、灰绿色黏土。边坡土体在自然条件下呈坚硬或硬塑状态。该处边坡失稳呈现浅层和渐进性，探坑取样时，坑壁易发生坍塌。从自由膨胀率和蒙脱石含量可以看出，琼北湖积硬黏土型膨胀土具有中、强膨胀性，其黏粒含量、液塑性指标与其他地区中强膨胀土相似。

K36～K38段所取土样为砂页岩残积土非典型膨胀土，为滨海带河湖相成因，其土质特征介于膨胀土和非膨胀土之间。从自由膨胀率、蒙脱石含量、黏粒含量、液塑性指标来看，多数都可判定为非膨胀土。该类土应属于黏土质砂土，但由于其比一般砂土含有相对较多的蒙脱石而具有了类似膨胀土的性质:该类土的粗粒含量平均值大于70%,土体渗透性强,雨水易入渗;雨水入渗后,可使得含蒙脱石的细粒土迅速吸水软化,使得土体整体抗剪强度下降,从而造成边坡破坏。另一方面,因细粒土中含有蒙脱石,该类土难以达到路基填料的压实标准,因而若不采取有效的边坡处治措施,该段边坡滑塌后的清挖方只能废弃,从而造成生态环境破坏。

海屯高速公路膨胀土土性指标测试结果 表10-7

地点	深度(m)	类型	自由膨胀率(%)	蒙脱石含量(%)	比表面积(m^2/g)	液限(%)	塑限(%)	颗粒组成(%)		
								>0.005mm	0.002~0.005mm	<0.002mm
K36+083	1.0~1.2	砂页岩残积土非典型膨胀土	27	2.55	57.30	28.94	14.68	79.58	1.00	19.42
K36+083	1.9~2.1		30	7.62	64.87	34.93	15.78	71.00	0.64	28.36
K36+083	2.8~3.0		34	5.71	32.39	31.87	15.65	81.70	0.08	18.22
K36+083	4.3~4.5		35	4.54	64.47	26.98	13.66	77.84	2.60	19.56
K37+270	1.5		30	5.78	61.21	35.63	15.59	67.72	2.44	29.84
K37+270	2.0		49	9.85	120.24	57.01	24.84	59.32	0.64	40.04
K35+020	3.0		23	5.27	59.23	31.86	15.99	72.64	0.16	27.2
K37+950	4.0		44	8.32	99.3	53.65	21.49	62.16	1.20	36.64
K34+800	1.0	湖积硬黏土型膨胀土	42	20.05	173.63	53.42	25.84	59.01	8.34	32.65
K34+800	2.0		67	18.40	167.41	55.48	23.53	56.8	6.68	36.52
K34+800	3.5		85	22.84	202.50	57.09	25.76	31.4	6.84	61.76
K34+800	5.0		67	18.41	182.69	53.17	26.43	32.04	5.24	62.72
K34+800	6.0		68	17.11	165.21	49.87	25.69	33.44	6.32	60.24

10.5.2 膨胀土路堑边坡破坏类型

对海屯高速公路K34~K38段的11个膨胀土路堑边坡的破坏形式和特征进行了分析。K34~K35段湖积硬黏土型膨胀土路堑边坡滑坍破坏与广西宁明膨胀土路堑边坡相似,以台阶式滑坡为主。滑坡体后缘一般为一个倾角75°左右的陡立拉裂面,底部滑动面为倾角5°~15°的缓倾斜界面。由于开挖作用对膨胀土路堑边坡的风化带界面、土岩界面等宏观地质结构面胀缩特性的活化,在上层滞水的干湿活动作用下边坡强风化带中产生了新的胀缩活动带;此外,由气候剧烈干湿循环作用形成的上部土层胀缩活动带和由开挖激活在下部形成的新生胀缩活动带组成的二元结构活动带,控制了膨胀土开挖边坡的滑坍活动,使得该类边坡破坏具有浅层性、牵引式逐次发展的特征,其破坏模式如图10-53a)所示。值得注意的是,当开挖坡率在

1∶1.5时，初开挖的湖积硬黏土型膨胀土路堑边坡，也可能在开挖半年后仍能保持坡面稳定。若按传统措施进行坡面防护，这种“滞后破坏”特征可能保持很长时间。因此，不采取有效的边坡加固防护措施，这类膨胀土路堑边坡的长期稳定性难以保证。

K36～K38段砂页岩残积土非典型膨胀土路堑边坡破坏有两种形式：一种是含有软弱结构面且顺层的路堑边坡所发生的台阶式滑坍，如图10-53b)的左侧所示。台阶式滑坍体由底部滑动面、后缘张裂隙及滑坡体组成。破坏时，首先出现陡倾的后缘张裂隙，通常是靠近路堑边坡坡顶并沿路线方向发育，产状一般不稳定，倾向大致平行于开挖坡向，倾角在70°以上。张裂隙刚形成时宽0.3～1.0cm，深1m左右。经半月或几场雨后，滑体崩解成松散滑坍或溜坍体。砂页岩残积土非典型膨胀土路堑边坡破坏的另一种形式是无结构面或者含结构面但逆向边坡所发生的坡表冲蚀和溜坍，水毁深度多在1m左右，如图10-53b)的右侧和图10-53c)所示。

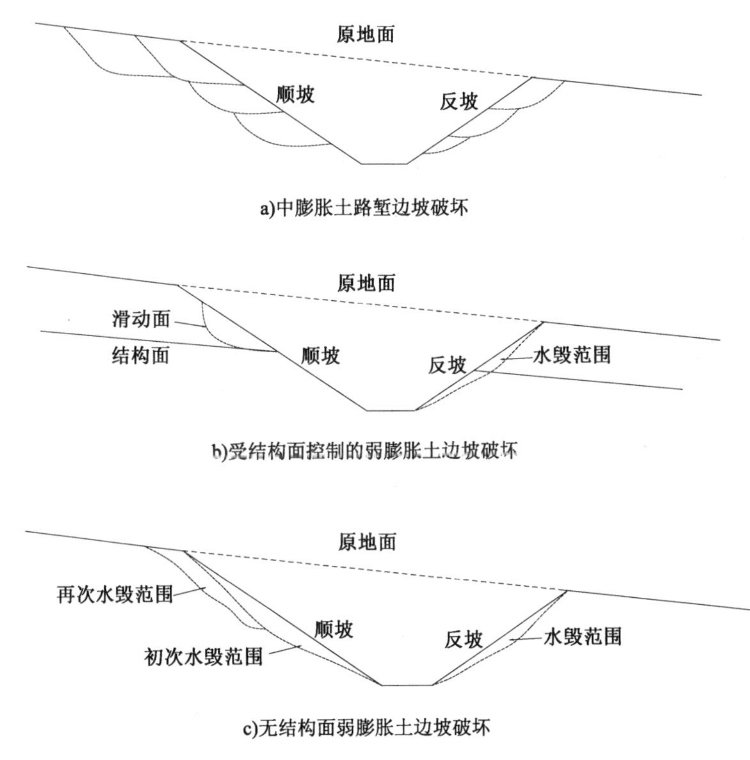

图10-53　海屯高速公路膨胀土路堑边坡破坏示意图

通过膨胀土路段工程地质分析和路堑边坡破坏调查，按照地质条件和破坏特征，将海屯高速公路膨胀土路堑边坡分为三种类型(表10-8)，即中膨胀土路堑边坡、受结构面控制的弱膨胀土边坡以及无结构面弱膨胀土边坡。其破坏特征分别为叠瓦台阶式滑坡、浅层台阶式滑坍、坡面水毁冲刷破坏。

海屯高速公路膨胀土路堑边坡工程分类　　表 10-8

序号	类　　型	坡　　向	坡高(m)	破坏特征
1	中膨胀土路堑边坡	—	>3	叠瓦台阶式滑坡
2	受结构面控制的弱膨胀土边坡	顺坡	>4	浅层台阶式滑坍
3		反坡	>3	坡面水毁冲刷破坏
4	无结构面弱膨胀土边坡	顺坡	>4	坡面冲刷及局部滞水水毁滑坍
5		反坡	>3	坡面水毁冲刷破坏

10.5.3　膨胀土路堑边坡柔性支护方案及有效性分析

考虑海南特有的多雨气候条件，针对海屯高速公路发生的叠瓦台阶式滑坡和发生浅层台阶式滑坍的膨胀土路堑边坡，提出了柔性支护方案，其结构形式如图 10-54 所示。该结构主要由三大部分组成：

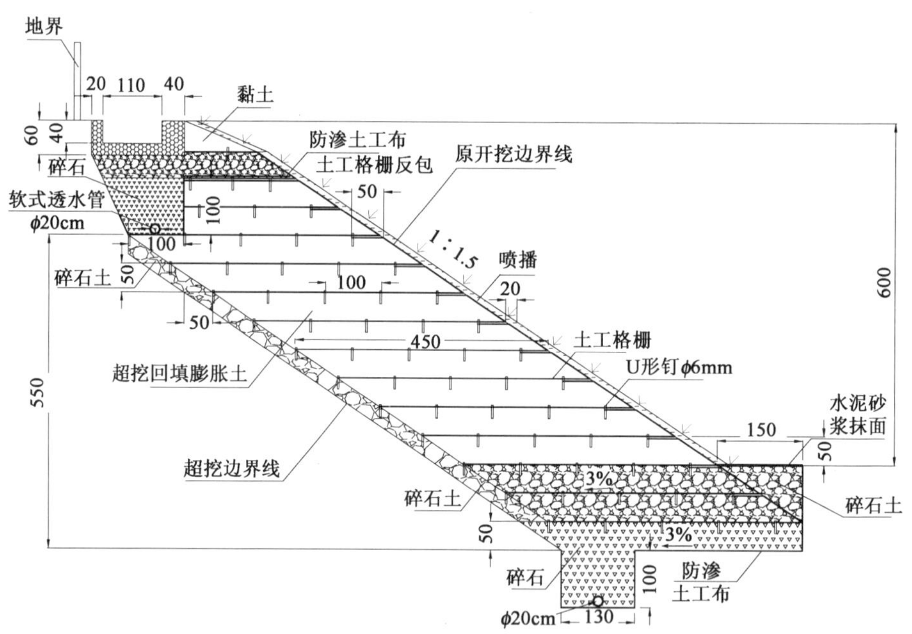

图 10-54　海屯高速公路膨胀土路堑边坡柔性支护方案示意图(尺寸单位:cm)

(1)柔性加筋体。将原已开挖成形但发生滑坍的膨胀土路堑边坡水平超挖 5m，再将超挖的滑坍体回填逐层压实，并用土工格栅逐层摊铺、反包，U 形钉锚固。加筋体边坡坡率为 1∶1.5。根据工程所在地海南澄迈的膨胀土干湿循环显著影响区范围，土工格栅水平加筋长度设计为 4.5m，竖向加筋间距设计为 0.5m。为了保证柔性支护体基底的稳定性，基底两层(厚

1m)土工格栅加筋层所用的填料为碎石土。柔性加筋体中土工格栅与填土间摩擦力和咬合力,以及土工格栅层间的联结与反包,使加筋体结构具有良好的整体性和稳定性。

(2)综合防排水体系。完备的内外防排水体系是膨胀土路堑边坡柔性支护结构区别于一般加筋土挡墙结构的关键所在。该体系由基底渗沟、柔性加筋体背部排水垫层、坡顶截水沟和渗沟组成。与广西南友高速公路所采用柔性支护结构不同之处在于,考虑到海南降雨量大(年平均降雨量1 750mm)的特点,加大了基底渗沟的宽度,由0.5m增大到1.3m;加大了截水沟的尺寸;为了充分排出坡顶的地下渗水,截水沟下设计了深1.0m、宽1.0m的坡顶渗沟。

(3)坡面绿化。加筋后的坡面用20cm厚的耕植土进行覆盖,采用草灌结合的方式对坡面进行绿化,起到稳定表土层,防止冲刷与水土流失的作用。同时使得绿化后的边坡显得自然和生态环保。

为了分析柔性支护膨胀土路堑边坡的有效性,利用Geostudio岩土工程模拟计算软件和加筋膨胀土路堑边坡稳定性分析方法,对海屯高速公路柔性支护膨胀土路堑边坡进行了边坡稳定分析。根据图10-54建立计算模型,边坡高12m,坡率为1∶1.5,所采用的计算参数见表10-9。计算得到柔性加固边坡整体稳定系数为1.9,满足设计要求。

柔性支护膨胀土路堑边坡稳定分析计算参数 表10-9

材　料	重度γ(kN/m^3)	有效内摩擦角φ'(°)	有效黏聚力c'(kPa)
压实膨胀土	19.0	24.0	15.0
原状膨胀土	18.5	22.0	12.0
碎石土	21.2	32.0	0
土与土工格栅界面	—	15.0	8.0

对海屯高速公路K34～K38的11个膨胀土路堑边坡分别进行了柔性支护结构设计,设计路段见表10-10。设计方案于2011年12月开始实施,2012年4月结束。在11个边坡处治期间,主线和匝道上的个别膨胀土边坡又陆续滑坍,亦采用柔性支护技术进行处治。因此,海屯高速公路共有14处膨胀土路堑边坡采用了柔性支护技术,处治边坡总长达5.31km。目前,处治完工最早的柔性支护边坡已经历了两个雨季的考验,尤其是几次大暴雨的袭击,处治边坡均保持稳定,坡面植被郁郁葱葱,与周围自然景观完全融为一体(图10-55)。在雨季,柔性支护结构的基底渗沟出口处可见大量地下水流出,说明该柔性支护结构的综合防排水系统具有良好的疏排坡体内部渗水的功能。

与其他边坡处治技术比较,柔性支护技术施工十分便捷。例如,K34+725～K34+920左侧边坡的处治,仅用挖掘机1台、自卸车3台以及6名普通施工人员,花费13个工作日即全部完工。

海屯高速公路膨胀土路堑边坡处治路段　表 10-10

序　号	边 坡 位 置	最大坡高(m)	坡长(m)
1	K34+725～K34+920 左侧	12.0	195
2	K36+720～K36+880 左侧	7.4	160
3	K36+880～K36+960 左侧	14.4	80
4	K36+960～K37+360 左侧	16.0	400
5	K35+988～K36+485 左侧	16.6	497
6	K37+790～K38+425 左侧	13.2	635
7	K36+020～K36+490 右侧	7.6	470
8	K36+710～K37+200 右侧	12.0	490
9	K37+200～K37+350 右侧	9.6	150
10	K37+790～K38+403 右侧	8.8	613
11	K34+720～K34+920 右侧	8.2	200

a)K34+725～K34+920左侧

b)K37+790～K38+425左侧

图 10-55　柔性支护膨胀土路堑边坡

10.5.4　海南多雨气候条件对高液限红黏土和膨胀土填料利用的影响

海南属热带海洋季风气候区，全年暖热，雨量充沛，干湿季节明显，5～10 月为雨季，湿热同季，11 月至次年 4 月为旱季，热带风暴和台风频繁，台风每年发生 20 次左右。长年无霜，没有冬天，多年平均降雨 1 610～1 790mm，雨日(日降雨量 0.1mm)150d，5～10 月为雨季，降雨量占年降雨量的 75%～90%，11 月至次年 4 月为旱季，仅占年降雨量的 25%～10%(图 10-56)，年平均蒸发量 1 650～1 825mm。

海屯高速公路膨胀土和高液限红黏土的湿法击实最佳含水率通常远大于干法击实最佳含水率，且该状态下水稳性最佳，因此物理处治技术以湿法击实参数确定现场压实控制指标。但海南膨胀土天然含水率较高(28%以上),要达到湿法击实最佳含水率通常需要通过风干和翻拌 3d 以上,海屯高速公路柔性支护回填膨胀土压实和高液限红黏土路堤压实只需翻晒 1d 即可(图 10-57)。海屯高速公路膨胀土各类路基处治新技术施工对气候的要求见表 10-11。

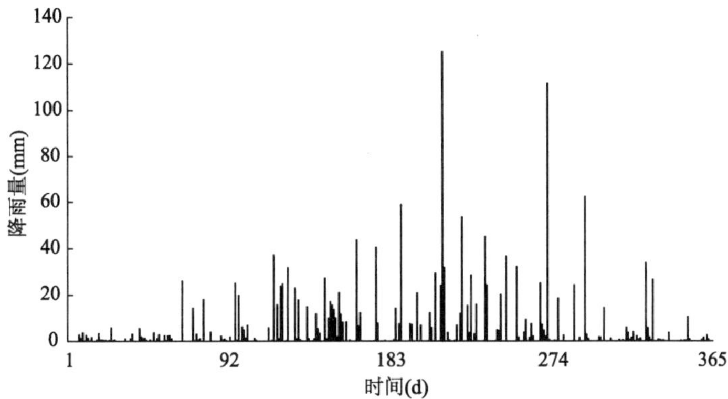

图 10-56 海口年降雨量分布图(近 10 年统计结果)

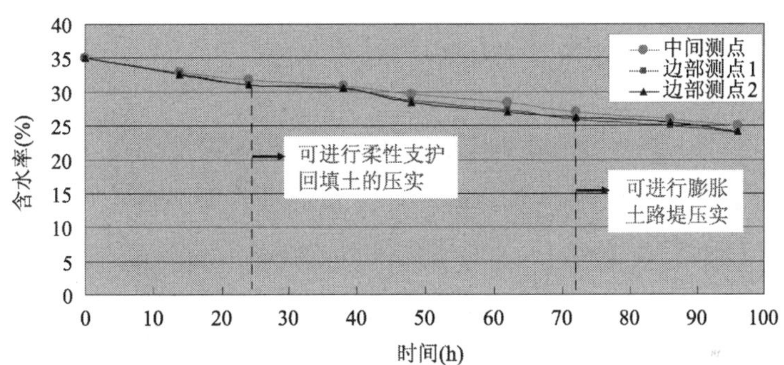

图 10-57 海屯高速公路膨胀土填料现场翻晒过程含水率变化(彩图见 346 页)

海屯高速公路膨胀土各类路基处治新技术施工对气候的要求 表 10-11

序 号	路基处治技术	施工要求的最短连续不降雨天数
1	路堑边坡柔性支护技术、高液限土路堤物理处治技术	1d 及以上
2	过湿高液限红黏土路堤物理处治技术	2d 及以上
3	膨胀土路堤物理处治技术	3d 及以上
4	过湿膨胀土路堤物理处治技术	4d 及以上

对海口气候进行了分析,统计了一年中连续不降雨天数及其时段数(图 10-58 和表 10-12),具有连续 3~4d 不降雨的施工条件仅集中在 11 月到次年 2 月,因此对于难以翻晒风干的过湿膨胀土类,在降雨分布集中的时段难以获得施工条件。因此,物理处治虽具有很好的环保效益和社会效益,也符合国际旅游岛的发展理念,但该技术受到了气候条件的限制而难以在海屯高速公路推广应用。此外,3d 以上的翻晒极大增加了成本,影响了物理处治技术应用所产生的经济效益。如果在堆料翻拌过程中遇到降雨,将会使得该技术比弃土换填更不经济。

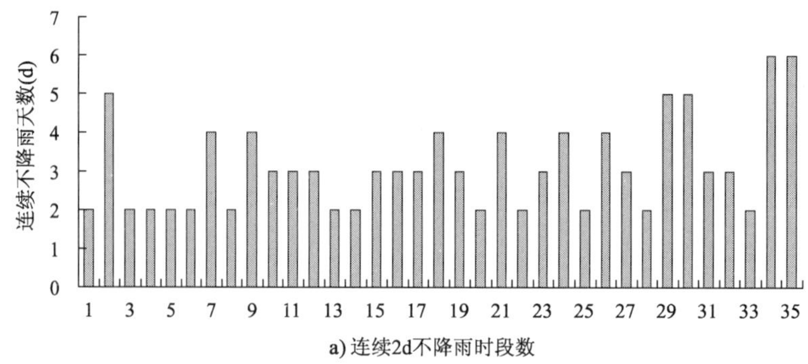

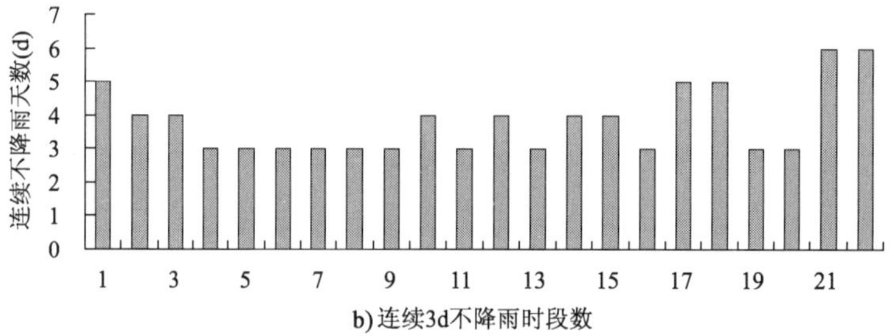

图 10-58　海口连续不降雨天气统计图

海屯高速公路膨胀土路基处治新技术的适宜性评价　　表 10-12

最短连续不降雨天数	年累计时段数	年累计天数	新　技　术	适宜性评价
1d 及以上	53	128	路堑边坡柔性支护技术、高液限红黏土路堤物理处治技术	适宜
2d 及以上	35	110	过湿高液限红黏土路堤物理处治技术	适宜
3d 及以上	22	84	膨胀土路堤物理处治技术	不适宜
4d 及以上	11	51	过湿膨胀土路堤物理处治技术	很不适宜

从经济性和施工便利性考虑，拟采用物理处治技术中的土工格栅包边法对海屯高速公路高液限红黏土路堤进行处治。方案设计如图 10-59 所示。

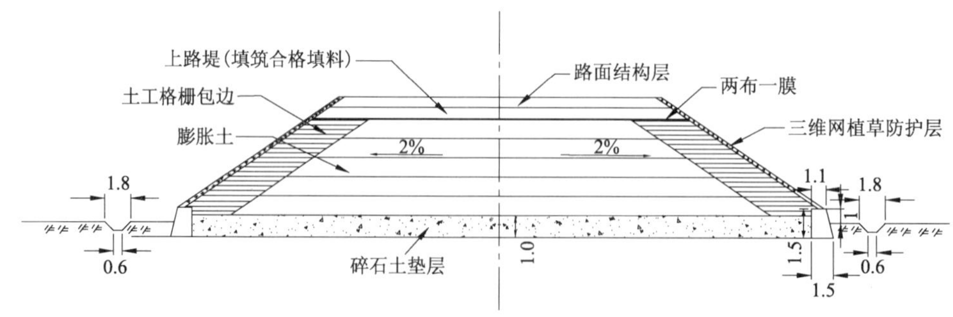

图 10-59　海屯高速公路高液限红黏土路堤处治方案设计图(尺寸单位：m)

该方案技术思路如下：

(1)由于海屯高速公路膨胀土天然含水率高，不易压实，膨胀土只用于相对压实度要求不高的下路堤填筑，以尽可能实现路基施工的移挖作填。

(2)由于海屯高速公路膨胀土路段暴雨频繁，暴雨期间易在路堤坡脚形成暂时性积水，造成坡脚软化和基底湿化，为强化基底，防止毛细水对膨胀土填筑层的影响，在基底设置 1.0m 厚的碎石土垫层，并在两侧坡脚各设置一矮挡墙。

(3)采用膨胀土路基平衡湿度预测方法对海南气候条件下高液限红黏土路堤湿度变化进行了数值模拟。计算结果表明，距离路堤边部 3m 范围内的土体受到大气干湿循环的剧烈影响，将随气候变化产生反复的胀缩变形，容易造成表层破坏；而 4m 和 16m 处土体则受气候影响不显著。因此，本方案采用土工格栅包边对边部 3m 内的膨胀土胀缩活动带范围进行加固，并将土工格栅加筋长度定为 3.5m。

路堤物理处治技术成功应用于海屯高速公路 K6＋220～K7＋150 段(图 10-60)，利用高液限红黏土 20 多万 m^3。应用路段于 2012 年通车，至今运行良好。

图 10-60　海屯高速公路高液限红黏土路堤物理处治路段

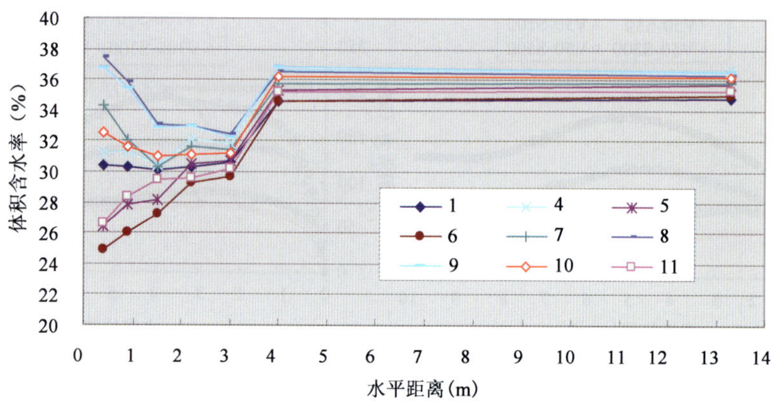

图 6-14　K133＋700 路堤断面含水率随距离变化的曲线束

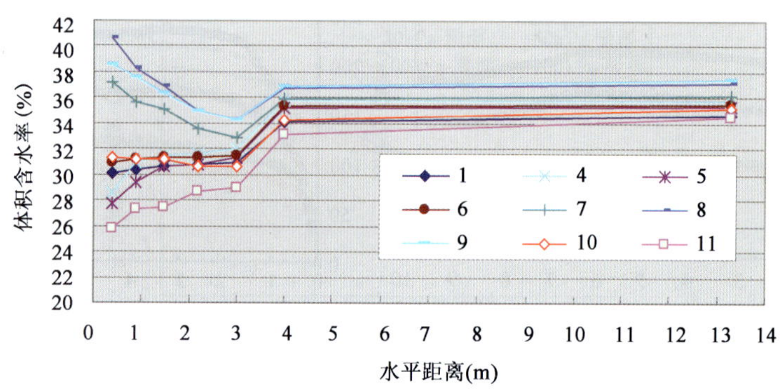

图 6-15　K133＋720 路堤断面含水率随距离变化的曲线束

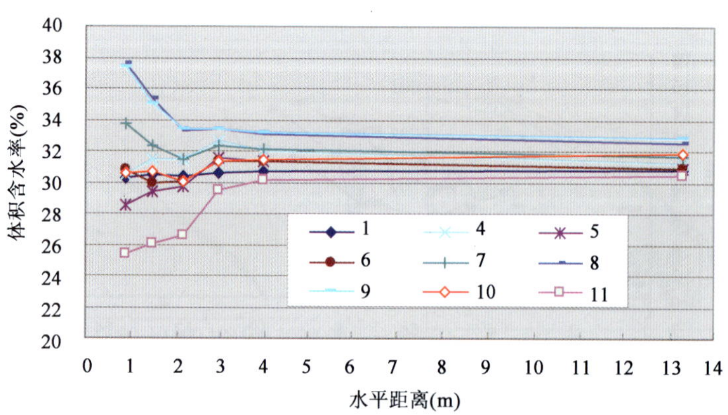

图 6-16　K135＋460 路堤断面含水率随距离变化的曲线束

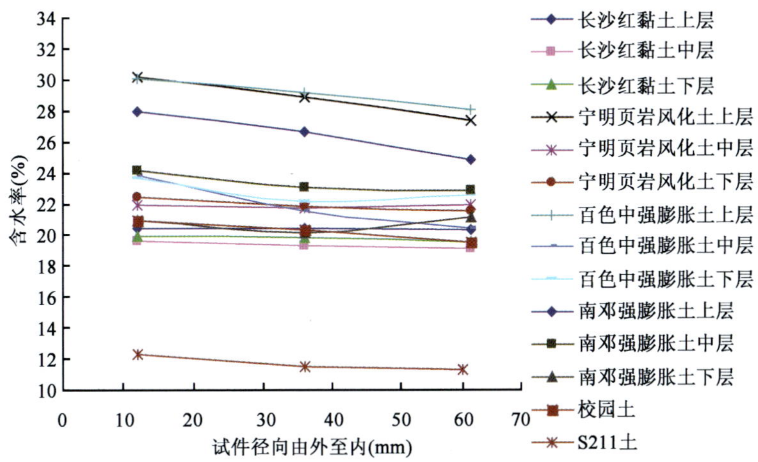

图 7-11 膨胀土和非膨胀土 CBR 试件浸水后的含水率径向分布

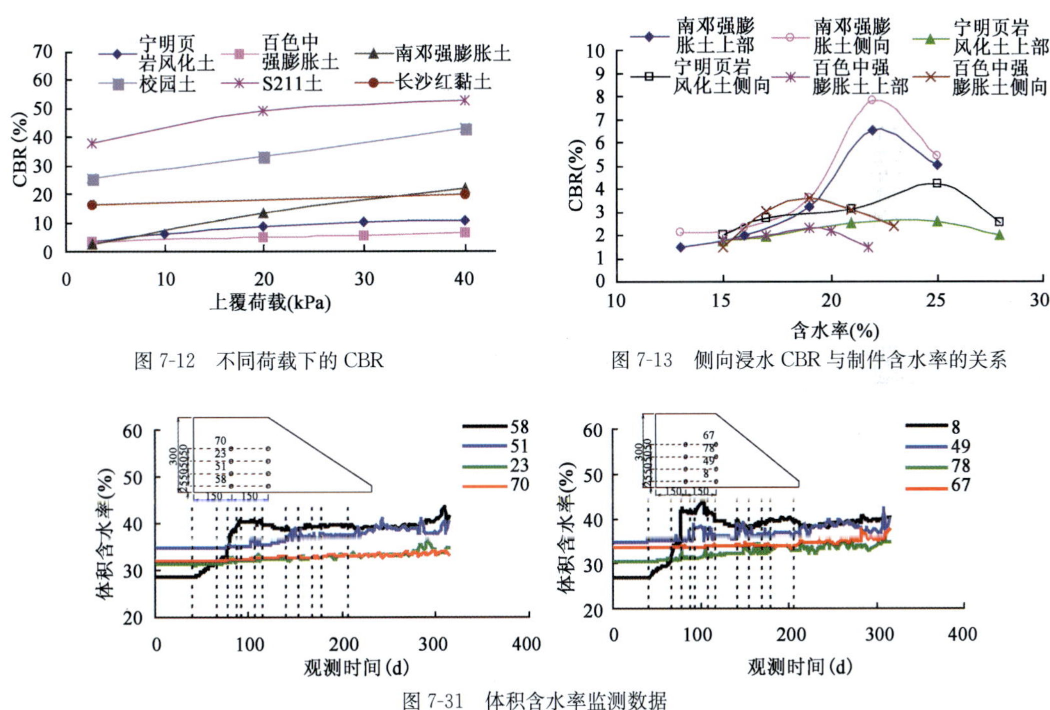

图 7-12 不同荷载下的 CBR

图 7-13 侧向浸水 CBR 与制件含水率的关系

体积含水率(%)
观测时间(d)

图 7-31 体积含水率监测数据

注:图例中 58、51、23 等为探头编号,图 7-32～图 7-34 同。

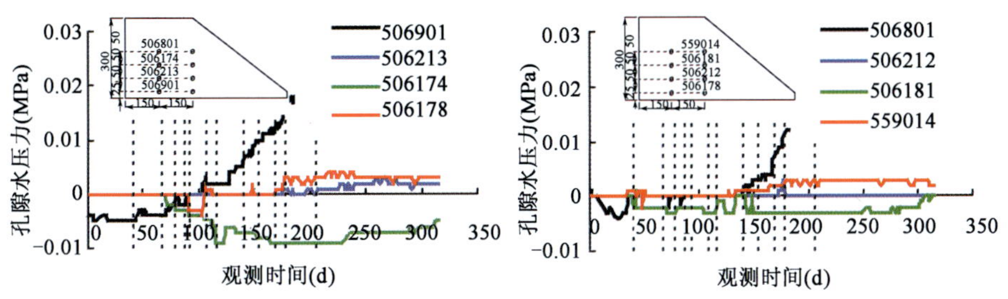

图 7-32 孔隙水压力监测数据

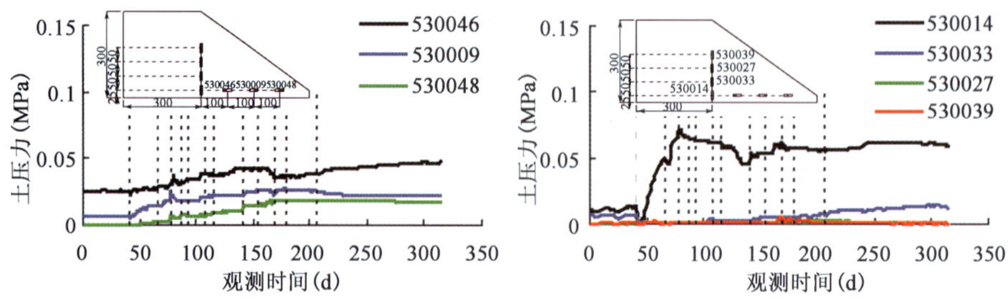

图 7-33　土压力监测数据

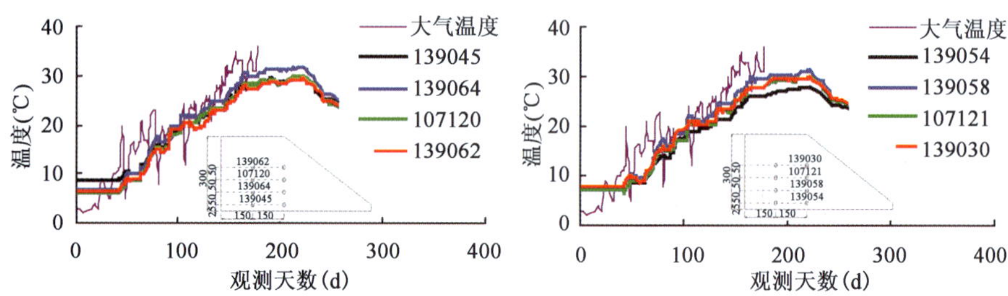

图 7-34　温度监测结果

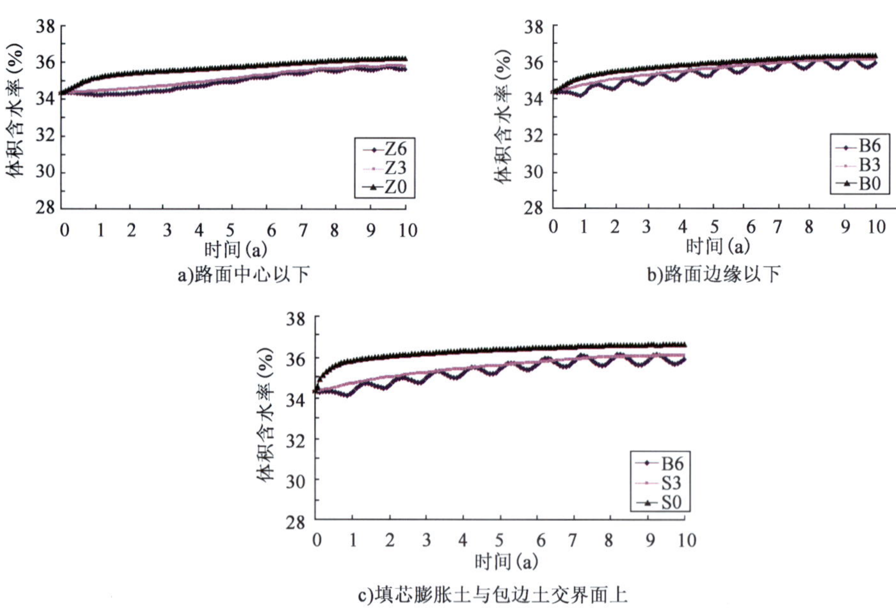

图 7-37　物理处治膨胀土路堤湿度随时间的变化曲线

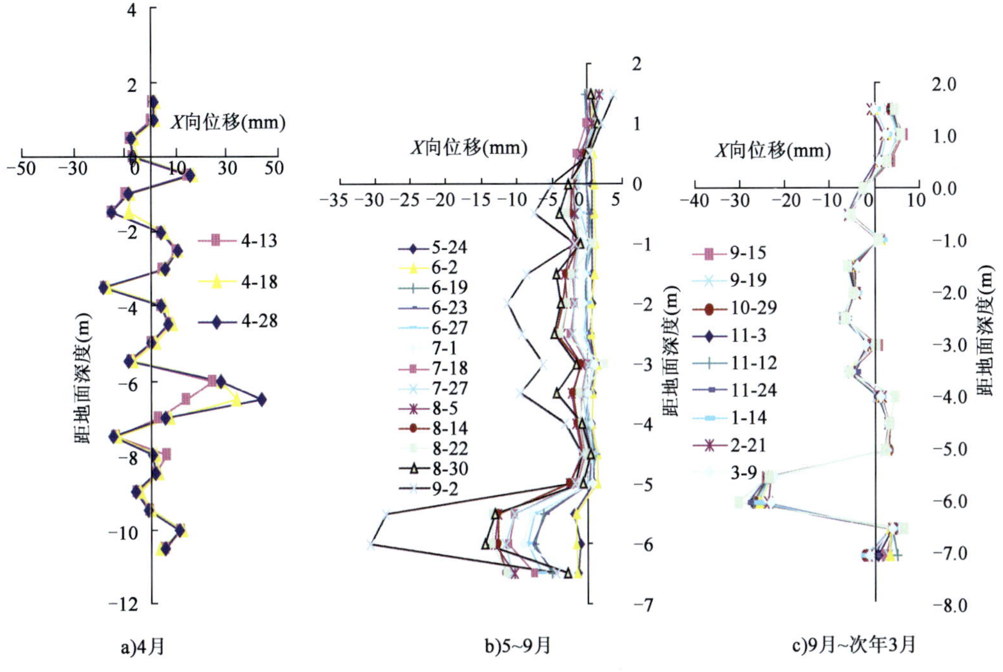

图 8-3 X 方向不同深度侧向位移的状态过程曲线

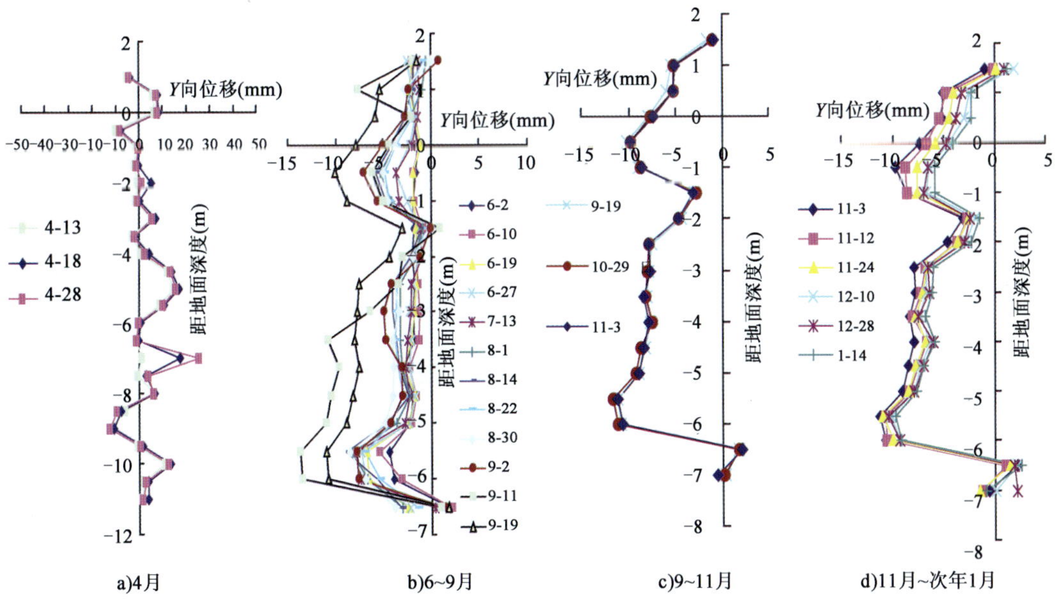

图 8-4 Y 方向不同深度侧向位移的状态过程曲线

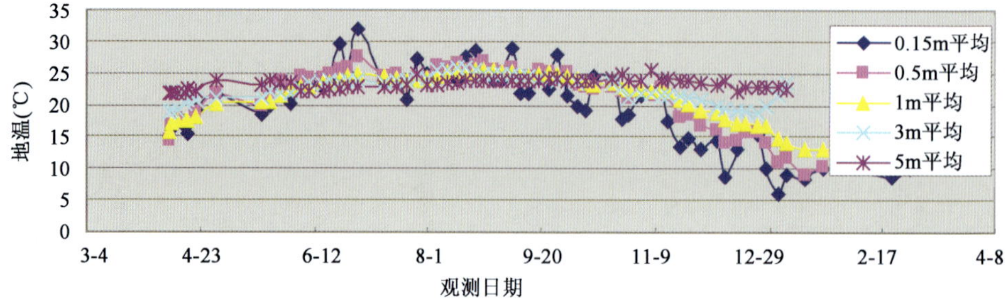

图 8-6 不同深度土体温度随时间变化

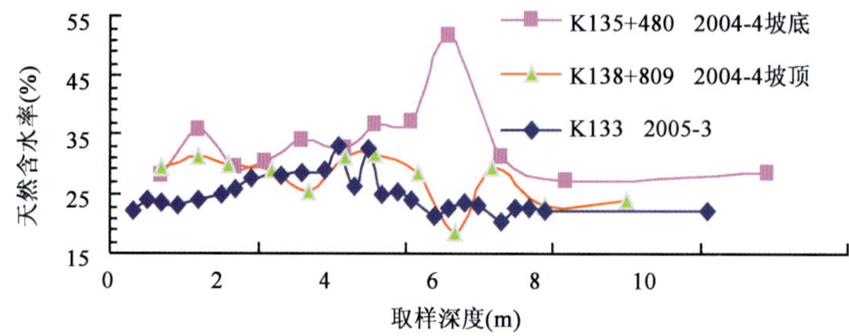

图 8-8 边坡土体天然含水率随深度变化

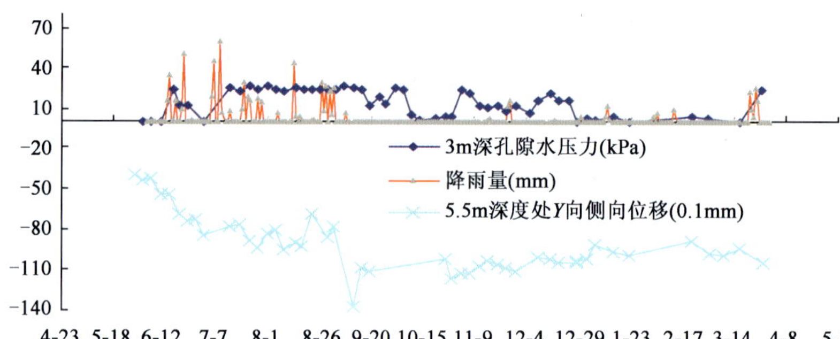

图 8-12 各相关量随时间变化

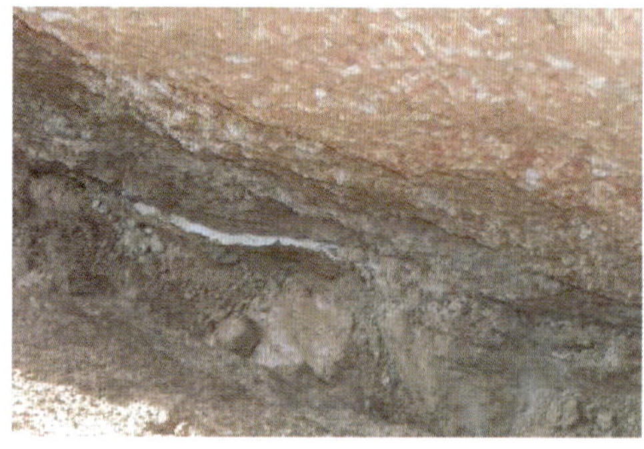

图 8-13 双层滑动现象

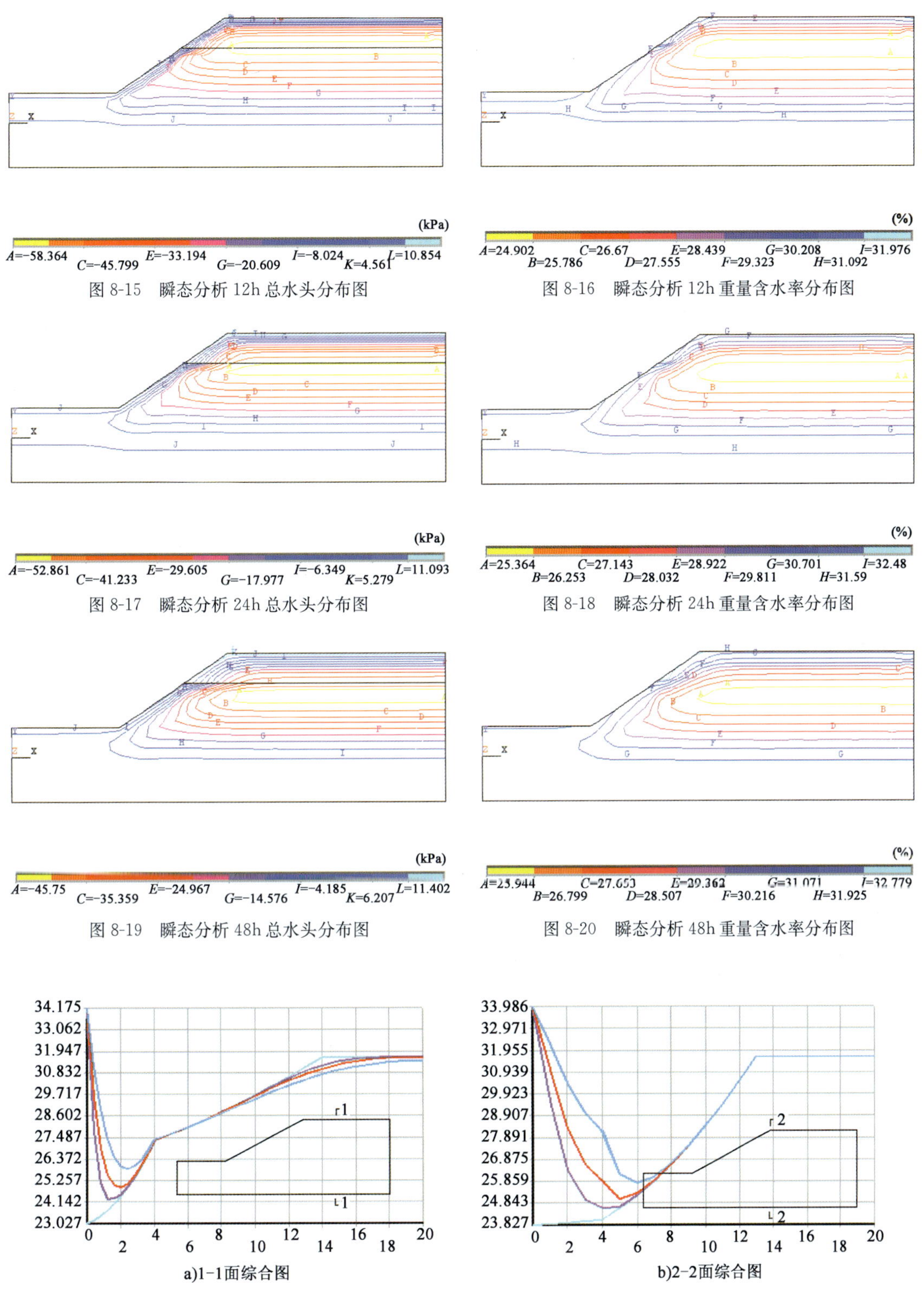

图 8-15 瞬态分析 12h 总水头分布图

图 8-16 瞬态分析 12h 重量含水率分布图

图 8-17 瞬态分析 24h 总水头分布图

图 8-18 瞬态分析 24h 重量含水率分布图

图 8-19 瞬态分析 48h 总水头分布图

图 8-20 瞬态分析 48h 重量含水率分布图

a)1-1面综合图

b)2-2面综合图

图 8-21

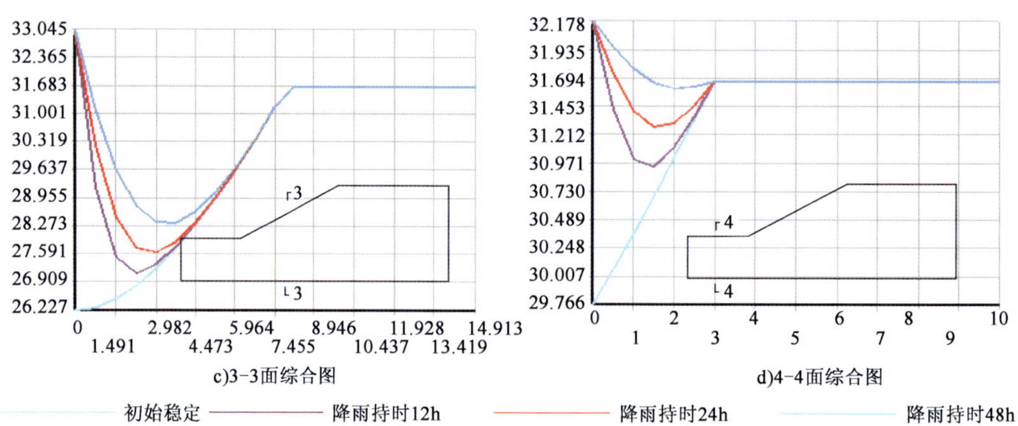

图 8-21 不同位置重量含水率随深度变化图

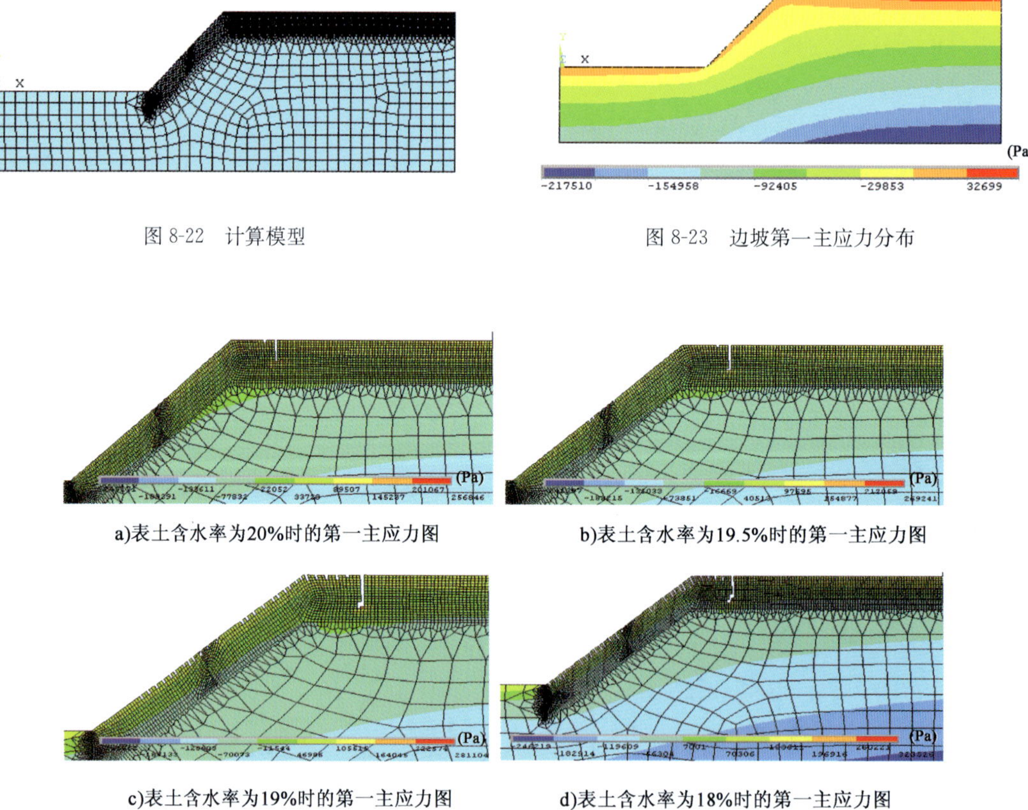

图 8-22 计算模型

图 8-23 边坡第一主应力分布

a)表土含水率为20%时的第一主应力图

b)表土含水率为19.5%时的第一主应力图

c)表土含水率为19%时的第一主应力图

d)表土含水率为18%时的第一主应力图

图 8-24 边坡表层土降至不同含水率时的第一主应力分布图

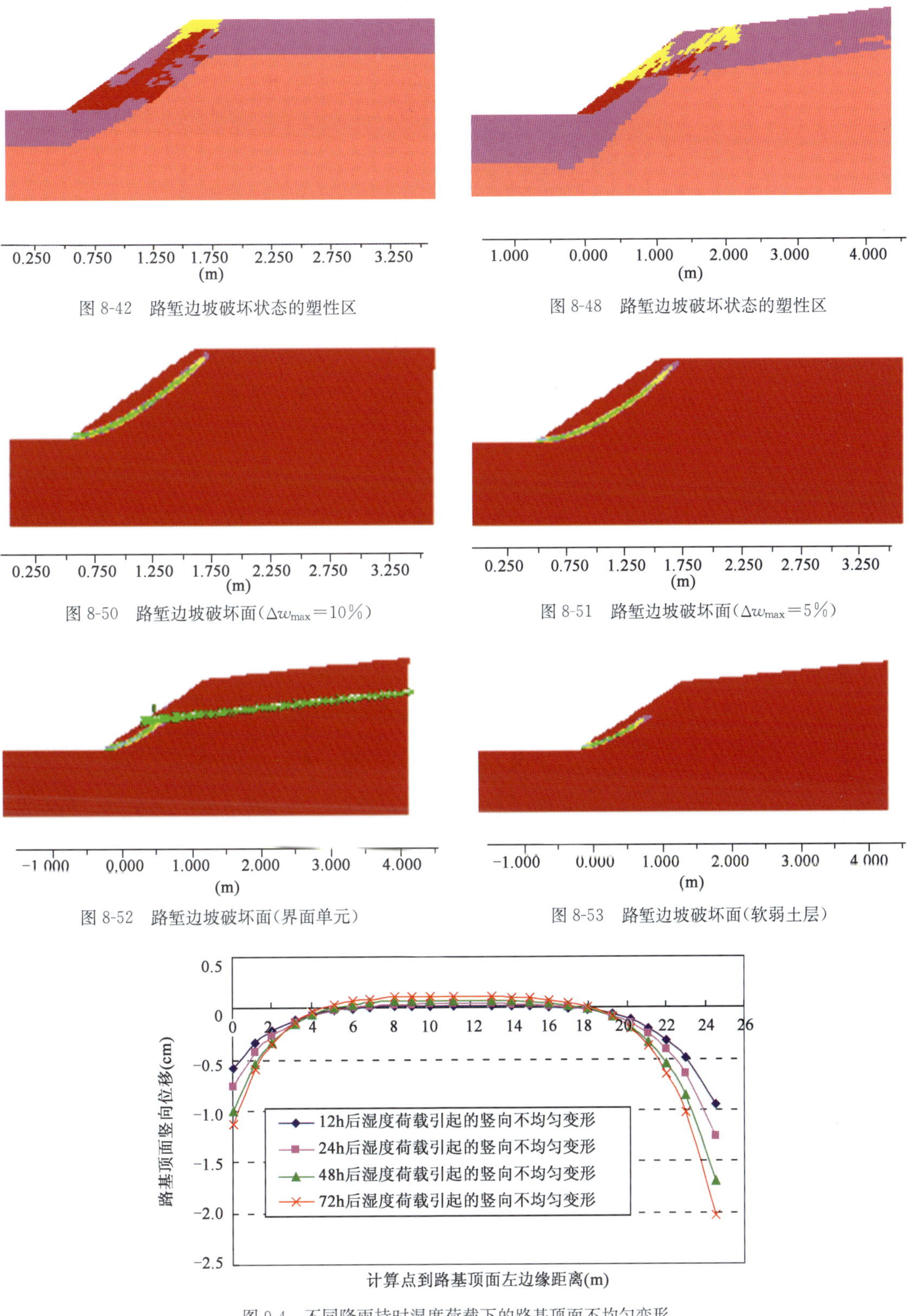

图 8-42 路堑边坡破坏状态的塑性区

图 8-48 路堑边坡破坏状态的塑性区

图 8-50 路堑边坡破坏面($\Delta w_{max}=10\%$)

图 8-51 路堑边坡破坏面($\Delta w_{max}=5\%$)

图 8-52 路堑边坡破坏面(界面单元)

图 8-53 路堑边坡破坏面(软弱土层)

图 9-4 不同降雨持时湿度荷载下的路基顶面不均匀变形

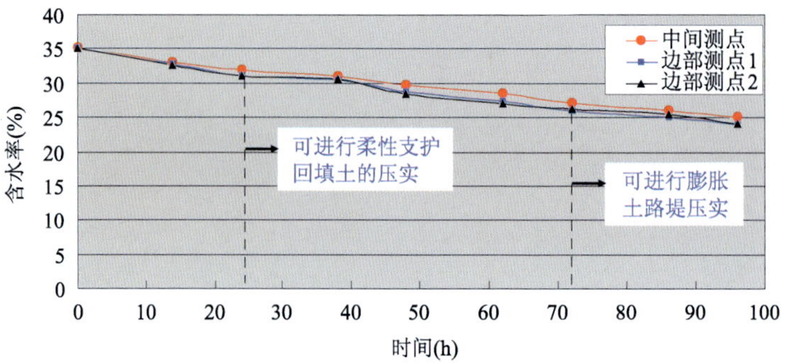

图 10-57　海屯高速公路膨胀土填料现场翻晒过程含水率变化